Horst Klein

# Behelfsheim 408/9

Als Barackenkind in einer nachkriegsdeutschen Kleinstadt

disserta
Verlag

Klein, Horst: Behelfsheim 408/9: Als Barackenkind in einer nachkriegsdeutschen
Kleinstadt. Hamburg, disserta Verlag, 2014

Buch-ISBN: 978-3-95425-440-8
PDF-eBook-ISBN: 978-3-95425-441-5
Druck/Herstellung: disserta Verlag, Hamburg, 2014

**Bibliografische Information der Deutschen Nationalbibliothek:**
Die Deutsche Nationalbibliothek verzeichnet diese Publikation in der Deutschen
Nationalbibliografie; detaillierte bibliografische Daten sind im Internet über
http://dnb.d-nb.de abrufbar.

Das Werk einschließlich aller seiner Teile ist urheberrechtlich geschützt. Jede Verwertung
außerhalb der Grenzen des Urheberrechtsgesetzes ist ohne Zustimmung des Verlages
unzulässig und strafbar. Dies gilt insbesondere für Vervielfältigungen, Übersetzungen,
Mikroverfilmungen und die Einspeicherung und Bearbeitung in elektronischen Systemen.

Die Wiedergabe von Gebrauchsnamen, Handelsnamen, Warenbezeichnungen usw. in
diesem Werk berechtigt auch ohne besondere Kennzeichnung nicht zu der Annahme,
dass solche Namen im Sinne der Warenzeichen- und Markenschutz-Gesetzgebung als frei
zu betrachten wären und daher von jedermann benutzt werden dürften.

Die Informationen in diesem Werk wurden mit Sorgfalt erarbeitet. Dennoch können
Fehler nicht vollständig ausgeschlossen werden und die Diplomica Verlag GmbH, die
Autoren oder Übersetzer übernehmen keine juristische Verantwortung oder irgendeine
Haftung für evtl. verbliebene fehlerhafte Angaben und deren Folgen.

Alle Rechte vorbehalten

© disserta Verlag, Imprint der Diplomica Verlag GmbH
Hermannstal 119k, 22119 Hamburg
http://www.disserta-verlag.de, Hamburg 2014
Printed in Germany

# Behelfsheim 408/9

**Als Barackenkind in einer nachkriegsdeutschen Kleinstadt**

Ein Erlebnisbericht über die Jahre 1945 bis 1952

Horst Kai Klein

Für meine Mutter

**Der Inhalt**

| | |
|---|---|
| Vorwort | 8 |
| Zum Autor | 9 |
| | |
| 1. `S ist Krieg! `S ist Krieg | 12 |
| | |
| Die Ankunft | 12 |
| Die Zwangseinquartierung | 17 |
| In der Funkerbaracke | 30 |
| Das Ende des Krieges in Harpstedt | 34 |
| Das Ende des Krieges für ganz Deutschland | 49 |
| Das Leben im besetzten Harpstedt | 53 |
| | |
| 2. Wenn Du im Herzen Frieden hast…In der Baracke | 64 |
| | |
| Der Umzug | 64 |
| Der Alltag in der Baracke | 73 |
| Der Mensch lebt nicht vom Brot allein | 88 |
| Ora et labora – das liebe Geld | 107 |
| Haute Cousine? - Schmalhans ist Küchenmeister | 129 |
| „Halleluja amen" – christliches Leben | 136 |
| Homo ludens – der Mensch ist Mensch, weil er spielt | 152 |
| Kleine Probleme und Unfälle | 176 |
| Feste | 181 |
| | |
| 3. Auf dem Weg in die Normalität | 187 |
| | |
| Schulbeginn 1945 | 187 |
| Die Jahre 1946 und 1947 | 191 |
| Das Schicksalsjahr 1948 | 209 |
| Die Jahre 1949 – 1951 | 223 |
| Der Umzug nach Dünsen 1952 | 265 |

# Vorwort

Ich stütze mich als Ich-Erzähler auf eigene Erinnerungen, mische sie aber mit dem, was ich von meiner Mutter, meinen Geschwistern und von Bekannten gehört habe, ich ziehe historische Literatur heran und werte Darstellungen aus, die in Harpstedt über die Zeit nach dem Zweiten Weltkrieg erschienen sind. Wenn ich aus diesen Büchern allgemein bekannte Fakten und Zahlen verwerte, weise ich die Fundstellen nicht jeweils nach, das würde den Lesefluss zu sehr stören. Wenn ich allerdings Spezielles zitiere, dann werden die Quellen angegeben.

Ich danke an dieser Stelle den beiden Autoren, die sich um das Aufarbeiten der Geschichte des Fleckens Harpstedt verdient gemacht haben und wichtige Quellen für mich waren: Günter Knappmeier und Dr. Jürgen Ellwanger. (Weitere Danksagungen am Ende)

Ich mische verschiedene Darstellungsweisen, lasse den Leser an manchen Ereignissen aus unserer Familie direkt teilhaben, berichte dann als Chronist über wesentliche Geschehnisse in Harpstedt, die uns betrafen, beschreibe raffend immer Wiederkehrendes, wie die jährliche Arbeit bei den Bauern oder unsere Kinder-Spiele.

Ich schreibe über die ersten sieben Jahre nach dem Krieg, die ich als Kind in einem großen „Behelfsheim", einer Baracke, im Marktflecken Harpstedt, etwa dreißig Kilometer südlich von Bremen, erlebt habe.

Das Buch hat drei Teile: Im ersten werden die Ereignisse bis zum Ende des Krieges geschildert – das geschieht chronologisch;
im zweiten wird der Alltag in der Baracke dargestellt – das geschieht thematisch, systematisch;
im dritten werden die wesentlichen Begebenheiten in den Jahren 1945 bis 1952 erzählt - wieder chronologisch.

Ich schiebe in die Erzählung mehrfach kleine Rückblicke auf Ostpreußen und unsere Flucht ein. Außerdem gibt es Ausblicke in spätere Zeiten, die in engem Zusammenhang mit den Ereignissen stehen oder zeigen, wie manche Erlebnisse und Erfahrungen aus der Baracke nachgewirkt haben. Die unterschiedlichen Druck-Typen machen diese Passagen kenntlich.

Ich schildere – wenn immer möglich – die spezielle Geschichte unserer Familie im Rahmen der Zeitläufte. Wenn auch das Buch keinen Anspruch auf Allgemeingültigkeit erheben will und kann, so steht unsere Geschichte doch stellvertretend für hunderttausende Flüchtlinge, Vertriebene, Ausgebombte, die in tausenden von Orten im Nachkriegs-Deutschland Ähnliches durchgemacht haben.

Marbella, Spanien – im März 2014

## Zum Autor

Horst Kai Klein wurde am 14. August 1941 in dem kleinen Dorf Groß Lensk im Süden Ostpreußens, im deutsch-polnischen Grenzland, geboren. Der Bezirk Soldau, in dem der Ort liegt, war 1920 den Polen übergeben worden, 1939 hatte Hitler ihn wieder dem Deutschen Reich eingegliedert. Horst erblickte also – anders als seine älteren Geschwister – in „Deutschland" das Licht der Welt.

Im Januar 1945 ging die Familie auf die Flucht, im März 1945 kamen sie mit ihrem Pferdewagen in Harpstedt, Kreis Grafschaft Hoya, an. Sieben Jahre lebten sie in der großen Baracke am Ortsrand, zogen dann in das benachbarte Dörfchen Dünsen in ein kleines Holzhaus, von da nach Bremen, wo er sein Abitur machte.

Nach der verkürzten Bundeswehrzeit und einem Studium der Geschichte und der Germanistik in Kiel wurde er dort Gymnasial-Lehrer, heiratete Hella Feder und bekam mit ihr zwei Töchter, Katja und Anja.

1982 ging die kleine Familie nach Spanien, wo die Eltern in Valencia an der Deutschen Schule als Lehrer arbeiteten und die Töchter ihre Schulausbildung abschlossen.

Ein zweiter Auslandsaufenthalt führte sie in den Süden Spaniens, nach Marbella, ein dritter in den Norden Mexikos, wo sie an der Einführung des Deutschen Sprachdiploms bei den Mennoniten mitarbeiteten.

Nach schwerer Erkrankung (erst Hella mit einem Schlaganfall, dann Horst mit einer Herzoperation) mussten sie den Schuldienst vorzeitig beenden. Sie zogen zurück nach Marbella, wo sie nun in einer Urbanisation draußen vor der Stadt ein gemietetes Haus mit Garten und kleinem Pool bewohnen. Oben auf der großen Dachterrasse, mit Blick über die Meerenge von Gibraltar nach Afrika hinüber, entstand dieses Buch.

Meine Mail-Adresse: kaiklein@telefonica.net

Ich nehme gern Korrekturen, Ergänzungen, Fotos und Kritik jeder Art entgegen.

Horst Kai Klein

---

Das Titelblatt (1) zeigt die neu erbaute Schule mit der Turnhalle links – wahrscheinlich 1952 oder später. Im Hintergrund stehen die beiden Baracken mit den vielen Schuppen auf der Südseite. In der Mitte sieht man die beiden Toilettenhäuschen. Unsere Wohnung ist markiert: Es sind die vier Fenster oben rechts am Bildrand. Im Vordergrund sieht man den Holzplatz der Sägerei Gröper.
Aus: Günter Knappmeier. Harpstedt im Wandel der Zeiten, Harpstedt 1985

Zur Einführung

Meine Eltern Leokadia Edemann und Rudolf Klein wurden kurz nach der Jahrhundertwende, 1904 bzw. 1907, als Kinder von Russlanddeutschen in Wolhynien geboren.
Wolhynien gehörte damals zum zaristischen Russland, ist heute Teil der Ukraine.
Angesichts des drohenden Krieges, bei dem klar war, dass Russland und Deutschland Gegner sein würden, wanderte Opa Klein, wie viele Russlanddeutsche, vorsichtshalber nach Ostpreußen aus. Er erwarb im südlichen Grenzgebiet zu Polen, im Bezirk Soldau, einen kleinen Hof in dem Dorf Przellenk. Man hatte dort systematisch Siedlerstellen geschaffen, um das „deutsch-germanische" Element gegen das „polnisch-slawische" zu stärken.
Opa Edemann teilte den Pessimismus dieser Leute nicht. Er hatte eine polnisch-russische Landadlige geheiratet und war sicher, dass sich Russen und Deutsche in Wolhynien weiterhin verstehen würden – auch im Kriegsfall. Die Kleins überstanden den Krieg in Ostpreußen unbeschadet.
Die Edemanns wurden nach Sibirien verschleppt. Dort und auf dem Rückweg in den Wirren der Nachkriegszeit– die bolschewistische Revolution kämpfte gegen die Zarenanhänger, Polen gegen Russen – starben alle Geschwister und Oma Edemann, Opa wurde von meiner Mutter getrennt und wanderte nach Argentinien aus.

Nach dem Krieg besuchte ein Herr Witzke, Nachbar der Kleins in Przellenk, eine Verwandte in Wolhynien, wohin meine Mutter derweil zurückgekehrt war. Er suchte ein Mädchen zum Kühehüten und fürs Grobe in Haus und Hof. Meine Mutter „bewarb" sich, er nahm sie mit.
1920 wurde durch den Versailler Vertrag der Bezirk Soldau den Polen zugesprochen, weil es dort einen ganz wichtigen Eisenbahnknotenpunkt gab. Die Deutschen in Przellenk lebten nun also unter polnischer Herrschaft. Das ging – natürlich mit Einschränkungen - ganz gut, bis im Vorfeld des Zweiten Weltkrieges die gegenseitige Hetz-Propaganda den Ton und das Zusammenleben vergiftete.
Mein Vater, der inzwischen Landmaschinenschlosser und Huf-Schmied geworden war (mit polnischer und deutscher Meisterprüfung) lernte die junge Nachbar-Magd kennen, man heiratete und bekam sieben Kinder.
Gleich nach dem Einmarsch in Polen im Jahre 1939 holte Hitler den Bezirk Soldau wieder „heim ins Reich". Die Polen wurden enteignet, mein Vater bekam Haus und Hof und Schmiede in Groß Lensk, einem Dorf, nur drei Kilometer von Przellenk entfernt, in dem weiterhin alle seine – also unsere - Verwandten wohnten.

1944 wurde unser Vater zum Volkssturm eingezogen; bei seinem letzten Urlaub zu Weihnachten baute er einen Fluchtwagen und nahm unserer Mutter das Versprechen ab, sofort zu fliehen, wenn die Russen nach Ostpreußen hereinkämen.
In der Nacht vom 18. auf den 19. Januar 1945 war es soweit. (Am 19. marschierte die Rote Armee in Przellenk und Gr. Lensk ein.)
Auf dem Pferdewagen saßen unsere Mutter, schwer krank, unser Dienstmädchen Olla, wir Kinder Erna (*1931), Erich (*1933), Artur (*1935), Rudi (*1937), Irmgard (*1938), Horst (*1941) und Edith (*1944).
Diese Ereignisse habe ich in dem Buch „Weißt Du noch?" dargestellt, erschienen im Grin-Verlag.

Am 23. März erreichten wir Harpstedt, einen Marktflecken südlich von Bremen, den man uns in der Flüchtlingsverteilungsstelle in Munsterlager als vorläufige neue Heimat zugewiesen hatte. Mit der Einfahrt nach Harpstedt beginnt mein Bericht.

1. `S IST KRIEG! `S IST KRIEG! O GOTTES ENGEL WEHRE,
UND REDE DU DAREIN!
`S IST LEIDER KRIEG - UND ICH BEGEHRE,
NICHT SCHULD DARAN ZU SEIN!
(MATTHIAS CLAUDIUS. KRIEGSLIED)

Die Ankunft

„Da, seht mal, Harpstedt! Harpstedt, Kreis Grafschaft Hoya!" Rudi hatte, vorn im Wagen an der offenen Plane stehend, als erster das Ortsschild entdeckt.

„Wir sind da, Gott sei Dank", sagte unsere Mutter und faltete die Hände zum Gebet. „Wir sollten uns nicht zu früh freuen! Wer weiß, was uns da erwartet", bremste Olla die Euphorie, Olla, Olga Neumann, die in Groß Lensk in unserem Haus und auf unserem Hof als Dienstmädchen - „Magd" sagte man damals noch - gearbeitet hatte und mit uns auf die Flucht in den Westen gegangen war.

„Egal, jetzt hat die Fahrerei wohl erst einmal ein Ende."

[3] Das Bild zeigt den ehemaligen Schulleiter und Archivar Günter Knappmeier mit dem damaligen Ortsschild in „seiner" Koems-Archiv-Scheune

Der Morgen des 23. März 1945 war grau, aber es war glücklicherweise trocken. In der letzten Nacht hatte es heftig geregnet, aber wir hatten Glück gehabt, man hatte uns in Nordwohlde einen Platz neben der Mühle an der Dorfstraße unter einem weit ausladenden Schuppendach angewiesen, so dass unser Wagen und auch die Pferde nicht unter dem Unwetter zu leiden hatten.

[4] Die Mühle in Nordwohlde (2013)

Wir waren die letzte Strecke auf der Landstraße von Bassum her durch schönen Kiefernwald mit Birken am Straßenrand gefahren, die ein wenig an Ostpreußen erinnerte, nun standen links und rechts die ersten Häuser des Ortes, der für die nächsten Jahre unsere „Heimat" werden sollte. Unsere Mutter hatte an diesem letzten Fluchtmorgen für alle die guten Hosen und Pullover herausgeholt und selbst ein dickes, etwas elegantes Woll-Kleid angezogen, Olla auch. Wir wussten ja nicht, was uns erwartete und wollten vorsichtshalber einen guten, gepflegten Eindruck machen – bei wem auch immer.

An der ersten Kreuzung am Ende der Bassumer Straße wartete ein Wehrmachtssoldat, der uns nach links winkte – offensichtlich hatte man den Flüchtlings-Treck aus Groß Lensk, Ostpreußen, von der Zentralstelle in Munsterlager, wo wir drei Tage vorher übernachtet hatten, in Harpstedt angemeldet. Olla hatte einige Mühe, den Wagen auf dem Kopfsteinpflaster der sehr abschüssigen Bahnhofsstraße (heute „Amtsfreiheit") abzubremsen und auf der rechten Fahrbahnseite zu halten.

Nachdem wir die Delme überquert hatten, ging es die Burgstraße hinauf, und an der nächsten Kreuzung stand ein zweiter Soldat, der uns sagte, wir hätten wieder links abzubiegen und seien dann nach hundert Metern am Ziel, auf dem Marktplatz vor der Kirche.

Der Platz war groß, winterkahle hohe Linden wuchsen an den Straßen, an denen zweistöckige Bürgerhäuser, Geschäfte und Gasthäuser standen. An der vierten Seite grenzte eine niedrige Natursteinmauer den Bereich vor der Kirche ab, auf dem alte Grabkreuze zu sehen waren.

Zwei Soldaten, ein Gefreiter und ein einfacher Schütze, wiesen unsere zehn Fuhrwerke ein, die sich eng nebeneinander in einer Reihe aufstellten. Der Gefreite befahl uns, von den Wagen herunterzusteigen. Und da standen wir nun, ein Häuflein von Menschen, müde, dünn geworden durch die schlechte Ernährung unterwegs, aber voller Erwartung auf das, was nun kommen würde.

Der Gefreite stellte sich vor die Mitte der Reihe, hob die Hand, so dass alle still wurden und ihn ansahen. „Obersturmbannführer Gunst, unser Ortsgruppenleiter, wird Sie nun begrüßen und willkommen heißen." Aus dem Gasthaus an der Ecke des Marktplatzes, dem Vereinslokal der NSDAP und der SA, kam ein großer korpulenter Mann in der hellbraunen Nazi-Uniform. Er baute sich vor uns auf, schlug die Hacken zusammen, riss den rechten Arm zum deutschen Gruß empor, rief „Heil Hitler" und begann dann seine Rede.

„Liebe Volksgenossinnen und Volksgenossen aus dem Osten. Ich heiße Euch hier in unserem schönen Harpstedt herzlich willkommen. Wir haben unsere Bauern angewiesen" - er wechselte zum „Sie" über – „Ihnen fürs erste eine Unterkunft zu gewähren, bis wir eine andere Lösung gefunden haben. Lange werden Sie hier ja nicht bleiben. Wenn unser Führer und unsere heldenhafte Wehrmacht erst einmal die Bolschewiken aus Ihrem schönen Ostpreußen vertrieben und den Endsieg errungen haben, dann werden Sie auf Ihre Höfe und in Ihre Häuser zurückkehren und sich rächen können an den Polen und Russen, die schuld daran sind, dass Sie flüchten mussten. Im Laufe des Nachmittags werden Frauen und Männer kommen und je nach ihren Bedürfnissen und Möglichkeiten eine Familie aussuchen und mitnehmen. Wir erwarten von Ihnen, dass Sie auf den Bauernhöfen nach Kräften mithelfen und sich ansonsten so verhalten, wie wir es von deutschen Volksgenossen gewohnt sind. Zuerst einmal aber lädt die Gemeinde Sie zu einem Essen in dem Gasthaus Hotel Stadt Bremen ein. Wenn Sie sich bitte in einer Viertelstunde bereithalten! Ein Soldat wird Ihnen den Weg zeigen, es ist nicht weit. Und morgen erscheinen Sie dort ab zehn Uhr mit all ihrer Habe zu einer Entlausung!"  Er schlug wieder die Hacken zusammen, hob nochmals die Hand zum Hitlergruß, machte eine zackige Kehrtwendung und verschwand.

Nach dem Essen – es hatte eine dicke Erbsensuppe gegeben, die aber viel besser geschmeckt hatte als das, was wir unterwegs selbst in verlassenen Häusern gekocht oder aus den Wehrmacht-Goulasch-Kanonen bekommen hatten, zumal es auch für jeden ein Würstchen gab - kehrten alle auf ihre Wagen zurück und das gespannte Warten begann. Die Bauern im Ort und in der näheren Umgebung hatten den Auftrag bekommen, Flüchtlingsfamilien zu übernehmen und ihnen eine Unterkunft zu gewähren, hatten aber – zumindest in dieser frühen Zeit im März - bei der Auswahl ein Mitspracherecht eingeräumt bekommen. Als dann in den nächsten Wochen insgesamt sieben Transporte mit Vertriebenen eintrafen und die Einwohnerzahl von 1846 bei Kriegsbeginn auf nun 3344 hochtrieb, war es mit dieser Rücksicht vorbei und der Bürgermeister nahm zusammen mit dem Ortsgruppenleiter und dem Ortsbauernführer Zwangseinweisungen vor.

Eine Familie nach der anderen wurde abgeholt: Adolf Radtke kam mit seiner Frau und seinen Kindern zu einem Bauern am Nordrand des Ortes, Mutter Else Wesner wurde mit ihren Kindern vom Bauern Grote mitgenommen, Frau Rossol mit ihren Kindern fand eine Bleibe, ebenso Else Krempin…Es wurde leer um uns. Alle konnten mit ihren Wagen einem Bauern folgen, der sie ausgesucht hatte und nun mit dem Fahrrad vor ihnen herfuhr oder mit auf dem Kutschbock Platz nahm. Alle?
Die blasse Wintersonne verschwand hinter den Häusern, die den Marktplatz säumten. Unser hoher Planwagen stand einsam auf dem nun leeren Platz, die beiden Pferde zerrten ungeduldig an der Deichsel. Erich warf ihnen eine Handvoll Heu hin, das letzte, das wir noch in einem Sack auf dem Wagen hatten. Auf der Straße liefen Leute vorbei, erledigten ihre Einkäufe für das Abendessen, schauten neugierig, aber nicht besonders interessiert zu uns herüber. Die großen Geschwister gingen auf dem Markplatz umher und dann in die benachbarten Straßen hinein, froh, nicht mehr still und untätig auf dem Wagen sitzen zu müssen, auf dem Olla neben unserer Mutter die Stellung hielt und sich um Edith und mich kümmerten, die auf dem Wagen geblieben waren. Unsere Mutter war verzweifelt.
„Ich hab es ja gleich gesagt, uns will keiner. Wir sind zu viele. Wir bleiben übrig." Olla versuchte sie zu trösten. „Es wird schon noch jemand kommen. Die *müssen* uns nehmen. Meinst du denn, die andern haben sich freiwillig eine Familie ins Haus geholt? Irgendjemand wird sich schon erbarmen."

Sie täuschte sich. Die Sonne war inzwischen untergegangen, es wurde langsam dunkel auf dem großen Platz unter den Linden. Zuerst kam Erna mit Irmgard von ihrem kleinen Erkundungsgang um die Kirche und zwischen den alten Grabsteinen zurück, dann auch die drei Jungen, die sich interessiert die Auslagen in den Geschäften angesehen hatten – unendlich lange schien es ihnen her, dass sie zuletzt in Heinrichsdorf und Soldau und Litzmannstadt Kleidungsstücke und Brotlaibe und Wurst in Schaufenstern gesehen hatten.

Unsere Mutter empfing sie weinend. „Seht ihr, es ist genauso gekommen, wie ich gesagt habe. Keiner will uns. Was sollen wir denn bloß machen?"

„Denen wird schon etwas für uns einfallen", versuchte Erna sie zu beruhigen, „der Mensch mit der Uniform hat doch gesagt, wir würden alle hier untergebracht."

„Der hat gut reden. Aber Reden nützen uns nichts. Hilfe brauchen wir."

Sie rief Erich an den Wagen heran und sagte: „Geh doch mal rüber zum Gasthaus und such den Ortsgruppenleiter. Und frag ihn, ob er nicht etwas tun kann für uns. Wir können doch hier nicht nächtigen."

Erich war skeptisch. „Meinst du, dass ausgerechnet der uns helfen wird? Hast du nicht gesehen, der trägt das goldene Parteiabzeichen. Das ist doch ein strammer Nazi. Sonst wäre er auch nicht Ortsgruppenleiter geworden."

Unsere Mutter korrigierte ihn: „Das heißt noch lange nicht, dass er ein schlechter Mensch ist und nicht hilfsbereit. Papa war auch in der Partei. Er war sogar Ortsbauernführer, und wie oft hat er den Leuten geholfen!"

„Aber Mutti, unser Papa war doch kein richtiger Nazi! Wie oft habt ihr gesagt…"

„Sei still und geh schon!"

„Aber…"

„Geh, wir können später über Papa reden!"

Wie Recht Erich mit der Einschätzung des Ortsgruppenleiters gehabt hatte, erfuhr ich erst, als ich 2012 das Buch von Jürgen Ellwanger, „12 Jahre Harpstedt im Nationalsozialismus", erschienen in Harpstedt 2006, las. (Das Buch wird im Folgenden mit „Ell, NS" + Seitenzahl zitiert, um den Lesefluss nicht groß zu unterbrechen.) Wilhelm Gunst, ein Dentist, war 1931 aus Bayern nach Harpstedt gekommen und ganz früh in die Nazi-Partei eingetreten, weshalb er auch das Goldene Abzeichen als einer der ersten Hunderttausend Mitglieder tragen durfte. Er war sehr schnell zum Ortsgruppenleiter aufgestiegen, hatte am Gemeinderat, dem Ortsbauernführer und dem Bürgermeister vorbei eine große Machtfülle auf sich vereinigt, aktiv an der Beseitigung der Harpstedter Juden „mitgearbeitet", sich beim Mobbing gegen den Pastor Schulz hervorgetan, der sich dann erschoss, als er keinen Ausweg mehr wusste. Ellwangers Urteil über diesen Mann, der uns hier empfangen hatte, lautet: *„Dem Tenor der Erinnerungen nach sind der Ortsgruppenleiter Gunst und auch seine Ehefrau wenig beliebt gewesen. Die Angst vor Nachteilen bestimmte das Verhalten gegenüber Gunst, nicht Ansehen und Respekt"*. (Ell, NS, S.44) Gunst flüchtete rechtzeitig vor dem Einmarsch der Engländer – und Ende 1945 konnte er bereits wieder in der Pfalz eine Praxis eröffnen; die Entnazifizierung hatte eine ehemalige Freundin beim französischen Gouverneur für ihn erledigt. (Ell, NS, S.43)

Unter der Tür des Gasthauses kam Erich der Ortsgruppenleiter entgegen, seine Mütze unter dem Arm. Bevor Erich ihn ansprechen konnte, setzte er seine Mütze auf und sagte: „Ich sehe schon, ihr seid immer noch da. Hat euch keiner haben wollen?"

„Nein, unsere Mutter sagt, wir sind wohl zu viele. Uns will keiner."

„Das wollen wir doch mal sehen."

Die Zwangseinquartierung

Mit großen Schritten stürmte der Ortsgruppenleiter auf unseren Wagen zu, unsere Mutter sah ihm mit einer Mischung aus Angst und Hoffnung entgegen. „Kommen Sie, Frau Klein, ich bringe Sie zu Frau Johannes, deren Haus ist nur zweihundert Meter weg. Sie wohnt allein mit ihrer Tochter Elfriede in dem großen Haus, da ist Platz."

Er drehte sich um und ging die Lange Straße hinunter. Olla ergriff die Zügel, schnalzte mit der Zunge – und zum letzten Mal, so dachten wir - setzte sich unser Wagen in Bewegung. Erna und Irmgard waren aufgestiegen, die Jungen liefen neben den Pferden her. Der Uniformierte bog in die Burgstraße ein und blieb schon nach wenigen Minuten vor einem großen Bauernhaus stehen, Olla hielt den Wagen an. Er klopfte recht laut an die Tür, eine Frau, etwas älter als unsere Mutter, öffnete.

„Guten Abend, Frau Johannes. Ich habe hier die Familie Klein, die wird bei Ihnen einquartiert." Frau Johannes schaute auf die drei Jungen, dann auf den Wagen, wo hinter dem Kutschbock Erna und Irmgard durch die Plane sahen. „Aber Herr Gunst, Herr Ortsgruppenleiter, das geht doch nicht. Das sind ja sieben Leute, wo soll ich denn hin mit denen?"

„Es sind sogar noch zwei mehr, noch ein kleiner Junge und ein Baby."

„Aber das ist doch völlig unmöglich, ich kann höchstens die Stube frei machen, die anderen Räume brauchen wir selbst."

Der Ortsgruppenleiter wandte sich an unsere Mutter: „Tut mir leid, Frau Klein, aber ich fürchte, das muss ich akzeptieren. Ich teile Ihre Familie auf. Sie bleiben hier mit den drei Töchtern und dem Kleinen, Ihr Dienstmädchen und die drei größeren Jungen bringe ich nebenan bei Elvers unter, das ist nur zwei Häuser weiter."

Er stieß auch bei Elvers auf Ablehnung, sie waren nicht bereit, ein Zimmer für die Flüchtlinge freizumachen, lediglich die Diele stellten sie zur Verfügung, da könnten Olla und die Jungen schlafen.

Im Jahre 2012 besuchte ich wieder einmal Harpstedt. Ich stellte mein Auto auf dem Markt ab, dort, wo wir vor 67 Jahren mit unserem Pferdewagen gestanden und auf einen gnädigen Bauern gewartet hatten. Ich hielt Ausschau nach einem älteren Menschen, jemanden in meinem Alter also, den ich fragen wollte, wer damals der Besitzer des Gasthauses an der Ecke, des Hotels Stadt Bremen, (wie ich fälschlicherweise glaubte), gewesen war, in dem wir unsere Erbsensuppe bekommen hatten. Vor dem jetzt modern und ausländisch aufgemachten Etablissement war ein Gärtner dabei, die Gewächse um den Baum zu stutzen und das kleine Beet zu reinigen. Das war mein Mann! Nach kurzem Wortwechsel stellte sich heraus, dass ich Hans Bädeker angesprochen hatte, der Name war mir geläufig, Erich und auch Artur hatten mit ihm Kontakt gehabt, er kannte natürlich auch die Familie Klein. Claus Küver habe der Besitzer des Gasthauses geheißen – nun, wo ich den Namen hörte, erinnerte ich mich auch wieder daran.

Wir plauderten ein wenig über die Zeit nach dem Krieg und wie es ihm inzwischen ergangen sei, und er wies mit der Hand die Lange Straße hinunter in die Mullstraße hinein. „Gut geht es mir. Das braune Haus gleich vorn rechts, das ist meins." Ich war überrascht, dieses Haus hatten mir meine Geschwister als das von Johannes ausgewiesen. Ich erzählte ihm also von unserer damaligen Zwangseinweisung bei Johannes und Elvers, und er korrigierte mich:

Die beiden Familien hatten ihre Häuser nicht in der Mullstraße, sondern in der Burgstraße, ja sicher sei er bereit, mir diese Häuser zu zeigen. Wir gingen das kleine Stück die Lange Straße hinunter und dann zeigte er auf die Häuser. Das Haus der Elvers sei allerdings total umgebaut und aufgestockt worden, das Haus mit dem Reisebüro sei es, das habe nichts mehr mit dem zu tun, war dort bei Kriegsende gestanden habe. Auch das Johanneshaus sei natürlich grundlegend renoviert, dort lebe noch die Tochter, Elvers seien schon vor Jahren verstorben. Zwischen den beiden Häusern habe es früher die Autowerkstatt Dissen gegeben – daran konnte ich mich wieder erinnern.

Ich brachte das Auto zur Wasserburg, in der ich ein Zimmer hatte, und machte mich zu Fuß auf den Weg zurück zu den beiden Häusern.

Ich klingelte am Eingang und eine freundliche kleine Frau öffnete. Es war Elfriede Wöbse, geborene Johannes, die Tochter von damals. Ich erklärte, wer ich sei und trug mein Anliegen vor. Aber natürlich könne ich mir das Haus ansehen und auch alles fotografieren, was ich wolle. Nein, sie erinnere sich nicht an die Einquartierung, hatte aber in Erzählungen davon gehört.

Die alte Diele war verschwunden, die ganze Front des Hauses wurde von einem großen Wohn-Esszimmer eingenommen. Die Stallungen waren in einen Anbau verbannt worden, der Eingang lag nun an der Seite. Alles war gut bürgerlich und gediegen ausgestattet. Natürlich hatte damals alles ganz anders ausgesehen, aber genauso natürlich wird Frau Johannes damals ihre gute alte Stube ebenso wertgeschätzt haben wie heute Frau Wöbse ihre neue. Und schlagartig wurde mir klar, was es für sie bedeutet haben musste, dass man hier fremde Menschen hineingesetzt hatte, die auch noch die Küche und die Toiletten mitbenutzten, und die sicher auch noch Ungeziefer mitbrachten, Läuse womöglich. Mir wurde bewusst, dass der Groll, den ich die ganzen Jahre dieser Familie gegenüber empfunden hatte, ungerecht gewesen war, die eigene elende Situation hatte blind gemacht für die Probleme, die wir diesen Familien mit unserer Anwesenheit bereiteten. Ich schämte mich für den Groll und bat im Stillen um Verzeihung, hatte (und habe) nun volles Verständnis dafür, dass man uns nicht mit offenen Armen aufgenommen und besonders freundlich behandelt hatte.

Als ich mit meinen Geschwistern über meinen Buchplan sprach und den Besuch bei Frau Wöbse erwähnte, betonten auch sie, dass sie inzwischen die damalige Reaktion der Frauen Johannes und Elvers gut verstehen könnten. „Stell dir vor, der Bürgermeister käme und möchte Asylanten bei uns einquartieren. Wir würden sicher auch nicht gern unser Wohnzimmer an diese Leute hergeben."

Ich würde mir wünschen, dass Frau Wöbse diese Erklärungen liest und uns verzeihen kann.

Olla lenkte den Wagen auf den freien Platz neben dem Johannes-Haus. In der nächsten halben Stunde waren alle damit beschäftigt, zuerst die Betten und dann die wenigen Habseligkeiten, die wir mitgenommen hatten, vom Wagen zu holen und durch die Fronttür hineinzubringen – damals waren die beiden Häuser noch richtige dörfliche Bauernhäuser. Hinten im Haus waren die Kühe und Schweine untergebracht – man roch sie in allen Zimmern zu jeder Zeit.

[5] Die jetzt völlig umgebauten Häuser; das erste (Johannes) und das dritte (Elvers) waren unsere Quartiere

Zu Elvers kamen nur vier Federbetten und eine Waschschüssel, alles andere wurde in der Diele der Frau Johannes in eine Ecke gestapelt, die Betten breiteten wir auf dem Teppich im Wohnzimmer aus, das gleich linker Hand neben der Diele lag. In beiden Häusern zeigte man uns dann die Toilette auf dem Hof und schärfte uns ein, sie ja sauber zu verlassen. „Wofür halten die uns denn? Wir sind doch keine Wilden", schimpfte unsere Mutter.

„Den Wagen können Sie heute Nacht hinter dem Haus auf dem Hof stehen lassen. Binden Sie die Pferde einfach hinten an, morgen finden wir eine andere Lösung."

„Wie ist es mit dem Essenkochen? Ich müsste für die kleine Edith unbedingt eine Flasche Milch heißmachen."

„Wenn wir abends fertig sind, können Sie in die Küche gehen, hier auf der anderen Seite der Diele. Ich lasse das Herdfeuer dann für Sie an."

„Danke."

„Die war ja fast freundlich", meinte unsere Mutter, als sie in unser Zimmer zurückkam.

„Vielleicht hat sie ja eingesehen, dass sie sich mit uns abfinden muss", vermutete Erna.

„Warten wir's ab..."

An diesem ersten Abend aßen alle noch zwei Scheiben Brot mit der letzten Leberwurst, die wir noch auf dem Wagen gehabt hatten, dann fielen alle ins „Bett". Glücklich waren wir nicht, aber doch zufrieden, erst einmal angekommen zu sein und nicht mehr auf dem engen Wagen nächtigen zu müssen.

Am nächsten Morgen wurden nach kurzer Katzenwäsche in einer Schüssel die Betten und alle Kleidungsstücke wieder auf den Wagen geladen und es ging zurück auf den Platz vor dem Hotel Stadt Bremen, wo ein Entlausungstrupp der

Wehrmacht bereit stand und auch schon unsere ersten Mit-Flüchtlinge eingetroffen waren. Es gab kaum Zeit, erste Erfahrungen auszutauschen, aber eines wurde uns schnell klar: Wir hatten es am schlechtesten getroffen, alle anderen wohnten ein Stück weit draußen auf richtigen Bauernhöfen, wo sie Platz hatten und bei der Arbeit in den Ställen und auf den Feldern würden arbeiten können – und sollen.

Im Umgang mit Läusen hatte die Wehrmacht Erfahrung. Alle, die damals in Kasernen und Notunterkünften an der Front und auch im Hinterland nächtigen mussten, waren nicht frei von diesen Quälgeistern. Da half auch peinlichste Sauberkeit nicht wirklich. Kaum war man sie einmal für ein paar Tage los, holte man sie sich aus den Strohsäcken der nächsten Unterkunft wieder auf die Köpfe und in die Kleidung. Wir hatten bereits in der zweiten Nacht unserer Flucht in einer Turnhalle in Straßburg an der Grenze zu Westpreußen intime Bekanntschaft mit diesen Winzlingen gemacht. Soldaten – ein Zug Pioniere – hatten reichlich Stroh auf den Hallenboden geschüttet, auf dem dann alle Insassen unserer (damals noch ) elf Wagen zusammen mit den Soldaten schliefen – wir waren diese neuen kleinen Untermieter nie wieder ganz losgeworden.

Zwei Soldaten kamen mit großen Spitzen voller DDT-Puder auf den Wagen, bedeckten die Betten und alle Kleidungsstücke und die Wände der Wagen mit diesem aggressiven Gift und dann auch uns, indem sie die Kleidung am Kragen anlupften und vorn und hinten eine solide Dosis hineinspritzten, dann auch in die Hosen. Unsere Köpfe bekamen eine Spezialbehandlung – mit feinen Kämmen wurden die Läuse und Nissen entfernt und dann die Haare mit einer übelriechenden Flüssigkeit gewaschen. Offenbar waren die Chemikalien recht wirkungsvoll: Läuse waren fortan kein Problem mehr für uns, wenn sich auch mal ab und an eine fand...

Gleich nach der Rückkehr ging unsere Mutter zusammen mit Olla zum Gemeindebüro. Der „Amtshof" war ein schöner, wenn auch etwas heruntergekommener zweistöckiger Fachwerkbau auf einer Insel, umflossen von der Delme und einem Burggraben. Der Beamte schrieb alle Kinder als wohnhaft bei Johannes ein. „Wenn ich die Jungen bei Elvers eintrage, weiß ich nicht, wen ich dort als Erziehungsberechtigten nennen soll. Aber für Frau Olga Neumann brauchen wir einen eigenen Meldeschein."

*Anmeldung bei der polizeilichen Meldebehörde. Am 23. März 1945 sind zugezogen nach Harpstedt, Gfsch.Hoya, Burgstraße Nr.11 bei Johannes... Letzte Wohnung Groß Lensk.*
*Klein, Leokadia, verh., Ehefrau, 25.07., Geburtsort Taratschin, Russland, ev.*
*Klein, Erna, ledig, Kind, 5.8.31, Geburtsort Przellenk, Russland (das war falsch: Polen wäre die richtige Angabe), Staatsangehörigkeit DR (also Deutsches Reich) ev.*
*Erich, 2.11.33 –„-*
*Arthur, 21.4.35, -„-*
*Rudi, 2.2.37, -„-*
*Irmgard, 16.11.38. –„-*
*Auf Blatt 2 folgten: Horst, 14.8.41, Geburtsort Groß Lensk, Deutsches Reich, Edith, 2.3. 44– -„-*

Unsere Mutter unterschrieb mit „Klein, Leokadia" in Sütterlin-Schrift auf der Zeile des Hauseigentümers, aber das störte nicht, in diesen Tagen gab es auf der Meldebehörde so viel zu tun, dass man gern fünf gerade sein ließ.

Unsere Mutter fragte: „Bekommen wir bei Ihnen auch Marken? Wir müssen etwas zu essen einkaufen."

„Bei mir nicht, aber gehen Sie mit diesem Meldeschein in das Zimmer 107, dort wird man Ihnen dann Bezugsmarken geben. Und wahrscheinlich brauchen Sie auch Brennmaterialien. Mein Kollege kann Ihnen einen Flüchtlingsausweis ausstellen, damit bekommen Sie dann bei Oberförster Lamprecht oder in der Försterei Wilkening einen Sammelschein für Holz."

Mit den Marken in der Hand und dem Geld in der Tasche, das sie aus Groß Lensk mitgebracht hatten, gingen die beiden Frauen erst einmal einkaufen – ein Sechs-Pfund-Brot, Margarine und ein großes Glas Marmelade brachten sie mit. Da Frau Johannes die Küche inzwischen verlassen hatte, konnten sie Wasser kochen und damit einen Kaffee, einen Muckefuck, aufbrühen. Auf dem Wohnzimmertisch breiteten sie nun eine der mitgebrachten Tischdecken aus, die mit den blauen Blumen, auf die unsere Mutter besonders stolz war. „Die Blumen hat unser Papa selbst gezeichnet. Und ich habe sie dann ausgestickt." Obwohl alle froh waren, wieder in einer geheizten Stube an einem richtigen Tisch zu sitzen, blieb die Stimmung gedämpft. „Wie soll denn das hier werden? So können wir doch auf Dauer nicht leben. Und die Jungens nebenan, das geht doch nicht", klagte unsere Mutter.

Wie Recht sie hatte, zeigte sich bereits wenige Minuten später. Rudi stand vor der Tür und klopfte. Frau Johannes machte auf. „Ich möchte zu meiner Mutti!" „Komm rein, aber nur kurz und ausnahmsweise, du wohnst nebenan."

Unsere Mutter ging mit Rudi hinüber zu Elvers. Dort hatte Olla für jeden zwei Scheiben Brot mit Marmelade geschmiert und sie hatten sie, auf ihren Betten sitzend, hungrig verschlungen. Kaffee hatten sie nicht kochen können. Unsere Mutter ging noch einmal zurück in die Johannes-Küche, aber sie kam zu spät. „Ich brauche jetzt den Herd, um das Mittagessen vorzubereiten. Es muss doch wohl reichen, wenn Sie einmal Wasser kochen."

„Aber meine Kinder nebenan…"

„Um ihre Kinder nebenan sollen sich die Elvers kümmern!"

Unsere Mutter schossen die Tränen in die Augen, aber sie unterdrückte ihren Ärger und kehrte in unser Zimmer zurück.

Eine halbe Stunde später ging sie mit Erich nach draußen auf die Straße und fragte eine Frau, die gerade vorbeikam, ob sie wisse, wo der Bauer Grote wohne. „Grote, ja da haben Sie es gar nicht weit. Gehen Sie da vorne an der Kreuzung die Mullstraße runter. So nach zweihundert Metern gleich rechts, der erste Hof, das sind Grotes." Unsere Mutter bedankte sich und ging mit Erich los.

Erich nutzte gleich die Gelegenheit, an das abgebrochene Gespräch über Papa anzuknüpfen. „Aber ihr habt doch immer gesagt, Hitler sei an unserem Unglück schuld. An der Flucht und den Bomben und den vielen Toten. Ihr habt ihn doch sogar den Antichristen genannt."

„Das stimmt, das ist er auch. Alles was im Alten Testament über den Antichrist steht, trifft auf Hitler zu."

„Aber wenn er der Antichrist ist, warum ist Papa dann in seine Partei eingetreten?"

„Weil wir am Anfang nicht wussten, was für ein Verbrecher er ist."

„Und wie habt ihr das gemerkt?"

Unsere Mutter kam nicht mehr zum Antworten, sie waren beim Grote-Hof angekommen. Dort liefen viele Leute draußen herum, auch Frau Wesner.

„Na, wie habt ihr es denn getroffen?" war ihre erste Frage.

„Schlimm! Wir wohnen auf zwei Stellen. Wir können kaum kochen. Man zeigt uns deutlich, dass man uns nicht haben will. Und ihr?"

„Wir haben Glück gehabt. Wir haben oben eine richtige kleine Wohnung für uns."

„Und wo kocht ihr?"

„Die Küche unten ist riesengroß, der Herd auch. Den können wir jederzeit benutzen."

„Ihr Glücklichen. Und was ist mit euren Pferden und dem Wagen?"

„Die Pferde stehen im Stall. Die wird der Bauer mit benutzen. Und der Wagen ist erst einmal hinten im Obstgarten abgestellt."

„Ist da vielleicht noch Platz für unseren Wagen?"

„Ich denke schon, wart, ich frag den Bauern."

Schon nach zwei Minuten kam sie mit dem Bauern Grote zurück, der unsere Mutter und Erich freundlich begrüßte. „Willkommen in unserem schönen Harpstedt. Ich habe von Frau Wesner gehört, was Sie hinter sich haben und hoffe, Sie werden sich hier wohl fühlen."

„Dann muss sich aber einiges ändern."

„Wieso?"

„Na ja, unsere Familie ist getrennt. Wir wohnen bei Johannes und bei Elvers. Das ist schlimm für uns alle."

„Das tut mir Leid, aber vielleicht kann ich ja ein bisschen helfen. Frau Wesner hat mir erzählt, Sie hätten Probleme mit Pferd und Wagen."

„Ja, sie stehen im Augenblick im Hof von Johannes. Sie können dort aber nicht bleiben."

„Dann bringen Sie die doch hierher. Wir haben Platz genug und helfen gern."

„Danke. Wir kommen gleich."

„Und wenn Sie Milch brauchen, schicken Sie einfach abends jemanden herüber. Die Kanne muss aber in einer Tasche versteckt sein!"

Auf dem Rückweg bohrte Erich weiter. „Sag doch, Mutti, wann...?"

„Das hat gedauert. Du weißt doch, dass unser Bezirk Soldau damals nach dem ersten Krieg an Polen gekommen ist. Wir in Przelenk und Groß Lensk natürlich auch. Da waren alle sehr böse und niemand in unserem Dorf wollte polnisch werden."

„Und das ging einfach so? Ihr konntet Deutsche bleiben?"

„Na ja, man musste eine Erklärung unterschreiben. Dann hatte man nicht alle Rechte wie die Polen."

„Und das reichte den neuen Landbesitzern?"

„Nicht so ganz. Es gab schon Probleme. Du weißt doch, dass Erna in der Schule zuerst nur auf Polnisch unterrichtet wurde. Alle Schüler mussten Polnisch lernen. Und auch in der Kirche war Deutsch verboten. Der Pastor musste polnisch predigen. Und alle mussten polnisch singen."

„Ja, daran kann ich mich noch erinnern. Aber was hat das mit unserem Papa zu tun?"

Sie waren inzwischen bei Johannes angekommen, unsere Mutter und Olla spannten die Pferde wieder vor den Wagen, fuhren ihn hinüber zu Grotes, stellten ihn neben den von Wesners und ließen die beiden Pferde auf der Weide am Haus frei. Das Gras war zwar noch nicht sehr hoch, aber die Pferde fühlten sich offensichtlich in ihrer endlich wieder erworbenen Freiheit recht wohl, rannten umher, jagten sich, blieben dann stehen und rupften von dem kümmerlichen Gras, was sie zwischen die Zähne bekommen konnten. Die beiden Frauen gingen zufrieden zurück – zumindest dieses Problem war erst einmal gelöst.

Zum Glück war das Wetter schön, so dass es allen Kindern nichts ausmachte, sich außerhalb des Hauses aufzuhalten. Die Großen liefen im Ort umher, sahen sich die Geschäfte an, die zwar nur noch Kriegsware ausstellen konnten, aber im Vergleich zu dem, was sie in den letzten Monaten gesehen hatten, war das doch der reinste Luxus. Im Bäckerladen sah man große Brotlaibe, Graubrot und Schwarzbrot und sogar ein paar Brötchen – Kuchen gab es nicht. In dem Fleischwarenladen gleich an der Ecke waren ein paar Würstchen aufgehängt und ein wenig Mett lag auf einem Teller – aber viel mehr konnte man mit den wenigen Marken ja sowieso nicht kaufen, die Fleischration war sehr gering, und nicht einmal die einem zustehende Menge war immer im Laden zu erhalten.

In der Mull-Straße fanden sie einen Fischladen, in dem sie eine große Tonne mit eingelegten Heringen sahen. Viele Frauen gingen hier ein und aus und sie alle trugen schwere Tüten davon. Sie erzählten unserer Mutter von ihrer Beobachtung – und sie ging hin und kam auch mit einer Tasche voller Heringe nach Hause. Damit war das - wenn auch späte - Mittagessen organisiert, ohne dass man Frau Johannes anbetteln musste, etwas in der Küche kochen oder warm machen zu müssen: Brot mit Salzhering war zwar nicht gerade eine Delikatesse, aber man wurde satt davon. Abends würde man wieder fragen und dann wohl eine Milchsuppe kochen.

Erna brachte einen genau abgezählten Anteil nach nebenan zu den Elvers, und dann setzten sich alle um den Tisch herum. „Komm Herr Jesus, sei unser Gast und segne, was du uns bescheret hast. Amen", betete unsere Mutter, und dann zeigten alle, dass sie einen gesegneten Appetit hatten. Schon nach wenigen Minuten waren von den Heringen nur noch die Gräten, die Köpfe und die Schwänze übrig.

Als es dunkel geworden war, machten sich Erich und Artur auf den Weg. In der großen Einkaufstasche stand eine Milchkanne mit gut schließendem Deckel, die zwei Liter fasste. Damit gingen sie zum Bauern Grote, der ihnen die noch warme Milch einfüllte, die 20 Pfennig in Empfang nahm und ihnen noch einmal einschärfte, niemandem von dem Milchkauf zu erzählen und niemandem den Tascheninhalt zu zeigen, damit niemand mitbekam, dass er „schwarz" Milch verkaufte. Die Milch musste abgeliefert werden, die Gemeindeverwaltung teilte sie dann den offiziellen Milchläden zu und nur die durften auf Marken die Milch an die Kundschaft ausliefern. Zwar verkauften viele Bauern – oder gar alle – einen Teil der Milch auch schwarz wie die Grotes und man sah im Flecken geflissentlich darüber hinweg, aber man wusste ja nie, hatte Herr Grote betont, ob nicht doch irgendein missgünstiger Mensch zum Ortsbauernführer laufen und Anzeige erstatten würde. Der Ortsbauernführer Klenke galt zwar – im Gegensatz zum Ortsgruppenleiter Gunst - als umgänglicher Mensch, der es möglichst vermied, einem Bürger Schwierigkeiten zu machen, aber man wusste ja nie, ob er immer seine schützende Hand über die kleinen Sünder gegen die strengen Verordnungen des „Reichnährstandes" halten konnte.

Frau Johannes hatte erlaubt, dass zum Abend alle zu uns herüberkommen. Nun saß also die gesamte Familie um den Tisch herum und wartete. Unsere

Mutter ging in die Küche, goss die Milch in einen großen Kochtopf, den wir aus Lensk mitgebracht hatten, öffnete die Tüte Mehl, die auch noch zu unseren unterwegs gekauften Vorräten gehörte, schüttete etwas Wasser in eine Schüssel, machte sich die Hände gut nass, langte dann mit diesen Händen ins Mehl, hielt die mehligen Hände über den Milchtopf und rieb die Handflächen gegeneinander, so dass kleine längliche „Würstchen" und Klümpchen entstanden. Diese unregelmäßigen Klümpchen fielen in die kochende Milch, und nachdem sie den Vorgang viele Male wiederholt hatte, entstand in dem Topf die einfache Milchsuppe, die wir „Satschirken" nannten. Sie wurde ein wenig gesüßt – Zucker war rar und daher kostbar - und kam dann auf den Tisch. Von Satschirken war niemand so recht begeistert, aber man konnte sie gut essen, besser als Sago oder dünnen Reis, und niemand hatte die Idee, sich zu beklagen – in dieser angespannten Situation schon gar nicht.

Unsere Mutter und Erna erledigten in der Küche den kleinen Abwasch, sorgten dafür, alles in bester Ordnung und vollständig sauber zu hinterlassen, um Frau Johannes keinen Grund zu irgendwelchen Beschwerden zu geben. Danach holte unsere Mutter – wie möglichst jeden Abend - ihre Bibel hervor und las eine Passage aus dem Neuen Testament, aus Matthäus 24, aus der Predigt Jesu über die Endzeit.

„Und Jesus verließ den Tempel und wollte weitergehen. Und seine Jünger traten hinzu, um ihm die Bauten des Tempels zu zeigen. Er aber begann und sprach zu ihnen: Seht ihr nicht dieses alles? Wahrlich ich sage euch: Hier wird kein Stein auf dem anderen bleiben, der nicht zerstört würde. Wenn ihr nun den „Gräuel der Verwüstung", von dem durch den Propheten Daniel geredet worden ist, an heiliger Stätte stehen seht, dann sollen die in Judäa ins Gebirge fliehen; wer auf dem Dach ist, soll nicht hinabsteigen, um seine Habe aus seinem Haus zu holen, und wer auf dem Feld ist, soll nicht zurückkehren, um seinen Mantel zu holen. Wehe aber den Schwangeren und Stillenden in jenen Tagen! Betet aber, dass eure Flucht nicht in den Winter oder auf den Sabbat falle! Denn dann wird eine große Drangsal sein, wie von Anfang der Welt bis jetzt keine gewesen ist."

Unsere Mutter schloss die Bibel, legte sie beiseite und seufzte tief. „Ja, auch in vielen deutschen Städten ist kein Stein auf dem anderen geblieben. Und unsere Flucht ist in den Winter gefallen und große Drangsal haben wir erlebt. Aber der Herr hat seine Hand über uns gehalten und uns gerettet und bis hier gebracht. Lasset uns beten, damit er uns auch jetzt nicht verlässt!" Sie fiel auf die Knie und legte die Hände vor das Gesicht. Alle Kinder falteten ihre Hände und senkten den Kopf. „Herr im Himmel", begann unsere Mutter mit leiser Stimme, „wir danken Dir für Deine Güte und Hilfe, mit der Du uns durch alle Mühsal geführt hast. Sieh uns an in unserer neuen Not. Die Bauersfrau will uns nicht. Die Familie ist getrennt. Wir haben ein Dach über dem Kopf, aber so können wir doch nicht leben. Wir bitten Dich, Herr, erbarme Dich unser und schicke uns noch einmal Hilfe, damit wir alle zusammen diese schwere Zeit aushalten können. Schau gnädig auf uns herab, Herr Jesus, hilf uns und gib uns Frieden."

Sie erhob sich und setzte sich wieder an den Tisch. „Nun lasset uns singen! ‚Bis hierher hat mich Gott gebracht'". Dieses Lied konnten alle Großen aus dem Gedächtnis singen: „Bis hierher hat mich Gott gebracht durch seine große Güte,…bis hierher mir geholfen./ Hilf fernerhin mein treuer Hort, hilf mir zu allen Stunden, hilf mir an all und jedem Ort…." Das zweite Lied kannte sogar ich fast auswendig. Das sangen wir mit lauter Stimme: „Nun danket alle Gott, mit Herzen, Mund und

Händen, der große Dinge tut an uns und allen Enden, der…" Obwohl unser Gesang mit Sicherheit im ganzen Haus zu hören war, kam Frau Johannes nicht, um ihn zu beenden.

Unsere Mutter schickte die Jungen und Olla aber noch nicht zu Elvers zurück, sondern sagte: „Erich hat mich gefragt, warum Papa damals in die Partei eingetreten ist. Obwohl Hitler doch der Antichrist ist. Ich werd euch das mal erklären."

Alle schauten unsere Mutter erstaunt an, in Ostpreußen hatte man nie in Anwesenheit der Kinder über solche Fragen gesprochen, aber nun nach der Flucht schien es ihr sinnvoll, genau das zu tun. Sicher würden die Großen im Ort nach ihrem Vater und seiner Haltung zum Führer gefragt werden. Sie sollten dann nicht ganz unwissend dastehen. Wenn wir Kleinen das alles nicht verstünden – schaden würde es uns schon nicht.

„Alles ging damit los", begann sie, „dass Hitler in seinen Reden immer gesagt hat, er holt alle Deutschen ins Reich zurück. Damit hat er auch uns gemeint, die Deutschen aus Soldau. Wir waren ja polnisch geworden."

„Und – hat er?", fragte Artur, der immer mit besonderem Eifer bei den Pimpfen, der Vorstufe zur Hitlerjugend, mitgemacht hatte. Für ihn war das Sport und Spaß und Abenteuer gewesen und er hatte die Leute, die ihm diesen Spaß ermöglichten, immer sympathisch gefunden.

„Ja", antwortete unsere Mutter, „wenn auch nicht gleich. Aber als er an die Regierung gekommen ist, da hat er weiter versprochen, dass er den Schandvertrag zerreißt."

„Welchen Schandvertrag meinte er denn?" wollte nun Erich wissen.

„Na den, den sie nach dem ersten Krieg in Frankreich gemacht haben. Wo sie beschlossen haben, dass Deutschland alleine Schuld am Weltkrieg hat. Und dass wir dafür büßen müssen. Ein Drittel von unserem Land haben sie uns doch weggenommen, auch unser schönes Soldau. Und zahlen mussten wir, bis Hitler damit Schluss machte."

„Und ihr fandet es gut, dass Hitler alles Land für Deutschland zurückhaben wollte, oder?"

„Natürlich. Wir waren froh. Und Papa ist dann ja auch gleich in die Partei eingetreten. Er bewunderte den Führer."

„Deshalb hat er sich ja auch sofort einen Hitlerbart wachsen lassen", fügte Erna an.

„Und die Haare über den Ohren hat er kahl schneiden lassen, wie Hitler", sagte Olla, „das machten damals fast alle Männer in Przelenk und Lensk. Dann sah man gleich, wer den Führer unterstützt."

„Und wie ging es dann weiter?" drängte Erich.

„Na ja, du weißt ja, dass er dann die Polen aus Soldau verjagt hat. Wir waren dann wieder die Herren im Lande. Dann gab´s in der Schule wieder deutschen Unterricht. Und wir bekamen unser Haus in Lensk und Papa endlich seine eigene Schmiede."

[6] Ostpreußen1934: Unser Vater mit neuem Haarschnitt und Hitlerbart, unsere Mutter, Erna und Erich

„Das war doch alles schön und richtig. Ich verstehe immer noch nicht, warum Hitler dann der Antichrist sein soll", war Erichs Kommentar.

„Erinnert ihr euch, wie vor zwei Jahren fast alle aus Przellenk und Lensk nach Litzmannstadt gefahren sind?"

„Ja", sagte Erna, „und sie kamen mit schönen Möbeln und Geschirr und Kleidern zurück. Ich hätte auch gern so etwas gehabt. Warum habt ihr nicht auch dort eingekauft?"

„Weißt du, was das für Sachen waren, die man dort so billig verkauft hat?"

„Nein, was…?"

„Die hatte man den Juden weggenommen!"

„Aber man kann doch nicht den Leuten einfach ihre Sachen wegnehmen, selbst wenn es nur Polen und Juden waren", protestierte Erich. „Wie haben die denn dann gelebt?"

[7] Ostpreußen, der Vorplatz unserer alten Schmiede in Przellenk, im Vordergrund Familie Klein

„Gelebt? Gar nicht! Erinnert ihr euch noch an die Besuche von diesem Soldaten aus Plettenberg, dem Onkel Paul? Dieser Paul hat unserem Papa erzählt, über KZs, über Lager für die Juden. Er hat mit seinem Lastwagen Essen und andere Sache da hingebracht. Dort hat er Juden gesehen, halb verhungert, hat er gesagt, dünn wie Gespenster. Und er hat die Öfen gesehen. Da haben sie die Toten verbrannt. Das Lager hat gestunken, hat er gesagt, die ganze Umgebung auch."

Erna mischte sich ein: „Unser Papa hatte ja schon früher Schlechtes über die Naziregierung gehört. Gottlieb Rapp war aus Österreich nach Hause gekommen und hat schlimme Sachen über sie erzählt. Dass Hitler so langsam ein Diktator wurde und dass er die Juden schlecht behandeln ließ, das hatte er Papa gesagt."

Unsere Mutter nahm ihren Bericht wieder auf. „Da wussten wir, was die Nazis mit den Juden machen. Vergast hat Hitler sie, totgeschlagen, erschossen. Und dann verbrannt in diesen Krematorien."

„Und habt ihr nichts dagegen getan?"

„Was sollten wir denn dagegen tun? Wer dumme Fragen gestellt hat oder geschimpft, war selbst schnell in so einem Lager. Wir konnten höchstens hier den paar Juden helfen, die wir kannten."

„Und habt ihr...?"

„Erinnert ihr euch, dass Papa abends oft mit einer Tasche voll Essen und Getränken zu Onkel Ferdinand…"
Es klopfte an der Tür. „Könnten Sie so langsam aufhören mit dem lauten Reden? Und die vier sollten dann auch langsam rüber gehen."
Frau Johannes stand in der Tür….

Wir gingen früh schlafen, weil uns in dem kleinen Zimmer sowieso kaum Raum für irgendwelche Aktivitäten blieb – drüben in der Diele schon gar nicht - und waren morgens bereits wach, als die Frühjahrssonne durchs Fenster schien. Irmgard wurde losgeschickt, um ein neues Brot zu kaufen; sie sollte auch fragen, ob man Leberwurst oder Mettwurst bekommen konnte. Sie ging bei Elvers vorbei und holte sich Artur, allein mochte sie in dem noch fremden Ort nicht herumlaufen und schon gar nicht einkaufen.

Nach dem Frühstück, zu dem jeder zwei Scheiben Brot mit Leberwurst bekam – sie war grob und sehr fettig, schmeckte aber dennoch allen - kam Erich zu Johannes herüber.

„ Können wir ein bisschen im Ort rumlaufen, Mutti?"
„Ja, geht nur. Aber seid zum Mittagessen um zwölf wieder hier!"
„Was gibt es denn heute?"
„Ich weiß noch nicht. Wir haben noch ein paar Kartoffeln und braune Bohnen. Ich mach' wohl einen Bohneneintopf."
„Oh ja, prima", war Erichs Antwort, der Eintöpfe besonders gern mochte und immer einen Esslöffel Essig hineintat, worauf er aber an diesem Tag würde verzichten müssen. Essig hatten wir nicht im Haus.

Erna hatte keine Lust, mitzugehen, sie wollte versuchen herauszufinden, ob es hier Schulunterricht gab, unsere Mutter hatte ja dafür gesorgt, dass alle Schulsachen auf die Flucht mitgenommen wurden, um gleich wieder mit dem Unterricht weitermachen zu können. Irmgard schloss sich den Jungen an, wir beiden Kleinen blieben wieder bei Olla und unserer Mutter.

Gegen elf war Erna wieder zurück und die anderen kamen auch rechtzeitig zum Essen. Erna berichtete. „Ich habe auf der Straße Frauen gefragt. Einige erzählen, die Volksschule auf dem Amtsacker ist durch eine Bombe zerstört worden, es gibt keinen Unterricht. Andere sagen etwas von einer RAD-Baracke, in die man umgezogen ist. Ich hab´ dann ein Mädchen in meinem Alter gefragt, und die hat mir gesagt, es gibt im Augenblick gar keinen Unterricht. Man hat Angst, die RAD-Baracke könnte bombardiert werden. Und außerdem sind alle Lehrer zur Wehrmacht eingezogen."

„Und was ist mit einer Oberschule?" wollte Erich wissen. Erna hatte in Ostpreußen bereits auf dem Gymnasium in Soldau Unterricht gehabt und Erich war auch schon dort angemeldet worden, er hoffte also ganz fest, dass sie beide hier gleich auf einer höheren Schule weitermachen bzw. anfangen könnten. „Nein", sagte Erna, „es gibt in Harpstedt keine Oberschule. Nur in Delmenhorst. Da muss man mit dem Zug hinfahren. Aber niemand weiß, was dort im Augenblick los ist. Wahrscheinlich ist die Schule auch geschlossen. Nun weiß ich gar nicht, wie das mit unserer Schule weitergehen soll. Was wird nur mit uns werden?"

„Das ist ja wirklich nicht schön", kommentierte unsere Mutter, „aber du verstehst, dass ich im Augenblick andere Sorgen habe!"

In diesem Moment klopfte es an der Tür und wir hörten, wie Frau Johannes nach vorn ging und öffnete. Eine Männerstimme begrüßte sie, dann hörte man

Frau Johannes laut reden. Wir verstanden fast nichts, merkten aber an dem erregten Ton, dass es wohl um uns und unsere Einquartierung ging.

Nach wenigen Minuten betraten drei Uniformierte das Wohnzimmer, zwei in der braunen Parteiuniform, einer im Feldgrau der Wehrmacht. An seinem Hals baumelte ein Ritterkreuz. Der zweite war der uns schon bekannte Ortsgruppenleiter Gunst, der dritte stellte sich nach zackigem Gruß vor: „Heil Hitler, Sturmbannführer Klenke, ich bin der Ortsbauernführer in der Gemeinde" – und mit der Hand auf den Ritterkreuzträger zeigend: „Major Johannsen, er ist gerade auf Genesungsurlaub hier, den Obersturmbannführer dürften Sie ja bereits kennen."

Unsere Mutter und Olla grüßten mit „Guten Tag", fügten aber angesichts der erstaunt-empörten Blicke hinzu: „Heil Hitler!" Erna sagte gar nichts.

„Wir sind hier, um uns zu erkundigen, wie es mit Ihrer Einquartierung klappt. Funktioniert alles? Fühlen Sie sich wohl?"

„Wohlfühlen? Nein, davon kann keine Rede sein! Ich glaube, Frau Johannes…"

„Frau Johannes hat uns schon ihr Leid geklagt, wir wollen Ihre Meinung hören!"

Bevor unsere Mutter noch etwas sagen kann, ergriff Erna das Wort: „Ich finde es nicht richtig, wie man uns hier behandelt. Wir haben alles verloren, kaum mehr als das nackte Leben gerettet, und diese Frau und ihre Tochter…"

„Lass man, Erna!" fiel unsere Mutter ihr ins Wort, „die Frau hat es auch nicht leicht. Sie weiß nicht, was mit ihrem Mann ist und…"

„Ich möchte Sie bitten, über Ihre Situation zu sprechen und nicht die der Frau Johannes, die kennen wir selbst", unterbrach sie nun der Ortsgruppenleiter Gunst.

Unsere Mutter bemühte sich um Ruhe: „Wir haben es ja hier warm und trocken und können uns auch was kochen. Aber dass meine Jungens nicht bei uns sind, das ist schrecklich. Das halte ich nicht aus. Ich möchte, dass wir alle zusammen sind. Haben Sie nicht eine andere Bleibe für uns? Egal wie klein sie ist, aber zusammen möchten wir wohnen." Sie konnte nicht verhindern, dass ihr die Tränen herunterliefen.

Die drei Männer schauten sich an. „Ich glaube", sagte der Ortsgruppenleiter, „mir fällt da etwas ein. Sagen Sie, Klenke, steht nicht die kleine Funkerbaracke hinter Wittgräfes leer?"

„Jawoll, die Funker sind umgezogen in den Garten des Forstmeisters Lamprecht. Die Baracke ist tatsächlich frei. Aber sie ist sehr klein und schlecht isoliert, da kann man eigentlich nicht…"

„Das tut nichts", unterbrach ihn unsere Mutter schnell, „wenn es nur etwas für uns alle ist. Wir werden da schon fertig."

„Wir schau 'n mal, was sich machen lässt, liebe Frau Klein", mischte sich nun der Ritterkreuzträger ein, „wir melden uns wieder bei Ihnen."

In der Funkerbaracke

Die kleine Baracke lag geduckt unter Obstbäumen, ein schmaler Weg mit struppigem Gras führte von dem breiten Feldweg zu ihr hin. Gärten breiteten sich hier aus, Obstgärten und Gemüsegärten mit sauber gezirkelten Beeten, die jetzt aber kahl und schwarz unter der blassen Sonne lagen. Nur hundert Meter entfernt – nach Süden hin – standen die Bürgerhäuser des Fleckens und die Post, die in dunklem Klinker erbaut war. Im Nordwesten gab es die Wirtschaftsgebäude eines Bauernhofes, und auch das Dach des großen Wohnhauses war zu sehen.

„Bis jetzt stehen nur wenige Möbel drin", erklärte der Ortsgruppenleiter, „zwei Feldbetten, ein Tisch und ein paar Stühle, ein Wehrmachtspind aus Blech. Geheizt haben die Funker mit einem kleinen runden Kanonenofen, ein Schornstein ist ja zum Glück vorhanden. Ich werde Anweisung geben, dass die Wehrmacht noch einen Spind und noch zwei Betten bringt, mehr passt ja hier nicht rein."

„Vier Betten reichen ja auch", versicherte unsere Mutter, „wir sind ja nur acht."

„Aber Mutti", protestierte Erich, „wir sind doch neun!"

„Ach so, das habt ihr nebenan ja gar nicht mitgekriegt", klärte Olla ihn auf, „ich werde hier nicht mit euch wohnen."

„Aber warum denn nicht?"

„Ich bin so alt, dass ich arbeiten gehen muss. Ein Bauer Eiskamp war vorhin schon da und hat mit mir geredet, ich helfe euch nur noch beim Einziehen hier, gegen sechs holt er mich schon ab."

„Du wirst uns fehlen, Olla."

„Es ist ja nicht weit, ich komme euch am Wochenende immer besuchen."

„Versprochen?"

„Versprochen!"

Der Ortsgruppenleiter mischte sich wieder ins Gespräch. „Das Rote Kreuz kann Ihnen bestimmt einen Herd besorgen, damit Sie auch kochen können. Den anderen Ofen werfen wir dann raus."

„Wie ist es mit Wasser?"

„Da vorn am Weg gibt es eine Pumpe, die für die Gärten genutzt wird. Die ist jetzt nicht mehr zugefroren. Und hinter der Baracke steht ein kleines Plumpsklo. Mit Eimer. Wenn Sie wollen, dass er immer abgeholt wird, müssen sie im Gemeindebüro Bescheid sagen."

Das mit der Pumpe draußen und dem primitiven Klo störte niemanden: In Ostpreußen hatten wir auch kein Wasser im Haus gehabt, nur einen Brunnen im Hinterhof, aus dem man das Wasser mit einem Eimer an langer Kette hochholen musste, und das Klo war auch nicht viel besser gewesen. Statt eines Eimers hatte es aber eine Jauchegrube gegeben, die zusammen mit der Gülle der Tiere geleert werden konnte. Hier gab es aber wenigstens elektrisches Licht, in Lensk hatten wir nur Petroleumlampen gehabt, Strom gab es dort nur in den Unterkünften der Instandsetzungskompanie, die man im Ort eingerichtet hatte, und in dem großen Gut. Erst 1944 hatte man dafür die Leitungen bis ans Dorf gelegt und mit der Elektrifizierung begonnen.

Unsere Mutter ergriff die Hand des Ortsgruppenleiters: „Danke, Herr Gunst, Sie hat Gott geschickt…"

Er entzog ihr die Hand. „Lassen Sie den Herrgott aus dem Spiel! Und für Sie bin ich immer noch der Obersturmbannführer, Frau Klein!"

Ein paar Stunden später hatten wir unsere wenigen Habseligkeiten mit Pferd und Wagen herübergeholt – die Baracke lag nur ein paar Minuten von den Johannes- und Elvershäusern entfernt. Unsere Mutter hatte sich bei den beiden Frauen bedankt, hatte aber nur ein kurzes „Wiederseh'n" geerntet. Damit war die Zwangseinquartierung bereits nach einer Woche beendet – alle Beteiligten atmeten erleichtert durch.

Die Bettenfrage war schnell geregelt. Auf die ersten beiden Strohsäcke kamen die vier Jungen, Erna und Irmgard schliefen in dem dritten Bett des kleineren der beiden Zimmer, unsere Mutter und Edith belegten das vierte Eisenbett, das in der Wohnküche unter das Fenster geschoben worden war. Die Spinde reichten für die paar Kleidungsstücke aus, das Geschirr und die restlichen Sachen wurden in eine Ecke gestapelt.
„Vielleicht kriegen wir ja noch mal einen Küchenschrank. Bis dahin muss es so gehen."
„Und was machen wir mit den Pferden? Und dem Wagen?"
„Der Gunst hat gesagt, wir sollen bei dem Bauern fragen."

Frau Wittgräfe, eine Frau im Alter unserer Mutter, und ihr wohl siebzigjähriger Vater, der alte Wulferding, den die meisten „Wiehnachtsmann" nannten, wie wir in den nächsten Tagen und Wochen mitbekamen, empfingen Erna und unsere Mutter recht freundlich, als sie vorn an der großen Dielentür des Bauernhauses klopften. „Der Gunst hat uns schon Bescheid gesagt, dass Sie in die kleine Baracke ziehen, Frau Klein. Wir wollen Ihnen gerne helfen, dass Sie sich hier wohl fühlen. Willkommen bei uns!"
„Danke. Wir müssten als erstes einen Platz für unsere Pferde und den Wagen finden."
„Das ist ganz einfach. Die Pferde kommen zu uns in den Stall, wenn Sie wollen, und für den Wagen haben wir Platz unter dem großen Vordach."
„Das wäre ja schön…"
„Und wenn ich die Pferde für die Feldarbeit mitbenutzen kann, sollen Sie auch etwas dafür haben."
„Aber…"
„Lassen Sie man, Frau Klein, ich denke da so an ein Schwein, das ich für sie mit groß füttere. Eins oder auch zwei im Jahr könnten Sie doch gewiss brauchen, bei den vielen Kindern."
Bisher hatte Herr Wulferding geredet, nun sprach Frau Wittgräfe weiter: „Und um Milch machen Sie sich auch mal keine Gedanken, die können Sie jeden Morgen und Abend hier bei uns holen. Wenn eins der Kinder hinten durch den Garten kommt, dann sieht das keiner. Braucht ja niemand zu wissen. Und bezahlen müssen sie die auch nicht, sie können uns ja dafür bei der Feldbestellung und bei der Ernte helfen, wenn Sie davon etwas verstehen."
„Natürlich, wir hatten ja in Ostpreußen auch einen Hof…"
„Ach und noch was", übernahm der alte Wulferding nun wieder das Wort, „ wir haben hier noch manchmal Bombenalarm. Dann kommen Sie man zu uns in den Keller. Ich zeige Ihnen gleich den Eingang. Hier, durch diesen Schuppen müssen Sie gehen."
Er führte uns zu einer soliden Tür, hinter der eine Treppe nach unten ging. „Das ist zwar kein bombensicherer Keller, aber besser als Ihre Holzbaracke. Wenn wir keinen Volltreffer abbekommen, dann hält er schon. Ach", fügte er noch hinzu, „wie machen Sie das mit dem Goldeimer?"

Unsere Mutter verstand nicht. „Goldeimer?"
„Na, mit Ihrer Toilette!"
„Die sollen wir bei der Gemeinde anmelden. Dann wird der Eimer immer geleert."
„Das kostet aber Geld. Das können Sie sich sparen. Bringen Sie den man auf unseren Misthaufen. Auf ein bisschen Scheiße mehr oder weniger kommt es nicht an."
Erna zuckte zusammen. Solche Wörter waren in unserer Familie tabu, sündig. Sie schaute unsere Mutter an, aber die blieb ganz gelassen. „Danke, das werden wir dann so machen."

Bereits am nächsten Tag stand ein normaler weißer Küchenherd in der kleinen Baracke und auch einen Schrank hatte das Rote Kreuz auftreiben können. Nun waren wir eingerichtet und konnten der Zukunft mit Zuversicht ins Auge sehen.
Unsere Mutter hatte ein Stück durchwachsenen Speck und Kartoffeln bei Wittgräfes kaufen können, am Abend gab es eine große Pfanne voller gut schmeckender Bratkartoffeln. Jeder bekam eine Tasse frischer Milch dazu.
Erich war es wieder, der unsere Mutter erinnerte. „Jetzt haben wir doch erst einmal Ruhe. Kannst du nicht erzählen, wie das mit Papa und den Juden in Lensk weiterging?"
„Ja, gut. Also: Die einzigen Juden, die wir gekannt haben, waren die Leßmanns. Das waren die Mühlenbesitzer. Die hatten ein großes Haus neben der Mühle und noch ein zweites in Kongresspolen."
Erna unterbrach sie: „Ich bin oft mitgefahren, wenn wir Korn zu dieser Mühle gebracht haben. Und Frau Leßmann hat dann meistens Tee gekocht. Wir haben zusammen gesessen und uns was erzählt. Die waren nett, die Leßmanns. Gar nicht so, wie man uns die Juden in der Schule immer beschrieben hat…"
„Zuerst nahmen die Nazis der Familie die Mühle weg", griff unsere Mutter den Faden wieder auf. Dann gab es Verbote. Sie konnten kein Essen mehr kaufen. Da sind dann Papa und sein Bruder, Euer Onkel Ferdinand, über den Fluss gegangen. Die haben ihnen Kartoffeln und Brot und anderes Essen gebracht. Aber in einer Nacht trafen sie die Familie nicht mehr an: Die Leßmanns waren abgeholt worden. Sie sollen dann auch im KZ umgekommen sein."
„Aber die Leßmanns waren doch drei Brüder", erinnerte sich Erich.
„Das stimmt", bestätigte unsere Mutter. Der eine hatte in Lautenburg eine Gaststätte, der andere eine Sägemühle. Was aus denen geworden ist, weiß ich nicht. Ferdinand hat uns nur erzählt, dass er diesen beiden auch geholfen hat. Aber ob er sie hat retten können, weiß ich nicht."
„Haben die Nazis nur die Juden schlecht behandelt?" fragte Erich weiter.
„Nein, auch die Polen und die Russen hatten unter ihnen zu leiden. Das waren ja nun auch Untermenschen. Es war nicht leicht, etwas für diese armen Leute zu tun. Ihr kennt doch noch den alten Streck – die sind ja nicht mit auf die Flucht gekommen – der hat sich getraut. Der hat einen Polen aus unserem Dorf versteckt. Der sollte zur Zwangsarbeit ins Reich. Monatelang hat er ihn versteckt. Erst in seinem Heuschober, dann in seiner Scheune oben im Stroh. So etwas haben wir nicht gemacht."
„Aber Mutti, hat Papa nicht dem Arkadiusch auch geholfen?" protestierte Erna.
„Ja, du hast Recht. Ihr werdet euch vielleicht nicht mehr erinnern", wandte sie sich an uns jüngere Kinder. „Aber neben den Polen Chinek und Janek hatten wir eine Zeit einen russischen Kriegsgefangenen als Zwangsarbeiter. Arkadiusch hieß er. Diesem hat unser Papa schon nach drei Tagen gesagt, ›Da ist deine

Heimat<. Und mit der Hand hat er in die aufgehende Sonne gezeigt. Am nächsten Tag war der Arkadiusch verschwunden. Papa hat drei Stunden gewartet, bis er zur Polizei ging. Zum Glück kam niemand auf die Idee, dass der Ortsbauernführer sich getraut hat, einem Russen zu helfen."

„Und wie war das mit unserer Frau Savatzke?"

„Ach ja! Die junge Frau Savatzke war ja Polin. Die wollte man gleich 1940 als Zwangsarbeiterin ins Reich schicken. Sie hat unsere Familie gut gekannt, weil sie für euch Mädchen und für mich Kleidung genäht hat. Sie hat auch mal auf euch Kinder aufgepasst. Sie kam zu mir gelaufen, ich sollte ihr helfen. Ich bin dann zum Bürger-meister Radtke und hab ihn gefragt, ob ich sie nicht als Hausmädchen anstellen kann. >Wir können doch nicht alle Polen behalten<, hat er mir gesagt. Ich bin dann noch zwei Mal bei ihm gewesen. Sie durfte endlich als Schneiderin für uns arbeiten. Und sie blieb in Lensk."

Bei einer Reise nach Polen / Ostpreußen im August 1993 besuchten wir die alte Frau Savatzke und wurden von ihr und ihrer Tochter aufs Freundlichste bewirtet. Sie wohnte immer noch in dem Haus in Groß Lensk, das sie erhalten hatte, nachdem Lensk bei Kriegsende im Frühjahr 1945 wieder einmal die Besitzer gewechselt hatte und nun wieder polnisch war. Die Tochter sprach ein paar Worte Deutsch, Erna hatte ihr Polnisch noch nicht ganz verlernt, so dass sogar eine kleine Unterhaltung zustande kam. Frau Savatzke erinnerte sich natürlich gut an unserer unsere Mutter und auch an die großen Geschwister.

Das Kriegsende in Harpstedt

Harpstedt, der Ort, in den uns unsere Flucht geführt hatte, etwa dreißig Kilometer südlich von Bremen gelegen, war schon im vierten Jahrtausend vor Christi Geburt besiedelt gewesen, wie man durch die Entdeckung einiger Großsteingräber und des berühmten Sonnensteines, den man vor dem Amtshof aufgestellt hat, weiß.

An einem günstigen Übergang über die Delme entstand dann eine Ansiedlung, die im 8.Jahrhundert n.Chr. von Bremen aus christianisiert wurde. Die Bremer Erzbischöfe waren bis zum Ende des 15. Jahrhunderts die Herren über dieses Gebiet.

Im Jahre 1203 erscheint erstmals der Name „Harpenstede", abgeleitet vom Plattdeutschen „Harpe" = Harfe, die heute unter dem Sonnenstein im Wappen des Ortes auftaucht. Die Erzbischöfe waren es, die 1360 die Burg, die man an der Stelle gebaut hatte, wo heute der Amtshof steht, den Grafen von Hoya übertrugen, die damit Lehnsmänner der Bremer und Herren der Harpstedter wurden. Im Jahre 1396 hatten die Burgherren, also die Hoyaer Grafen, den Bürgern das Abhalten von Märkten erlaubt, und daraus war die Bezeichnung „Marktflecken" entstanden, zum Zeichen, dass hier Marktrecht galt, also eine eingeschränkte Art von Stadtrecht. Die Burg war als Wasserburg an der Delme gebaut worden. Man hatte durch ein Wehr, das man gleich zum Antreiben einer Wassermühle benutzte, den kleinen Fluss aufgestaut und durch Aushub den aufgestauten Wasserlauf zu einem Burggraben erweitert und vertieft.

Dem kleinen Ort wurde eine sehr unruhige Geschichte zuteil; abseits der großen Verkehrswege des Mittelalters konnte er sich nicht so recht entwickeln, lag den Herren, die es besaßen, nicht sehr am Herzen und wurde daher mehrfach als Pfand- und Tauschobjekt verwendet. So geriet es im 15. Jahrhundert an den Dänen Graf Moritz und wurde 1547 von Graf Anton, der bereits Oldenburg und Delmenhorst besaß, erobert und durch ihn evangelisch-lutherisch, was es bis in die Gegenwart geblieben ist. In dieser Zeit wurde dort auch eine erste Schule gegründet, die der Pastor betreute, und entsprechend wurde auch der Unterricht in Kirchenräumen gehalten. Ab 1690 war Harpstedt Sitz einer so genannten Hauptschule, zu der auch die Kinder aus den umliegenden Dörfern gehen mussten oder konnten.

Der Flecken kam dann durch Verträge unter den Herrschenden im Deutschen Reich zu Braunschweig, dann 1714 zu Hannover, dessen König damals auch König von England war – Länder wurden unter den Adligen hin und her geschoben wie heute Autos oder Häuser.

1739 gab es eine große Katastrophe. Da der Ort, wie damals üblich, weitestgehend aus Holz gebaut war und enge verwinkelte Gassen hatte, konnte ein Brand von den 114 Häusern 89 zerstören; nur 25 blieben stehen. Auch die Kirche, die Pfarrhäuser und Teile der Schloss-Burg-Bauten verbrannten.

Man war schlau und nutzte die Katastrophe zu einem radikalen Neubeginn: Das sowieso baufällige Schloss wurde abgerissen, und auf seinen Fundamenten errichtete man das Fachwerkgebäude, das heute noch steht (wenn auch von Grund auf restauriert) und den Amtshof, also den Sitz der Verwaltung enthält.

Der ganze Ort wurde neu konzipiert: Nach den Erkenntnissen moderner Architektur legte man breite Straßen an, die sich rechtwinklig kreuzten. Damals diente das vor allem der Feuersicherheit, heute freut man sich, auf diese Weise einen recht gut fließenden Verkehr im Ort zu haben.

Auch die Kirche, die evangelische Christuskirche, baute man neu in barockem Stil; sie wurde 1753 geweiht.

[8] Oben am Bildrand etwas links von der Mitte standen die Baracken (Pfeil), ziemlich genau in der Mitte weist der Pfeil auf unsere erste Unterkunft bei Johannes. Ganz am rechten Bildrand, 3-4 cm von unten, stand im Grünen die Funkerbaracke

Erst im Jahre 1848 erhielt der abseits liegende Ort eine regelmäßige Postversorgung, und 1912 gab es eine Eisenbahnverbindung mit Delmenhorst, die aber nie über eine Kleinbahn hinauskam.

Im Jahre 1921 wurde die Schule vollständig von der Kirche getrennt – man plante einen Neubau, da die Gebäude auf dem Amtshof zu klein geworden waren. Am heutigen Redeckerweg, wo es aus dem Ort hinausgeht in den Wald und zum alten Sportplatz, sollte sie stehen. Aber obwohl 1938 fertige Zeichnungen vorlagen, kam es nicht zu dem Neubau, man hätte wegen der nahen Delme zu viel Stahlbeton für das Fundament gebraucht: Bunker waren angesichts des geplanten nahen Krieges wichtiger.

Im Zweiten Weltkrieg wurde der Ort mehrfach bombardiert und erlitt schwere Zerstörungen, die allerdings in kürzester Zeit wieder beseitigt werden konnten.

In den Jahren, in denen wir dann in Harpstedt lebten, war der Ort noch in einem dörflichen Zustand. Überall standen Fachwerkhäuser und viele der Gebäude waren Bauernstellen, d.h. die Bewohner lebten noch mit dem Vieh unter einem Dach. Die Straßen waren mit Kopfsteinen – auch Lesesteine genannt, weil sie einfach auf den Feldern aufgelesen wurden – gepflastert. Die Bürgersteige hatten noch keine Platten, zwischen den kleinen Steinen gab es teils offene, teils abgedeckte Rinnen.

Erst Jahre nach unserer Zeit erhielt Harpstedt als Luftkurort das heutige Stadtbild. Viele alte Häuser mussten weichen, viele Bäume an den Straßen verschwanden und machten Parkbuchten Platz - nicht alle Harpstedter waren von dieser radikalen Modernisierung begeistert - ich gehörte dazu, wenn ich aus Bremen wieder einmal den Ort meiner Kindheit besuchte und betrachtete.

[9] Die moderne Lange Straße

Im Februar und März 1945 eroberten die Russen den ganzen deutschen Osten und stießen bis an die Oder vor. Die Amerikaner und Engländer besetzten das linksrheinische Deutschland, am 7. März gewannen die Amerikaner mit der Eroberung der Brücke bei Remagen einen Brückenkopf rechts des Rheins, den sie bis zum 22. März auf 50 km Breite ausbauten. An diesem Tag kapitulierte Mainz. Am 24. März erzwangen die Engländer bei Wesel den Übergang über den Rhein: Das ist der historische Hintergrund des Zeitpunktes - des 23. März - an dem unser kleiner Treck aus Ostpreußen in Harpstedt endgültig sein Ende fand.

In diesem Marktflecken herrschte noch Ruhe, fast Frieden – wenn man von den Bombenangriffen absieht - hier hatte man es bisher nicht für nötig gehalten, einen Volkssturm einzuberufen, der Feind war ja weit weg, kriegerische Auseinandersetzung auf dem heimischen Boden hatte es bisher natürlich nicht gegeben, und man rechnete auch für die Zukunft nicht damit.

Hier war die Welt noch „in Ordnung", die Parteiorganisation der NSDAP funktionierte weiterhin, hier wurde noch geplant und befohlen – und gehorcht, wenn auch manchmal widerwillig, wie wir am Beispiel unserer Einquartierung hatten erleben können.

Wir verlebten in unserer kleinen Baracke einen sonnigen und fast friedlichen März. Für die ersten Tage hatten wir von Wittgräfes etwas Holz und auch Torf bekommen, das wir mit ihrem kleinen Handwagen zu uns in die Funker-Baracke hinüberbrachten und draußen an der Wand unter dem überstehenden Dach aufstapelten, so dass es auch bei Regen einigermaßen trocken blieb. Nun galt es aber, eigenes Brennholz zu besorgen.

Unsere Mutter und Erna machten sich also auf in die Försterei Wilkening, die am anderen Ende des Fleckens im Wald gelegen war, und erhielten dort ohne Probleme einen Sammelschein. Der berechtigte uns dazu, aus den Harpstedter Wäldern Abfallholz zu holen. Die Waldarbeiter fällten im Herbst und im Winter Bäume, vor allem Kiefern und Fichten, und nur die Stämme wurden an die Sägereien im Flecken und an die umliegenden Dörfer verkauft oder ins Ruhrgebiet verfrachtet, wo sie als Grubenholz in den Bergwerken gebraucht wurden. Übrig blieb das sogenannte Kopfholz, also die Baumkronen mit den dünnen Ästen, und die Baumstumpen, die man einfach in der Erde stecken ließ. Die Forstverwaltung war ganz froh, dass es Leute gab, die an diesen Abfällen interessiert waren; auf diese Weise wurde der Wald „aufgeräumt", das Kleinholz verschwand, die Stubben wurden gerodet, und man konnte dann auf sauberer Fläche neue Bäume anpflanzen.

Wittgräfes liehen uns ihren Handwagen und auch eine Axt und eine Bügelsäge, ein Beil hatten wir aus Ostpreußen mitgebracht; es hatte uns unterwegs oft gute Dienste geleistet, wenn wir grobes Holz kleinhacken mussten, um ein Feuer zum Kochen anmachen zu können. Damit ausgerüstet, begaben sich unsere Mutter und Artur und Erich in den Wald beim Brammer Moor: Man hatte uns gesagt, dort gebe es einen frischen kleinen Kahlschlag, den sie nach kurzem Suchen auch fanden. Unsere Mutter hatte beim Laufen durch die Waldwege gesehen, dass unter den hohen Kiefern niedrige Sträucher wuchsen, die um diese Jahreszeit noch nicht einmal Ansätze von Blättern zeigten. „Da, schaut mal Jungens, das sind Blaubeersträucher. Hier werden wir Blaubeeren pflücken kommen. Wir müssen mal fragen, ob wir die im Flecken auf dem Markt verkaufen können."

Die Forstarbeiter hatten die gefällten Bäume bereits von den Ästen befreit, die Kronen abgesägt und waren nun dabei, mit schweren Rückepferden die Stämme zu den Waldwegen zu ziehen, wo sie gelagert und dann von Treckern auf Anhänger gezogen und abtransportiert werden sollten. Sie wiesen unsere Mutter freundlich auf eine Ecke hin, in der noch viele und dicke Zweige herumlagen, und unsere drei Holzholer machten sich an die Arbeit. Unsere Mutter sägte die dicken Äste in etwa zwei Meter lange Stücke, Erich hackte mit der Axt die großen Zweige ab, Arthur zerhackte die Zweige zu Kleinholz – das würde man zum Feueranmachen gut gebrauchen können. Sie legten dann die dicken glatten Stämmchen auf den Wagen, steckten senkrecht lange Stöcke an die Seiten und packten anschließend den Wagen hoch mit den dünneren Zweigen voll und sicherten die Fuhre mit einer alten Wäscheleine. Unsere Mutter und Erich ergriffen die Deichsel, Artur schob von hinten den schwer gewordenen Wagen. Das Stück über den Waldboden war anstrengend, einmal musste sogar ein Forstarbeiter helfen, als ein Rad in ein Wasserloch geriet, aber als sie erst einmal den festen Waldweg und dann die Bassumer Straße erreicht hatten, ging es leicht.

Nach gut vier Stunden waren sie zu Hause und luden ihre Beute ab. Im Garten fand sich ein ordentlicher Hackklotz und ein wackeliger Sägebock: Noch am selben Tag wurden die dicken Äste in ofengerechte Stücke von etwa dreißig Zentimetern zersägt und an der Wand aufgeschichtet, die Zweige wurden ganz fein gehackt und im Flur untergebracht.

Diese Holzaktion wurde in den kalten Monaten wöchentlich zweimal wiederholt. Als die größte Kälte im Mai vorbei war, reichte es, wenn wir einmal fuhren, in den Monaten, in denen wir das Holz nur noch zum Kochen brauchten, machten sich unsere Holzholer, oft die drei Jungen allein, nur noch alle zwei Wochen auf den Weg.

An einem der nächsten Abende war unsere Mutter – wie inzwischen üblich – wieder bei unserem Bauern nebenan. Sie hatten sich darauf verständigt, dass sie Frau Wittgräfe beim Melken unterstützte; dafür bekamen wir dann täglich morgens und abends zwei Liter Milch, bei Bedarf auch mehr. Man war bei der gemeinsamen Arbeit inzwischen zum Du übergegangen. Das Melken strengte zwar die Hände und auch die Unterarme an, war aber sonst geruhsam zu nennen: Man konnte sich dabei gut unterhalten, wenn man in zwei Metern Abstand auf seinem Melkschemel hockte und den Milchstrahl in den unter das Euter gestellten Eimer spritzte.

„Ich habe dich noch gar nicht gefragt, Hermine, was eigentlich mit deinem Mann ist", begann unsere Mutter ein Gespräch, vor dem sie sich bisher immer gescheut hatte.

„Mein Mann ist tot, gefallen. Er ist an der Front in Ostpreußen schwer verwundet worden. Wir konnten ihn noch im Lazarett besuchen. Aber gesund wurde er nicht mehr."

„Das ist ja schrecklich. Mein herzliches Beileid für dich und deine Töchter – und auch für Deinen Vater. Hoffentlich ergeht es meinem Rudolf nicht auch so!"

„Ist er denn auch noch an der Front, Lokadja?" „Lokadja" war die übliche Form, in der unsere Mutter angesprochen wurde.

„Das wissen wir nicht. Er ist nicht Wehrmachtssoldat, nur Volkssturmmann. Seit seinem Weihnachtsurlaub haben wir nichts mehr von ihm gehört."

Und dann erzählte unsere Mutter, was sich in den letzten Monaten vor der Flucht bei uns und für uns in Ostpreußen abgespielt hatte – nach dem Melken und Abendessen ging sie noch einmal zu Frau Wittgräfe zurück, um ihren kleinen Bericht abzuschließen.

Vor dem Krieg war unser Vater nicht besonders politisch interessiert oder gar aktiv gewesen. Gleich nach dem Deutschwerden im Jahre 1939 gab es dann auch in unserem Kreis Neidenburg Nazipropaganda auf breitester Front mit massiver Werbung für die NSDAP, die keinen Zweifel daran ließ, dass jeder anständige deutsche Mann in die Partei gehörte, zumal wenn er einen Betrieb hatte wie unser Vater. Er trat dann auch gleich in die Partei ein, sowohl aus Begeisterung für die Wohltat, dass man uns Deutsche wieder heim ins Reich geholt und mit Haus und Schmiede ausgerüstet hatte, als auch aus einfachem Kalkül: Man hatte deutlich gemacht, dass Nichtparteimitglieder schneller mit einem Einsatz als Frontsoldat zu rechnen hatten, selbst wenn sie nicht mehr ganz jung waren.

Unser Vater wurde dann zum Blockleiter befördert, für etwa ein halbes Jahr machte man ihn auch noch zum Ortsbauernführer, weil der bisherige Amtsinhaber Wrede Probleme im Rahmen der Ablieferungspflicht der Bauern hatte und vorübergehend abgesetzt worden war. In Neidenburg war er seit Anfang 1944 auch Vorsitzender der Handwerker-Innung Landmaschinenschlosser. *„Ja, mein Rudolf war damals ein richtiger Hitleranhänger und hat viel für die Partei getan. Aber lange hat ihm das nicht geholfen."*

Der Landmaschinenschlosser-Meister und Ortsbauernführer Rudolf Klein wurde nicht zur Wehrmacht eingezogen, weil mehrere günstige Faktoren zusammenkamen: Er war Parteimitglied mit Funktionen. Er war kinderreich. Die Landwirtschaft musste funktionieren, und er hatte für die ganze Umgebung die landwirtschaftlichen Maschinen in Schuss zu halten, war also kriegswichtig, unabkömmlich an der „Heimatfront". Das alles hatte Bedeutung und Geltung, so lange sich der Krieg – im deutschen Sinne – gut entwickelte, d.h. die deutschen Truppen siegreich nach vorn marschierten und die Front weit weg war von deutschem Boden. Als besagte Front dann aber bedrohlich näher kam, d.h. die Rote Armee siegreich nach vorn marschierte und sich bedrohlich dem Deutschen Reich näherte, da zählten plötzlich alle diese Faktoren nicht mehr: Jeder zwischen 16 und 60 (die Ausnahmen wurden immer seltener), der ein Gewehr oder einen Spaten halten konnte, hatte ‚Soldat' oder Volkssturmmann zu werden.

Mit dem 16.10.1944 war die Schonung für ihn vorbei – er hatte sich zu einem Ausbildungslehrgang „*zwecks Sonderausbildung bekannter Nahbekaempfungsmittel*" in Allenstein einzufinden.

Dieser Befehl war für unsere Familie ein Schock und bedeutete das Ende der friedlichen Idylle in Haus und Hof und Schmiede in Groß Lensk. „*Diese Einberufung ist eine Strafe, die Strafe Gottes dafür, dass wir für den Bösen gearbeitet haben. Hitler ist der Antichrist. Für diesen Antichristen haben wir Partei ergriffen – und nun straft Gott uns dafür*", so legte unsere Mutter ihre Weltsicht der Frau Wittgräfe dar.

[10] Unser Vater als Volkssturmmann 1944

Im Kreis Neidenburg wurden vier Kompanien aufgestellt. Die zweite Kompanie hatte unser Bezirk Soldau zu stellen – hier wurde unser Vater eingegliedert. Eingesetzt wurde er weit im Osten, in Grabnick, etwa 40 km von der Grenze entfernt. Sie errichteten Panzersperren, hoben dazu tiefe Gräben aus, zu kämpfen hatten sie nicht.

Vom zweiten Weihnachtstag bis Silvester bekam er Heimaturlaub. In diesen Urlaubstagen fuhr er nach Soldau und kaufte ein, viel Material für die Schmiede, weil er sicher war, gleich nach dem Krieg den Betrieb wieder weiter betreiben zu können.

Unser Vater hatte in all den Kriegsjahren jeden Gedanken an Flucht weit von sich gewiesen. Er gehörte zu denjenigen, die fest an den Endsieg glaubten, wusste man doch unklar etwas von Wunderwaffen, die bereits erprobt wurden und mit denen man trotz allem den Sieg würde erzwingen können.

Im Herbst 1944 stand es um diesen Sieg allerdings recht schlecht. Am 21. August 1944 drangen russische Soldaten in den Osten von Ostpreußen ein, besetzten den kleinen Ort Nemmersdorf. Als deutsche Truppen zwei Tage später das Dorf wiedereroberten - ich zitiere jetzt aus dem Buch von Guido Knopp. „Die große Flucht" – *„bot sich ihnen ein grausames Bild: Alle, die Nemmersdorf nicht rechtzeitig verlassen hatten,* (die meisten waren am Vortag geflüchtet) *waren brutal ermordet worden. Die grausame Bilanz der ersten Konfrontation russischer Kampfverbände mit deutscher Zivilbevölkerung lautete: 26 Tote, unter ihnen Frauen, Kinder und Alte. Sofort lief Goebbels Propagandamaschinerie auf Hochtouren. Deutsche wie ausländische Zeitungen berichteten wenig später vom ‚Massaker in Nemmersdorf' und sparten dabei nicht an Details: ‚vergewaltigte Frauen und Kinder', ‚brutal hingerichtete Greise'. Die Wochenschau brachte Bilder, die sich für immer in das kollektive Gedächtnis der entsetzten Kinobesucher eingraben sollten."*

[11] Nemmersdorf. Zahlreiche Historiker gehen davon aus, dass dieses Bild nachträglich „gestellt" worden ist – die Fakten werden allerdings nicht bestritten

Diese Informationen haben auch die Volkssturm-Einheiten (und damit auch unser Vater) zu sehen bekommen, denn Goebbels hatte Anweisung gegeben, die *„sowjetischen Gräuel in der Öffentlichkeit stärker in den Vordergrund zu rücken"...*So titelte dann auch der Völkische Beobachter am 27. Oktober: *„Das Wüten der sowjetischen Bestien – Furchtbare Verbrechen in Nemmersdorf".* Ziel dieser Pressekampagne war es, den Widerstandswillen der Soldaten und des Volkssturms zu stärken, doch – ich zitiere noch einmal Knopp – *„mit seiner Nemmersdorf-Kampagne hatte sich der sonst so wirkungsvoll agierende Propagandaminister verrechnet: Statt den Widerstandswillen zu stärken, brach unter der Bevölkerung Panik aus. In den Wochen nach... Nemmersdorf setzte in Ostpreußen eine erneute, unkontrollierte Fluchtbewegung ein..."*

Diese Ereignisse in Nemmersdorf haben ein Umdenken bei unserem Vater bewirkt, wie er bei seinem Weihnachtsurlaub erzählte.
*„Wir müssen Goebbels eigentlich dankbar sein für seine Propaganda. Sie hat dafür gesorgt, dass unsere Flucht vorbereitet wurde. Als Rudolf aus seinem Standort Grabnick zum Urlaub nach Hause kam, war sein Entschluss gefasst. >Du wartest auf niemanden! Wenn hier gesagt wird, es wird geflüchtet, dann bloß weg!< hat er zu mir gesagt. Er gab nicht eher Ruhe, bis ich ihm fest versprochen habe, sofort zu flüchten, wenn wir hören, dass die Russen in der Nähe sind. Wir sollten soweit nach Westen fahren, bis wir sicher sein konnten, dass die Russen uns dort nicht mehr erreichen können."*

Und damit eine solche Flucht auch stattfinden konnte, ging er gleich in die Schmiede, um einen Wagen vorzubereiten. Ein normaler großer Erntewagen mit Sitzbock und Holzrädern, die mit einem Eisenreifen umgeben waren, wurde ausgewählt. Dieser Kastenwagen war etwa fünf Meter lang, der Boden zwei Meter breit, die Seitenbretter hatten oben einen Abstand von vielleicht 2,5 Meter. Darüber baute er zusammen mit unseren beiden Polen, die die Arbeit dann eigenständig abschlossen, aus verzinkten Blechen, die er in Soldau zusammen mit allerlei Flacheisen erstanden hatte, ein rund gewölbtes Dach, so dass man in der Mitte des Wagens stehen konnte und alles trocken bleiben würde.
*„Er konnte nicht wissen, dass es schon drei Wochen später soweit war. Viel früher, als er gedacht hat. Aber das werd ich dir ein andermal erzählen."*

In der Endphase des Krieges wurde es dann noch einmal ungemütlich bei uns in der Funkerbaracke, als die neuerlichen Bombenangriffe der Engländer begannen und die Front unaufhaltsam näher rückte. Ich erzähle hier einige Ereignisse der letzten zwei Kriegsmonate in Harpstedt, die wir Kinder damals zwar nicht in allen Einzelheiten mitbekamen, von denen wir aber betroffen waren und unter denen wir zum Teil auch zu leiden hatten.
Im April drang die zweite englische Armee von Wesel aus nach Osten vor, ein Teil spaltete sich ab und fuhr und marschierte nordwärts in Richtung auf Bremen. Am 4. April 1945 erreichten sie niedersächsisches Gebiet, am 7. war

bereits die Nachbargrafschaft Diepholz erobert. Himmler gab den Befehl heraus, *„alle männlichen Personen zu erschießen"*, deren Haus eine weiße Flagge zeigte, aber das erschreckte die Harpstedter nicht. Überall wurden weiße Tücher aus den Fenstern gehängt, denn alle waren an einer kampflosen Übergabe des Ortes interessiert, damit die Häuser und Straßen nicht noch im allerletzten Moment in sinnlosen Kämpfen zerstört wurden.

Die Parteileitung sah das allerdings ganz anders: In den ersten Apriltagen wurden in Harpstedt und in den umliegenden Dörfern nun doch noch Volkssturmeinheiten aufgestellt. Man errichtete aus gefällten Bäumen Panzersperren auf den Zufahrtstraßen und auch in der Langen Straße und der Mullstraße an der Brücke über den kleinen Steinbach. Hier sollten dann die feindlichen Panzer gestoppt und mit Panzerfäusten vernichtet werden...

Am 5. April besetzte eine Gruppe des Volkssturms die Panzersperre in der Langen Straße. Dem Lehrer Grimsehl, (der in den nächsten Jahren einer der wichtigsten Wohltäter für unsere Familie werden sollte), wurde die Bedienung des Telefons übertragen und er notierte über die Ereignisse am 7. April:

*„Am Nachmittag war der Volkssturm aufgefordert worden, sich um 20. Uhr auf dem Marktplatz zum Einsatz zu sammeln. Wohin uns der Befehl führen sollte, blieb Vermutungen überlassen. Da der Feind sich bis in die Nähe Harpstedts vorgeschoben hatte, lag die Annahme nahe, dass sein Vordringen verhütet, mindestens aber erschwert werden sollte. Wie man höheren Orts sich die Ausführung dachte, blieb ein Geheimnis. Uns wurde klar, dass die Begegnung mit dem Feind uns in eine hoffnungslose Lage bringen würde, in der die Gefangenschaft oder der Tod nur das Ergebnis sein konnten.*

*Wie es gekommen ist, dass von Mund zu Mund weitergegeben wurde, dem Befehl nicht zu folgen, weiß ich nicht. Es dürfte die Erkenntnis wohl allen Beteiligten aufgegangen sein, dass hier etwas völlig Nutzloses gefordert wurde.*

*Die...Dunkelheit brach an. Ich begab mich mit einem Herrn Krohn...auf den Marktplatz und stellte seine absolute Leere fest. Da blitzte plötzlich eine Taschenlampe vor mir auf. An der Stimme erkannte ich den Abteilungsführer Heinrich Volkmer, der sich erkundigte, wo die Volksstürmler seien. Wir konnten ihm darauf keine Antwort geben und zogen uns in unsere Wohnungen zurück.....*

*Damit hatte sich der Bruch mit dem alten Regime vollzogen. Hier lag offensichtlich Gehorsamsverweigerung, wenn man will, Landesverrat vor."* (Aus Jürgen Ellwanger. Schwirige Zeiten. Harpstedt zwischen Kriegsende und Währungsreform. Harpstedt 2002. S.14 f. Das Buch wird im Folgenden verkürzt mit Ell, SZ + Seitenzahl zitiert.)

Wie man sieht, gab es in Harpstedt durchaus Zivilcourage und nicht nur blinden Gehorsam bis zum bitteren Ende.

Als sich am nächsten Tag bei uns herumsprach – zuerst noch hinter vorgehaltener Hand – dass es Männer gewagt hatten, sich klaren Anweisungen der Partei zu widersetzen und als dann deutlich wurde, dass diese Tat keine Konsequenzen nach sich zog, ahnten und hofften wir alle, dass damit die Tage der Nazis wohl gezählt sein dürften. Wir hofften das umso mehr, weil wir nicht wussten, wo sich unser Vater in diesen Tagen aufhielt, wahrscheinlich irgendwo in Ostpreußen, das inzwischen fast vollständig von den Russen erobert worden war. Ob er gleich nach dem Zusammenbruch eine Möglichkeit finden würde, zu uns nach Harpstedt zu kommen? Oder steckten die Russen auch die sehr jungen und die schon älteren

Männer des Volkssturms in Kriegsgefangenenlager? Wir ahnten nicht, dass alle unsere Überlegungen müßig waren: Unser Vater war genau in diesen Tagen, am 4.4.1945, gestorben, „gefallen" sagte man damals euphemistisch, als könnte ein so Gefallener bei nächster Gelegenheit wieder aufstehen.

Die gleiche Zivilcourage wie Herr Grimsehl und seine Leute zeigte mancher Harpstedter auch, als in den Schlusswirren Soldaten in den Ort kamen, die ihre Einheit verlassen hatten und nur eines wollten: nach Hause. Solche Leute mussten der Partei gemeldet werden. Sie galten natürlich als Deserteure und wurden auch noch in den allerletzten Kriegstagen unerbittlich an die Wand gestellt oder öffentlich erhängt. Überall konnte man Hingerichtete mit dem Schild um den Hals hängen sehen: „Wir sind Deserteure und haben bekommen, was wir verdienen." Zum Glück blieb uns Kindern ein solcher Anblick erspart.

Viele Harpstedter versteckten diese Soldaten, halfen mit ziviler Kleidung und mit Essen weiter. Auch Erich und Artur kamen eines Abends nach Hause und erzählten, sie hätten einer Gruppe von Soldaten geholfen, indem sie ihnen sagten, welche Wege sie wählen und welche Stellen sie meiden mussten, um nicht den wachsamen „Kettenhunden" der Wehrmacht in die Hände zu fallen. Sie hatten ihnen geraten, nicht durch den Flecken zu gehen, weil die Brücke am Amtshof über die Delme Tag und Nacht bewacht war, sie sollten den Ort südostwärts umgehen, bis sie die Delmewiesen erreichten, die Delme dann auf der schon von weitem gut zu erkennenden Schwarzen Brücke überqueren und sich danach in den Wäldern in Richtung Bremen fortbewegen, in Dünsen, Klosterseelte und weiter nordwärts seien die Wälder groß und dicht genug, um sich gut zu verstecken. Sollten sie auf der Schwarzen Brücke Soldaten sehen, müssten sie eben noch weiter nach Südosten ausweichen und dann durch die Delme waten, sie war nicht tief und stellte keine Gefahr dar.

Die meisten der in Harpstedt stationierten Wehrmachtssoldaten und RAD-Einheiten waren Ende März abgezogen worden, stundenlang hatten wir an der Kreuzung beim Schuhhaus Schnepel gestanden und den in Richtung Bahnhof marschierenden Soldaten, Dienstverpflichteten, Arbeitsmaiden und Angehörigen der Organisation Todt zugesehen, die anfangs noch diszipliniert und in guter Ordnung, dann aber als wilde Trupps durchzogen, mit Fahrrädern, Pferdefuhrwerken, Kinderwagen - ohne Ordnung und Disziplin, Verwundete dabei, Abgerissene, Zurückflutende von der sich auflösenden Front im Westen Deutschlands. Viele Arbeitsmaiden wurden noch im letzten Moment zur Flak abgeordnet, andere schafften es, sich bei Bauern als Magd zu tarnen, zu verstecken - und entkamen so dem Schicksal, als Kriegsteilnehmer aufgegriffen und in ein Gefangenenlager gesteckt zu werden.

Als am 8. April britische Panzer im nahen Bassum einfuhren, schreckten wir in Harpstedt hoch. Nördlich des Fleckens musste es eine Riesenexplosion gegeben haben, man sah Feuerschein und Rauch, begleitet von ohrenbetäubendem Explosionslärm. Abziehende deutsche Pioniere hatten begonnen, in der Munitionsanstalt im nahen Dünsen die Werkshallen und einen Teil der eingelagerten Bomben zu sprengen. Der Boden brannte ihnen aber schon so unter den Füßen, dass sie einen Großteil dem Feind überließen: Die Engländer brachten diese Bestände Wochen später auf eine Waldlichtung, und deutsche

Kriegsgefangene mussten sie dort sprengen (Ell SZ, S.14) – das ist der Ort, den wir in den nächsten Jahren aufsuchten, um die Bombensplitter aus dem Sand zu buddeln und zu verkaufen – aber davon später.

Am 9. April waren immer noch Soldaten in Harpstedt; sie verfügten über einige Halbkettenfahrzeuge. Drei davon standen in der Burgstraße und in der Langen Straße. In der Nacht zuvor hatte der letzte deutsche Harpstedter Panzer in der Winkelsetter Straße die anrückenden Engländer beschossen, drei Fahrzeuge zerstört und einige Soldaten getötet. Diese „Heldentat" machte den Engländern deutlich, dass sich Harpstedt trotz der weißen Tücher in vielen Fenstern nicht kampflos ergeben wollte, und die Reaktion hatte große Ähnlichkeit mit dem, was wir wohl alle aus dem Anti-Kriegs-Film „Die Brücke" kennen. Um das Risiko bei einem Angriff zu verringern, wurde Harpstedt erst einmal mit Bomben eingedeckt.

An diesem 9. April 1945 waren unsere Mutter und Erich unterwegs zur Post, als sie gegen drei Uhr zunehmend lautes Motorengebrumm hörten. „Das sind doch Flugzeuge", meinte Erich. „Die kommen von Westen." Sie blieben stehen und schauten zum Himmel hoch und sahen Flugzeuge auf Harpstedt zukommen. „Eins, drei, fünf, sechs", zählte Erich. „Die Sirenen heulen ja nicht, das sind wohl unsere Flugzeuge", beruhigte unsere Mutter. Sie wusste nicht, dass durch den Stromausfall im Ort auch die Sirenen nicht funktionierten, so etwas wie Notstromaggregate hatte man damals noch nicht - und sie gingen weiter. Als die Maschinen über ihnen waren, schaute Erich hoch und suchte die Balkenkreuze unter den Tragflächen. „Da sind Kreise und Ringe", rief er aufgeregt, „das sind Engländer!" Die britischen Jagdbomber kamen von Wildeshausen her angeflogen. Sie zogen eine Schleife über dem Flecken und kehrten dann zurück. „Die schmeißen Bomben ab", schrie unsere Mutter, als sie sah, wie die erste Bombe ausgeklinkt wurde und schräg auf den Ort hinunterstürzte. „In den Graben, schmeiß dich hin!" schrie sie Erich zu, und beide suchten in dem flachen Straßengraben Deckung, so gut es ging. Die erste Bombe schlug einen Kilometer entfernt neben dem Haus von Grimsehl ein und beschädigte es schwer, die zweite landete ganz in der Nähe von Erich und unserer Mutter, sie krachte in das Wählamt an der Post, das explodierte und in Flammen aufging, und richtete auch am Postgebäude selbst Schaden an. Unsere Mutter schrie auf und hielt ihre Hand hoch, von der Blut herabtropfte. Ein Splitter hatte ihr den Handrücken aufgerissen.

Während die Bomber noch einmal drehten und den südlicheren Teil des Ortes unter Feuer nahmen, rannten die beiden los, zurück zum Bauern Wittgräfe. Wie sie richtig vermutet hatten, trafen sie uns alle in dem Luftschutzkeller unter dem Schuppen an, in dem auch Bauer Wulferding und Frau Wittgräfe mit ihren beiden Töchtern, ihrem Bruder und dem polnischen Landarbeiter saßen. Mit einem Stoff-Fetzen wurde die Hand meiner Mutter notdürftig verbunden – die kleine Narbe behielt sie ihr Leben lang. Mehrfach hörten wir die Bomben jaulen und dann das Krachen der Einschläge, sie schienen aber alle ein Stück weit entfernt zu sein.

Nach wenigen Minuten herrschte Stille, es gab (natürlich) keine Entwarnung durch die Sirenen. Wir warteten deshalb lange, um sicher zu gehen, dass die Bomber wirklich weg waren, dann verließen wir den Bunker und schauten hinüber zum Flecken, in dem an vielen Stellen dicke Rauchschwaden zum Himmel aufstiegen: Neun Bomben waren insgesamt eingeschlagen und hatten große Schäden angerichtet. Fünf Menschen waren dabei gestorben, viele Verwundete brachte man zu den Sanitätern der Wehrmacht, wo sie ärztlich versorgt wurden. Die

meisten hatten Splitter abbekommen oder waren von herabstürzenden Haustrümmern getroffen worden. (Ell SZ, S.31f)
Es war der dritte Bombenangriff in diesem unsäglichen Krieg gewesen.

An diesem denkwürdigen Tag gab es eine weitere Aktion des Ungehorsams von Harpstedtern, die großen Schaden verhütet hat.

Die abrückenden deutschen Soldaten hatten an den beiden Brücken der Amtsfreiheit bei der Wasserburg Sprengladungen angebracht, eine an der Brücke über die Delme, eine an der kleinen Brücke über den Abfluss des Burggrabens.

Der Kommandeur der Muna hatte die vier Bomben von je 150 kg Sprengkraft unter den beiden Brücken befestigt, etwa sechzig Zentimeter in der Länge und 35 im Durchmesser maßen diese Biester. Der Führer des 3. Volkssturmzuges, der Forstmeister Burchard Lamprecht, hatte den Befehl, die Bombe direkt vor Eintreffen der Engländer zu zünden. Er wusste aber – wie andere auch – dass ein Loch in der Straße die Engländer nur für ein Stündchen aufhalten würde. In Dünsen, wo die Brücke über die Beeke gesprengt worden war, hatten die Engländer mit einem Bergepanzer Sand in das nur einen Meter tiefe Flussbett geschoben und waren dann mit ihren Panzern problemlos hinübergefahren. Er wusste außerdem, dass sich der verantwortliche Sprengmeister der Muna bereits vor einigen Tagen „abgesetzt" hatte, wie man das Verschwinden der Verantwortlichen aus den Reihen der Nazis zu nennen pflegte. Und er wusste drittens, dass eine Sprengung nicht nur die beiden Brücken zerstören würde, sondern auch die Häuser in der Umgebung, vor allem die Wassermühle mit ihren Einrichtungen zur Stromversorgung Harpstedts.

Das alles wussten natürlich auch die Bewohner der Mühle, die Familie Freese, die am direktesten betroffen gewesen wären und in deren Garage die Zündvorrichtungen für diese Bomben lagerten. Daher hat Frieda Freese das Dynamit für die Zünder in die Delme geworfen und die Zündschnüre in einem Fass versteckt - und Herr Lamprecht hat den Befehl nicht ausgeführt, sondern zusammen mit weiteren Helfern die Bomben entfernt und in der Delme versenkt. (Ell, SZ, S. 34 f)

Aber nicht überall und immer war eine solche Gesinnung ton- und handlungs-bestimmend. Konrad Knolle berichtet von den letzten Kriegstagen im Dreiangel, und ich war erschüttert – wenn auch nicht sehr überrascht - was ich da von einem unserer Mitflüchtlinge aus Lensk lesen musste.

*„Als erste Flüchtlinge kam eine Familie aus Ostpreußen zu uns. Der Mann war ein überzeugter Hitleranhänger. Er versuchte gleich, die Zügel auf dem „herrenlosen" Hof in die Hand zu nehmen. Die beiden französischen Kriegsgefangenen und unsere Ukrainerin, die auf unserem Hof Dienst taten, sowie Agnes (Lüdeke aus Scholen) und Mutter wurden nach Strich und Faden schikaniert. Die braune Uniform war des Flüchtlings Berufskleidung.*

*Morgens, gegen 10.00 Uhr am 10. April kamen über das Heideland mehrere Panzer bis zum Hof Klenke gefahren. Iwers, einer der französischen Gefangenen auf unserem Hof, nahm „die Zügel in die Hand". Mit unserem Ostpreußen kam es zum Eklat. Der Franzose vergrub mehrere Wertsachen von uns unter dem Holzschuppen, steckte ein weißes Bettlaken aus dem Bodenfenster und gab uns Verhaltensregeln. Unser Flüchtling widersetzte sich, er glaubte an einen Gegenangriff der Deutschen und drohte dem Franzosen mit Konsequenzen. Dieser setzte sich kurzentschlossen aufs Fahrrad und fuhr den Panzern* entgegen. „Seht, es sind deutsche, der Kriegsgefangene hebt die Hände", so der Flüchtling. Iwers kam zurück und berichtete, es seien englische Einheiten. Voll Entsetzen, kleinlaut geworden und in Windeseile versteckte unser Flüchtling nun Uniform und Embleme der Nazizeit in der Scheune. Wir fanden später beim Dreschen vieles wieder." (Ell SZ, S.49) Ich schämte mich, als ich das las. Es war eine Art „Fremdschämen" für einen Ostpreußen, den wir gut kannten. Offenbar hatte er immer noch nichts dazugelernt – Zeit dafür wurde es nun wirklich so langsam.

In der Nacht zum 10. April heulten noch einmal die Sirenen. Alle in unserer kleinen Baracke sprangen aus dem Bett, zogen eine lange Hosen und eine dicke Jacke über die Schlafsachen, stiegen in die Schuhe und wollten loslaufen. „Halt!" bremste unsere Mutter, „wo ist denn der Horst?" Keiner hatte ihn gesehen. Man rief laut, schaute vor die Tür – nichts. „Lauft schon in den Keller", schickte unsere Mutter die Kinder los, „ich such weiter und komm dann nach." Mit langen Schritten rannten alle durch den dunklen Vorgarten und dann den Weg entlang zum Schuppen mit dem Bunker. Als sie unten die Kerze anmachten, sahen sie mich in der Ecke sitzen. Ich hatte beim ersten Sirenenton die Beine in die Hand genommen und war in den Keller gelaufen, ohne auch nur an warme Kleidung zu denken. Erich rannte zurück, sagte unserer Mutter Bescheid, dass ich schon im Keller war, dann nahmen sie Strümpfe, eine Hose und meinen Mantel mit und kamen außer Atem in den Bunker zurück. „Dass du das nie wieder tust!" wurde ich ermahnt – aber zum Glück gab es danach keine Situation mehr, in der ich panikartig den Keller aufsuchen wollte oder musste.

„Wieso ist denn der kleine Horst so schnell und ganz alleine hier in den Keller gekommen?" wollte Frau Wittgräfe wissen.

„Der hat besonders viel Angst vor Fliegern und Bomben", sagte Erna. „Man könnte sagen, dass er ein gebranntes Kind ist, obwohl „gebrannt" nicht ganz passt."

Und dann erzählte sie gemeinsam mit unserer Mutter, wie es zu dieser Angst gekommen war:

Im Februar hatten wir ganz in der Nähe der Elbe am späten Nachmittag Rast gemacht. Es ging nicht weiter, wir konnten aber auch nicht von der Straße herunter und zu einem der verlassenen Höfe fahren, weil der Schnee an beiden Seiten der Straße zu hoch lag. Nun standen also die Fuhrwerke des Lensker Trecks in einer langen Reihe auf der Landstraße. Alle blieben auf den Wagen, man hoffte, es würde noch einmal weitergehen, man müsste nicht hier auf freiem Feld übernachten. Ich quengelte, war schlecht gelaunt, kratzte mich dauernd. Unsere Mutter verstand sofort: Die Läuse plagten mich mal wieder besonders intensiv. Schon in der legendären Nacht in der Turnhalle in Straßburg war ich ein bevorzugtes Opfer dieser Blutsauger gewesen, meine Arme seien ja dicht mit Biss-Stellen übersät gewesen, hatte man mir erzählt.

Unsere Mutter nahm mich also vor, um möglichst viele der Quälgeister zu beseitigen. Zuerst war der Kopf dran, hier ging sie immer wieder mit dem kleinen schwarzen Läusekamm durch meine üppigen blondweißen Locken und streifte dann jeweils mit Daumen und Zeigefinger die Tiere und die Nissen, die abgelegten Eier, von den sehr eng beieinanderstehenden Zähnen. Es knackte richtig, wenn sie die kleinen Chitinpanzer mit dem Daumennagel an der Wagenwand zerdrückte. Als der Kamm endlich läusefrei blieb, zog sie mir den Pullover und das Unterhemd aus, sammelte zuerst die Tierchen ab, die auf meiner weißen Haut herumliefen, dann krempelte sie die Kleidungsstücke um und suchte auch hier alles ab, jede Naht wurde sorgfältig umgelegt, damit sie kein Versteck bieten konnte. Als letztes waren nun die Hosen dran, ich war derweil nackt, wie Gott mich geschaffen hatte, fror zwar, aber auf dem ziemlich gut geschlossenen Planwagen ließ sich das aushalten. Die Entlausung musste man durchstehen, sie half zwar nicht auf ewig, aber für einige Zeit war man frei von den Bissen, die juckende Flecken hinterließen.

Unsere Mutter war fast fertig mit ihrer unappetitlichen, aber nützlichen Arbeit, als wir alle die Köpfe hoben und lauschten. Ein fernes Brummen war zu hören: Das waren Flugzeuge, der Lautstärke nach mussten es viele sein. Uns waren diese Geräusche vertraut: Oft schon waren Flugzeuge über unsere Köpfe hinweggeflogen, meistens ziemlich hoch, deutsche Flieger mit dem Balkenkreuz unter den Flügeln, die von Westen kamen und ziemlich schnell im Osten verschwanden. Mal waren auch Flieger aus der anderen Richtung gekommen, russische, mit den roten Sternen unter den Tragflächen, einige waren auch bedrohlich weit heruntergekommen, so dass alle die Köpfe eingezogen und still vor sich hin gebetet hatten, aber es war nie etwas passiert, die Piloten hatten wohl immer erkannt, dass hier Zivilisten unterwegs waren, Flüchtlinge, nicht Soldaten.

Heute war es anders: Drei der Flieger, nein es waren keine deutschen, auch keine russischen, sie trugen Kreise mit einem dunklen Punkt in der Mitte als Kennzeichen, es waren also englische Flugzeuge, drei davon setzten nicht einfach ihren Flug nach Norden fort, sondern flogen eine lange Schleife und schwenkten dann auf unsere Landstraße ein. Wir wussten, dass englische Flieger deutsche Städte bombardierten, ohne Rücksicht darauf, dass dabei auch Frauen und Kinder in großer Zahl zu Tode kamen, und unsere Angst stieg. Als sie das Ende des langen Trecks erreicht hatten – hinter uns waren viele Wagen aus anderen ostpreußischen und westpreußischen Dörfern - belferten plötzlich die schweren Bord-Maschinengewehre los: Sie griffen den Treck an, beschossen die Wagen. Alle sprangen in Hektik hinunter, warfen sich in den Schnee des Straßengrabens, der natürlich auch keinen wirklichen Schutz bot, aber zumindest war man nicht direkt den Kugeln ausgesetzt, die die Planen der Wagen und auch unser Wellblech durchschlugen. Unsere Mutter lag mit mir im Schnee, wie alle anderen auch, aber ich war nackt, mir etwas umzuwickeln oder mich gar anzuziehen, dazu hatte die Zeit nicht gereicht.

Nachdem die drei Flieger den langen Treck überflogen hatten, kehrten sie noch einmal zurück, drehten dann aber nach Norden ab und verschwanden. Da ging so manches Stoß- und Dankgebet gen Himmel, und als unsere Mutter mit ihrem blaugefrorenen Kind, mit mir, wieder auf dem Wagen saß, schwor sie: „Und wenn die Läuse den Jungen auffressen, nie wieder ziehe ich ihn nackight aus."

Wie durch ein Wunder hatte es unter uns Lenskern keine Toten und Verletzten gegeben, nur ein Pferd war getroffen worden und einige Wagen hatten Durchschusslöcher. Weiter hinten – so hörten wir am Abend, als wir die Wagen auf dem großen Hof eines leerstehenden Gutes zusammenfuhren – hatte es allerdings drei Tote gegeben, und auch weiter vorn waren mehrere Menschen von den Kugeln verletzt worden.

„Na", kommentierte Frau Wittgräfe am Schluss der Schilderung, „nach solch einem Erlebnis soll man wohl Angst vor Fliegern haben."

Zwanzig Jahre später holte mich die Angst noch einmal wieder ein: Ich saß 1965 in Kiel in einer Geschichtsvorlesung, als um Punkt zehn Uhr Sirenen zu heulen anfingen. Obgleich wir alle genau darüber informiert waren, dass es sich um einen Probealarm handelte - Deutschland fürchtete einen nächsten Krieg und hatte im Rahmen der Notstandsgesetze wieder flächendeckend Sirenen installiert - lief es mir eiskalt über den Rücken. An der Totenstille und der Erstarrung der anderen Studenten merkte ich, dass nicht nur mir dieser Ton schlimme Erinnerungen weckte und gegen alle Vernunft Angstreaktionen auslöste.

Am 10. April rückten englische Panzer mit etwa tausend Mann in Harpstedt ein. Sie kamen aus Richtung Winkelsett und fuhren vorsichtig sichernd durch die Straßen, aus deren Fenster inzwischen überall weiße Tücher hingen. Es gab keinerlei Widerstand.

An der Kreuzung Lange Straße/ Logestraße hielt der Leitpanzer, und der stellvertretende Bürgermeister August Meyer (der Bürgermeister Raddatz hatte sich rechtzeitig „abgesetzt") nutzte die Gelegenheit, mit einer weißen Fahne und einigen französischen Kriegsgefangenen an diesen Panzer heranzutreten und zu erklären, dass Harpstedt nicht verteidigt würde, sich also den Engländern ergebe. Damit war der Krieg für Harpstedt erst einmal (fast) zu Ende.(Ell SZ, S.41) Die Engländer richteten im Hause des Oberförsters Lamprecht ein Lazarett ein, auf dem Feld hinter dem Haus wurde Artillerie aufgestellt, die sich noch eine Woche lang kleine Gefechte mit einer verbliebenen deutschen Stellung bei Horstedt lieferte – dann war Ruhe.

Unsere Mutter hatte uns in den letzten Tagen nur noch ungern aus dem Haus gelassen – wir durften nur auf unserem Gelände spielen, nicht zu Wittgräfe hinübergehen und schon gar nicht in den Flecken. So erfuhren wir erst am Abend von der Harpstedter Kapitulation, als der alte Wulferding herüberkam und uns die frohe Botschaft brachte. In Harpstedt gab es keine Kämpfe mehr, auch keine Luftangriffe, aber der Krieg gegen das Deutsche Reich ging an allen Fronten weiter und forderte in dem einen Monat bis zur endgültigen umfassenden Kapitulation noch viele, unsäglich viele Tote, die noch sinnloser gestorben waren als die vielen Millionen vorher, weil inzwischen auch der letzte borniert Nazi und Befehlshaber der Truppen verstanden haben musste, dass der Krieg für Deutschland und seine wenigen Verbündeten verloren war.

Das Ende des Krieges für ganz Deutschland

Die nachfolgenden Ereignisse, die das Ende des Krieges und den Zusammenbruch des „Tausendjährigen Reiches" der Nazis brachten – ganze zwölf Jahre, vier Monate und acht Tage hatte der grausige Spuk gedauert, den Hitler auf tausend Jahre geplant hatte – erfuhren wir immer von Wittgräfes, die – wie fast alle deutschen Haushalte – einen Volksempfänger besaßen, das einfache Radio, das Hitler millionenfach unter das Volk gebracht hatte, damit jeder Volksgenosse seine Reden hören und den siegreichen Vormarsch der großdeutschen Heere in den alltäglichen Frontberichten verfolgen konnte. Wir hatten in Ostpreußen einen solchen Apparat nicht besessen, weil wir keinen elektrischen Strom im Haus gehabt hatten – und hier hatten wir noch keinen kaufen können.

Am 1. Mai, dem Tag der deutschen Arbeit, den die Nazis gleich 1933 zum „nationalen Feiertag" aufgewertet hatten (um im gleichen Atemzug die Gewerkschaften zu entmachten und zu verbieten, die den Tag als *internationalen Feiertag des Proletariats* begingen) hatte Frau Wittgräfe unsere ganze Familie zum Abendessen eingeladen. Unsere Mutter und Erna und auch Erich und Artur hatten in den letzten Wochen bei der Frühjahrsbestellung der Felder mitgearbeitet, hatten dafür Kartoffeln und selbstgemachte Wurst und eine Speckseite erhalten, und nun sollte unsere Familie zusätzlich mit einem guten Essen belohnt werden. Für halb neun waren wir eingeladen, so spät, weil erst dann alle Tiere versorgt waren und man danach den weiteren Abend über Zeit hatte.

Unsere Mutter hatte uns Kleinen in die Zinkwanne gesteckt – die Großen hatten das Baden natürlich alleine erledigt – wir hatten die besten Sachen angezogen und waren pünktlich durch den Seiteneingang in die große Küche gegangen. Frau Wittgräfe hatte eine Hühnersuppe gekocht, in der köstlicher Eierstich schwamm und viele kleine Stücke vom Brustfleisch. Danach gab es Salzkartoffeln mit einer dunklen Soße, die für uns einen etwas fremdartigen Geschmack hatte, ein Erbsen-Bohnengemüse mit einer Mehlschwitze und dazu Fleisch, große Teller voll Schweinefleisch, wie wir es zuletzt in Lensk gegessen hatten. Die Gespräche am Tisch drehten sich um den Krieg, der immer noch kein Ende gefunden hatte. Die Russen waren inzwischen in die Vororte von Berlin eingedrungen, lange konnte es nicht mehr dauern, in dieser Hoffnung waren sich alle einig. Der Volksempfänger lief, Radio Hamburg brachte klassische Musik, die man im Hintergrund laufen ließ – sie störte niemanden. Die Uhr ging auf zehn, alle waren satt, hatten auch den Nachtisch – einen Schokoladenpudding, dick unter frischer Schlagsahne versteckt - noch geschafft und unsere Mutter drängte zum Aufbruch, es sei für uns Kinder spät genug, auch wenn morgen niemand aufstehen und zur Schule gehen müsse. Da ertönte ein Trommelwirbel, Herr Wulferding drehte sofort das Radio lauter, denn solch ein Wirbel pflegte wichtige Sondermeldungen anzukündigen. Der Nachrichtensprecher verkündigte mit belegter Stimme: *„Aus dem Führerhauptquartier wird gemeldet, dass unser Führer Adolf Hitler heute Nachmittag in seinem Befehlsstand in der Reichskanzlei, bis zum letzten Atemzug gegen den Bolschewismus kämpfend, für Deutschland gefallen ist. Am 30. April hat der Führer den Großadmiral Dönitz zu seinem Nachfolger ernannt. Anschließend wird Großadmiral Dönitz zum deutschen Volk sprechen."*

„Gott sei Dank", sagte unsere Mutter, hob die gefalteten Hände in Gesichtshöhe und schickte ein kurzes Stoßgebet gen Himmel.
„Dönitz soll sein Nachfolger sein?" wunderte sich Erich. „ Und was ist mit Goebbels und Göhring oder Himmler?"
„Das werden wir wohl in den nächsten Tage alles erfahren. Erst einmal ist es gut, dass der schlimmste Nazi tot ist", sagte Frau Wittgräfe und alle nickten.
„Vielleicht macht der Dönitz ja gleich Frieden", gab Herr Wulferding der allgemeinen Hoffnung Ausdruck.
Dann waren alle wieder still, weil nun die angekündigte Rede von Dönitz aus dem Lautsprecher kam: *„Meine erste Aufgabe ist es, deutsche Menschen vor der Vernichtung durch den vordrängenden bolschewistischen Feind zu retten. Nur für diesen Zweck geht der militärische Kampf weiter. Soweit und solange die Erreichung dieses Zieles durch Briten und Amerikaner behindert wird, werden wir uns gegen sie weiter verteidigen und weiterkämpfen müssen..."*
Nein, das klang nicht nach sofortigen Friedensschlüssen, aber auch nicht mehr nach großspurigen Eroberungswünschen und nach „Sieg-Frieden", von dem bisher immer die Rede gewesen war. Herr Wulferding holte eine Flasche Wein aus dem Keller, und die Erwachsenen stießen auf diese überraschende und hocherfreuliche Neuigkeit an, nein Hitler weinte um diese Zeit niemand mehr eine Träne nach! Selbst unsere Mutter, die den Genuss alkoholischer Getränke für sündig hielt, nahm einen großen Schluck – Jesus hat ja auch auf der Hochzeit von Kanaan Wasser in Wein verwandelt, dann konnte ein Glas Wein sicher nicht so sündig sein, wie die Prediger ihrer freikirchlichen Gemeinde in Ostpreußen immer betont hatten.

Heute ging eine glückliche Familie Klein in ihre Funkerbaracke zurück. Es dauerte eine Weile, bis die aufgeregten Gespräche verstummten – dann schliefen alle mit dem guten Gefühl ein, den wichtigsten ersten Mai ihres Lebens hinter sich zu haben.

Dass die Nachricht von Hitlers Tod nicht die ganze Wahrheit enthielt, erfuhren wir damals nicht - die verlogene NS-Öffentlichkeitsarbeit funktionierte bis zum Ende. Es dauerte Jahre, bis die Fakten ans Licht kamen. Hitler war schon einen Tag eher gestorben, und zwar nicht in heldenhaftem Kampf gegen die Bolschewiken, er hatte seine frisch angetraute Frau Eva Braun und dann sich selbst mit dem Revolver erschossen und sich somit seiner Verantwortung für den Massenmord an den Juden und für die Entfesselung des Zweiten Weltkrieges entzogen.

Großadmiral Dönitz sah es dann doch als seine vordringliche Aufgabe an, den Krieg zu beenden. Klug musste das geschehen, aber auch möglichst schnell, um weitere Bombenangriffe auf deutsche Städte durch die Amerikaner und Briten und zusätzliche Opfer durch das Vorrücken der Russen zu vermeiden. Aber es gab auch Überlegungen und sinnvolle Gründe, dieses Ende noch um einige Tage hinauszuzögern. Seit Monaten war man fieberhaft darum bemüht, aus Ostpreußen und Kurland möglichst viele Soldaten und Zivilisten per Schiff nach Dänemark und Schleswig-Holstein vor den heranrückenden Russen in Sicherheit zu bringen.

Und in dem Bereich der Linie, an der westalliierte und russische Soldaten aufeinandertrafen – das war in der Nähe der Elbe – bemühten sich ganze Truppenteile, westalliiertes Besatzungsgebiet zu erreichen, denn man wusste, dass mit dem Zeitpunkt der Kapitulation die Kriegsgefangenschaft begann – unter den Truppen, in deren Bereich man sich gerade befand. Kein Schiff würde mehr fahren, keine Truppenbewegung westwärts wäre mehr erlaubt. Und man wusste, dass eine Gefangenschaft bei den Russen schlimmer aussehen und länger dauern würde als bei den Briten und Amerikanern.

Es gelang in den Tagen zwischen Hitlers Tod und der Kapitulation – vom 1. bis zum 9. Mai 1945 -, noch 150 000 Menschen über See in den Westen zu bringen, und 300 000 schafften es auf dem Landweg.

Insgesamt waren es im Januar bis Mai 1945 weit über 2 Millionen gewesen, die – wie wir - aus dem Osten in den Westen geflohen waren. 1,85 Millionen Soldaten hatten sich der russischen Kriegsgefangenschaft entziehen können, 1,5 Millionen war es nicht gelungen. In westalliierte Gefangenschaft gerieten insgesamt 7 614 000 Soldaten.

Das Kriegsende konnte nur in einer bedingungslosen Kapitulation bestehen, in einer *„unconditional surrender"*, so hatten es Roosevelt und Churchill bereits im Januar 1943 auf einer ihrer Kriegskonferenzen in Casablanca, Marokko, unmissverständlich festgelegt, Stalin hatte sich angeschlossen. Bedingungen und Forderungen hatten die Deutschen also nicht zu stellen, es gab nichts zu verhandeln, sie hatten sich auf Gedeih und Verderb den Siegern auszuliefern.

Bereits vier Tage nach Hitlers Tod kapitulierten die Deutschen an der britischen Front im Westen Deutschlands, in den Niederlanden und in Dänemark. Im Hauptquartier Montgomerys bei Lüneburg unterzeichneten sie die Teilkapitulation: Damit war für die englischen, schottischen und kanadischen Soldaten in Harpstedt und für uns der Krieg vorbei, auch formal.

Da der amerikanische Oberbefehlshaber Eisenhower eine Gesamtkapitulation forderte, unterschrieb Generaloberst Jodl am 7. Mai morgens um 2.41 in Reims die Kapitulation der deutschen Wehrmacht. Die Sowjetrussen setzten dann aus Prestigegründen eine Wiederholung dieses Vorganges in Karlshorst bei Berlin durch: Kurz nach Mitternacht am 9. Mai, genau um 0.16 Uhr, erfolgte die letzte Unterschrift. Damit konnte die Gesamtkapitulation in Kraft treten. Der Krieg war aus, die Waffen schwiegen – aber für Millionen von Gefangenen, von Zwangsarbeitern, von Vertriebenen, von Flüchtlingen, von Lagerinsassen, von Ausgebombten, von Verwundeten, von Hinterbliebenen dauerte es noch Monate oder gar Jahre, bis ihre Leidenszeit vorbei war und so etwas wie Normalität eintrat. Überwinden oder gar vergessen wird man die Zeit des Krieges wohl nie ganz.

Waren wir glücklich? Fühlten wir uns durch die Alliierten befreit, wie man es nach dem Krieg in vielen Veröffentlichungen lesen konnte? Nein, ein Gefühl der Befreiung hatten wir nicht. Es gab eine Erleichterung darüber, dass die ganz konkrete Gefahr für Leib, Leben und das letzte bisschen Besitz, das man hatte retten können, vorbei war, man ahnte auch, dass die Zeit der Nationalsozialisten nun zu Ende ging oder gar schon zu Ende war, aber das oft beschworene Gefühl der Befreiung von dem Terrorregime der Nazis – das gab es gewiss nicht, zumindest noch nicht. Wir hatten selbst keinen Naziterror erlebt, hatten unter dem Krieg gelitten, sicher, aber das Leid war für uns doch durch die Russen herbeigeführt worden. Ihr Erscheinen an den Grenzen Ostpreußens hatte dafür gesorgt, dass der Vater in den Volkssturm musste, ihr Erscheinen vor Przellenk und Groß Lensk hatte dafür gesorgt, dass man Haus und Hof verlassen und auf diese schreckliche Flucht hatte gehen müssen. Sicher wird sich bei unserer Mutter und den Großen in einer stillen Stunde der Gedanke eingeschlichen haben, dass es ja Gründe für das Erscheinen der Russen in unserer Heimat (und der Briten hier in Harpstedt) gab und dass diese Gründe bei Adolf Hitler und seinen größenwahnsinnigen und verbrecherischen Plänen vom Lebensraum im Osten lagen, aber diese Gedanken sind wohl erst später verfestigt worden, wurden anfangs sicher verdrängt durch die konkreten Probleme, mit denen man leben und fertig werden musste – und die Situation, in der man lebte, war gar nicht dazu angetan, in den Soldaten die Befreier zu sehen, waren sie doch erst einmal – und noch für lange Zeit – diejenigen, die einem die Freiheit durch Verbote und Zwänge einschränkten.

[12] Die Klein-Kindertreppe – eines der letzten Bilder in Ostpreußen: Erna, Erich, Artur, Rudi, Irmgard, Horst -, Edith fehlt noch. Ich wollte erst still in der Reihe stehen, als man mir eine Taschenuhr in die Hand gab

Das Leben im besetzten Harpstedt

Erst einmal – und noch vor der großen allgemeinen Kapitulation - regelten die Besatzer die Dinge, die für ihr eigenes Überleben und Wohlergehen wichtig waren: Sie beschlagnahmten dreißig Häuser, die die Bewohner ganz oder weitgehend zu räumen hatten. Es wurde ultimativ darauf hingewiesen, dass alle Waffen sofort abzugeben waren, und außerdem verhängten sie eine totale Ausgangssperre: Niemand von uns durfte in den ersten 24 Stunden nach dem Einmarsch das Haus verlassen. Wir hielten uns natürlich an dieses Verbot, weil niemand wusste, wie nervös oder streng die Soldaten reagieren würden, wenn sie jemanden auf der Straße erwischten.

In den nächsten Tagen wurden Einkäufe erlaubt, und am 18. April hängte der Bürgermeister dann eine Information aus, die Frauen und Kindern einen zeitlich beschränkten Ausgang erlaubte. Männer, von denen die Besatzer Böses befürchteten, durften sich also nicht auf die Straße wagen, Verhaftungen waren ihnen angedroht, ein Aufgegriffener soll mit zwei Wochen Haft bestraft worden sein. Aber natürlich wusste man sich zu helfen: Hinter den Häusern gab es fast überall Gärten; dort öffnete man die Zäune und konnte sich so von einem Grundstück zum anderen bewegen. Die Engländer hatten mit ihren etwa tausend Besatzungssoldaten gar nicht die Möglichkeit, mehr als die Straßen unter Kontrolle zu halten. Das war aber auch gar nicht nötig: Die wenigen Harpstedter Männer hatten nicht die geringste Absicht, jetzt, wo der Krieg vorbei war, durch Sabotageakte oder Angriffe auf Soldaten Terror zu verbreiten und sich Probleme einzuhandeln.

Die Ausgehregelung hatte der Bürgermeister auf Anordnung der Besatzer vorgenommen: Dieser Bürgermeister war Burchard Lamprecht. Erich erinnert sich noch gut, dass er diesen Mann häufig auf den Jeeps der Engländer durch den Flecken hat fahren sehen, um irgendwelche Angelegenheiten zu regeln. Die Lamprecht-Tochter Adelheid, die ich aus den vielen Besuchen bei meinem (späteren) Freund Hannes Lamprecht gut kannte, hat die Notizen ihres Vaters darüber der Öffentlichkeit zugänglich gemacht:

*„Am Tage des Einmarsches erschien bei mir ein englischer Major und erklärte mich zum Bürgermeister von Harpstedt* (so einfach war das damals für die Besatzungsmacht). *Außerdem bekam ich die Dörfer Dünsen, Klein und Groß Köhren…unter meine Aufsicht. Damit begann für mich eine mehr als arbeitsreiche und turbulente Zeit, bis ich im November 1945 meinen Posten* (an Dirk Heile) *abgeben konnte."* (Ell SZ, S.58). Herr Lamprecht konnte sich dann wieder ganz um sein Forstamt kümmern – in dieser Funktion kannten wir ihn in den Jahren, die wir in Harpstedt verbrachten.

Eine der ersten eigenständigen Amtshandlungen des Bürgermeisters war es, bereits am 14. April den schon mehrfach erwähnten Herrn Grimsehl zum Polizisten zu machen, der auf Englisch und Deutsch den Auftrag bekam, *„to assist the security of people of the village of Harpstedt"*, also für die Sicherheit der Leute des Ortes Harpstedt zu sorgen. Das Englisch mit dem dreifachen „of" ist zwar stilistisch unschön, zeigt aber, dass der neue Bürgermeister diese Sprache beherrschte, was einer der wesentlichen Gründe für seine Ernennung gewesen sein dürfte. Außerdem war er nicht als Nazi belastet.

In der oben mitgeteilten Bekanntmachung über die Ausgehzeiten und in zahlreichen weiteren Erlassen wurde nochmals ein Thema angesprochen, das den Besatzungssoldaten verständlicherweise sehr wichtig war: *„Die Bevölke-*

rung wird nochmals darauf hingewiesen, dass noch vorhandene Waffen jeglicher Art spätestens am Donnerstag den 19. April 1945 in der Zeit von 10-11 Uhr bei Bürgermeister Lamprecht abzugeben sind. Das Auffinden von Waffen bei Nachkontrolle zieht schwere Strafe nach sich."

Viel kam im Hause Lamprecht nicht zusammen. Das lag daran, dass die meisten ihre Waffen bereits vor dem Einmarsch der Engländer auf die Seite geschafft hatten. Karabiner und anderes Militärisches hatte man in Jauchegruben, in die Delme, in den Burggraben und in einfache Wassergräben versenkt (wo wir Kinder noch nach Jahren manch spannenden Fund machten), die schönen Jagdgewehre und auch Pistolen hatte man – sauber in Ölpapier und Decken eingehüllt – an sicherer Stelle vergraben, um sie später wieder in Besitz nehmen zu können.

Offensichtlich waren die Engländer mit dem Sammelergebnis nicht zufrieden, denn Ende Mai erließ der Kommandeur Major Taylor eine verschärfte Androhung an alle Bürgermeister, in der es in schönstem Deutsch heißt: *„Alle WAFFEN, Pistolen, Jagdgewehre, und Patronen die nicht schon abgegeben werden müssen um 2215 uhr 25 Mai 1945 ubergeben werden. Der Ermangelung dies zu tun, ist zum Todesstrafe ausgesetzt."*

Daraufhin erhielten wir, wie alle Haushalte in Harpstedt, vom Bürgermeisteramt einen Zettel mit der Aufforderung, alle Jagd- und Sportgewehre, Munition und Wehrmachts-ausrüstung nunmehr restlos abzuliefern. Wer nach dem 27. Mai noch im Besitz solcher Gegenstände angetroffen werde, setze sich der Gefahr aus, *„von einem Militärgericht zum Tode verurteilt zu werden"*. Offenkundig ist es dazu in keinem Fall gekommen, das Waffenproblem scheint danach aber gelöst gewesen zu sein.

Bereits nach einigen Wochen wurde über den inzwischen eingesetzten Landrat die Ausgehsperre schrittweise gelockert und die Verdunklungsvorschrift aufgehoben. Nur noch nachts durfte man sich nicht auf die Straße begeben. Auch Fahrräder durften in einem Umkreis von 30 km benutzt werden, leider hatten wir keins.

Eine weitere Anordnung diente der Erleichterung bei Hausdurchsuchungen, vor allem zum Aufspüren von Nazi-Größen und von Soldaten. Dazu mussten wir an der Haustür eine Liste aufhängen, *„in der sämtliche Angehörige, sowie Angestellte und sonstige Arbeitskräfte und Besuch aufgeführt werden. Name, Vorname, Straße, Hausnummer, Geburtsort, Beruf."* (Ell, SZ, S.61)

Eine schwierige Hinterlassenschaft von Krieg und Naziherrschaft waren die vielen Zwangsarbeiter und Kriegsgefangenen, die in Harpstedt und Umgebung teils in Lagern hausten, teils bei den Bauern zur Feldarbeit eingeteilt waren.

Die ersten polnischen Kriegsgefangenen waren bereits kurz nach Kriegsbeginn nach Harpstedt gekommen, weil überall die eigenen Männer eingezogen worden waren und daher bei der Feldarbeit fehlten. Im Sommer 1940 folgten dann belgische und französische Soldaten, dann auch zivile Zwangsarbeiter, Frauen und Männer. Ein Großteil der Harpstedter Kriegsgefangenen waren in einem Lager am Bahnhof und in ehemaligen Schweinemästereien untergebracht, von wo aus sie täglich nach Dünsen marschieren mussten, um ihre gefährliche Arbeit in der MUNA, der „Munitionsanstalt", nachzugehen. Ab 1942 brachte man dann die Belgier und Franzosen privat bei Bauern unter; sie mussten zwar arbeiten, konnten sich aber im Flecken frei bewegen. Die Bauern durften sie – das war genauso wie bei uns in Ostpreußen – nicht an ihrem Tisch mit essen lassen. 1000 RM hatte man an die NS-Volkswohlfahrt zu zahlen, wenn man bei einem Verstoß gegen diese Regel erwischt wurde. Dennoch setzten sich viele über dieses Verbot hinweg – unsere Mutter hatte das in Ostpreußen auch getan. Sie hatte immer Wert darauf gelegt, dass alle, die auf unserem Hof, in der Schmiede und im Haus arbeiteten, auch an unserem Tisch zum Essen erschienen, egal ob Russe, Pole oder Deutscher. Für sie waren alle in erster Linie Menschen, Geschöpfe Gottes, und mussten als solche geachtet werden.

Den Platz der Belgier und Franzosen in den geräumten Lagern am Bahnhof und in den Schweinemästereien in Beckeln und vor Groß Köhren nahmen nun Russen ein.

Als ihre Zahl sehr groß wurde, brachte man sie auch in der flachen Baracke unter, in der dann nach dem Krieg der Schulunterricht wieder aufgenommen wurde. Die Russen und Polen hatten nicht die Freiheiten der Franzosen und Belgier, waren sie doch nach der Rassen-Ideologie der Nazis „Untermenschen", die man demütigen und drangsalieren konnte. Zu diesem Zweck wurden extra „Polensheriffs" eingesetzt, die die Zwangsarbeiter kontrollierten. Trafen sie Russen und Polen nicht um 22.00 in ihren Betten an, gab es Prügel.

11.000.000 „displaced persons", also Personen, die fern der Heimat waren, gab es insgesamt in Deutschland am Ende des Krieges. Die Alliierten planten sofort, sie in ihre Heimatländer zurückzuführen, was verständlicherweise einige Probleme bereitete – auch in Harpstedt. Sofort nach ihrer Befreiung rotteten sich überall auf den Dörfern Gruppen zusammen, die nachts Bauernhöfe überfielen und plünderten. Die Annalen der Gemeinde Harpstedt sind voll von Berichten über diese Taten, bei denen es auch zu Mord und Totschlag gekommen ist. Unser ehemaliger Bürgermeister aus Lensk, Radtke, erzählte davon, dass sie eines Nachts allesamt von zwanzig Zwangsarbeitern aus dem RAD-Lager in die Küche gesperrt wurden, damit man in Ruhe plündern konnte. Ein anderer erzählt z.B. darüber, dass der Polensheriff „Fiddi" Gartmann von einer solchen Gruppe aus Rache für das ihnen angetane Unrecht totgeprügelt wurde.

Auch in unserer Leben griffen diese marodierenden Banden ein. Sie brachen in unsere kleine, schlecht gesicherte Baracke am Rande des Fleckens ein, als niemand zu Hause war, und stahlen alles, was sie meinten, dass es auf dem langen Weg in ihre Heimat nützlich sein konnte. Besonders schmerzlich war der Verlust der schönen Leder-tornister, auf deren Mitnahme unsere Mutter bei der Flucht bestanden hatte, damit die fünf großen Kinder am Ende der Flucht gleich wieder in die Schule gehen könnten. Solche Tornister würden auf den zu erwartenden langen Märschen sicher sehr praktisch sein – verstehen konnte man die Räuber schon.

Der Einbruch verunsicherte unsere Mutter - und die ganze Familie mit. Die Ruhe und das Sich-Wohlfühlen waren dahin. Wir hatten gehört, dass in die beiden großen Baracken am Ortsrand bereits einige Familien aus Lensk eingezogen waren, weil die ausgebombten Rheinländer, die bisher die Baracken bewohnt hatten, in ihre Heimat zurückkehren konnten und eine Wohnung nach der anderen freimachten: Unsere Mutter ging in den Amtshof und beantragte eine Wohnung in diesem „Behelfsheim": Unter vielen Familien würde man sich wieder sicher fühlen.

Dutzendfach wandten sich Bauern und Bürgermeister an die Engländer und baten darum, in den Dörfern Soldaten zum Schutz gegen die Banden einzusetzen. Man kann sicherlich nachempfinden, mit welchen Emotionen diese Menschen nachts zu den Höfen derjenigen Bauern zurückkehrten, die sie besonders schlecht behandelt hatten. Ausnahmen hatte es auch hier gegeben und man erfuhr auch, dass in manchem Bauernhof eine polnische Magd oder ein russischer Knecht ihre/seine Landsleute von Plünderungen und Viehschlachtungen abgehalten hatte mit dem Hinweis, hier seien alle Ausländer anständig behandelt worden.

Im Ortskern von Harpstedt merkten die Bewohner fast gar nichts von diesem Treiben, weil hier Soldaten abends und nachts patrouillierten und so Übergriffe verhinderten.

Die Zusammenarbeit der neu aufgestellten deutschen Polizei mit englischen Patrouillen sorgte dann für die Eindämmung dieser Gefahr; nach dem allgemeinen Abzug der Engländer blieb für diese Arbeit extra ein Sonderkommando von fünfzig Soldaten im Flecken zurück.

Und die Besatzer packten das Problem auch grundsätzlich an:
Zunächst zog man diese ehemaligen Zwangsarbeiter unter englischer Aufsicht in Lagern zusammen: 1600 in der alten Muna in Dünsen, 1000 im RAD-Lager in Harpstedt. Dann brachte man sie in Militärlastwagen und mit der Bahn in ihre Heimatländer zurück: Im August 1945 begann man mit den Russen, im Frühjahr 1946 waren die Polen an der Reihe – in Harpstedt und den umliegenden Dörfern konnten wieder alle ruhig schlafen.

Unsere Mutter bekam in dieser Zeit mehrfach Angebote von durchziehenden Russen, doch mit ihnen mitzukommen in den Osten. Ihnen war aufgefallen, wie gut sie Russisch und Ukrainisch sprach, aber für sie hatte es nie Zweifel gegeben, dass sie mit ihren Kindern hier in den Westen Deutschlands gehörte - wenn auch immer von einer Rückkehr nach Lensk geträumt wurde und oft genug die schönen langen Sommer und die klaren kalten Winter beschworen wurden, wenn es mal wieder lange Zeit hässlich und grau war - nicht immer nur vom Wetter her.

Genauso unverrückbar klar war es für sie, die seit ihrem 38. Lebensjahr praktisch Witwe war, dass kein neuer Mann der Stiefvater ihrer Kinder werden sollte: Alle Angebote dieser Art (ich weiß nicht, ob es viele ernst gemeinte gab) stießen auf Granit.

Dass es so bald einen neuen Bürgermeister und auch einen neuen Landrat des Kreises Grafschaft Hoya gab, lag an den Grundsätzen der englischen Besatzungspolitik. Da man davon ausging, dass alle politischen Funktionsträger in den Kriegsjahren Nazis, Parteifunktionäre waren - rund 8,5 Millionen Deutsche waren am Ende des Krieges Parteimitglieder -, entließ man sie alle und versuchte die Posten mit Personen zu besetzen, die sich in der NS-Zeit von den Nazis ferngehalten hatten. Der englische Geheimdienst hatte in den letzten Kriegsjahren eine große Personendatei angelegt, und bei jeder geplanten Einstellung wurde der „Fields Security" befragt, ob der Kandidat in der Partei gewesen ist. War das der Fall, hatte er nur dann eine Chance auf Einstellung, wenn er nicht gleich 1933 Mitglied geworden war, sondern erst später – man setzte den 1. Mai 1937 als Stichtag. Außerdem fragte man in den betreffenden Orten herum, in welcher Art und Weise und mit welchem Engagement sich der Kandidat für den Nationalsozialismus eingesetzt hatte. Man bemühte sich weiter darum, die vielen kleinen und großen Amtsgeschäfte, Verordnungen, Befehle, Verbote von Deutschen durchführen zu lassen, weil man gar nicht in der Lage war, das mit dem wenigen eigenen Personal selbst zu tun. Mit dieser Taktik des *„indirect rule"*, des indirekten Regierens, hatte man Jahrhunderte lang erfolgreiche Politik in den vielen englischen Kolonien betrieben. Und außerdem hoffte man – da war man sich mit den Amerikanern einig – die Deutschen möglichst schnell wieder zu Demokraten erziehen zu können.

Seit zwei Tagen war die Ausgehsperre tagsüber aufgehoben; am ersten Tag hatte unsere Mutter dem „Frieden" noch nicht getraut, am zweiten Tag allerdings ging sie los zum Einkaufen. Unsere Vorräte waren am Ende, wir hatten kein Brot mehr, keine Margarine, und von Kartoffeln allein lebte es sich schlecht. Zwar hatten wir ein paar Hamsterkäufe gemacht, als die Engländer einmarschiert waren, hatten bei Bäcker Knolle und bei Bäcker Ranke unsere Marken vorgelegt, aber da viele Familien so schlau waren, hatte man die Brotausgabe beschränkt und nun hatten wir nichts mehr.

Als die großen Jungen sahen, dass unsere Mutter sich anzog, bettelten sie sofort: „Dürfen wir nicht auch in den Flecken? Wir würden gern mal sehen, was sich durch die Tommys so alles verändert hat." Unsere Mutter war nicht ganz glücklich, gab aber ihr Einverständnis. „Und nehmt den Horst mit, dann haben die Mädels eine Weile Ruhe!"

Artur nahm mich an die Hand und los ging es. Nein, der Flecken Harpstedt hatte sich nicht verändert. Die Häuser standen noch, die Geschäfte waren geöffnet, viele Frauen waren mit großen Einkaufstaschen unterwegs. In der Langen Straße stand an der Zufahrt zum Marktplatz so ein offenes kleines Auto, von dem wir sehr schnell lernten, dass es „Jeep" hieß, darin saßen vier Soldaten mit Gewehren, die Kolben hatten sie neben sich auf die Sitze gestellt. Wir waren neugierig, trauten uns aber nicht, wirklich dicht heranzugehen.

Wir gingen in die Burgstraße, um nachzusehen, was aus der Post geworden war, die ja vor ein paar Tagen eine Bombe abbekommen hatte. Auf unserem Bürgersteig kamen uns vier Soldaten entgegen, eine bewaffnete Streife. „Sollen wir nicht besser auf die andere Straßenseite rübergehen?" fragte Rudi. „Die haben Gewehre!" „Ach was", widersprach Erich, „die werden doch uns Kindern nichts tun!" Die vier Männer marschierten nebeneinander und nahmen die ganze Breite des Fußweges ein. Wir waren auch zu viert und wir gingen auch nebeneinander, aber als sie näherkamen, verzögerten Artur und ich den Schritt und gingen dann hinter Rudi und Erich her, um den Soldaten Platz zu machen. Wenn sie nun unserem Beispiel folgten, dann…- aber sie dachten gar nicht daran, sie marschierten als Viererreihe auf uns zu, als sei der Weg frei für sie. „Los runter auf die Straße!" sagte Erich leise zu uns und wir verließen den Bürgersteig, liefen auf der Straße weiter, bis sie vorbei waren - nein gefährlich war das nicht, kein Auto oder Motorrad war weit und breit zu sehen. Dennoch waren wir wütend, vor allem Erich und Artur. „Was fällt denen eigentlich ein? So was von eingebildet! Angeber!" schimpfte Artur. „Das ist der Hochmut der Sieger", kommentierte Erich, „daran werden wir uns wohl gewöhnen müssen. Wenn ihnen nichts Schlimmeres einfällt, dann geht´s ja noch."

Zuhause – unsere Mutter war schon da und packte herrlich frisches Brot aus, von dem wir gleich eine Schnitte mit Mettwurst bekamen – erzählte Artur, noch immer richtig wütend, was wir erlebt hatten. „Na", sagte unsere Mutter, „dass sie euch Kinder so behandelt haben, das ist ja nicht so schlimm. Aber stellt euch vor, mir ist es genauso ergangen. Sie haben sich extra breit gemacht, damit ich runter musste vom Fußweg. Eine Unverschämtheit ist das! Schließlich bin ich eine Frau. Man kann doch Rücksicht und Höflichkeit erwarten, auch von Soldaten."

In den nächsten Tagen hatten wir uns an die Zweiklassenordnung bereits gewöhnt und gingen gleich auf die andere Straßenseite hinüber, wenn wir eine Streife sahen.

Schon bald versuchten wir Kinder, schüchtern Kontakt aufzunehmen: Wenn die Tommys schon in Harpstedt das Sagen hatten, dann wollten wir wenigstens freundlich mit ihnen zurechtkommen. Wir winkten dann hinüber und riefen auch schon mal „Hello" – so grüßen die Briten, das hatten wir schnell gelernt. Aber das ging immer daneben, es erfolgte keine Reaktion. Nach ein paar Tagen gaben wir es enttäuscht auf, Erich hatte wohl doch recht mit seiner Aussage, hochmütig waren diese Sieger, arrogant!

Wir wussten damals nicht, dass beide Verhaltensweisen nichts mit privater, individueller Hochnäsigkeit zu tun hatten, sondern die Soldaten sich nur an ganz präzise Vorschriften hielten. Ihr Oberbefehlshaber Montgomery hatte in der gesamten britischen Zone den folgenden Befehl herausgegeben, der unter „No Fraternisation" (keine Verbrüderung) firmierte (in der amerikanischen Zone gab es eine gleichartige Anweisung).

„Die Offiziere und Mannschaften haben auf den Straßen, Cafés, Filmtheatern usw. sich von deutschen Männern, Frauen und Kindern fernzuhalten. Ein Kontakt mit der Bevölkerung ist nur im dienstlichen Verkehr gestattet. Jede Art des persönlichen Umgangs hat zu unterbleiben. Ich wünsche keine Teilnahme an sozialen Veranstaltungen, kein Händeschütteln. Bloße Kapitulation bedeutet noch nicht Friede. Der Einfluss der Nazis hat alles durchdrungen, selbst die Kirche und die Schulen. Die Besetzung Deutschlands ist ein Kriegsakt, dessen oberstes Ziel die Vernichtung des Nazisystems ist."

Montgomery musste davon erfahren haben, wie wir Deutschen das Benehmen seiner Soldaten erklärten und bewerteten, denn am 12. Juni kam Erich von einem Einkauf nach Hause zurück und erzählte, vor dem Informationsbrett der Post stünden viele Leute und debattierten aufgeregt über einen Aushang der Engländer. Es gehe um das Benehmen der Soldaten, so viel hatte er mitbekommen. Unsere Mutter und Erna gingen sofort den kurzen Weg zwischen den Gärten zur Post hinüber und lasen das Schreiben, das von Montgomery stammte. Auch an der Kirche, im Amtshof und am Schwarzen Brett der Feuerwehr hing die Botschaft in den nächsten Tagen aus; sie trug das Datum des 11. Juni 1945.

„Ihr habt Euch wahrscheinlich gewundert, warum unsere Soldaten Euch nicht beachten, wenn Ihr ihnen zuwinkt oder auf der Straße einen „Guten Morgen" wünscht, und warum sie nicht mit Euren Kindern spielen. Unsere Soldaten handeln auf Befehl. Ihr habt diese Haltung der Truppe nicht gern. Unsere Soldaten auch nicht. Wir sind von Natur aus ein freundliches und gutmütiges Volk. Aber der Befehl war notwendig und ich will Euch erklären, warum… Nach Jahren der Verwüstung, des Gemetzels und des Jammers sind Eure Heere geschlagen. Dieses Mal waren die Alliierten entschlossen, Euch eine endgültige Lehre zu erteilen; nicht nur, dass Ihr besiegt seid – das werdet Ihr schließlich erkannt haben – sondern daß Ihr, daß Euer Volk wiederum am Ausbruch dieses Krieges schuldig sei. Wenn dieses nämlich nicht Euch und Euren Kindern klargemacht wird, würdet Ihr

*Euch vielleicht noch einmal von Euren Führern betrügen und in einen dritten Krieg stürzen lassen. ...Unsere Soldaten haben gesehen, wie ihre Kameraden niedergeschossen, ihre Häuser in Trümmerhaufen verwandelt wurden* („Das müssen gerade die Engländer schreiben, die unsere Städte zerbombt haben", konnte Erna sich nicht verkneifen, zu unserer Mutter zu sagen.), *und wie ihre Frauen und Kinder hungerten. Sie haben in den Ländern, in die Eure Führer den Krieg trugen, schreckliche Dinge gesehen. Für diese Dinge, meint Ihr, seid Ihr nicht verantwortlich, sondern Eure Führer. Aber aus dem deutschen Volk sind diese Führer hervorgegangen: Jedes Volk ist für seine Führung verantwortlich, und solange sie Erfolg hatte, habt Ihr gejubelt und gelacht. Darum stehen unsere Soldaten mit Euch nicht auf gutem Fuße. Dies haben wir befohlen, dies haben wir getan, um Euch, eure Kinder und die ganze Welt vor noch einem Krieg zu bewahren. Es wird nicht immer so sein. Wir sind ein christliches Volk, das gern vergibt, und wir lächeln gern und wir sind gern freundlich.* („Dann zeigt das auch mal!", war Ernas Zwischenkommentar)...*Dies sollt Ihr Euren Kindern vorlesen, wenn sie alt genug sind, und zusehen, dass sie es verstehen. Erklärt ihnen, warum englische Soldaten sich nicht mit ihnen abgeben."*

Erna und unsere Mutter gingen dieser Aufforderung umgehend nach und erklärten uns mit einfachen Worten, warum die Engländer so unfreundlich zu uns waren, glaubten sein zu müssen. „Der Montgomery schreibt, das wird nicht immer so sein", schloss unsere Mutter ihre Erklärung, „ich hoffe, die besinnen sich bald auf ihre christliche Vergebung und ihr Lächeln und behandeln wenigstens euch Kinder anständig. Ihr habt doch wirklich nicht die Naziführung gewählt, die der Welt so viel Unglück gebracht hat."

Als hätte man im englischen Hauptquartier den Wunsch unserer Mutter gehört, erschien bereits einen Tag später die Erlaubnis für die Soldaten, mit deutschen Kindern zu sprechen und zu spielen, im Juli wurde dann auch der Kontakt mit Erwachsenen gestattet.

Für uns Kinder änderte sich kaum etwas: Wir konnten kein Englisch, die Soldaten konnten kein Deutsch – wie sollten wir miteinander reden? Und zum Spielen hatten wir unsere Geschwister und hinreichend viele Freunde, auch da waren englische Soldaten nicht wirklich hilfreich. Aber wir merkten auf der Straße, dass normales Benehmen, auch Ausweichen auf dem Bürgersteig, wieder üblich wurden und man ein Lächeln und eine Antwort bekam, wenn man seinen Mut zusammenraffte und sie mit einem „Hello" oder auch „Guten Tag" grüßte.

In den verschiedenen Harpstedter Gasthäusern tat sich allerdings einiges: Es gab nun wieder Tanzvergnügen, bei denen die britischen Soldaten sehr schnell die Qualitäten der deutschen *„Frolleins"* kennen und schätzen lernten. Es bestand zwar noch bis ins Jahr 1946 hinein ein Heiratsverbot zwischen Briten und Deutschen – aber wer wollte denn gleich heiraten? Welche Wünsche die Soldaten – seit Jahren fern der Heimat – hatten, muss hier nicht ausgebreitet werden, und für die Mädchen und jungen Frauen gab es – zusätzlich – einen anderen großen Anreiz, sich einen britischen Freund anzulachen: Die Soldaten hatten Zugang zu Schätzen, von denen man schon seit langem nur noch hatte träumen können: Die Rede ist von Dosen mit Corned beaf, von Schokolade, von Whisky, von Zigaretten und von Nylonstrümpfen. Wer diese Pretiosen in seinen Besitz bringen konnte, verfügte, wenn er sie nicht selbst konsumieren wollte, über Tauschobjekte, mit denen man unter der Hand fast alles bekommen konnte.

An unserer Familie ging auch diese neue Entwicklung spurlos vorbei: Erna war erst knappe 15 und auch wenn sie 18 gewesen wäre, hätte unsere Mutter es nicht zugelassen, dass sie tanzen ging, Tanzen war Sünde, nicht nur mit fremden Soldaten, sondern grundsätzlich, und Alkohol und Zigaretten kamen schon gar nicht in Frage oder ins Haus. Unsere Mutter sorgte in dieser Zeit dafür, dass Erna nie allein aus dem Haus ging: Man hatte zwar nicht davon gehört, dass britische Soldaten deutschen Mädchen Gewalt angetan hatten, aber man wollte auch vermeiden, dass unsere hübsche Schwester vielleicht die erste sein könnte, der so etwas zustieß.

Die normalen britischen Soldaten, die Mannschaftsdienstgrade also, wurden nicht in den Bürgerhäusern untergebracht, sondern mussten mit Massenquartieren in den Baracken des Reichsarbeitsdienstes oder der abgezogenen deutschen Soldaten vorlieb nehmen. So belegten sie auch die lange Baracke, die neben den großen Flüchtlingsbaracken stand, in die wir dann später einzogen. Ich erzähle eine kleine Begebenheit – zeitlich vorweggenommen – an dieser Stelle, weil sie mit dem Thema "Nonfraternization" zu tun hat.

Die Soldaten hatten neben ihrer Unterkunft ein ziemlich großes Loch ausgehoben, das sie als Müllkuhle benutzten. Wir Kinder schlichen oft um diese Goldgrube herum. Dann kam wohl mal ein Soldat aus der Baracke, riss eine Tafel Schokolade auf, biss einmal ab und warf die Packung in hohem Bogen in die Kuhle. Wir stürzten uns dann ohne falsche Scham hinterher, ergriffen die Packung, teilten sie unter uns auf und genossen das Festessen. Leider kam das nicht gerade jeden Tag vor, aber wenn es geschah, dann war dieser Tag dadurch ein Feiertag für uns. Noch seltener geschah das Gleiche mit einer Dose Rindfleisch oder Schweineschmalz. Die aßen wir dann nicht vor Ort auf, sondern nahmen sie mit nach Hause.

Natürlich fiel es unter das Verbrüderungsverbot, deutschen Kindern Schokolade oder Konserven zu schenken, aber ebenso natürlich war es, dass es den Soldaten nicht verboten war, angebrochene Rationen wegzuwerfen – und wenn sich die Kinder diese holten, dann war daran von den Offizieren nichts auszusetzen. Wahrscheinlich haben sie das sogar augenzwinkernd akzeptiert oder gar gut gefunden. Sie wussten zu genau, wie eingeschränkt wir lebten, und nach dem ersten Hass gegen Deutschland und alle Deutschen entstand schnell Mitleid - zumindest mit uns Ärmsten der Armen, den Flüchtlingen.

Die Engländer verließen Harpstedt übrigens schon sehr früh, nach rund einem Jahr Besatzungszeit: Am 20. März 1946 zogen sie ab, gaben die besetzten Häuser wieder frei, was auch dringend notwendig war, denn die große Zahl der Flüchtlinge und Vertriebenen ließ es in Harpstedt eng werden – es gab echte Wohnungsnot.

Die Besatzung des ehemaligen Deutschen Reiches war damit natürlich noch nicht beendet; die Soldaten der vier Alliierten (die Franzosen waren im Nachhinein auch zu Siegern erklärt worden und bekamen ihre eigene Besatzungszone) blieben noch viele Jahre in Deutschland stationiert, Engländer und Amerikaner sind bis heute hier, verloren aber im Laufe der Zeit immer mehr den Charakter der Besatzungsmacht und wurden – zumindest in den drei westlichen Zonen - nach und nach „Freunde", Schutzmacht gegen die kommunistische Gefahr aus dem Osten, wie Adenauer nicht aufhörte zu betonen…

Wir hörten nebenan unsere Mutter herumlaufen. Sie öffnete die Fensterläden und ließ die blasse Frühjahrssonne herein – soweit die Sonne ihre Chance dazu hatte. Eine dicke Schicht von Eisblumen überzog die Fensterscheiben – jeden Tag wieder bewunderten wir Kinder, mit welcher Kunstfertigkeit die Natur sich niemals wiederholende Muster aus Eiskristallen zusammenstellte zu phantastischen Blumenornamenten.

Wir hörten sie die Ofentür öffnen, mit dem Feuerhaken die kalte Asche aus der Feuerluke herauskratzen, dann nach einer Weile war das Anreißen eines Streichholzes zu hören. Danach war es wieder still. Keiner von uns rührte sich. Wir wussten, dass wir noch eine gute Viertelstunde Zeit hatten, bis wir die warmen Betten verlassen mussten – solange würde auch unsere Mutter, die nach dem Feueranmachen stets wieder ins Bett zurückkehrte, noch im Bett liegen und darauf warten, dass das Herdfeuer die schlimmste klamme Kälte aus den beiden Räumen vertrieb.

So richtig warm wurde es in unserer kleinen Unterkunft in diesen Wintertagen nie, zu dünn waren die Wände und zu schlecht schlossen die Fenster und Fensterladen. Außerdem war das dünne Holz, das wir aus dem Wald hatten holen dürfen, recht frisch und auch von Schnee und Regen noch durch und durch nass, so dass es schlecht brannte. Wir stapelten zwar neben dem Herd immer einen kleinen Vorrat, der dort mindestens oberflächlich trocknen konnte, aber ein schön großes Feuer, das richtig viel Wärme abgab, war damit nicht herzustellen. Wir fanden die Temperatur nach einer Weile dennoch erträglich, hatten wir doch in den Flucht-Monaten auf dem Wagen ganz was anderes aushalten müssen.

Und nach dem Frühstück verließen wir sowieso alle das Haus, strolchten in der Gegend herum oder gingen zu Wittgräfes oder zu Grotes hinüber, um bei den Arbeiten auf dem Hof zuzuschauen bzw. dabei zu helfen, was Erna und unsere Mutter von Anfang an taten, Erich und Artur manchmal auch. Sie machten die Frühjahrsbestellung auf den Feldern der Wittgräfes mit, übernahmen auch Arbeiten in den Viehställen, wenn Wittgräfes einmal etwas vorhatten, waren bei der Heuernte dabei und dann im Herbst auch bei der Ernte des Korns, der Rüben, der Kartoffeln – darüber erzähle ich später genauer, wenn wir in der Baracke wohnen und alle zu den Arbeiten bei den verschiedenen Bauern eingespannt werden.

Grotes hatten sich gleich nach dem Krieg einen von diesen modernen Selbstbindern zur Getreideernte gekauft. Als sie an einem Dienstagmorgen im August wach wurden, stand eine strahlende Sonne über dem Hof und den Feldern. Tagelang hatte es geregnet und sie hatten schon Angst gehabt, den Roggen gar nicht mehr unter Dach und Fach zu bekommen. Der alte Grote war glücklich. „Los, los, wir fahren sofort aufs Feld und probieren den neuen Selbstbinder aus!" Da die polnischen Fremdarbeiter inzwischen lange den Hof verlassen hatten, half Frau Wesner beim Einspannen der Pferde.

Eine halbe Stunde später war man auf dem Feld. Der Boden war erst oberflächlich abgetrocknet und auch das Korn war noch nass, aber Herr Grote war sicher, dass das alles nichts ausmache. Schließlich werde man ja die durch die neue Maschine gebundenen Garben zu Hocken zusammenstellen und dann hätten sowohl das Stroh als auch die Körner Zeit zum Trocknen.

Auf der ersten Geraden ging alles gut, die Maschine funktionierte prächtig, warf an der Seite schöne gleichmäßig mit einer hellen Schnur gebundene Garben aus. Unsere Mutter und Frau Wesner stellten jeweils drei Paare zusammen und stützten dann diese Hocken noch an jeder Seite mit einer weiteren Garbe, so dass immer acht auf eine Hocke kamen. Sie hielten mit den Pferden in etwa Schritt. Und dabei bemerkten sie, dass die Pferde sehr schwer zu ziehen hatten, schon nach wenigen Minuten vor Anstrengung dampften. Sie machten Herrn Grote darauf aufmerksam, dem das noch nicht aufgefallen war, weil er sich ganz auf die neue Maschine konzentrierte und fasziniert war, wie sie arbeitete und seinen Leuten das schwere Garbenbinden abnahm. „Wir müssen ein drittes Pferd einspannen, die beiden schaffen das nicht. Und das Pferd muss vor den beiden anderen laufen, seitwärts geht das nicht."

Schnell war ein drittes Pferd aus dem Stall herbeigeholt und mit dem passenden Geschirr vor die beiden anderen gestellt. Es zeigte sich aber umgehend, dass weder Herr Grote das Dreiergespann hinreichend geschickt lenken konnte, noch dass das Vor-Pferd seine Aufgabe richtig meisterte.

„In Ostpreußen mussten wir oft mit solch einem Dreiergespann arbeiten", sagte unsere Mutter. „Das ging immer ohne Probleme."

„Und wie habt ihr das gemacht?"

„Na, auf dem Pferd vorn hat immer einer gesessen. Der es gelenkt hat."

Frau Wesner mischte sich ein: „Das könnte ja unser Werner machen."

„Sicher", meinte unsere Mutter, „bei uns war das immer Erich seine Arbeit. Dann wird das der Werner doch auch können."

Aber Werner konnte nicht. Er hatte noch nie auf einem Pferd gesessen und hatte schlichtweg Angst, auf ein so hohes Tier hinaufzuklettern. Also schickte man ihn los zu unserer kleinen Baracke, um Erich zu holen. Der lachte nur über Werner, griff ins Zaumzeug, war mit einem Schwung auf dem Pferderücken und lenkte es nun mit den Beinen und mit leichtem Ziehen an der Trense, die das Pferd im Maul hatte. Damit hatte Erich für die nächsten Tage eine feste Arbeit neben unserer Mutter, die einen großen Teil der Ernte bei Grotes und dann auch bei Wittgräfes mitmachte.

Ob ich all diese Dinge noch aus eigener Erinnerung weiß? Nein, absolut nicht. Ich erlebte in dieser Unterkunft meinen vierten Geburtstag, und das ist zwar ein Alter, von dem die Wissenschaftler sagen, die „technischen" Voraussetzungen für ein Langzeitgedächtnis seien vorhanden (das soll so nach dem dritten Geburtstag beginnen), aber man prägt sich in der Zeit wohl nur ganz gravierende Dinge ein, die einen wirklich beeindruckt haben. Ich weiß also alles nur aus den Erzählungen, die an vielen Abenden bei uns um den Tisch liefen und stets begann mit: „Weißt du noch...?" Und einen Teil habe ich in verschiedenen Büchern nachgelesen, die nach dem Krieg über Harpstedt entstanden sind.

An die Funkerbaracke inmitten der Bäume meine ich mich aber zu erinnern, habe ein vages Bild vor Augen von einer kleinen Hütte unter Obstbäumen. Aber da wir auch in späteren Jahren noch oft bei Wulferdings waren und auch bei Wesners (die nicht, wie wir, in die große Baracke umzogen, sondern bei Grotes wohnen blieben), ist schwer zu sagen, was sich durch spätere Eindrücke und Schilderungen festgesetzt hat und was originäres Wissen und Erinnern aus der frühen Zeit ist. Auch in dieser Angelegenheit haben Wissenschaftler herausgefunden, dass es in späteren Jahren gänzlich unmöglich ist, die Quelle von Bildern und Erinnerungen präzise zu bestimmen.

## 2 „WENN DU IM HERZEN FRIEDEN HAST, WIRD DIR DIE HÜTTE ZUM PALAST"

### Der Umzug

Im Oktober 1945 – gerade noch rechtzeitig zu Beginn der gefürchteten kalten Jahreszeit – wurde uns mitgeteilt, wir könnten endlich umziehen in die Baracke am Logeweg. Dort sammelte man die Ostpreußen, die mit uns zusammen nach Harpstedt gekommen waren, aber auch einige uns gänzlich fremde Flüchtlinge waren dort untergebracht, zum Teil aus Schlesien oder anderen Ostgebieten.

Also wurde noch einmal unser Fluchtwagen aus der Remise gezogen, noch einmal wurden die beiden Pferde, die ja bei Wittgräfes arbeiteten und die das Wagenziehen gewöhnt waren, vorgespannt, noch einmal wurden die wenigen Habseligkeiten, die wir aus Ostpreußen mitgebracht hatten, aufgeladen (die Möbel des Roten Kreuzes blieben in der Funkerbaracke zurück, man hatte uns gesagt, die neue Wohnung in der großen Baracke sei möbliert), ein paar Säcke mit Kartoffeln und Holz kamen dazu und auch einer mit Steckrüben. Noch einmal versammelte sich die ganze Familie auf dem Wagen wie auf der Flucht. Nur Olla fehlte. Herr Wulferding saß neben unserer Mutter auf dem Kutschbock und hielt die Zügel. Ein Stück weit knirschten die eisenbeschlagenen Räder durch den Weg zwischen den Gärten, es ging vorbei am Hof der Wittgräfes. Die ganze Familie stand draußen, um den Auszug mitzuerleben.

„Wir sagen gar nicht groß auf Wiedersehen", rief ihnen unsere Mutter im Vorbeifahren zu. „Wir kommen ja oft wieder, die Kinder zum Spielen, ich zum Arbeiten."

„Wir wünschen euch viel Glück in der neuen Bleibe – und wenn euch was fehlt, kommt einfach zu uns. Vielleicht können wir ja helfen."

„Danke, danke für alles, was ihr für uns getan habt und auch für die guten Wünsche."

Im Sommer 2006 hatte unsere Tochter Katja ein Familientreffen organisiert – es fand diesmal nicht in Bremen statt, sondern in Dünsen, in „unserem" Hotel Waldfrieden, neben dem wir nach unserem Auszug aus Harpstedt einige Jahre gewohnt hatten, bevor wir nach Bremen gezogen waren. Meine Frau Hella und ich hatten dort im Hotel schlafen wollen, aber man hatte Irmgard, die für uns telefonierte, gesagt, es sei kein Zimmer frei, und so hatte sie uns eine Übernachtung in Harpstedt in der renovierten Wasserburg gebucht.

[13] Hotel und Gasthof „Wasserburg" heute

Von dort aus lief ich abends allein durch den Flecken und kam auch beim Hof Wulferding vorbei, besah mir die Stallungen etc. und ging dann zu dem Seiteneingang, an dem ich eine Klingel sah. Es stand tatsächlich noch „Wulferding" auf dem Klingelschild - und so nahm ich mir denn ein Herz und drückte auf den Klingelknopf. Es dauerte eine Weile, dann ging Licht an und die Tür wurde geöffnet. Ein Mann um die sechzig, bekleidet mit einem grünen Overall, öffnete mir die Tür. Ich stellte mich vor: „Entschuldigen Sie bitte, wenn ich hier so einfach klingele, aber wir haben hier nach dem Krieg einige Zeit gewohnt. Mein Name ist Klein, Horst Klein." Er bat mich freundlichst herein, wir gingen durch einen Flur, in dem es sehr streng nach Schwein roch, und dann öffnete er die Tür zu dem Wohnzimmer. Der Fernseher lief, in der Ecke saß eine deutlich sichtbar kranke Frau in einem Sessel, die Füße hochgelegt, kaum Haare auf dem Kopf. Mir wurde ein Stuhl angeboten, er aß zu Ende (ich hatte ihn beim Abendessen gestört), schob den Teller weg und dann plauschten wir eine gute Viertelstunde. Es war Heinz Wulferding, der kleine „Heinzi", wie wir ihn alle genannt hatten. Knapp zwei Jahre war er alt gewesen, als wir nach Harpstedt kamen... Wir frischten Vergangenheit auf, mit der Wesner-Tochter habe er jahrelang gespielt, an unsere goldbraune kräftige Stute, den „Litauer", erinnerte er sich gut. Man erkannte sie vor allem an der langen Narbe am Hals, die ihr beim Versuch, sie von der Weide zu stehlen, von einem der Diebe beigebracht worden war.

Er war sehr an unserer Familie interessiert, was denn aus allen geworden sei, wollte er wissen. Ich machte mehrfach Anstalten zu gehen, weil ich wusste, dass Hella wartete, weil wir natürlich gemeinsam zu Abend essen wollten, aber er drängte mich mit einer solchen Herzlichkeit, dass ich sitzen blieb.

Ja, seine beiden Schwestern, Wendel und Annemarie, wohnten ganz in der Nähe, die Mutter sei natürlich schon tot. Er betreibe nun allein den Hof, habe die allgemeine Bauernwirtschaft weitgehend aufgegeben und züchte Ferkel - er zeigte mir stolz die Zuchtsauen und die etwa vierzig Ferkel, die auf der Diele hinter Strohballen untergebracht waren und den oben angedeuteten Duft im ganzen Haus verbreiteten. Nein, reich werden könne man damit nicht - die Ausstattung des Hauses bewies das - aber man könne davon leben. Ihre Ansprüche seien bescheiden und sie seien zufrieden. Ich erzählte ihm von der Familienchronik, die ich im letzten Jahr abgeschlossen hatte und erwähnte auch, dass ich dort einen Dank an Wittgräfe/Wulferding formuliert habe, den ich ja jetzt doch noch direkt und mündlich überbringen könne, wenn auch leider nicht mehr an unsere damaligen Wohltäter...

Als ich in die Wasserburg zurückkam, schaute Hella mich ein wenig vorwurfsvoll fragend an, war dann aber ganz verständnisvoll, als ich ihr von meinem Gespräch mit „Heinzi" erzählte. Sie hatte es sich mit einem Gläschen Sekt gut gehen lassen - und wir bestellten dann ein Abendessen.

Am nächsten Morgen besuchte ich die Harpstedter Kirche, fand im Eingang auch den Namen unseres Vaters als Gefallenen der Gemeinde, dann besuchten wir eine Reihe alter Plätze in den Wäldern um Harpstedt und Dünsen und Ippener, wo wir – die Kleins - Bombensplitter gesammelt und Hunderte von Stunden beim Blaubeerpflücken verbracht hatten...Nostalgie pur.

[14] a. Der Wulferding-Hof; Seitenansicht mit Eingang,
b. Stallungen und Nebengebäude: Hier war der Luftschutzkeller untergebracht

Der Wagen bog in die Mullstraße ein, die Räder polterten nun über das Kopfsteinpflaster wie vor einem halben Jahr, als wir hier in umgekehrter Richtung unterwegs gewesen waren. Durch die Lange Straße führte nun der Weg, vorbei an den schon wieder kahlen Linden auf dem Marktplatz vor der Kirche. „Wisst Ihr noch...", fragte unsere Mutter, „wie verzweifelt wir waren, damals..." Oh ja, alle erinnerten sich gut, sechs Monate sind keine Zeit, um so ein Erlebnis zu vergessen.

Am Ende der Langen Straße ging es am Trafo-Haus nach links weiter in die Schulstraße, vorbei an dem hohen Schornstein und an der Sägerei Gröper. Hier lenkte Herr Wulferding den Wagen nach links über eine große leere Fläche, die zum Teil mit schwarzem Schotter bedeckt war, zum Teil aus Grasland bestand. Am Rande dieser kahlen Fläche standen zwei lange, braune, zweistöckige Baracken – unsere Bleibe für die nächsten sieben Jahre.

Die beiden Baracken lagen am südlichen Rand von Harpstedt, ganz dicht bei der RAD-Baracke, die demnächst die Schule beherbergen sollte. Gegenüber gab es noch einen Bauernhof der Familie Horstmann, ansonsten dehnten sich hinter der Baracke die Felder bis hin zum Schwarzen Berg, der wilden Müllkippe des Ortes. Ringsherum gab es Bauernland, ein Stück weiter Wiesen, Wiesen, die bis an die Delme reichten.

Die Nazi-Organisation Todt hatte die Baracken 1943 erbaut, und zwar als Ausweichquartier für die Harpstedter, die nach dem halbstündigen Bombardement am 21. Februar 1943 ihre zerstörten Häuser nicht mehr bewohnen konnten. Sie wurden von diesen Ausgebombten jedoch nur kurz benutzt: Trotz des kriegsbedingten Material-mangels gelang es ihnen sehr schnell, ihre Häuser wieder bewohnbar zu machen. Nach unserem Einzug wohnten nur noch die Harpstedter Familien Witte und Windels dort. Vorübergehend benutzen dann Ausgebombte aus dem Ruhrgebiet diese Notunterkünfte. Als sie nach Kriegsende eine Wohnung nach der anderen räumten und in ihre Heimatstädte zurückkehrten, wurden dort Flüchtlinge aus Schlesien und wir Ostpreußen eingewiesen.

Da unsere Mutter nicht wusste, wo wir untergebracht werden sollten, lenkte Herr Wulferding unseren Wagen zwischen die beiden Gebäude und hielt neben dem Löschteich. Ein Angestellter der Gemeindeverwaltung, der auf uns gewartet hatte, kam an den Wagen heran.

„Sie sind die Familie Klein?"

„Ja, wir wollen hier einziehen."

„Kommen Sie, Frau Klein, ich zeige Ihnen, welche Wohnung für Sie frei geworden ist. Es ist die neun."

Unsere Mutter stieg vom Kutschbock und ging hinter dem Mann her, der sie zur rechten Baracke hinüberführte und in dem ersten der zwei Eingänge verschwand. Nach einer Weile kamen beide wieder heraus, der Mann verabschiedete sich, unsere Mutter bedankte sich und dann hieß es: „Nu man los, Kinder, bringen wir die Sachen rein!"

Wir sprangen vom Wagen herunter und gingen erst einmal die Wohnung ansehen. Über ein paar Steinstufen unter einem kleinen Vordach kamen wir in einen offenen Flur, von dem vier Türen in vier Wohnungen abgingen. Rechts führte eine Holztreppe mit Geländer in das obere Stockwerk hinauf, darunter gab es eine dunkle Steintreppe in den Keller hinab.

Die linke Tür geradeaus stand offen: „Nu kommt mal, los!" rief unsere Mutter mit gespielter Munterkeit, „das ist unser neues Zuhause!" Wir traten in unseren kleinen dunklen Flur ein, von dem links noch eine Besenkammer abgeteilt war. An der Wand stand eine kleine Bank, rechts gab es ein offenes Regal. Durch eine weitere Tür ging es dann in den großen zentralen Raum, der als Wohnzimmer und als Küche diente. In dem linken Teil, der durch den Flur schmaler war als das sonstige Zimmer, stand das wichtigste Einrichtungsstück.

„Guck mal, Mutti, einen ordentlichen Küchenherd haben wir wenigstens", sagte Erna.

„Ja, den werden wir auch brauchen", meinte unsere Mutter. „Es gibt nämlich keinen weiteren Ofen. Wir müssen damit auch heizen."

„Hatten die nicht gesagt, die Wohnung ist möbliert?" fragte Artur. „Mit dem kleinen Tisch und den vier Stühlen kommen wir doch nie und nimmer aus! Und der Schrank ist auch viel zu klein."

„Nun wart man ab, das wird sich schon alles finden", bewies unsere Mutter ihren Optimismus und ihr Gottvertrauen.

Sie sollte Recht behalten. Bereits nach kurzer Zeit schenkte uns der Schulleiter Grimsehl einen großen Tisch, auf dem jeder seinen Platz fand, wenn es ums Essen ging oder auch um das Anfertigen der Schularbeiten. Herr Grimsehl hatte unsere Mutter kennengelernt und einen großen Respekt vor dieser kleinen Frau entwickelt, von der man im Flecken erzählte, wie sie durch Arbeit im Wald und bei den Bauern ihre sieben Kinder allein durch die schlechten Zeiten brachte. Als er dann noch die ersten Klein-Kinder in seine Schule bekam und in ihnen fleißige und talentierte Schüler kennenlernte, erhielten wir auch noch ein grünes Sofa geschenkt, das all die Jahre hinter dem Tisch thronte und ein bisschen Behaglichkeit verbreitete. (Am Sonntag trug dazu auch noch eine der Tischdecken bei, die wir aus Lensk gerettet hatten und die die berühmten selbstgemalten und selbst ausgestickten Blumen trugen.) Vom Roten Kreuz bekamen wir bereits in der ersten Woche zwei weitere Stühle und ein paar Holzhocker, so dass jeder einen Sitzplatz hatte, und auch zwei, drei Gäste nicht stehen mussten. Kamen mehr, so brachten sie sich einen Stuhl mit – das war in allen Familien so.

In den beiden Nebenräumen standen je ein Spind und einfache Fichtenholzbetten mit Strohsäcken, drei in dem einen, zwei in dem anderen. An den Fußenden lagen die uns von der Flucht bekannten grauen Militärdecken. Die kratzigen Dinger steckten wir gleich unten in die Spinde, die würden wir nur im äußersten Kältefall als zusätzliche Bettdecke benutzen. Wenn jeweils zwei in einem Bett schliefen, dann hatten wir Platz für zehn Leute, das war in Ordnung so, Enge waren wir gewohnt. Da wir selbst nur acht Personen waren, war sogar gegebenenfalls für Besucher ein Bett frei.

Nach dieser kleinen Besichtigung ging es zurück an den Wagen, Herr Wulferding blieb oben und reichte uns Stück für Stück die Sachen herunter, die wir dann in die Wohnung trugen. Das bisschen Geschirr passte ohne Probleme in den Schrank in der Wohnküche. Erna hatte in Lensk das blauweiße Geschirr und auch das mit dem Goldrand eingepackt, sie legte Wert darauf, es selbst hier im Schrank unterzubringen. Der Schrank war einer von denen, die es damals zu Tausenden gab, aus einfachstem Fichtenholz zusammengeleimt und dann mit einer beigebraunen Farbe angestrichen, die edles Holz vorgaukeln sollte. Die beiden Türen oben waren verglast und man hatte ein Blumenmuster eingeschliffen.

In die eine Schublade kam das Besteck, in die andere die Bibel, das Gesangbuch „Singvöglein" und allerlei Kleinkram, Gummiringe, Nägel, Bindfaden, Stricknadeln, Schrauben, Streichhölzer, Kerzen, Pfennige. Diese Pfennige durfte Edith sammeln, um sich auch etwas leisten zu können. Kandis kaufte sie am liebsten dafür oder auch mal ein Heiß- oder Kaltgetränk, je nach Jahreszeit.

Und auch die wenige Kleidung fand in den beiden Spinden Platz. Unsere Mutter war wieder sehr stolz, als noch einmal all die guten Sachen durch ihre Hände wanderten, in Litzmannstadt hatte man sie eingekauft, vor allem unser Vater hatte immer sehr viel Wert darauf gelegt, nur Qualitätsware zu erwerben.

Die Schuhe stellte jeder unter sein Bett – mehr als ein Paar hatte niemand. Die Holzschuhe fanden ihren Platz in dem Regal im Flur.

Auf die groben Strohsäcke kamen Bettlaken aus Lensk und dann unsere geliebten Daunendecken, für jeden eine, die garantierten Wärme. Als die Familie Streck nach ihrer Flucht über die Ostsee und über Dänemark in die Baracke kam und keinerlei Bettzeug hatte, schenkte ihnen unsere Mutter einiges von unserem - und danach war es etwas ungemütlicher, wir mussten uns buchstäblich nach der Decke strecken, zwei teilten sich eine Zudecke. Das währte aber nicht lange – da man in der Baracke auch Gänse und Enten hielt, konnte unsere Mutter bald drei neue Federbetten besorgen.

Oft, wenn Besuch da war und die Betten nicht ausreichten, schliefen wir Kinder so, dass zwei mit dem Kopf in die eine Richtung zeigten, der dritte seinen Kopf an deren beider Fußende 'betten' musste.

Es war in diesen Räumen meistens so warm, dass sich nur selten Eisblumen an den Fenstern bildeten. Die konnten wir aber in großer Zahl an den Fenstern der Küche bewundern, in der natürlich nachts das Herdfeuer ausgegangen war. Doppelfenster gab es selbstverständlich nicht und auch die Isolation der Wände, die aus einer doppelten Bretterschicht mit einer dünnen Teerpappen-Isolation dazwischen bestand, ließ natürlich zu wünschen übrig.

Neben dem Herd gab es eine kleine hölzerne Bank, auf der später immer zwei Eimer Wasser mit Schöpfmaß und die für alle denkbaren Zwecke verwendete Waschschüssel standen. Der spöttische ostpreußische Spruch „*Marjellchen, beail dir mit Fießewaschen, Mutter braucht die Schissel fiern Salat!*" hatte bei uns gewiss seine Berechtigung.

Der Handtuchhalter daneben wurde mit einem blau bestickten Leinenvorhang versehen, auf dem der sinnige Spruch zu lesen stand: „WENN DU IM HERZEN FRIEDEN HAST, WIRD DIR DIE HÜTTE ZUM PALAST." Na, so ganz hat wohl keiner von uns diese Palastwerdung jemals gespürt, aber vielleicht lag es ja daran, dass der Frieden noch lange nicht in unsere Herzen eingekehrt war.

„Geh doch mal fragen, wo es Wasser gibt, Erich!" schickte unsere Mutter ihn los. „Nimm gleich den Eimer mit!"

Erich ging in den Vorflur zurück, in dem einige Kinder herumstanden und neugierig der neuen Familie beim Einziehen zugeschaut hatten. Sie gaben bereitwillig Auskunft, und er ging nun zum ersten Mal die Steintreppe hinunter – dunkel war es da unten – dann einen langen Gang entlang – dunkel war es auch hier - bis er an eine Tür kam, hinter der sich ein großer erleuchteter Raum öffnete, aus dem ihm Dampf entgegenströmte. Dort gab es eine normale Weidepumpe, die einzige Wasserstelle für die sechzehn Familien dieser Baracke. Daneben befand sich ein großer Waschkessel, an dem eine Frau in der kochenden Wäsche rührte. Den Kessel musste man mit Holz beheizen. Hier stand – so lernte unsere Mutter in den nächsten Tagen - jeden Tag eine andere Frau im heißen Dampf und wusch, rubbelte die heiße Wäsche auf dem Waschbrett sauber - die Einteilung dafür funktionierte gut. Da es in der Baracke 4x4 Familien gab und an den Feiertagen pausiert wurde – wir lebten schließlich im christlichen Abendland und den Feiertag musste man „heiligen" – war man alle 17, 18 Tage mit dem Waschen ‚dran'. Da man mit allem, Kleidung und Bettwäsche etc., höchstens doppelt ausgerüstet war, musste man die Sachen schon eine gute Woche lang tragen, bis sie endlich wieder frisch und sauber gemacht werden konnten. Natürlich wurde zwischendurch auch mal etwas oben in der Zinkwanne gewaschen, vor allem wenn ein Kind in einer Pfütze gelandet war und die gute Hose mitsamt dem Hemd schlammig-matschig waren. Dann konnte nicht gewartet werden.

Bevor die Wäsche draußen aufgehängt werden konnte, musste man dafür sorgen, dass zumindest das meiste Wasser schon entfernt war. Diese Arbeit, die heute bequem in der „Wäscheschleuder" erledigt wird (oder gleich in der Waschmaschine), übernahm natürlich unsere Mutter: Auswringen war angesagt. Die kleinen Teile schaffte sie allein, aber bei den großen musste jemand helfen: Der oder die - Irmgard, Rudi oder ich meistens - drehten dann an dem einen Ende des Bettlakens, unsere Mutter am anderen Ende, bis das Laken zu einer langen Wurst zusammengedreht war und kein Wasser mehr herauskam. Wir setzten stets allen Ehrgeiz darein, dem Drehdruck standzuhalten, den unsere Mutter mit ihren arbeitstrainierten Armen auszuüben vermochte.

Hier in der Waschküche spielten sich auch handfeste illegale Aktionen ab - von Schnapsbrennen aus Zuckerrüben und Schwarzschlachten ist hier die Rede - aber davon später.

Erich pumpte den Eimer voll, brachte ihn hoch und stellte ihn auf die kleine Bank in unserem Flur. Aus dem Küchenschrank holte er die Schöpfkelle und hängte sie daran, nachdem er die erste Kelle leergetrunken hatte. „Das Wasser schmeckt", verkündete er und alle gingen es probieren – Wassereimer und Kelle behielten hier die nächsten sieben Jahre ihren festen Platz.

Unsere Mutter schickte dann Irmgard – die bei uns immer nur „Irma" hieß – nach unten, sie solle sehen, welche beiden Kellerräume leer waren, der Gemeinde-Mann hatte gesagt, uns stünden zwei zu. Schon nach Sekunden war sie wieder da, sie war auf halber Treppe umgekehrt: „Da ist es ja stockduster, da geh ich nie und nimmer alleine runter, Rudi komm mit!" Nach wenigen Minuten kamen beide zurück, gleich die ersten beiden Kellerräume neben der Treppe waren leer, d.h. im zweiten, kleineren stand noch einiges an Gerümpel herum und an den Wänden gab es Holzregale. „Die sind aber wackelig", hatte Rudi gleich festgestellt. „Das ist nicht schlimm", meinte Erich, „das kriegen wir schon hin. Nägel haben wir ja und ein Beil auch." Er brachte zusammen mit Artur die Säcke mit den Kartoffeln und den Rüben im ersten Keller unter, in dem zweiten verstauten sie das Holz. Sie schnauften beide ganz schön, als sie diese Arbeit geschafft hatten – da tat eine Kelle Wasser gut.

Unsere Mutter bedankte sich herzlich bei Herrn Wulferding, der noch einmal darauf hinwies, dass wir jederzeit das Fuhrwerk haben könnten, wenn wir mal eine große Fuhre Holz oder Torf oder Kartoffeln transportieren mussten, auch der Handwagen stehe jederzeit zur Verfügung – beides war gut zu wissen. Wir hatten die Pferde und auch den Wagen an ihn verkauft, weil wir nun auf unbestimmte Zeit eine feste Wohnung hatten und Pferd und Wagen höchstens mal in Sonderfällen für den Transport – s.o. – brauchen würden. Wir hatten in der Baracke natürlich keine Möglichkeit, einen solchen großen Wagen unterzustellen – von Pferdehaltung konnte gar nicht die Rede sein. Ein bisschen traurig waren wir alle schon, die Pferde nun wegzugeben, hatten sie uns doch zuverlässig von Lensk in Ostpreußen nach Harpstedt in Niedersachsen gebracht – alle klopften sie zum Abschied und versprachen, sie oft besuchen zu kommen – der Wulferding-Wittgräfe-Hof war ja nur ein Viertelstündchen entfernt.

Irmgard wurde ihre Angst vor dem dunklen Keller übrigens nie vollständig los und auch Edith und ich waren nicht frei davon. Rudi und die älteren Geschwister hätten das nie zugegeben, vielleicht fürchteten sie sich aber auch wirklich nicht. Die vage Angst hatte keine realen Hintergründe, nie ist in diesem Keller etwas geschehen, was einem Angst hätte einjagen müssen, aber in einigen Familien in der Baracke machte es vor allem alten Frauen Spaß, Spukgeschichten zu erzählen, abends, wenn der Strom weg war und nur das Herdfeuer mit seinem Flackerschein die Wohnküche notdürftig erhellte. Dann setzte sich schon einmal ein kleines Männchen auf den Rücken eines freundlichen Wanderers, wurde dann aber schwer und schwerer, und wenn der gefoppte Wanderer zusammenbrach, machte sich das großgewordene Männchen, nun mit Hörnern auf dem Kopf und mit Bocksfüßen ausgerüstet, mit teuflischem Gelächter davon.

Im Erfinden solcher Geschichten und der detaillierten Ausgestaltung immer neuer Varianten war man unerschöpflich, und wir Kinder, die im Hintergrund gesessen und zugehört hatten, fassten uns dann im dunklen Treppenhaus an die Hand, wenn wir ins Bett geschickt wurden, damit die Erwachsenen zu den wahrhaft schlimmen Geschichten übergehen konnten – keine zehn Pferde hätten uns dann dazu gebracht, allein in den Keller zu gehen. Auch Mordgeschichten fanden stets einen interessierten Zuhörerkreis, es gab ja damals noch nicht wöchentlich zwanzig, dreißig Krimis im Fernsehen, ein Radio hatte in den Anfangsjahren auch keiner – und selbst wenn, dann hätte man darin kaum Geschichten mit solcher Fantasie und solcher Qualität zu hören bekommen.

Die Jungen in unserm Eingang kannten Irmgards Angst und machten sich einen Spaß daraus, sich unter der Treppe zu verstecken und sie dann zu erschrecken. Erst als sie einmal einem dieser bösen Buben den ganzen Eimer Wasser „über den Pelz" (wie sie das formulierte) goss, ließen diese Streiche nach – ihre Angst nicht.

Die Toilettenhäuser hatten wir schon gesehen und auch mit der Nase wahrgenommen, als wir an den Löschteich herangefahren waren. Es gab je Baracke ein flaches graues Steinhaus mit acht Holztüren, also mussten sich wohl zwei Familien ein Klo teilen. Erna klopfte bei unseren Nachbarn, der Familie Mitschke, und die sagten ihr denn auch, dass wir gemeinsam mit ihnen die dritte Tür von rechts hätten.

„Oh", meinte unsere Mutter, „ich hätte lieber ein Klo zusammen mit Lenskern gehabt. Wie sieht es denn bei den Mitschkes aus?"

„Ich habe nicht viel gesehen", antwortete Erna, „aber der Flur macht nicht den Eindruck, als sei Saubermachen und Ordnunghalten ihre Lieblingsbeschäftigung."

„Warten wir es mal ab, notfalls müssen wir ihnen das dann beibringen", beendete unsere Mutter erst einmal das Thema.

Zum Abendessen gab es Steckrüben, mittags waren wir nicht recht zum Essen gekommen, hatten uns mit zwei Scheiben Brot begnügen müssen. Unsere Mutter schnitt zwei Rüben in Scheiben, schälte sie, schnitt sie klein, Erna machte das Gleiche mit vielen Kartoffeln, dann wurde beides zusammen in dem großen Topf gekocht. Der Küchenherd erwies sich als recht praktisch, drei Feuerlöcher mit Eisenringen gab es, die man nach Bedarf herausnehmen konnte, um das Feuerloch der Größe von Topf oder Pfanne anzupassen. Daneben war noch eine Fläche zum Warmhalten, rechts ein Backofen und daneben ein Behälter, in dem warmes Wasser bereit stand zum Abwasch und zum Baden, Waschen, usw.

In das Steckrüben-Kartoffel-Gemisch kam kleingeschnittenes, ziemlich fettes Fleisch aus einem Weckglas dazu, am Ende wurde alles mit einem Stampfer zermust und mit Salz gewürzt. Es schmeckte besser als die wässerige Steckrübensuppe, die wir viel zu häufig aus Wehrmachtsküchen auf der Flucht bekommen hatten, aber es blieben eben doch die verhassten Steckrüben.

Nach der üblichen Abendandacht mit Bibellesen, Gebet und Gesang, die heute ganz unter das Thema „Dank" gestellt war, krochen wir zum ersten Mal in unsere „neuen" Betten – fremd war uns nichts, es waren die üblichen Strohsäcke, die üblichen Geschwister-Paarungen und zum Glück auch unsere üblichen Daunendecken, die uns warm hielten.

„Logeweg 408/9" war jetzt unsere Postanschrift - oder „Behelfsheim 408/9". Die 408 bezeichnete unsere Baracke, die 9 war die Ziffer für unsere Wohnung. Edith und ich benutzten stets die zweite Form, aber unsere älteren Geschwister genierten sich, in einem „Behelfsheim" zu wohnen, und wählten immer die erste Variante. Ich dachte gar nicht darüber nach, dass uns diese Bezeichnung diffamieren könnte, weil ich gar nicht realisierte, was denn der Wortteil „Behelfs-„ eigentlich bedeutete.

Vom Herbst 1945 bis zum Dezember 1952 wohnten wir in diesem Behelfsheim am Logeweg, in der „Baracke", wie wir alle ungeniert sagten.

Der Loge-Weg, inzwischen eine richtige Straße, wurde dann später übrigens umbenannt in „Schwarzer-Berg-Weg".

Als ich bei meinem Harpstedt-Besuch im Jahre 2012 diesen Weg entlangging und den Ort fotografierte, an dem unsere Baracke gestanden hatte – jetzt ein Spielplatz der Schule und des Kindergartens – irritierte mich der neue Name. Den Logeweg fand ich in der Parallelstraße, nach Osten hin versetzt, zu den Delmewiesen hin. Um Klarheit zu bekommen, sprach ich – die Methode hat System und Sinn – die ersten Leute in meinem Alter an, die im Logeweg mit ihrem Enkelsohn aus dem Auto stiegen. Ich hatte Enne Dreyer erwischt, eine Schulkameradin von Erich, die dreißig Jahre lang das Gasthaus oben am Bahnhof geführt hatte und die in mir schnell einen der Kleins ausmachte: Eine herzliche Umarmung war die Folge, die ihren Ehemann ein wenig erstaunt dreinblicken ließ. Sie bestätigten mir die Umbenennung der Straße und brachten damit meine Welt wieder in Ordnung.

Bei weiteren Fragen verwiesen sie mich – da ich den Gemeinde-Archivar Ellwanger nicht hatte erreichen können - auf den ehemaligen Schulleiter Günter Knappmeier, der Grimsehls Nachfolger geworden war und einige meiner Geschwister unterrichtet hatte, sich nun als Heimathistoriker betätigte. Natürlich hatten sie seine und auch Ellwangers Harpstedt-Bücher im Schrank, natürlich kannten sie seine Adresse, natürlich verbanden sie mich sofort mit ihm per Telefon, als ich von meinem Buch-Projekt sprach, natürlich war er an einem Gespräch interessiert und natürlich verbrachten wir dann einige Stunden am Nachmittag in seinem Haus und in der Koems- Archiv-Scheune zusammen.

Zum Abschluss unseres Gesprächs sagte Enne mir, ihr Enkel, den sie gerade von einer Abiturprüfung in Wildeshausen abgeholt hatten, habe zum ersten Mal von den Nachkriegs-Flüchtlingsbaracken hier ganz in der Nachbarschaft gehört, sei nun sehr interessiert: Ich solle ihnen doch unbedingt mein Buch zukommen lassen, was ich versprach für den Fall, dass das Projekt realisiert werden würde.

Der Alltag in der Baracke

In den nächsten Tagen waren wir erst einmal unterwegs, vorsichtig wie junge Katzen, um unsere nächste Umgebung kennenzulernen. Die vielen Kinder unseres Einganges forderten uns gleich zum Mitspielen auf, obwohl uns die meisten fremd waren, nicht aus unserem Dorf Groß Lensk stammten.
Die beiden Familien in den Wohnungen links, unten in der Nummer 10 die Mitschkes mit vier Kindern, darüber Familie Greil in der 14 mit zwei, die blieben uns weitgehend fremd, rechts unten in die 12 zogen Strecks ein. Strecks stammten aus unserem Dorf, waren aber nicht gleich mit uns auf die Flucht gegangen, sondern etwas später über Dänemark nach Harpstedt gekommen. Mit ihren Kindern Herta, Edmund, Reinhold, Erna, Hilde, Oskar, Irmchen, Klaus hatten wir von Anfang an allerbeste Kontakte, weil sie gewissermaßen direkte Nachbarn waren und weil es zu jedem von uns einen altersmäßig passenden Spielgefährten gab – für mich waren das Hilde und Oskar. Nicht zwischen allen denkbaren Kinder-„Paarungen" gab es allerdings hinreichend große Sympathie.
Über den Strecks wohnten in der 16 die Butzins. Über diese anfangs fremde Familie mit ihrem behinderten Sohn Artur und drei weiteren Kindern wird viel zu erzählen sein. Unten rechts in der 11 war anfangs Frau Kürbis mit ihren Kindern Karl, Edmund, Kurt und Inge eingezogen. Frau Kürbis hatte auf unserer gemeinsamen Flucht eine wichtige Rolle gespielt – davon berichte ich später. Die Kinder waren uns vertraut. Als sie dann auswanderten, wurden die Dragons mit zwei Kindern ihre Nachfolger.
Über ihnen in der 15 wohnten Reichs; die fünf Kinder kannten wir anfangs nicht, freundeten uns aber schnell mit ihnen an. Leider hatte Frau Reich recht bald einen Partner in der Wohnung, einen Herrn Bittner, der für ihre Kinder und auch für uns alle nicht gerade als ein Segen angesehen werden konnte. Über uns (in 13) wohnten Schneiders mit sechs Nachkommen; den Vater hörte man durch die dünne Decke ohne Ende husten, auch mit deren Kindern waren wir bald locker befreundet.

Der linke Eingang unserer Baracke (wir sprachen immer von „anderen" Eingang) wurde uns nie so vertraut wie unser, wir stellten aber schnell fest, dass hier die meisten unserer Lensker Mitflüchtlinge wohnten, mit denen uns sehr bald – auch auf allen Altersebenen - freundschaftliche Kontakte verbanden. In der 2 wohnten anfangs die Schmidts, die dann auszogen, weil sie eine Wohnung im alten RAD-Lager am Schützenplatz erhalten hatten, die sie vorzogen, weil sie dort ihr eigenes Reich hatten. Die Familie Radtke zog nach ihnen mit ihren vier Kindern in diese Wohnung, (nein, nicht der Bürgermeister Radtke aus Lensk, der blieb mit seiner Familie auf dem Dreiangel wohnen). Sohn Artur gehörte bald in meinen engen Freundeskreis. Mathilde Rossol wohnte mit Hildegard, Robert, Erich (mein Altersgenosse und enger Freund), Edith, Kurt und Oma Busch unten in der 3, über ihnen in der 7 die Familie Steinke mit netten Kindern; die Tochter Erika war von einigen fantasievollen Mitmenschen mir zugedacht worden, aber sie wanderten bald nach Kanada aus, so dass sich die Frage einer engeren Freundschaft nie stellte; eine Familie Selent zog dann dort ein. Daneben in 6 wohnten Krempins, zuerst Else Krempin aus Lensk mit den Kindern Sophie, Irmgard, Gerhard – er war am selben Tag geboren worden wie ich und gehörte ebenfalls zu meinen Freunden – und dem Opa Schulz. Ende Januar 1946 kam die Familie Adolf Krempin dazu, wohnte zuerst mit ihren Verwandten zusammen und bekam dann eine eigene Wohnung nebenan, als die letzten Rheinländer die Baracke verließen. Diese Familie Krempin hatte im Nachbarort Przellenk gewohnt, war einen Tag zu spät auf die Flucht gegangen, war mit ihrem Pferdewagen in Pommern von der Roten Armee eingeholt worden, war mit den russischen Soldaten (die durchaus nicht alle Unmenschen waren, wie man uns hatte glauben machen!), bis nach Mecklenburg gezogen, hatte dann die Verwandten in der Harpstedter Baracke gefunden und war mit einem knappen Jahr „Verspätung" hier angekommen. Diese Familie gewann für uns große Bedeutung: Erich heiratete die dritte Tochter Natalie (Thale), die intensiv mit unserer Irmgard befreundet war, mit der zweiten Tochter Ida war Artur lange Zeit eng verbandelt, der Sohn Rudi gehörte über die Zeit in der Baracke hinaus zu meinen engsten Freunden.

Anni Quast hatte mit ihren Söhnen Ewald und Heinrich und Emma Magdowski eine Wohnung im Untergeschoss, aber mit denen gab es – für mich zumindest - kaum Kontakt, ebenso wenig wie mit Krebs und Gabriel und Stübner. Die anfangs fremde Familie Kappelt wurde allerdings schnell wichtig für mich, weil vor allem Günter (und auch Rudi) Mitglied unserer „Clique" war – das Wort geriet allerdings erst später in unseren Sprachgebrauch.

In oder vor der Nachbar-Baracke hatten wir den Eindruck, in Feindesland geraten zu sein. Hier wohnte von „unseren Leuten" aus Lensk nur die Familie Richter, ganz am hinteren Ende. Man lehnte uns demonstrativ ab, drehte sich weg, einer hob sogar einen Stein auf, als wir uns erstmals dort zeigten. Wir würden vorsichtig sein müssen, aber vielleicht waren wir auch nur jetzt am Anfang zu skeptisch und alles würde sich einrenken, zum Guten wenden.

Vor und hinter beiden Baracken standen und lagen unterschiedlichste Stapel und Haufen von Brennholz - und Schuppen, Buden, wie wir sie heute noch aus Slums in Südamerika kennen, erbaut mit allem, was als Baumaterial Verwendung finden konnte, Balken, Bretter, Pappe, Wellblech, zusammengehalten von Draht, wenn es an Nägeln gefehlt hatte. Nein, ein planender Architekt war hier nicht am Werk gewesen und auch eine Ordnung schien es nicht zu geben – jeder hatte gebaut, wie er wollte und konnte und wo Platz war. Dabei hielt man sich möglichst daran, seinen Schuppen nahe an „seinem" Eingang oder seinen Fenstern zu bauen. Wir sahen gleich, dass diese Gebäude herrliche Chancen beim so beliebten Versteckspiel würden bieten können.

Wir steckten neugierig unsere Nasen in die Schuppen hinein – zu sehen war fast gar nichts, dafür aber zu riechen und meistens auch zu hören: Fast jeder hatte ein Schwein in dieser Behausung untergebracht, manches Mal meckerte auch eindeutig eine Ziege oder blökte ein Schaf. Ziegen und Schafe, das wussten auch wir Kinder, waren erlaubt, aber Schweine durfte man nicht einfach so halten, das war verboten, Ausnahmen waren strengen Regeln unterworfen. Wir lernten schnell, wie man hier mit solchen Regeln umging: „Not kennt kein Gebot" – dieser Grundsatz war das Instrument, nicht alle, aber doch viele lästige Einschränkungen und Verbote de facto außer Kraft zu setzen.

Noch spannender als diese Bauten war der Löschteich. „Bassin" hieß er bei uns allen, aber nicht französisch mit Nasal ausgesprochen, sondern einfach „Bassen(g)".

Dieses Bassin war recht nachlässig mit dicken Bohlen abgedeckt: Wir spielten trotz aller Verbote darauf, und wenn man etwas aus der Hand fallen ließ und es durch eine Spalte ins Wasser fiel, war es unwiederbringlich verloren. Was war dort nicht alles hineingefallen - oder absichtlich hineingeworfen worden! Die abenteuerlichsten Vorstellungen geisterten durch unsere Kinderköpfe: Nazioffiziere hatten in den letzten Kriegstagen gewiss ihre versilberten Zier-Dolche und Orden „entsorgt", Geld müsste sich dort finden, Schmuck, Silberschalen, Waffen...Wir versuchten oft mit langen Drähten, die wir unten zu Haken umgebogen hatten, etwas hochzuangeln – aber mehr als einen alten Kochtopf, einen Schuh oder ählich Wertvolles erwischten wir nie.

Jahre später sprach ich mit jemandem, der dabei gewesen war, als man die Baracken abriss und das Bassin leerte, um es zuzuschütten: Schätze hatte man darin leider nicht gefunden. Wie schön, dass wir das als Kinder nicht wussten, es hätte uns um manchen Traum gebracht und mancher schwärmerisch-spekulativen Diskussion den Boden entzogen...

Das Holzholen war uns ja schon aus der Funkerbaracke vertraut, hier setzten wir unsere Aktionen fort. In den wackligen Regalen im Keller hatten wir eine verrostete, fast zwei Meter lange Waldsäge vorgefunden und auch eine Axt, allerdings mit abgebrochenem Stiel. Die Säge bekamen wir mir nassem Sand wieder einigermaßen blank, an den Enden des Sägeblattes passten wir frische Holzgriffe ein, im Eisenwarenladen Alfke kauften wir einen neuen Axtstiel und auch gleich einen guten Spaten und zusätzlich eine Bügelsäge. Im Wald machten wir uns nun auch an die Stubben heran, weil die besseres Holz hergaben. Es war dicker und zum Teil wunderbar harzig, „kienig" sagten wir, es ließ sich auch dann verheizen, wenn es noch frisch war und es gab eine enorme Hitze ab. Das Problem war, die Stubben aus dem Boden zu bekommen.

Zu dieser Arbeit verabredete sich unsere Mutter meistens mit einer weiteren Familie, möglichst mit Strecks oder Reichs, die einen Mann mitbringen konnten. Gemeinsam wurde dann rings um den abgesägten Stamm der Boden ausgehoben, die Wurzeln wurden freigelegt und im Abstand von etwa einem Meter abgehackt. Mühsam war es, die senkrecht in den Boden gehende Pfahlwurzel per Axt und Säge zu kappen; dazu waren langwierige Grabearbeiten notwendig. Am schwersten war es dann, den Stumpen aus dem Loch herauszubekommen – wenn es gar nicht ging, spannten die Waldarbeiter schon mal auf Bitte unserer Mutter ein Rückepferd davor; für so ein Kraftpaket war diese Arbeit eine der leichteren Übungen.

Mit Eisenkeilen wurde nun der Stumpen in Teile gespalten, dann auf den Wagen geladen und zuhause auf dem Holzplatz neben dem Bassin weiterverarbeitet. Mit der Zeit wussten wir genau, wo wir die Keile anzusetzen hatten, damit das Holz auseinanderriss und man die langen Stücke dann ganz normal auf dem Sägebock in handliche Klötze verarbeiten konnte. Mir hatte Erich zwei wichtige Säge-Regeln beigebracht: Man dürfe beim Sägen nicht drücken, Druck mache die Säge selbst genug, und man habe das ganze Sägeblatt bezahlt, könne und müsse daher auch die ganze Länge nutzen. Also zog ich die Säge sanft und lang durchs Holz – das konnte man stundenlang durchhalten, zwar ohne Begeisterung, aber auch ohne große Ermüdung. Waren die Stücke besonders dick, setzten wir die Waldsäge ein, die man sie zu zweit bediente.

Nur selten griffen wir auf das Angebot der Wulferdings zurück, holten uns „unser" Pferdefuhrwerk und brachten dann gleich eine große Menge Holz nach

Hause. Das sparte die vielen anstrengenden Wege zu Fuß mit dem Handwagen im Schlepp.

Für das Lagern des Holzes gab es ein System, das wir alle schon aus Ostpreußen kannten. Wir bauten „Holzschober". Die Einheimischen kannten das Wort nicht und sprachen von "Mieten" oder „Diemen". Egal, Holzschober waren eine schlaue Erfindung, machten aber viel Arbeit. Man schlug einen kleinen Holzpflock in den Boden, band eine Schnur von gut einem Meter Länge daran, steckte ein weiteres Stückchen Holz durch eine Öse am Ende und kratzte damit einen Kreis in den Sand. Nun legte man diesen Kreis mit Holzscheiten nach. Auf diesen Rand kamen weitere Holzstücke, und zwar so, dass das eine Ende mit dem vorgelegten Kreis abschloss, das andere in die Kreismitte zeigte. Diese Holzstücke hatten also eine Neigung zur Mitte hin. Schicht auf Schicht wurde jetzt dieser Außenkreis höher, in die Mitte warf man dann einfach weiteres Holz, sorgte dafür, dass zwischen der kunstwollen Außenkonstruktion und dem Chaos im Inneren eine enge Verzahnung entstand und erhalten blieb. Man achtete darauf, dass die Wände dieser Rundpyramide nicht senkrecht waren, sondern eine sanfte Neigung zur Mitte hin hatten, das erhöhte die Stabilität. Zum Abschluss in etwa eineinhalb Metern Höhe legte man breite Holzscheite schindelförmig von außen nach innen bis zu einer Mittelspitze – auf diese Weise drang auch bei starkem Regen nur wenig Wasser ins Innere des Schobers, der Miete.

Unsere Konstrukteure waren immer sehr stolz darauf, dass unsere Schober nie einfielen, was bei nachlässigem Arbeiten durchaus vorkam, und dass sie exakt rund waren und die Wände möglichst gerade und glatt. Ich durfte in den ersten Jahren nur Holz in die Mitte werfen, aber ich lernte schnell, und als unsere Mutter immer öfter mit Auswärtsarbeiten beschäftigt war und Erich und Artur schon einen Beruf lernten, waren Rudi, Irmgard und ich durchaus in der Lage, diese kleinen Holzkunstwerke sachgerecht aufzustellen. Auch den Umgang mit Säge und Axt beherrschten wir früh, ich bereits lange bevor ich zehn wurde, und ich kann mich nicht erinnern, dass sich bei dieser Arbeit einer von uns jemals ernsthaft verletzte.

Nach wohl zwei Jahren war in der Nachbarbaracke ein Mann namens Witte, ein alter Harpstedter, auf eine schlaue Idee gekommen. Er sah, wie sich alle Leute mit dem Zersägen des zähen dicken Stumpenholzes abquälten, die Einheimischen auch mit den soliden Stämmen, die sie gekauft und ans Haus geliefert bekommen hatten. Er besorgte sich bei einer der Sägereien im Flecken eine ausgediente große Kreissäge, die er auf einem Untersatz mit Rädern schraubte. Mit dieser mobilen Säge zog er dann von Haushalt zu Haushalt und bot seine Sägedienste an. Wir Kinder standen oft dabei und sahen neidisch zu, mit welcher Leichtigkeit sich das Sägeblatt selbst durch Stämme und Stubbenteile von zwanzig, dreißig Zentimetern Dicke fraß, als teile man mit einem warmen Messer ein Stück Butter. Solche Kraft müsste man haben! Nein, auch Herr Witte hatte diese Kraft nicht, die Säge wurde natürlich mit Strom angetrieben, und dieses Strom-Besorgen faszinierte uns noch mehr als das Sägen selbst. Paul Richter, (der dann später unsere Erna heiratete), wurde sein Mitarbeiter. Er schnallte sich jedes Mal vor dem Haus, in dem man Arbeit gefunden hatte, Kletterhilfen an, die aus einer eisernen Bodenplatte in Schuhsohlenform bestand, an die ein gebogener Haken angeschweißt war, der in einem spitzen Dorn endete, der rechtwinklig nach innen abstand. Mit diesen Kletterhaken stieg er dann an den hölzernen Strommasten hoch, leichtfüßig elegant, dass wir vor Neid erblassten. Auch wir hatten gelernt, glatte und auch dicke Stämme zu erklettern, aber was mussten wir uns dabei anstrengen und abmühen, er vergoss dabei nicht mehr Schweiß als ein Eichhörnchen. Oben angekommen, fixierte er dann zwei Klemmen an den beiden Leitungsdrähten – und schon stand die Säge unter Strom. Wie das Sägeunternehmen Witte/Richter den Stromverbrauch mit der Gemeinde abrechnete, war uns lange ein Problem – aber wahrscheinlich verfügte die Säge ganz einfach über einen Stromzähler wie jeder normale Haushalt.

Schon im ersten Nachkriegswinter, der nicht einmal sehr niedrige Temperaturen gebracht hatte, war in der Gemeinde deutlich geworden, dass die fast viertausend Menschen nicht hinreichend mit Brennmaterialien versorgt werden könnten, wenn es demnächst einmal richtig kalt werden sollte. Der Transport von Kohlen aus dem Ruhrgebiet war wegen der vielen zerstörten Straßen und Schienen und wegen der Bewirtschaftung der Kohle durch die Engländer, die selbst Kohle brauchten, fast zum Erliegen gekommen, Erdgas gab es nicht und man wollte nicht unbegrenzt Holz einschlagen, die Wälder vernichten, die sowieso schon durch Bombensplitter und Granaten sehr in Mitleidenschaft gezogen worden waren. Außerdem waren die Besatzer auf die Idee gekommen, massenhaft Kiefern- und Fichtenstämme ins Ruhrgebiet transportieren zu lassen, um Stützen in den Kohlestollen zu haben: Also erinnerte man sich daran, dass es im Nordosten des Fleckens ein Moor gab, das Brammer Moor, in dem man früher Torf gestochen hatte.

Diese Arbeiten waren eingestellt worden, weil die Torfgewinnung per Hand sehr anstrengend war, der Heizwert nicht sehr hoch lag und die Stücke beim Verbrennen auch noch schlimm qualmten. Zwar kannte damals noch niemand das Wort „Umweltverschmutzung", aber der Rauch stank einfach, was im Flecken bei der recht engen Bebauung lästig war. Nun, da eine Unterversorgung drohte, zählten diese Argumente nicht mehr. Man beauftragte eine Firma aus Bassum mit der Torfgewinnung: Die alten Schienen wurden wieder in Ordnung gebracht, neue verlegt, die schweren Loren wurden aus den Schuppen am Kleinbahnhof geholt, der Rost abgeklopft, die Lager gefettet: Es konnte wieder losgehen.

Am 3.Juni 1946 forderte der Gemeindedirektor Heile die Harpstedter auf, sich zu dieser Arbeit zu melden. Es gab dafür einen kleinen Lohn und Torfzuteilungen. Erna und unsere Mutter waren von Anfang an dabei, 46 Leute arbeiteten aus Harpstedt mit. Im nächsten Jahr organisierte dann die private „Torfabbau-Gemeinschaft-Harpstedt" die Arbeit, 0,60 RM und zwei Zentner Torf zahlten sie pro Tag. Aber da waren Erna und unsere Mutter nicht mehr dabei.

Erna hatte keine Aussichten mehr gehabt, noch einmal Schülerin zu werden. Man hatte zwar das Gymnasium in Delmenhorst bereits am 18. September 1945 wiedereröffnet, aber davon erfuhren wir in unserer Baracke gar nichts, außerdem hätten wir weder das Schulgeld noch die Fahrt mit der Kleinbahn bezahlen können. Für die normale Volksschule war sie bereits zu alt, die Schulpflicht endete mit 14, ihre Arbeitspflicht begann erst mit 16 - also war das Torfstechen eine gute Zwischenlösung. Die Arbeit war zwar schwer, aber das eigentliche Stechen mit dem langen schmalen Torfspaten übernahmen meistens Männer - und Frauen, die so stark waren wie unsere Mutter, deren arbeitsgewohnte Muskeln keinem Mann nachstanden. Mädchen wie Erna schichteten die nassen Torfstücke zu kleinen Kunstwerken auf, die so angelegt waren, dass der Wind gut hindurchblasen und sie trocknen konnte, warfen dann die trockenen Stücke in die Loren und schoben sie zu den Waldwegen, wo sie von Pferdewagen und Treckern abgefahren wurden.

Wir hatten in dem dann kommenden Jahrhundertwinter1946/47, der alle bekannten Kälterekorde sprengte, reichlich Brennmaterial in dem einen Kellerraum und in unserem Schuppen unter unseren Fenstern – (in dem auch wir bald ein Schaf und ein Schwein großzogen).

Das Torfstechen wurde gleich nach der Währungsreform 1948 eingestellt. Am ersten September 1948 hatte die britische Militärregierung die Kohlewirtschaft freigegeben und man bekam per Bahn die ergiebigere Kohle aus dem Ruhrgebiet wieder in den Flecken. Das große Loch im Brammer Moor wurde zur Ausflugsstelle und Badeanstalt, von Jung und Alt gern genutzt. In unserer Familie war es vor allem Irmgard, die diesen Badeort liebte und mit ihren Freundinnen und den ersten kleinen Freunden viel Zeit dort verbrachte. Sie blieb manchmal nach dem Blaubeerpflücken, von dem noch zu berichten sein wird, gleich dort und tauchte dann erst zum Abendessen in der Baracke auf.

An Brennmaterial gab es in allen Jahren in der Baracke keinen Mangel. Erstaun-licherweise wurde wohl auch nie Holz gestohlen, was ja leicht möglich gewesen wäre. Offenbar gab es untereinander genügend Anstand, und der schon genannte Spruch „Not kennt kein Gebot" galt wohl nur nach außen, unter uns Flüchtlingen war man solidarisch – und weitgehend ehrlich.

Im Bett unserer Mutter zu schlafen war ein ganz wichtiges Privileg, und sie gewährte diese Gunst nur den Kleinsten, also Edith und mir. Wir tauschten wöchentlich. Im rechten Zimmer hatten die Jungen ihre Betten und später auch Onkel Jakob, von dem noch die Rede sein wird. In dessen Bett schlief derjenige von uns beiden mit, der nicht bei unserer Mutter an der Reihe war. Erna/Irmgard und unsere Mutter hatten ihre Betten in dem zweiten Zimmer.

Schön war es, wenn unsere Mutter in der kalten Zeit das Nachtzeug am Ofen vorwärmte, dann war es nicht ganz so schlimm, in das eisige Bett zu kriechen und darauf zu warten, dass die eigene Körperwärme es erträglich aufwärmte. Manchmal half dabei auch ein heiß gemachter Ziegelstein, in Zeitungspapier und ein altes Handtuch eingewickelt.

In den Schlafzimmern vor allem, aber auch in den anderen Räumen gab es Plagegeister, denen schwer beizukommen war. Nein, nicht Läuse, die hatten uns auf der Flucht gepeinigt, und die hatte man in den geschilderten Entlausungsaktionen mit DDT, die mehrfach wiederholt wurden, praktisch außer Gefecht gesetzt, hier gab es Wanzen, die nachts aus den Ritzen zwischen den Brettern der Wände hervorkamen und bissen und Blut saugten. Morgens wachte man dann mit kleinen roten Flecken auf, die juckten, als sei man von Mücken gestochen worden, aber die lästigen kleinen Beulen hielten länger als Mückenstiche. Wanzen waren nicht ganz so schlimm wie Läuse, weil sie sich nicht an oder auf den Menschen niederließen, man trug sie also nicht mit sich herum, übertrug sie daher auch nicht auf andere Personen oder in andere Wohnungen, sie waren konservativ, lebten ortsgebunden.

Die Gemeinde Harpstedt kannte das Problem und versuchte zu helfen. Mehrfach wurde ein ganzer Eingang evakuiert, menschenfrei gemacht, alle Lebensmittel, die nicht in Gläser eingeweckt oder in Konservendosen gesichert waren, mussten ausgelagert werden. Dann wurden alle Fenster und Türen verschlossen, alle Fugen und Ritzen mit speziellem Klebeband abgedichtet, und anschließend setzte man diesen Barackenteil für zwei Tage unter Gas. Wir schliefen derweil bei befreundeten Familien in der Baracke, im anderen Eingang, wir meistens bei Krempins oder Rossols. Die Behandlung mit Gas half üblicherweise ein bisschen, aber nicht nachhaltig, irgendwo hatten die abgelegten Eier immer überlebt, aus ihnen waren neue Tiere heran-gewachsen und machten sich nachts weiterhin auf ihre lästigen Beutezüge: Die Plage war dadurch nicht beseitigt.

Wir versuchten uns selbst zu helfen. An eine Aktion kann ich mich noch lebhaft erinnern. Unsere Mutter und Frau Streck hatten gehört, Wanzen vertrügen keinen Spiritus. Spiritus, vergällter, nicht trinkbarer Alkohol, war billig zu kaufen. Also gingen die beiden Frauen dabei, diesen Spiritus von oben her in die Bretterfugen zu träufeln, um so die Biester zu töten. Frau Streck kam dann auf die glorreiche Idee, nachzuschauen, ob es auch wirklich Tote gegeben hatte. Dazu reichte die 25 Wattbirne, die trübe in der Deckenlampe brannte, nicht, eine Taschenlampe besaß man nicht, also musste eine Kerze helfen. Als sie dann mit der brennenden Kerze dicht an die Bretterritzen herangingen, um nachzuschauen, sprang das kleine Flämmchen über, und die Wand, genauer die davor wabernden Spiritusdämpfe, brannten lichterloh. Feuer in der Baracke – das war *der* Alptraum! Schließlich bestand hier alles aus Holz und Teerpappe. Noch bevor das Spiritusfeuer wirklich das Holz entzündet hatte, holten beide Frauen schnell eine Decke aus dem Spind und erstickten die Flammen. Der Schreck wirkte nach: Nie wieder haben sie versucht, mit dieser Methode auf Wanzenjagd zu gehen.

Ich weiß nicht, was die Wanzen nun letztlich vertrieben hat - in den späteren Jahren jedenfalls kann ich mich an keine Belästigungen mehr erinnern. Gewiss gab es mal einen Floh, aber das war in der Nachkriegszeit fast überall als normal anzusehen.

Eines Nachts im Winter wurde ich durch Getrampel über und neben uns wach. Noch im Halbschlaf merkte ich, wie meine Mutter auch schon neben mir stand, mich – und dann auch Edith - rüttelte, um uns gänzlich wach zu machen, und uns gleich unsere Mäntel hinhielt. „Kommt, steht auf, ihr müsst euch anziehen, es brennt!" Auch Irmgard wurde geweckt und zog sich flüchtig an, die Brüder kamen bereits angezogen ins Zimmer und drängelten, man müsse schnell raus. Meine Mutter hatte die schwarze Tasche unter dem Arm, in der stets griffbereit oben im Spind die wichtigen Papiere, Dokumente und das bisschen Geld untergebracht waren. (Diese Tasche hatte sie auch stets bei Gewittern auf dem Schoß. Wenn es Gewitter gab, weckte uns unsere Mutter auch immer und sorgte dafür, dass alle etwas anzogen, vor allem auch Schuhe, und weglaufbereit am Tisch saßen, bis sich das Gewitter verzog. Wir hatten gelernt, den Abstand zwischen Blitz und Donner auszuzählen und in Entfernun-gen umzusetzen. Konnte man nur „eins, zwei" zählen, bis es nach dem Blitz krachte, dann war das Gewitter fast über einem und somit brandgefährlich. Hatte sich der Abstand erst einmal auf zehn, fünfzehn verlängert, dann konnte man sich wieder ins Bett legen, dann war das Zentrum schon drei bis fünf Kilometer entfernt. Warum man das durch einfaches Zählen herausbekam, wussten wir damals nicht, kannten das Wort „Schall-geschwindigkeit" nicht einmal, aber es funktionierte, und nur das war wichtig!)

Im Hausflur drängten die anderen Familien von oben die Treppe herunter, die wenigen Männer rannten mit Wassereimern zum Bassin und dann die Treppe nach oben, es roch nach Rauch und Ruß. Wir liefen ein Stück den Weg zum Schwarzen Berg entlang – dort sammelten sich im Laufe der nächsten Minuten alle Bewohner unserer Baracke, alle waren so wie wir auf diese Gefahr vorbereitet, dennoch waren alle nervös und schrien durcheinander.

Von einem Feuer war nichts zu sehen. „Die Baracke brennt doch gar nicht", hörte man aus dem Dunkeln. „Doch, guck mal aufs Dach, da sind Funken!" „Wo denn?" „Na da, am Schornstein." Ja, jetzt sah man gegen den hellen Nachthimmel vier, fünf Männer um einen der Schornsteine herumturnen, aus dem auch Funken in den Himmel stoben. Nach einer Weile waren es zehn oder zwölf, offenbar war aus der Nachbarbaracke Hilfe gekommen. Und man hatte die Technik geändert, es lief nicht mehr jeder Mann mit seinem Eimer nach unten und dann die Treppe hoch und dann über das Teerdach zum Zentrum des Feuers, dem Schornstein. Schiller hat das schon vor über zweihundert Jahren in seiner „Glocke" in Verse gefasst: „Durch der Hände langer Kette / um die Wette / fliegt der Eimer…"

Nach einer halben Stunde, die uns endlos vorgekommen war und in der wir bitterlich gefroren hatten, kam Herr Radtke zu uns Wartenden.

„Ihr könnt wieder zurück, die Gefahr ist vorbei. Es war nur ein kleiner Schornstein-brand."

Aufatmen, Schweigen, bis jemand fragte: „Was um alles in der Welt ist denn ein Schornsteinbrand?" „Das kann ich euch sagen", erklärte er uns kurz. „Wir haben alle viel geheizt, auch mit harzigem Holz, und das hat dicke Rußplacken im Schornstein hinterlassen und die haben sich entzündet. Das hat vor sich hin gequalmt und ab und zu sind Funken nach oben aus dem Schornstein geflogen. Die könnten leicht die Teerpappe auf dem Dach entzünden."

Gut, das verstanden sogar wir kleinen Kinder. Alle waren beruhigt und konnten nun in die Betten zurück, alle waren froh, die Kälte der Nacht draußen wieder gegen die Wärme des Zimmers einzutauschen. Es dauerte aber doch eine ganze Weile, bis wir unsere Gespräche mit „Stell dir vor, was gewesen wäre, wenn…" eingestellt hatten und wieder schlafen konnten.

Das Fehlen einer Toilette im Haus  - das ist meiner Erinnerung nach das unerfreulichste Kapitel des Barackendaseins gewesen. Die Toilettenhäuser – besser gesagt die „Latrinen"- hatte man auf der Rückseite beider Baracken in vielleicht zehn Metern Abstand gebaut. Einfache Plumpsklos waren es, d.h. es gab eine Sitzfläche aus Holz, reichlich hoch für uns Kinder, in die man ein rundes Loch geschnitten hatte. Die Fäkalien plumpsten im freien Fall in eine Jauchegrube, die über die ganze Breite der acht Toilettenzellen ging. An einem Nagel hingen ein paar kleingeschnittene Zeitungsblätter; es war in der ersten Zeit nach dem Krieg nicht immer leicht, da für Nachschub zu sorgen.

In der Küche gab es einen Eimer, eine Variante des Goldeimers aus der Funkerbaracke, den man nächtens für kleine Geschäfte nutzen konnte und auch mal für große, wenn das Wetter denn gar zu grauslich war, um die zwanzig, dreißig Meter durch Sturm oder Regen oder Schnee mit einem brennenden Kienspan in der Hand durch die Dunkelheit zum Toilettenhaus zu stolpern. Dann brachte man den zugedeckten Eimer frühmorgens zum Klo - niemand mochte gern mit diesem Eimer gesehen werden, und deshalb vermied man es möglichst, ihn nachts zu benutzen.

Die Jauchegrube auf der Rückseite beider Toiletten-Häuser waren mit einer soliden Betonplatte abgedeckt war. Hier erledigten wir Jungen unser kleines Geschäft, hier wurde gemeinsam gepinkelt. „Gepieschert" sagten wir wohl auch mal, aber eigentlich war das das Wort der Mädchen, die neidisch waren, es uns nicht gleichtun zu können, sondern entweder die Toilette benutzten oder sich beim Spielen einfach zwischen die zahlreichen Büsche, ins hohe Gras oder hinter einen Schuppen oder Holzschober hockten. Nein, große Schamgefühle gab es bei uns Kindern, zumindest bei den jüngeren, nicht. Wir veranstalteten auch schon mal Wettpinkeln an der Toiletten-rückwand: Wer kam mit seinem Strahl am höchsten? Auch da waren die Mädchen gar nicht einverstanden, dass sie aus anatomischen Gründen keine Chance hatten, mitzumachen; manche gingen so weit, den berühmten kleinen Unterschied dem lieben Gott in die Schuhe zu schieben, der sie schon bei der Schöpfung benachteiligt habe.

Alle paar Monate musste die Grube leergepumpt werden. Ich erinnere mich noch gut daran, dass unser Cousin Gustav, der als Knecht bei einem Bauern ganz in der Nähe arbeitete, mit einer Jauchepumpe und einem Jauchefass auf dem Pferdewagen ankam, den Deckel der Fäkaliengrube öffnete, den langen Rüssel der Pumpe einführte und dann den Pumpenschwengel auf und ab bewegte, um die Jauche ins Fass zu transportieren und sie dann auf die Felder zu fahren. Der Gestank - auch sonst immer präsent, aber erträglich - verschlug einem den Atem. Gustav sagte, er rieche das gar nicht mehr.

Ich weiß auch noch, dass er anfangs eine sehr hohe, sehr einfache Pumpe benutzte, in der der Kolben einen langen Weg zurücklegte; später hatte er dann eine kleine kugelrunde Pumpe, die auch per Hand bedient wurde, aber deren Mechanik offensichtlich anders, raffinierter, funktionierte und weniger Kraft kostete: Am Gestank änderte das nichts.

Schlimmer noch als diese Geruchsbelästigung, schlimmer als der häufig von Kindern verdreckte Sitz und das nächtliche Hinausgehen-Müssen war allerdings ein Problem, das man in den ersten Jahren nicht in den Griff bekam und das richtig handfest Ekel erregend war: Es gab Würmer, feiste weiße Maden, die aus den Fäkalien kamen, an den Wänden hoch krochen und sich in der ganzen Kabine ausbreiteten. Diese Würmer erschienen periodisch, wohl abhängig von Wetter und Essen und sonst was - niemand wusste es, aber in diesen Perioden weigerten wir uns, so lange es möglich war, die Toilette zu betreten und gingen lieber in den Wald oder sonst wohin, und erst wenn die Gemeinde mit weißem Giftpuder der Lage Herr geworden war, trauten wir uns wieder hinein. Noch heute sind mir Raupen und Würmer einer bestimmten Art ein Graus.

Das erste Weihnachtsfest in der Baracke – um mal zu einem erfreulicheren Thema zu wechseln - war traurig, aber trotz aller Beschränkungen bemühte sich unsere Mutter, ein bisschen von dem Glanz der ostpreußischen Weihnacht zu retten. Vor einem Jahr hatte noch unser Vater mit uns gefeiert, niemand hatte damals gewusst oder auch nur geahnt, dass es das letzte Mal sein würde. Einen kleinen Tannenbaum hatten wir aus dem Wald besorgt, auch für den brauchte man eine Genehmigung vom Förster Wilkening, Lametta in zwei länglichen Papiertaschen hatten wir kaufen können (das wurde jedes Mal nach dem Abhängen gebügelt und in diese Taschen zurückgelegt fürs nächste Jahr) Kugeln gab es nicht. Wir klebten Zwirnsfäden an Walnüsse, Erich und Erna zeichneten Weihnachtsengel mit großen Flügeln auf festes Papier, die wir ausschnitten, Bonbons wurden mit Aufhängern versehen, Äpfel auch – das alles wurde dann in die Zweige gehängt. Auch ein paar weiße Kerzen und Kerzenhalter hatte man kaufen können, so dass am Ende ein schöner Baum in der Ecke stand. Unsere Mutter und Erna hatten seit Tagen Kekse gebacken: Die am buntesten mit Zuckerguss versehen wurden auch aufgehängt – all die

Köstlichkeiten durften am 6. Januar abgenommen und aufgegessen werden: Das Plündern des Baumes war mindestens so schön wie das Schmücken.

Wir waren alle um vier Uhr am Nachmittag in die Kirche gegangen, die zum Weihnachts-Gottesdienst bis auf den letzten Platz besetzt war. Es hatte dann zu Hause ein paar Kekse gegeben, anschließend hatte unsere Mutter die Weihnachtsgeschichte aus der Bibel vorgelesen, wir hatten alle Weihnachtslieder gesungen, die wir auswendig kannten (und das waren viele), dann hatten wir Kartoffelsalat und Frikadellen gegessen, der Baum wurde angezündet und jeder stellte sich dem Alter nach davor und sagte sein Weihnachtgedicht auf. „Knecht Ruprecht...", „Von draus vom Walde..." Edith und ich brauchten bei diesem ersten Weihnachten noch nicht anzutreten, noch hatten wir Schonzeit. Unter dem Baum lagen Päckchen, die unsere Mutter dann an uns verteilte – ich weiß gar nicht, ob uns die üblichen Kinder-Lügen-Geschichten vom Weihnachtsmann erzählt wurden, der die Geschenke gebracht hatte. Kleidung bekamen wir, Luxusartikel, Spielsachen waren nicht dabei – auch in den kommenden Jahren nicht.

Nach dem Auspacken und Anprobieren setzten wir uns um den Tisch, Erna las Weihnachtsgeschichten vor, wir sangen noch einmal einige Lieder und gingen dann etwas später ins Bett, als es sonst üblich war.

Zum Glück gab es im Flecken alle gängigen Geschäfte, um die Bedürfnisse des Alltags zu decken. Nur wenn man nettere Kleidungsstücke kaufen wollte, fuhr man mal mit dem Zug nach Delmenhorst, nur ganz selten einmal nach Bremen. Ich erinnere mich noch sehr gut daran, wie schrecklich ich es fand, dass in jeder Straße in dieser Stadt zerbombte Häuser standen, die man nur notdürftig vom Schutt befreit hatte. Es dauerte viele Jahre, bis diese Ruinen verschwanden und die Lücken mit Neubauten gefüllt wurden.

Spanutzius hieß der Milchmann, den es ein paar Minuten von der Baracke entfernt gleich hinter dem Maler Wessel und noch vor dem großen Trafohaus gab. Dieser Spanutzius war in den ersten Jahren ganz wichtig für uns, für die meisten Baracken-leute, denn Milch war als Basis für die oft gekochten Milchsuppen unverzichtbar. Zwar holten wir manchmal trotz aller Verbote frische Kuhmilch abends im Dunklen direkt vom Bauern, aber im Normalfall war Spanutzius unsere Milchquelle. Es war für uns Kinder gar nicht so leicht, vorsichtig die volle Kanne nach Hause zu balancieren – und nicht ganz selten kam man mit halbvoller Kanne nach Hause, was stets einigen Ärger bereitete. Nicht immer waren wir schuldlos an dem Malheur, oft hatte es einen Wettstreit unter den Milchholern gegeben, wer sich traute, die volle Kanne im Kreis über dem Kopf zu schwenken. Das war an sich unproblematisch, weil die Fliehkräfte dafür sorgten, dass die Milch nicht auslaufen konnte, aber der Beginn dieser Kreisbewegung war gefährlich, und vor allem das Abbremsen musste mit Geschick und Vorsicht geschehen. Stellte man sich dabei ungeschickt an, stieß man zum Beispiel irgendwo gegen, war schnell ein halber Liter auf der Straße...

Bei besagtem Spanutzius gab es meistens nur Magermilch für uns, und er stellte sich außerdem recht knauserig an, war nicht bereit, etwas mehr zu verkaufen, als einem nach den Marken zustand. Er schenkte auch mit dem Litermaß recht unpräzise ein, d.h. er schüttete oft nicht das ganze Maß leer, sondern behielt etwas darin zurück – den ganzen Tag über kamen auf diese Weise ein paar Extraliter und somit ein Nettogewinn zusammen. Ich konnte damals nicht beurteilen (und kann es natürlich auch heute nicht), ob nur wir Flüchtlingskinder oder alle Kinder oder gar alle Kunden so behandelt wurden. Nach der Währungsreform hatten dann Geschäftsleute wie Spanutzius „schlechte Karten" bei uns Flüchtlingen, wir bestraften ihre Unkorrektheit (um das Wort „Betrug" zu vermeiden) dadurch, dass wir anderswo einkauften, jetzt war man ja ungebunden.

Neben Dachdecker Bobrink in der Langen Straße (so hieß dieser Teil der heutigen Schulstraße noch nach dem Krieg) gab es einen weiteren wichtigen Laden mit angeschlossener Werkstatt: Alfke, zuständig für Eisenwaren, Elektrokram, Werkzeuge etc. Hier kauften wir nicht so oft ein, aber natürlich brauchte man mal ein neues Beil, eine Glühbirne, ein Stück Kabel, eine Handvoll Nägel...

Entscheidend für den Alltag war der Kolonialwarenladen – das Wort imponierte uns damals sehr, ‚Kolonial'- das klang nach Ferne, Exotik, Afrika...Lindloge war der Name. Hier bekam man die gängigen Esswaren, wobei damals Fleisch und Brot und Fisch noch stets in den entsprechenden Spezialläden gekauft wurde. Bei Lindloge war noch alles so wie es gewiss seit dreißig Jahren gewesen war. Die Lebensmittel, auch Mehl und Zucker usw., lagerten in Schubläden hinter dem Tresen und wurden in Tüten abgefüllt. Oft drehte die Verkäuferin oder der Verkäufer die Tüte auch noch selbst aus dickem grauem oder braunem Papier.

Hierher kamen wir Kinder oft und kauften Bonbons, waren selig, wenn für fünf Pfennig eine kleine Handvoll roter Himbeerbonbons in die Spitztüte gefüllt wurden und wir die schnell klebrig werdenden Köstlichkeiten unter uns verteilen und in den Mund stecken konnten.

Ich habe noch ein kurioses Bild im Kopf: die gesamte Familie Klein unterwegs von Lindloge nach Hause. Alle schleppten eine große braune Tüte mit Zucker, fünf oder zehn Kilo schwer, z.T. vor dem Bauch, z.T. auf dem Kopf. Es hatte eine Sonder-zuteilung gegeben, jeder konnte zehn Kilo von diesem wertvollen Nahrungsmittel erwerben, das nutzten wir sofort. Unsere Freude wurde aber bald getrübt, als es warm wurde und die Tüten auf dem Schrank braune Feuchtigkeitsflecken bekamen: Der braune Zucker war wohl nur einmal „raffiniert" worden und rächte sich nun damit, dass er fast flüssig wurde: Wir mussten Eimer und Schüsseln einsetzen, um ihn zu retten.

Als wir dann zur Schule gingen, wurde der Laden von Lampe sehr wichtig. Hier kauften wir Bleistifte, Tinte, Hefte und alles, was man sonst so in der Schule brauchte. Am Anfang musste man Altpapier abliefern, wenn man Hefte kaufen wollte, aber das war zu meiner Schulzeit nicht mehr nötig. Später brachten wir die Schulsachen oft aus Delmenhorst mit, aber für die spontanen Notwendigkeiten blieb Lampe doch unverzichtbar.

Dieses Geschäft gehört übrigens zu den wenigen, die es geschafft haben, die Zeichen der Zeit zu erkennen und zu modernisieren. Das gilt sowohl für die Schaufenster-gestaltung als auch für die Angebotserweiterung: Heute verlegt Lampe Bücher, nicht gerade Günter Grass und Thomas Mann (und Horst Kai Klein), aber doch so einiges von lokaler Bedeutung.

Bäcker gab es drei zur Auswahl, wir kauften aber üblicherweise bei Ranke, weil der erstens dichter zu uns lag und weil zweitens Erna dort arbeitete, bzw. später gearbeitet hatte. Von daher kannte man uns Kinder dort natürlich und behandelte uns besonders freundlich, wenn wir unser Sechs-Pfundbrot kauften, oft auch gleich zwei davon. Graubrot war es, Mischbrot würde man heute wohl sagen. Ich meine, es habe damals 60 Pfennig gekostet, so viel wie ein Abenteuerfilm am Nachmittag im Kino. Der zweite Bäcker Knolle war deutlich weiter weg, hatte seinen Laden in der Burgstraße 15. Dort gab es aber ein schönes Schaufenster über einer kleinen Treppe und meiner Erinnerung nach auch den dekorativeren Kuchen, von dem wir Kinder aber meistens eh' nur träumen konnten. Stratmeyer hieß der dritte – aber mit dem verbinde ich nur wenige Erinnerungen.

Recht weit weg in der Nordstraße war die Fischhandlung von Heinrich Bursee, zu dem wir nicht ganz so oft gingen, aber ab und zu holten wir uns doch Heringe von dort, in großen Fässern eingesalzene Heringe, wie man das noch aus alten Filmen kennt. Sie schmeckten zu Bratkartoffeln ganz gut und waren sehr nahrhaft, was bei der damaligen kalorienarmen Ernährung durchaus von Bedeutung war. Ach ja, es kann sein, dass wir dort auch diesen scheußlichen Lebertran bekamen. Irgendwelche Engländer bei irgendeiner Gesundheitsbehörde hatten herausgefunden, dass Lebertran sehr nahrhaft und gesund sei. Daraufhin kam am 22. März 1946 von den Kreis-Ernährungsämtern die Anordnung heraus, alle Kinder unter zehn müssten Lebertran und Vitamin A schlucken. Also mussten wir über Monate oder gar Jahre täglich einen großen Löffel von dieser bräunlichen übel riechenden und noch scheußlicher schmeckenden zähflüssigen Plempe zu uns nehmen – ein Alptraum. Später erfand dann jemand die Variante, den Wirkstoff in einer weißen, gutschmeckenden Flüssigkeit unterzubringen und wir waren den Alptraum los. Nach einiger Zeit meinte man dann wohl, dass die Nahrung auch ohne Lebertran ausreiche, uns Kinder groß zu kriegen und gesund zu erhalten...

In der Kirchstraße hatten wir den Schlachter Weber, den wir in den ersten Jahren nicht so oft besuchten, weil wir selber Fleisch und Wurst fabrizierten und der Einkauf dort sehr teuer war. Der zweite Schlachter war Peters in der Langen Straße /Ecke Burgstraße. Er galt als der bessere, größere, aber für uns war das nicht so wichtig. Während wir zu Lindloge und zu Lampe gern einkaufen gingen, war ein Besuch beim Schlachter stets ein „Angang". Ich kann mich gut erinnern, dass Irmgard mich jedes Mal fragte, ob ich nicht mitkommen könne, wenn sie den Auftrag bekommen hatte, dort etwas einzukaufen. Woran das lag, weiß ich nicht. Hatte man sie spüren lassen, dass Barackenkinder nicht gern gesehene Kunden waren?

Gerade beim Fleischeinkauf kam es häufig zu einem Problem, das dann ein zweites zur Folge hatte: Kam es vor, dass wir das falsche Fleisch ausgesucht hatten oder zu viel oder zu wenig mitgebracht hatten oder ähnliches, dann musste man eben noch einmal in den Laden gehen und erklären, was schief gegangen war und dass man jetzt...ja, und damit stießen wir dann bereits an unsere Grenzen, dazu reichte unser Selbst-wertgefühl nur mit Mühe aus. Ich weiß noch genau, wie ich mehrfach mit Irmgard zusammen vor dem Schlachterladen stand und sie nicht hineinwollte: „Geh' du!" Ich traute mich auch nicht: „Nein, geh' du, du bist älter!"

An der Ecke am Marktplatz in der Langen Straße gab es den Gasthof Beuke, hier wurde die Gaststube durch einen großen Kachelofen beheizt, in dessen Wärmfach stets ein Topf mit Heißgetränk vor sich hin köchelte. Wir Kinder liebten im Winter dieses Getränk, kauften es aber meistens nicht dort, sondern bei Pagels, weil dieses Gasthaus schneller zu erreichen war. Im Sommer holten wir dort das Kaltgetränk. Köstlich schmeckte dieses Gebräu aus Wasser mit konzentriertem Süßstoff und Aroma: Wir schmeckten natürlich Himbeere und Waldmeister und Orange – hatten keine Ahnung von der Chemie, mit der man uns Früchte vorgaukelte.

Ja, Gasthäuser gab es auch damals schon hinreichend in Harpstedt: in der Langen Straße noch das Gasthaus Dräger, in dem die Engländer ihre Tanzveranstaltungen machten, auch noch in der Langen Straße die Küvers, in der Grünen Straße die Gastwirtschaft Claus, (das war das Hotel Stadt Bremen, in dem wir unser Willkommensessen erhalten hatten), am Bahnhof die Fresemanns (bei denen man aber auch Kolonial- und Porzellanwaren kaufen konnte), und die Seedorfs, Hasselmann in der Großen Eßmerstraße, der ebenfalls Kolonialwaren mit verkaufte (hierhin entführte man Thale bei ihrer Hochzeit, und Erich musste sie „freikaufen", d.h. die Zeche bezahlen, die die Entführer hinterlassen hatten), Stolle in der Freistraße. Weit draußen und für Ausflüge am Wochenende und zu Tanzvergnügen beliebt war Heinrich Plate in Klein-Amerika.

In der Langen Straße ein Stück weiter nach Norden, also hinter Küver, aber noch vor dem Uhrenwaren Bückmann und dem Schumacher Schnepel, in der Langen Straße 56 hatte Hans Nolte seinen Eisenwarenladen. Hier kaufte Erich mir zum achten Geburtstag ein Taschenmesser, ich werde darüber berichten.

Als ich in Ellwangers Buch „Schwierige Zeiten" auf den Seiten 187 ff. ein Verzeichnis der Läden und Gewerbetreibenden fand, kamen mir noch viele Namen in Erinnerung, mit denen ich etwas verband: Beim Kfz-Meister Fritz Dissen bekamen wir Kleinteile und Tipps für das kaputte Fahrrad, Klempnermeister Hespe ist mir geläufig, die Apotheke Ihmels musste schon einmal aufgesucht werden, mit der Gärtnerei Knolle konnte ich etwas anfangen, den Dachdecker Kröff aus der Logestraße kannte ich und auch die Kleidungsgeschäfte Rogge und Springer, wo wir allerdings nicht die besten Kunden waren.

Edith hat in ihrem Buch „Barackenkind" (Edith Dühl, Barackenkind, Pollack-Verlag, Hamburg 2010) auf der Seite 183 beschrieben, wie es ihr erging, wenn sie mit mir zusammen beim Einkaufen war. Das ist eine für mich sehr schmeichelhafte Darstellung, und ich habe lange gezögert, bis ich mich dazu entschloss, diese Stelle hier zu zitieren. Es geschieht nicht aus Eitelkeit (Eitelkeit gehört nicht zu meinen größten Fehlern), es soll helfen zu verstehen, warum ich die Baracke und die Harpstedter Zeit so viel unbeschwerter erleben konnte als sie und auch als Irmgard.

Ich heiße bei ihr „Manfred". Das ist mein zweiter offizieller Vorname, der Name „Kai" wurde mir von meiner Frau gegeben, die den Verdacht nicht loswurde, den Namen „Horst" hätte ich zu Ehren von Horst Wessels, der 1941 eine sehr beliebte Nazi-Größe war, bekommen. Das ist sogar sehr wahrscheinlich: Damals war mein Vater noch ein dankbarer Hitler-Verehrer.

*„Wenn Manfred und ich zusammen zum Einkaufen oder bei Bauer Horstmann Milch holen gehen, dann sprechen die Leute immer ihn an und ihre Gesichter werden freundlich. Das ist schon immer so gewesen, nicht erst jetzt, seitdem wir beide Schulkinder sind...Dass alle ihn mögen, liegt an seinem fröhlichen Gesicht und den hellblon-*

*den Locken, in denen das Licht wie ein Schein um seinen Kopf steht. Seinen schmalen, dabei aber blitzblanken dunklen Augen sieht jeder an, wie klug er ist, und dazu graben sich beim Lachen tiefe Grübchen in beide Wangen, er lacht gern. Er macht alle Leute fröhlich, nicht so wie ich mit meinen schwarzen Haaren, ich bin still und selten fröhlich, und ob ein Mädchen klug ist, darauf kommt es bei uns nicht an. Keiner strahlt zurück, wenn er mich ansieht."*

Jeder kennt dumme Sprüche über die ostpreußische Sprache, zumindest das „Marjällchen" und das „Jälbe vom Äi" wird er einmal gehört haben. In unserer Familie wurde kein Ostpreußisch gesprochen. Das lag ganz einfach daran, dass sowohl unsere Mutter als auch der Vater in Wolhynien aufgewachsen waren und erst als Jugendliche – beide auf ganz verschiedene Art und Weise – nach Ostpreußen gelangten. Dennoch gab es ein paar Sprach-Eigenheiten, zu denen das Verschieben des „ge-" in Richtung „je" gehört, das „ü" in Richtung „i", das „g" im Auslaut als „ch" und nicht als „k", kleine Abweichungen in der Wortstellung, und ganz unüberhörbar war das harte, gerollte „rr", das ich mir mühsam verkneifen musste, als ich Englisch lernte, und das mir umgekehrt beim Spanischlernen sehr zugute kam. Hier wird nämlich zwischen dem „pero" (= aber) und dem „perro" (= Hund) sehr deutlich unterschieden: eben durch das Rollen des doppelten „rr".

Wir hatten natürlich einige Wörter, die man in Harpstedt nicht verstand. So waren schlecht erzogene Kinder „dreibastig" oder ein „Lorbaß" oder ein „Bojer", wer gierig war, vor allem beim Essen, war „lakumrig", „Kluntern" stand für Kleidung/Klamotten, „Dups" für Po/Hintern, wer abends zwei Bier zu viel getrunken hatte, dem ging es morgens „kodderig", wer ein Lästermaul hatte, besaß eine „Kodderschnauze". Ein „Schubiak" war oder ist ein Schuft. Als ich Jahre später „So zärtlich war Suleyken" von Siegfried Lenz las, stieß ich noch auf viele verschüttete, vergessene Begriffe, die ich nun wieder-erkannte.

Und wir ließen auch mal polnische Wörter in unsere Gespräche einfließen, sagten „noscha" für Messer, „passek" für Gürtel, „chleba" für Brot. Aber wir merkten in Gesprächen mit den Einheimischen und vor allem in der Schule schnell, welche Wörter ausschließlich in die Baracke gehörten, weil sie nur dort verstanden wurden.

In Harpstedt war damals das Plattdeutsche noch sehr verbreitet, ein Niedersachsenplatt, das man einigermaßen verstehen konnte – später lernte ich es in Dünsen im Umgang mit den Bauern und in Bremen (bei verschiedenen Arbeiten in Sägereien, auf Schiffen, als Lastwagenbeifahrer) auch zu sprechen. Ich benutzte es aber ungern, weil ich immer den Eindruck hatte, dass mein Platt ein wenig künstlich klang.

Mit uns, den „Totreckern", den Zugezogenen, sprachen die Harpstedter aber grund-sätzlich Hochdeutsch, selbst die Bauern bei der Arbeit kamen uns da entgegen, gaben sich Mühe. Ihr Hochdeutsch unterschied sich von unserem vor allem durch das „st" und „sp" im Silben-Anlaut: Es wird ja als s-t geschrieben, aber fast überall als sch-t gesprochen, außer in Hamburg und eben in Harpstedt und „umzu", als drumherum. Wir verulkten diese Spezialität gern mit dem Satz: „Ein S-tudent mit S-tulpens-tiefeln s-tolpert übern s-pitzen S-tein." Man legte allgemein großen Wert auf diesen Sprach-unterschied, machte er doch bei jedem Satz unmissverständlich deutlich, wer Harpstedter war und wer nicht. Einige trieben es dabei auf eine groteske Spitze: Als sie merkten, dass wir Flüchtlinge das „st" in den Fremdwörtern „Pastor" und „Pistole" richtigerweise nicht als „Paschtor" und

„Pischtole" aussprachen, meinten sie, sich auch hier von uns absetzen zu müssen und sagten tatsächlich „Paschtor, Pischtole": Hauptsache war, dass man sich von den „Flichtlingen" unterschied.

Bei unserer schon mehrfach erwähnten Harpstedt-Reise im Jahre 2006 fuhr ich mit meiner Frau auch nach „Klein Amerika" und zur „Ozeanbrücke", über die Irmgard und Artur später, von Dünsen aus oft zum Tanzen gegangen waren. Die Brücke im Wald war gerade erneuert worden und ich wollte sie meiner Frau gern vorführen. Da sie nur schlecht laufen kann, fuhr ich mit dem Auto auf dem schmalen Waldweg ganz dicht an die Brücke heran. Als uns ein Radfahrerpaar in etwa unserem Alter entgegenkam, fühlte ich mich bemüßigt, ihnen zu erklären, warum wir hier mit dem Auto parkten. Ich hatte noch keine zwei Sätze gesprochen, da sagte der Mann: „Du bist einer aus der Familie Klein. Bist du nicht sogar in meine Klasse gegangen? Ich habe das sofort gehört." Ich war platt, sagte meinen Namen, er verkündete stolz seiner Frau, was er doch – entgegen ihrer Kritik – für ein gutes Gedächtnis habe, nach fast sechzig Jahren einen ehemaligen Mitschüler am Sprachklang erkennen zu können.

Offenbar war und ist unsere Sprache doch spezifischer, als wir es selbst wussten.

Der Mensch lebt nicht vom Brot allein

Unserer Familie ging es natürlich in all den Jahren in der Baracke nicht besonders gut - um es vorsichtig auszudrücken. Zwar hatte unsere Mutter einiges an Geld aus Lensk mitgenommen und über die Flucht gerettet, so dass wir nicht ganz große Not litten, aber bei aller Sparsamkeit kam man zusammen mit der Rente von anfangs 120 RM, später dann von 300 DM, nicht weit: Eine Familie mit sieben Kindern war damit schlichtweg nicht zu ernähren. Ab und zu kam ein Paket aus Argentinien, das der Vater unserer Mutter schickte (Opa Edemann war nach dem Ersten Weltkrieg in den Wirren nach der Sibirien-Verschleppung seiner Familie nach Argentinien ausgewandert, hatte unsere Adresse herausgefunden und schickte nun manchmal besagte Pakete): Vor allem den Bohnenkaffee konnte man in einigen Geschäften oder bei Bekannten gut eintauschen (einen organisierten Schwarzmarkt gab es in Harpstedt nicht), aber das war auch nur ein Tropfen auf den heißen Stein.

Zu Hitlers Wahnsinnsideen hatte die Vorstellung von der Autarkie gehört: Deutschland sollte von Importen aus anderen Ländern unabhängig sein, vor allem natürlich im geplanten Krieg. Da unser Land aber nun wirklich nicht an einer Überfülle in Sachen Rohstoffe und Nahrungsmittel litt, wurde gleich 1939 die Zwangsbewirtschaftung für Nahrungsmittel und andere Dinge des täglichen Bedarfs eingeführt – und die Besatzer behielten dieses System nach Kriegsende erst einmal bei. Nach einem ausgeklügelten System gab es Lebensmittelkarten und Bezugsscheine für Kleidung, Hausrat und alle anderen Waren – für jeden Einwohner Groß-Deutschlands. Schwerarbeiter bekamen eine größere Zuteilung als Hausfrauen oder Kinder, Bauern, die selbst Gemüse, Fleisch u.a. herstellten, galten als Selbstversorger, bekamen weniger und hatten von ihren Erzeugnissen genau kontrolliert bestimmte Anteile an den Staat abzuliefern. Schlachteten sie z.B. ein Schwein, so durften sie nur die eine Hälfte selbst verwursten, die andere Hälfte ging – gegen geringe Bezahlung - an den Staat, meistens an die Gemeinde.

1945 hatte es eine schlechte Ernte gegeben und nach Harpstedt waren viele Leute aus dem Osten gekommen – es war schwierig, alle diese Menschen angemessen zu versorgen. Waren im Krieg die Marken noch durch ein entsprechendes Warenangebot abgedeckt, d.h. man bekam wirklich ein Pfund Butter, wenn man die entsprechenden Marken vorlegen und den Preis dafür entrichten konnte, so gab es in der Besatzungszeit Lücken: Die Karten und bares Geld nützten nichts, weil die Produkte einfach nicht da waren. Die Geschäfte hatten große Probleme, die Waren zu bekommen. Man hatte folgendes System eingerichtet: Die Lebensmittel-Händler sammelten die Marken, die der Kunde beim Kauf abgegeben hatte. Diese Marken reichte er beim Landratsamt in Syke ein. Dort bekam er dafür neue Einkaufsmarken, mit denen er sich wieder beim Großhandel mit Waren eindecken konnte. Das System war umständlich und sorgte dafür, dass stets nur die wirklich konsumierten Mengen nachgeliefert wurden – für Warenpolster oder Luxus gab es keine Chance.

*Lebensmittelmarken*

Im März 1947 erhielt ein Erwachsener (Normalverbraucher) für vier Wochen
600 g Fleisch,
500 g Fisch,
200 g Fett,
11 kg Brot,
1 kg Nährmittel (z.B. Nudeln oder Grieß)
500 g Zucker oder Marmelade,
125 g Käse,
125 g Kaffee-Ersatz,
3 l Magermilch
10 kg Kartoffeln.
Das entsprach einem Kalorienwert von etwa 1500 kcal täglich.

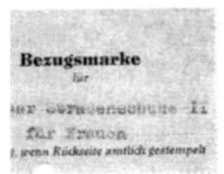  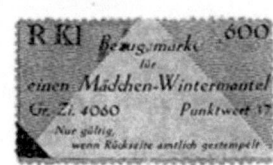

*Bezugsmarken für Kleidung*

[15] Übersicht über die Belieferung mit Lebensmittelkarten 1947 in der englischen Besatzungszone

Wie man sieht, waren die Mengen, die hier zugeteilt wurden, nicht gerade üppig.

Da es also große Versorgungslücken gab, mussten wir Fantasie entwickeln, wenn wir nicht Hunger leiden wollten.

Zu den Formen der Lebensmittelbeschaffung gehörte das eigene Aufziehen von Gemüse. Unsere Mutter hatte sich auf dem Gelände des späteren Schulhofes ein Stück Land eingezäunt, umgegraben und so zum Garten gemacht. Da es in den ersten Jahren nur wenige Schüler gab und die Schulbaracke auf der Höhe des Endes der Nachbarbaracke lag, war der Schulhof auch dort eingerichtet, und hinter unserer Baracke ließ man uns deshalb gewähren. Dort säten wir Salat, Wurzeln, Bohnen, Erbsen, Kohl, Kürbisse, Tomaten, Gurken und auch mal ein paar Blumen. Es war uns Kindern ein Vergnügen - ein in engen Grenzen erlaubtes! – in diesen Garten zu gehen und die leuchtend roten Tomaten zu pflücken und direkt zu verspeisen – mit Gurken ging es ebenso, niemand kam auf die Idee, das Gemüse vor dem Essen zu waschen.

Später, als der Neubau der Schule fertig war und der freie Platz ganz als Schulhof gebraucht wurde, schüttete man dort schwarze Schlacke auf, von der noch heute Teilchen unter der Haut der Knie von Edith und mir zu sehen sind.

Wir bekamen dann von der Gemeinde ein Stückchen Land links vom Weg zum Schwarzen Berg zur Verfügung. Hier und noch an drei anderen Stellen hatte man einen Acker umgepflügt und jedem Barackenbewohner ein kleines Stück zugeteilt – z.T. haben Bauern dieses Land auf Zeit für die Flüchtlinge abgetreten. Unsere Mutter ließ sie sich nicht nehmen, ihren Gartenteil dort stets perfekt umzugraben und zu harken, ihre Beete waren immer akkurat angelegt. In jedem Frühjahr verbrachte sie viele Stunden damit, diesen Garten in Form zu bringen und wir Kinder wurden dabei natürlich eingespannt. Umgraben konnte ich auch bald, harken natürlich ebenso, aber das Anlegen der Beete und das schnurgerade Einsäen war unserer Mutter vorbehalten, wir durften oder mussten dann in den kommenden Wochen helfen, das mitwachsende Unkraut zu jäten, mit spitzen Fingern die unerwünschten Pflanzen zwischen den gesäten Winzlingen herauszuziehen

Für uns Kinder gab es noch andere Methoden der kostenfreien Selbstversorgung: Wenn die Felder im Spätsommer abgeerntet worden waren, säten viele Bauern kleine Rüben ein, die wir „Wasserrüben" nannten, der offizielle Name ist wohl „Teltower Rüben". Diese Gewächse wurden nur so um die zehn Zentimeter lang, drei, vier Zentimeter dick, die Schale war weiß, dort, wo sie Sonne abbekommen hatte, war sie leicht grün; das Kraut oben wurde zwanzig bis dreißig Zentimeter hoch. Wir fanden es viel zu schade, diese köstlichen, leicht scharf in Richtung Radieschen schmeckenden Pflanzen als Naturdünger zu missbrauchen und sie einfach unterzupflügen: Wir ernteten davon jeden Nachmittag ein paar, schälten sie mit unseren Taschenmessern und verspeisten sie. Nein, das muss nicht in die Kategorie „Klauen" eingeordnet werden, die Bauern haben deswegen nie mit uns geschimpft, der Schaden, den wir anrichteten, war so gering, dass man unser Tun tolerierte.

Ebenso war es mit den Äpfeln an der Straße nach Groß Köhren. Diese wenig attraktiven Früchte konnten wir mit Steinen oder Stöcken herunterholen und essen – ganz sicher waren wir aber nie, ob das wirklich erlaubt war. Zumindest in den ersten Jahren wurden sie offenbar von den Straßenmeistereien abgeerntet und zum Apfelsaft-Pressen in die Fabrik gebracht, später waren sie nicht mehr interessant genug, zu klein, zu runzelig, zu schorfig. Vorsichtshalber kletterten wir nicht auf die Bäume: Sollte jemand kommen, musste man schnell genug weglaufen können.

Birnen gab es auf den Straßenbäumen fast gar nicht und Kirschen und Pflaumen auch nicht. Die mussten gekauft werden, was selten geschah, weil sie einfach teuer waren. Zu den ganz großen Seltenheiten gehörten die dicken Eierpflaumen, die blauen und vor allem die goldgelben. Das war jedes Mal ein Fest, wenn Lindloge welche im Angebot hatte und unsere Mutter sie wirklich mitbrachte. Jeder bekam dann üblicherweise zwei und war glücklich.

Eine andere Form der direkten Versorgung war das Arbeiten gegen Naturalien. Hier bot sich vor allem das Kartoffelsammeln an, zu dem auch wir Kinder eingesetzt wurden. Diese Arbeit begann schon im ersten Jahr unseres Hierseins, bei Wulferding und Grote. In späteren Jahren, auch als die drei Großen schon im Beruf standen, ging das Kartoffelsammeln weiter – bei verschiedenen Bauern Harpstedts und auch noch in unserem nächsten Wohnort, in Dünsen. Kartoffelsammelmaschinen gab es in den Jahren nach dem Krieg noch nicht, Handarbeit war angesagt, es gab genügend arme Leute, Flüchtlinge und Heimatvertriebene, die froh waren, ein bisschen Geld verdienen zu können oder direkt an Grundnahrungsmittel heranzukommen. Und Kartoffeln waren *das* Grundnahrungsmittel in diesen schlechten Zeiten. Wie unsere Mutter es damals schaffte, uns so zu organisieren, dass wir jeden Tag in der Kartoffelerntezeit eine Beschäftigung fanden, wussten wir nicht, es klappte jedenfalls immer. Ich kann mich nicht erinnern, dass es je eine unerwünschte Pause gab, gewünschte waren eh´ undenkbar.

Mittags um viertel vor eins standen wir auf der Straße an der Schule, unsere Mutter, Irmgard und Rudi, Edith und ich. Die Herbstferien waren stets so gelegt, dass sie mit der Kartoffelernte zusammen fielen und hießen daher auch „Kartoffelferien". Wir waren mit dicken Hosen und ebensolchen Jacken angezogen, jeder hatte einen Drahtkorb bei sich, den gemeinsamen für Edith und mich trug ich. Alle Kartoffelsammler hatten diesen Drahtkorb, den man bei Alfke kaufen konnte und der oben an dem Bügel über einen Holzgriff verfügte.

Minuten später hielt neben uns der Pferdewagen des Bauern Horstmann, zwei hohe Kastenwagen hatten die beiden Pferde zu ziehen. Wir stiegen auf den vorderen Wagen und setzten uns zu den anderen angeheuerten Kartoffelsammlern, wir Kinder auf den Wagenboden, unsere Mutter auf eines der quergelegten Bretter. Wir fuhren ein Stück auf der Landstraße nach Klein Köhren und hielten dann an dem Kartoffelacker, den man schon von weitem an den braunen verschrumpelten Blätterresten erkannte, die sich in langen Reihen neben der Straße hinzogen. Wir stiegen alle herunter, der Horstmannsohn stellte je einen Wagen am Ende der Reihen ab und hängte dann den Kartoffelroder an das Pferdegespann. Er wies jedem von uns einen Teilabschnitt der Reihen zu – mit weißen Holzpflöcken waren gleich lange Stücke an beiden Längs-Außenseiten des Feldes abgesteckt. Wir, die Kleins, bekamen eine Sonderbehandlung: Für Irmgard und Rudi zusammen gab es eine Strecke, die eineinhalb mal so lang war wie die normalen, dafür gab es dann auch entsprechend den anderthalbfachen Kartoffel-Lohn. Eine Strecke für jeden wäre eine Überforderung für sie gewesen, nur eine für beide gemeinsam – wie für Edith und mich – hätte ihre Kräfte unterschätzt. Unsere Mutter bekam hinter uns den letzten Abschnitt des Feldes, wo der Wagen stand.

Pünktlich um eins ging es los. Sohn Horstmann fuhr mit dem Kartoffelroder um das Feld herum, wobei sich die Flugschar des Roders jeweils unter die Kartoffeln schob, den Sand mit den Kartoffeln anhob und ein rotierender Rechen die Kartoffeln nach rechts auswarf. Auf einer Breite von einem Meter und mehr lagen sie nun auf dem Acker. Sobald er an uns vorbei war, gingen wir tiefgebückt unsere zugeteilte Strecke ab, ich schob unseren Drahtkorb Schritt für Schritt vor uns her, wir sammelten die Kartoffeln ein und ich brachte jeweils den vollen Korb zu dem Kastenwagen. Jetzt zeigte es sich, wie gut durchdacht es war, dass unsere Mutter den letzten Abschnitt bearbeitete:

Immer wenn ich mit meinem Korb am Wagen war, kam sie auch mit ihrem Korb und schüttete meinen zusammen mit ihrem aus. Für mich war es in den ersten Jahren zu schwer, den vollen Korb hochzustemmen und auszuschütten – von Edith ganz zu schweigen.

Einige Bauer erkannten das Problem, das es auch in anderen Familien mit arbeitenden Kindern gab, und stellten in kurzen Abständen Henkelkörbe auf, in die wir dann die vollen oder auch erst halbvollen Körbe leerten: Zwei Knechte waren dann dafür zuständig, die Henkelkörbe zu den Wagen zu bringen und auszuleeren. Bei anderen ging ein Knecht durch die Sammlerreihe, tauschte den vollen Korb gegen einen leeren und brachte den vollen weg.

Nach einer Weile tat uns der Rücken weh, wir sammelten dann auf den Knien rutschend, was aber nicht ganz so flott ging. Und flott musste es gehen: Wir hatten immer ein Auge auf das Pferdegespann mit dem Roder, wussten genau, wie weit wir sein mussten, wenn es auf der Gegenseite auf unserer Höhe vorbeizog. Einmal passierte es uns, dass die Pferde schon direkt hinter uns standen, bevor wir die letzten Kartoffeln aufgesammelt hatten und zur Seite getreten waren. Der Horstmannsohn hielt die Pferde an und sagte nur: „Sammelt man in Ruhe zu Ende!", aber das galt als peinlich, zeigte es doch, dass man nicht schnell genug gearbeitet hatte. Unsere Mutter sprang zu uns herüber und warf die letzten Kartoffeln in unseren Korb, dann konnte es weitergehen. Horstmann gehörte nicht zu den Leuteschindern, die das Tempo möglichst hoch hielten, er sah gnädig über solche kleinen Pannen hinweg. Sehr oft – das wussten wir – durfte das aber nicht vorkommen, sonst mussten wir damit rechnen, am nächsten Tag nicht mehr zu den eingesetzten Tagelöhnern zu gehören. Wir strengten uns also an, um mithalten zu können.

Das Tempo des Sammelns wurde verständlicherweise durch das Tempo des Pferdegespanns bestimmt, und dieses Tempo lag ganz in der Hand des Bauern oder seines Sohn, denn sie erledigten diese Arbeit meistens selbst, gaben sie nicht in die Hände eines Knechtes. Wir wussten bald, welcher Bauer ein Antreiber, ein Leuteschinder war, der das Tempo so hoch trieb, dass man den Rücken zwischendurch kaum einmal gerade machen konnte. In der ersten Zeit kamen diese Bauern damit durch, das heißt wir Flüchtlinge nahmen die Arbeit bei ihnen dennoch an, aber schon nach kurzer Zeit hatten sie Probleme, genügend Helfer zu finden – und mussten sich mit ihrem Tempo den normalen, freundlichen Bauern anpassen: So regulierte der Markt von ganz allein die Arbeitsbedingungen.

Nach gut zwei Stunden taten uns so langsam die Knie und der Rücken weh und unsere Blicke wanderten immer öfter die Straße hinunter nach Harpstedt. Dort musste doch so langsam Frau Horstmann oder eine ihrer Mägde auftauchen, mit einer großen Kanne und dem ausladenden Weidenkorb am Fahrrad.

Endlich war es so weit, Frau Horstmann war da! Ihr Sohn lenkte die Pferde an den Feldrain, wo sie ein bisschen Gras rupfen konnten, wir ließen unsere Körbe stehen und sammelten uns um die Bauersfrau. Aus dem Weidenkorb holte sie Tassen und verteilte sie ringsum, ihr Sohn schenkte Kaffee ein, Muckefuck natürlich, aber auch der tat gut. Frau Horstmann nahm die Kartoffelstuten aus dem Korb, auf die sich alle freuten: große Hefeteigstücke, so dreißig cm lang, zehn breit, drei dick, oval geformt, gut mit Rosinen durchsetzt und mit Zuckerguss überzogen. Herrlich schmeckten sie.

Als nach einer guten Viertelstunde das letzte Stückchen Stuten verschwunden war, sammelte Frau Horstmann die Tassen wieder ein, ihr Sohn ging zu den Pferden hinüber und wir zu unseren Körben: Die Hälfte dieses Arbeitsnachmittags war geschafft, noch einmal zweieinhalb Stunden, dann war Feierabend.

Im Herbst 1950 erlebten wir eine Überraschung. Unser Bauer (ich erinnere mich nicht mehr daran, welcher es war), hatte uns gesagt, er komme nicht mit Pferd und Wagen an der Baracke vorbei, um uns aufs Feld mitzunehmen, wir müssten laufen. Als wir uns dem Feld näherten, sahen wir kein Pferdegespann und auch keine Rodemaschine, dafür lag das ganze Feld voller Kartoffel, schön in Reihen eng beieinander, trocken, sauber fast, gelbweiß in der Sonne glänzend. Man hatte sie bereits am Vormittag ausgebuddelt, mit einem Vorratsroder, der die Knollen nicht breit zur Seite auswarf, sondern sie mit einem offenen „Korb" abfing und auf einen schmalen Streifen zurückkullern ließ. Diese Rode-Technik veränderte natürlich auch das Sammeln. Die Erwachsenen bekamen jeder eine Doppelreihe, man bewegte sich auf Knien zwischen diesen beiden Reihen vorwärts und sammelte rechts und links. Edith und ich mussten nur jede(r) eine Reihe schaffen, Irmgard und Rudi bekamen zusammen drei. Alle Sammler hielten sich auf gleicher Höhe, alle achteten darauf, dass niemand – gewissermaßen als Streber - schneller voranmachte, aber auch niemand zurückblieb: Diese Selbstregulierung klappte hervorragend. Immer zwei Knechte wechselten die vollen Körbe aus, so dass man nicht dauernd aus dem Kniestand hoch musste.

Ein großer Vorteil dieser Technik bestand darin, dass der Boden meistens schon gut abtrocknet war, wenn wir aufs Feld kamen: Die Hosen klebten jetzt nur noch an den Knien, wenn es geregnet hatte oder beim Sammeln zu regnen anfing: Nieselregen unterbrach die Arbeit nicht, Schauer überbrückte man mit einer kurzen Pause, stellte sich in den Wald oder kauerte sich unter einen Wagen, bei Dauerregen kam es schon einmal vor, dass man abbrach und dann den Lohn über den Daumen anteilsmäßig berechnete.

Für die Arbeit eines Nachmittags gab es einen Zentner Kartoffeln pro Sammler oder fünf Mark. Wenn wir zu dritt zehn Tage lang gesammelt hatten, dann hatten wir also 30 Zentner zusammen, und das reichte für die Familie - genauer: für uns Menschen. Für das Schwein oder die Tiere insgesamt allerdings wurde noch einmal dieselbe Menge benötigt, sechzig Zentner kellerten wir in den Jahren immer ein. In der ersten Zeit sammelten auch manchmal vier Kinder und unsere Mutter, so dass wir auf höhere Kartoffelmengen kamen, aber sechzig Zentner schafften wir nie. Deshalb gab es eine zweite Methode, an Kartoffeln zu kommen, und die war gar nicht schön: Ich spreche vom so genannten Kartoffelstoppeln:

Die Bauern erlaubten uns Flüchtlingen, in den Tagen zwischen dem Abernten und dem Neupflügen auf die Felder zu gehen und mit Hacken den Boden umzuwühlen, ob nicht irgendwo noch Kartoffeln in der Erde verborgen lagen. Sie taten das wohl nicht nur aus Mitleid, sondern es war für sie ganz praktisch, wenn nur wenige Kartoffeln in der Erde blieben, die dann zusammen mit der neuen Saat wuchsen und quasi als Unkraut herausgerissen werden mussten. Manchmal erwischte man eine Stelle, wo der Roder schlecht gegriffen hatte oder ein nachlässiger Sammler am Werk gewesen war, dann hatte man bei jedem Zuschlagen mit der Hacke eine, zwei Kartoffeln, die man in den Korb werfen und anschließend in den Sack schütten konnte, es vergingen aber auch schon einmal frustrierende Minuten, ohne dass man fündig geworden war. Für Edith war diese Arbeit zu schwer; wenn sie mit auf dem Feld war, kratzte sie wohl mal die Erde von den Kartoffeln und brachte sie zum Korb, den sich bei dieser Arbeit zwei oder auch drei von uns teilten. Viele dieser Stoppel-Kartoffeln waren beschädigt, weil entweder die Pflugschar sie erwischt hatten und der Sammler sie deswegen liegen gelassen hatte, oder man hatte sie mit der Hacke getroffen und halbiert; das schadete aber nicht: Die Stoppel-Kartoffeln wurden im Keller separat gelagert und zusammen mit den Kartoffelschalen zu Schweinefutter verkocht.

Auch bei der Getreideernte gab es eine Nacharbeit wie das Kartoffelstoppeln. Wir durften zur Ähren-Nachlese auf die Felder, d.h. die heruntergefallenen Halme und Ähren durften aufgesammelt und in Säcken nach Hause geschafft werden. Diese Arbeit war noch mühseliger als das Stoppeln. Hier hatte man außerdem immer die Ungerechtigkeit vor Augen, dass den einheimischen Bauern die großen Garben gehörten und uns gewissermaßen die Brosamen, die von den Tischen dieser Reichen heruntergefallen waren. Da lag schon mal die Versuchung nahe, an die Hocken heranzuziehen und dort mit Messer oder Schere Ähren abzuernten. Ich denke, wir taten das nicht, erstens weil unsere streng christliche Erziehung auch hier trug und für uns ein Diebstahl nicht in Frage kam, und zweitens weil wir wussten, dass man uns nicht mehr auf die Felder gelassen hätte, wenn man vermuten musste, dass wir stehlen.

Vom Rübenernten (davon erzähle ich später) brachten wir oft Zuckerrüben mit nach Hause, die man – wie Kartoffeln – als Teil der Bezahlung ansah. Diese Rüben wurden in einem ziemlich aufwendigen Verfahren im Keller im großen Kessel zu Sirup gekocht. Sie mussten geschält, zerkleinert und durchgedreht werden, bevor diese Masse dann lange Zeit im Waschkessel kochte. Ich glaube, die halbe Baracke teilte sich dann einen solchen Waschkessel voll - und ich weiß, dass manche Männer die Zuckerrüben im Keller des Nachts anders verarbeiteten: zu Schnaps. Das war natürlich hoch verboten und musste unter dem Siegel größter Verschwiegenheit stattfinden. Da wegen Rohstoffmangels Bier und Schnaps nicht regulär hergestellt und verkauft wurden, war das heimliche Brennen überall verbreitet.

Im Sommer schwärmten wir in die Wälder aus, um Beeren zu sammeln – Himbeeren und Brombeeren. Die wurden nicht verkauft, sondern zu Marmelade verarbeitet und in Gläser gefüllt. Die schmeckte besser als die verwässerte, die man kaufen konnte – wenn es denn überhaupt welche gab.

Außerdem sammelten wir nach Regenfällen Pilze. Wir kannten fast alle genießbaren, aber unsere Mutter machte stets eine Nachlese, um sicher zu gehen, dass wir uns keine Vergiftung an den Hals – besser: in den Bauch - holten. Am liebsten waren uns neben den legendären seltenen Steinpilzen die Hallimasch, die wir „Stubbenpilze" nannten, weil sie auf den Stubben gefällter Bäume wuchsen. Sie waren nach dem Braten schön fest und hatten einen guten Geschmack – ganz im Gegenteil zu den wässerig-faden Rotkappen, die wir aber auch nahmen, wenn wir nicht genügend andere gefunden hatten. Butterpilze und Birkenpilze und Champignons gab es am häufigsten, wobei wir bei den Champignons auf den Wiesen immer sehr vorsichtig waren, weil es einige Doppelgänger gab. Die Pilze gingen auch nicht in den Verkauf, sondern abends direkt in die große Pfanne. Je nachdem, welche man mehrheitlich gefunden hatte, waren diese Pilz-Pfannen ein Vergnügen oder man schlang die glitschigen Exemplare lustlos hinunter, um satt zu werden. Frau Streck kam einmal freudestrahlend zu uns herüber und teilte nach dem Champignons-Essen mit: „Die Pielze schmeckten so scheen wie Hiehnerfleisch." Das wurde bei uns zum geflügelten Wort, und im Laufe der Jahre gab es immer wieder etwas Neues, das so „scheen wie Hiehnerfleisch" geschmeckt hatte.

Die effektivste Form der direkten Nahrungsbeschaffung war das Halten und Schlachten von Tieren.

Schon im ersten Barackenwinter brachte unsere Mutter von einem Besuch bei Wittgräfes die frohe Botschaft mit, bei denen werde morgen geschlachtet, drei Schweine sollten dabei ihr Leben lassen und eines sei für uns vorgesehen, das kleinste von so etwa zwei Zentnern. Der alte Wulferding und sein Bruder würden sie selbst schlachten, sie ausnehmen und halbieren, schwarz (also ohne Genehmigung) natürlich, wir müssten allerdings für den Transport in die Baracke sorgen. Wir beratschlagten eine Weile und hatten dann die Idee, den Transport in aller Öffentlichkeit und bei Tageslicht vorzunehmen, mit dem Handwagen, mit dem wir oft durch den Flecken zogen. Die Schweinehälften wurden gut mit Stroh zugedeckt, dann wurde an der Seiten Holz und oben Torf gestapelt: Die Tarnung war perfekt, niemand kam auf eine dumme – oder auf die richtige – Idee, als die drei Klein-Söhne wieder einmal am frühen Abend eine Fuhre Brennmaterial von den großzügigen Wittgräfes in die Baracke verfrachteten.

Unsere drei „Zugpferde" hielten ganz dicht vor dem Barackeneingang und brachten dann erst das Holz und den Torf, danach die beiden Hälften in den Keller hinunter, unsere Mutter half. Zuletzt wurden auch die beiden Schüsseln hineingetragen: Die eine mit den Innereien und den schon geleerten Därmen kam hinunter in den Waschraum, die andere mit dem Blut in unsere Küche. Natürlich bekamen die Bewohner unseres Einganges mit, was hier transportiert worden war, aber auf ihre Verschwiegenheit war Verlass.

Als auch wir im nächsten Jahr einen eigenen Schuppen besaßen, wie fast alle Barackenbewohner, hielten auch wir uns ein Schwein, was vor der Währungsreform in den Zeiten der totalen Bewirtschaftung und der Lebensmittelkarten auch uns Flüchtlingen nicht erlaubt war, oder genauer gesagt: Man hätte das Schwein anmelden müssen, es wäre dann vor dem Schlachten auf der Amts-Waage gewogen worden, es hätte einen Wiege-Clip ins Ohr bekommen und man hätte dann die Hälfte im Schlachterladen Peters gegen einen fast symbolischen Preis abliefern müssen. Das wollte man natürlich vermeiden, zog das Tier deshalb heimlich auf und die „schwarzen" Schlachtungen fanden daher auch stets nachts statt. Das war jedes Mal eine große Aufregung und Arbeit für die ganze Familie, besonders natürlich für uns kleinen Kinder. Die Erwachsenen und die großen Geschwister kannten das alles schon von Ostpreußen her, für uns Kleinen war alles neu, und das erste Mal war schon unerfreulich, Schaden nahmen wir allerdings beim Zuschauen und dann auch beim Mithelfen nicht. Edith vermied es möglichst, bei den ersten Aktionen dabei zu sein und auch Rudi hielt sich lieber fern, wenn es Blut zu sehen gab.

Herr Streck hatte sich bereit erklärt, unser erstes Schwein zu töten. Er ging mit unserer Mutter, Erna, Erich und Artur nach Dunkelwerden in unseren Schuppen, man legte dem Tier zwei kurze Schlingen um den Hals, an denen Erich und Artur den Kopf stillhalten konnten, dann schlug Herr Streck mit der stumpfen Seite der Axt dem Schwein vor die Stirn. Es fiel um, unsere Mutter stach mit einem langen Messer in den Hals, traf todsicher die Halsschlagader, die drei „Männer" hielten das zuckende Schwein fest, während Erna eine große Schüssel unter den herausschießenden Blutstrahl schob und abwechselnd mit unserer Mutter das Blut rührte, damit es nicht gerinnen und verklumpen konnte – man brauchte es für die beliebte Blutwurst. Da alle weiteren Arbeiten in dem Kellerraum mit der Pumpe und dem Waschkessel stattfanden - die Fenster waren zu selbigem Zweck schön dichtgehängt – musste es erst einmal hinübergebracht werden. Da das Schwein auch wieder nur knappe zwei Zentner wog, konnten unsere Mutter, Erich und Artur und Herr Streck jeweils ein Bein in die Hand nehmen und das Tier die wenigen Meter bis zum Eingang, dann die Treppe hinunter und durch den langen Gang in den Arbeitsraum schleppen. Natürlich hatten sie dabei Zuschauer, aber niemand wäre auf die Idee gekommen, eine solche Schwarzschlachtung anzuzeigen (ich habe das oben schon angedeutet), man hielt zusammen, schließlich waren fast alle selbst an kleinen ungesetzlichen Aktionen beteiligt, und wer wollte schon mit Steinen werfen, wo er doch selbst im Glashaus wohnte?

Im Keller hatte man rechtzeitig Wasser im Waschbottich heiß gemacht, um das Schwein nun mit kochendem Wasser zu überbrühen und mit scharfen Messern die Borsten abzuschaben – später benutzte man dafür eine sogenannte Glocke, mit der diese Arbeit leichter auszuführen ist. Einen Trog, in den man das ganze Schwein hineinlegen und brühen kann, hatte man auch noch nicht, aber es ging auch so. Auch eine vernünftige Aufhänge-Vorrichtung gibt es nicht: Man band daher das tote Tier einfach mit den Hinterbeinen an einer Leiter fest, stellte dann die Leiter fast senkrecht an die Wand, und dann konnte der nächste Schritt erfolgen, der mir immer besonders unappetitlich war: Das Schwein wurde von unserer Mutter in einem langen, glatt geführten Schnitt von oben bis unten aufgeschlitzt, die Därme und sonstigen Innereien quollen heraus und konnten nun vorsichtig getrennt und in Schüsseln gelegt werden. Die Därme wurden dann in einen Eimer entleert und gereinigt, gespült, umgedreht, noch einmal gespült. Man brauchte sie, weil man darin die Wurst einzufüllen pflegte.

Das Wurstmachen und die Feinzerlegung geschahen in unserer Küche. Da es ja keinerlei Tiefkühlgeräte, nicht einmal Kühlschränke gab, musste alles Fleisch möglichst schnell zu Wurst verarbeitet oder in Salz gelegt oder eingekocht werden. Die ganze Nacht standen drei Kessel auf dem Herd, um das klein geschnittene Fleisch in Gläsern zu konservieren. Die Gläser mit den roten Gummiringen zwischen Glas und Deckel waren mit einer starken Eisenklammer versehen und mussten lange kochen, um innen einen Unterdruck zu erzeugen. Wie oft kam es vor, dass von den sechs Gläsern ein oder zwei nicht verschlossen waren, wenn man den Deckel zur Probe anhob – und dann musste die Prozedur wiederholt werden.

Das Fleisch schmeckte nicht besonders gut, wenn man die Gläser nach Monaten öffnete, weil alles sehr lange gekocht worden war, aber es war besser als das eingesalzene Fleisch, das wir ja leider nicht durch Räuchern veredeln konnten.

Die Einweckmethode hatte unsere Mutter noch in Lensk kennengelernt, sie galt damals als revolutionär. Als wir - meine Frau und ich - später einen großen Garten hatten und Obst und Gemüse und Beeren einmachten, verwendeten wir eine andere Methode, die unserer Mutter viel Arbeit und viele Nerven erspart hätte - sie kannte sie aber nicht. Wir kochten das Einzuweckende nur ganz kurz auf und füllten es dann heiß in die Gläser, randvoll. In den Glasdeckel mit peinlich sauberem Gummiring kamen einige Tropfen Spiritus, der wurde angezündet und dann drückte ich nach schneller Drehung den Deckel auf das Glas. Der Spiritus im Glasdeckel verbrannte sekundenschnell – meine Hand wurde ganz schön heiß dabei – verbrauchte dabei das bisschen Sauerstoff, das zwischen dem Einmachgut und dem Deckel existiert hatte, dadurch entstand der Unterdruck, der dafür sorgte, dass das Glas sicher verschlossen war – nur selten musste der Vorgang wiederholt werden. In wenigen Minuten waren zehn, zwölf Gläser versorgt.

Am besten wurden die Leberwürste, Blutwürste, Mettwürste, die per Handarbeit aus der Tülle eines großen Fleischwolfes quollen und dort gleich in die gereinigten Därme gepresst und dann gekocht wurden. Unsere Mutter und die großen Kinder wechselten sich beim Kleinschneiden der Zutaten: Fleisch, Leber, Fett, Nieren und dann beim Drehen der Kurbel des Fleischwolfes ab, ein paar Stunden half auch Frau Streck. Das Anmengen und Würzen der Wurstmasse blieb unserer Mutter vorbehalten. Zwar hatte sie nicht viele Gewürze, aber da wir die ja auch nicht kannten, vermissten wir sie logischerweise nicht: Uns schmeckte die Wurst unserer Mutters immer am besten.

Beliebt war auch der Pressmagen, der mit kleingeschnittenem Fleisch und Fett gefüllte Magen des Schweines, der unter einem großen Stein gepresst und damit haltbar gemacht wurde. Ich allerdings gehörte nicht zu den Liebhabern dieser Spezialität – anders als unser ehemalige Kanzler Helmut Kohl, der den Pfälzer Saumagen über alles schätzt(e): Mir ist das in schmale Scheiben geschnittene Produkt zu fett, und besonders wenn ich auf ein Stück Knorpel biss, vergeht mir der Appetit.

Einen Winter über konnte man diese Würste und die Einmachgläser dann aufbewahren. Alle paar Tage wurden alle Deckel angefasst, ob sie auch noch luftdicht auf den Gläsern saßen.

Den kulinarischen Höhepunkt des Schlachtfestes habe ich mir für das Ende aufgespart, obgleich er stets zwischendrin als erfreuliche Unterbrechung des Arbeitens zelebriert wurde. „Grieben" hieß diese Delikatesse bei uns, womit aber nicht die kleinen ausgebratenen Fettstücke gemeint sind, die übrig bleiben, wenn man durchwachsenen Speck zu Schmalz auslässt. Gutes mageres Fleisch aus dem Schinken wurde in Würfel geschnitten wie zu einem Goulasch und in der Pfanne gebraten; zu Bratkartoffeln schmeckte dieses Griebenfleisch einfach prächtig. Unsere Mutter briet jedes Mal so viel, dass sich alle richtig satt essen konnten...

Ich habe mich noch Jahre später immer gefragt, warum man nicht einfach Schinkenfleisch beim Schlachter kauft und dann auf die gleiche Weise diese Leckerei zubereitet. Ich habe das dann getan und war enttäuscht. Egal wo ich das Fleisch kaufte, die „Grieben" reichten nicht annähernd an das heran, was ich aus der Kindheit an Geschmack auf der Zunge hatte. War es nur Nostalgie, die einem das Fleisch nachträglich veredelte? Ich fragte dann einmal einen Ernährungsfachmann und bekam bestätigt, dass es einen großen Unterschied gibt. Ich habe die biologisch-chemischen Details vergessen, weiß aber noch, dass bestimmte Geschmacksstoffe nur dann zum Tragen kommen, wenn das Fleisch superfrisch ist – schon nach einigen Stunden verschwinden diese Stoffe, und nie wird man in einem Fleischerladen so frisches Fleisch kaufen können, dass man den Kindheitstraum noch einmal realisieren könnte. Man müsste direkt an einem Schlachtfest teilnehmen – aber inzwischen ist das ja gänzlich unmöglich, das Schlachten findet zentral und industrialisiert in Schlachthöfen statt, fern vom Konsumenten, Hausschlachtungen sind verboten...

Die Schweineaufzucht war relativ problemlos für uns Kinder, weil diese Tiere dauerhaft im Stall versteckt waren und dort still von Essensabfällen und gekochten Kartoffeln lebten. Das heißt: Das „dauerhaft" stimmt nicht so ganz. Edith erzählte mir eine Geschichte vom Ausbruch eines unserer Ferkel. Artur Butzin hatte uns gemeldet, er habe ein Ferkel im Flecken gesehen und wir hatten schnell festgestellt, dass es das unsere war. Die ganze Familie begab sich auf die Suche – bis auf Erich, der in der Zwischenzeit unseren Schuppen ausbruchsicher machte. Ich habe nach Ediths Aussagen das gute Stück auf dem Friedhof vor der Kirche entdeckt, es überrascht und geschnappt – und Artur hat es dann nach Hause getragen. Sicher haben genügend Harpstedter gesehen, was sich da abspielte, aber auch hier dachte niemand daran, einen anzuzeigen.

Schlimm war dagegen das Schaf, (oft ein Schafsbock), das grünes Futter wollte und brauchte und das wir Kinder daher zum Fressen ausführen mussten. Das Halten von Schafen, Ziegen, Kaninchen, Enten und Hühnern war übrigens erlaubt, hier gab es auch keine Abliefer-Pflicht nach dem Schlachten.

Irmgard und ich waren mal wieder dran, unseren Schafsbock zum Fressen auszuführen. Es war ein besonders starkes und böses Exemplar, weshalb wir Kleineren immer zu zweit losgeschickt wurden. Wir machten uns also auf den Weg zum Schwarzen Berg. Hier wuchs rechts und links des Feldweges saftiges hohes Gras, das niemandem gehörte, also von uns als Weide in Anspruch genommen werden durfte. Irmgard hielt den soliden Strick in der Hand, dessen anderes Ende dem Schafsbock um den Hals gebunden war. Schon nach fünfzig Metern traf Irmgard ihre Busenfreundin Thale. „Halte mal eben!" sagte sie zu mir und übergab mir den Strick, „wir müssen was bereden, was du nicht hören darfst". Und damit ging sie mit Thale ein Stück zur Seite. Ob der blöde Schafsbock gemerkt hatte, dass der Zug auf seine Hals-Fessel leichter geworden war oder ob er besonders schönen Klee gewittert hatte, das weiß ich nicht. Jedenfalls rannte er los, als habe ihn eine Wespe gestochen. Ich rannte hinterher, aber ein Schaf ist natürlich schneller als ein sechsjähriger Knirps und stärker auch. Nach ein paar Metern bereits stolperte ich und fiel, hielt aber das Seil tapfer mit beiden Händen fest. Der Bock schleifte mich über den Boden, ließ sich von dem kleinen Anhängsel nicht aufhalten. Ich schrie wie am Spieß nach Irmgard, die sich umdrehte, mich als schwache Schafsbock-Bremse erkannte, dann auch loslief. Zum Glück hatte das Schaf schnell eine Stelle mit saftigem Futter gefunden und blieb endlich stehen und fraß, als sei nie nichts gewesen. Irmgard kam angerannt, übernahm den Strick und half mir auf die Beine. Meine Knie bluteten, es waren aber nur harmlose Schrammen, wie wir sie alle paar Tage von irgendeinem kleinen Abenteuer hatten, kein Grund zur Aufregung.

Ähnliche Ereignisse gab es häufig. Natürlich kam es auch vor, dass der Bock auf die Idee kam, einem zu zeigen, was für eine harte Stirnplatte er hatte und wozu seine Hörner gut waren – oft genug wurden wir von ihm unsanft von den

Beinen gerissen und ins Gras gestoßen, Schaden hat aber niemand ernsthaft genommen.

[16] Natalie Krempin und Irmgard -

Für die Kaninchen war Artur zuständig. Wir hatten einige kleine Ställe hinten an den Schuppen angebaut, in dem immer so ein halbes Dutzend der flauschigen Tiere lebte. In unserer Familie gab es aber nicht die verhätschelte Beziehung zu diesen Kuscheltieren, wie sie heute in hundert Kindersendungen und Tierfilmen kultiviert wird. Wir nahmen sie schon mal auf den Arm und streichelten das weiche Fell, aber wir vergaßen nie: Wir hielten die Tiere, weil sie sehr wohlschmeckendes Fleisch hatten und sehr leicht zu versorgen waren. Ein bisschen Wasser, mal eine Schale Milch und stets frisches Gras, das genügte.

Rudi hatte schwerpunktmäßig den Auftrag, Gras für diese Tierchen zu besorgen, wir anderen Kinder machten dabei allerdings auch oft mit. Er erzählt dazu eine kleine Geschichte, die richtig rührend, aber dennoch wohl wahr ist: Als er und zwei andere Barackenjungen wieder einmal am Weg Gras rupften und dabei - weil es dort höher, weicher, besser war - auch hinüberlangten auf die verbotene Bauernwiese, kam der Bauer angerannt. Die anderen Kinder türmten rechtzeitig, Rudi blieb. Der Bauer stellte ihn zur Rede, fragte nach Schulklasse und Lehrer, und Rudi gab wahrheitsgemäß Auskunft. Am nächsten Tag erschien besagter Bauer in der Klasse, ging mit dem Klassenlehrer Rösche nach draußen und klagte Rudi des Diebstahls an. Herr Rösche klärte den Bauern auf, aus welcher Familie Rudi stamme und wie die Kleins zu leben hätten. Daraufhin holte der Bauer Rudi nach draußen und sagte ihm, das hätte er doch gleich sagen können, ab sofort dürfe er zum Bauernhof kommen, wenn er Futter brauche. Er bekam dann sogar eine Sichel zur Verfügung gestellt und konnte von nun ab in aller Ruhe schönstes Gras schneiden.

Artur besorgte auch das Schlachten. Er hielt die Tiere an den Hinterbeinen hoch, schlug ihnen mit einem soliden Stock in den Nacken, was sie umgehend betäubte, und schnitt ihnen dann den Hals auf und ab. Das fanden wir alle absolut normal und wären nie auf die Idee gekommen, etwas über Grausamkeit zu sagen oder auch nur zu denken. Die abgezogenen Felle wurden manchmal auf ein Brett genagelt, getrocknet und dann weiterbehandelt, aber so recht hatten wir das Gerben nicht im Griff, meistens haarten sie und waren kaum zu gebrauchen. Das Fleisch kam ganz normal in die Pfanne, es bereicherte den kümmerlichen Speiseplan sehr erfreulich.

Zwei weitere, sehr gut gemeinte, aber wenig erfolgreiche Versuche, uns beim Überleben zu helfen, seien hier noch eingefügt.

Rudi und ich besuchten oft - Hella Richter erinnerte sich daran sehr gut, weil sie bei diesem Bauern untergebracht worden waren, damals, am Tag der Ankunft in Harpstedt - einen Bauern an der Straße nach Wildeshausen, Lange mit Namen. Dieser Bauer scheint ernsthaft den Plan gehabt zu haben, mich (oder sogar Rudi und mich) zu adoptieren. Das wäre für unsere Mutter eine große Entlastung gewesen – ein oder zwei Esser weniger! - aber genauso wie sie keinen anderen Mann wollte, wollte sie auch ihre Kinder beisammenhalten: Die Adoption kam nicht in Frage. Ich kann mich nur daran erinnern, dass über dieses Thema später mehrfach gesprochen wurde, weiß aber nicht, ob ich einen solchen Familienwechsel gewollt hätte - eher nicht! Man stelle sich vor: Dann wäre ich heute kein gut versorgter Pensionär in Südspanien, sondern ein alt werdender, wahrscheinlich krummgearbeiteter Kleinbauer in Harpstedt - keine berauschende Vorstellung!

Unter den Einheimischen gab es – wie überall auf der Welt – sehr unterschiedliche Menschen mit sehr unterschiedlichen Einstellungen zur Not der Flüchtlinge – und damit komme ich zu dem zweiten Beitrag. Man war nach dem bösen „Steckrübenwinter" 1947 auf die Idee gekommen, man müsse den Flüchtlingskindern doch auch mal ein anständiges Essen gönnen. Daraus hatte sich die Idee entwickelt, dass die wohlhabenden Geschäftsleute besagte Kinder für eine begrenzte Zeit jeden zweiten Sonntag zum Mittagessen, zum „Mittagstisch" einladen. Man hatte das dann in einer Gemeinderatsitzung zum Beschluss erhoben. Ich war Gast bei den Besitzern des Uhren- und Schmuckladens Bernhard Bückmann, Burgstraße 17, neben dem Schuhmacher Schnepel im Ortszentrum gelegen. (Herr Schnepel faszinierte mich immer damals durch sein kirschgroßes Gewächs auf der Stirn, das ihn aber offenbar nicht störte – mich auch nicht.)

Dieser Bückmann hatte den Ruf, ein besonders ehrenwerter Mann zu sein, niemanden zu übervorteilen oder Schund zu verkaufen. (Details bei Ell, NS, S.39 f.) Ich weiß nicht mehr genau, wie oft ich dieses gut gemeinte Essen mitmachte, sicher ist aber, dass ich vor der geplanten Frist damit aufhörte. Das Essen selbst und die ganze Veranstaltung waren mir ein Graus. Zuhause waren Messer und Gabel und das steife Sitzen bei Tisch und die Servietten und das Silber...völlig fremd und ich konnte mit den Dingen schlicht nicht umgehen. Außerdem war das Essen für meinen einfachen Geschmack geradezu exotisch gewürzt und zusammengestellt. Kurz: Ich litt heftig, wenn besagter Sonntag kam und ich gewaschen, gebürstet und frisch gewandet losmusste.

An das letzte Essen kann ich mich gut erinnern: Es enthielt neben Rindfleisch mit dunkler Sauce - am Fleisch war das Fett belassen worden, es war wohl ein Entrecote - gekochte Birnen mit gedünsteten Zwiebeln, was für mich, den Zwiebel-Gegner, eine absolute Horrormischung darstellte, und ich beschloss, dass dieses Essen das letzte sein müsse. Unsere Mutter teilte den Bückmanns meinen Beschluss mit – sie waren enttäuscht, dass ihre gute Absicht auf so wenig Gegenliebe gestoßen war, aber viel-leicht waren sie ja auch heimlich froh, eine Sonntagsverpflichtung und einen kleinen Kulturbanausen los zu sein.

Ach ja, vielleicht sollte man auch die nächstliegende Methode der Nahrungsbeschaffung inmitten stets bestellter Äcker und Gärten nicht verschweigen: das Stehlen, von dem schon oben gesagt wurde, dass es für uns wegen der christlichen Gebote eigentlich nicht in Frage kam. Aber vor die Frage gestellt, die Kinder schlicht hungern zu lassen oder mal stehlen zu gehen, wurden viele Frauen in der Baracke schwach und ließen den lieben Gott einen guten Mann sein, um den man sich nicht kümmerte. Nächtliche kleine Raubzüge waren an der Tages- besser: an der Nacht-Ordnung.

Eines Abends - es war im ersten Jahr der Baracke, wir hatten noch keinen eigenen Garten angelegt - hatte ich wieder turnusmäßig das Glück, bei unserer Mutter zu schlafen. Heute ging ich allein ins Bett. Das kam häufiger vor: Zwar legte die sich meistens nach schwerer Tagesarbeit auch früh hin, aber heute hatte sie angekündigt, länger bei Strecks zu bleiben, man treffe sich dort mit einigen Frauen. Als sie dann nach einiger Zeit ins Zimmer kann, wurde ich wach, sie kam aber nicht ins Bett, sondern nahm Sachen aus dem Spind und schlich sich dann wieder davon. Ich drehte mich um und schlief weiter.
Als ich ein zweites Mal wach wurde, hörte ich sie in der Küche mit Wasser hantieren, dann kam sie herein, zog sich im Dunkeln aus, das Nachthemd an und dann kniete sie – wie jeden Abend – vor dem Bett und betete. Ich hörte meistens nicht zu, weil die Gebete fast immer Danksagungen waren und Bitten um einen guten nächsten Tag: Heute aber war es anders. Sie seufzte mehrfach tief auf und dann hörte sich sie sagen: „Vater im Himmel, ich weiß, was ich getan habe, aber sieh gnädig auf mich herab, meine Not ist groß, Herr, vergib mir!" Sie stand auf. „Rück ein Stück, damit ich mich hinlegen kann!", sagte sie dann zu mir, die Bettdecke zurückschlagend. Sie kam ins Bett, schob mich noch ein wenig mehr beiseite und hatte nun Platz, sich hinzulegen. Ich konnte nicht gleich wieder einschlafen, da sie sich ganz gegen ihre Gewohnheit immer wieder von einer Seite auf die andere drehte und vor sich hin murmelte, offenbar betete sie weiter.
Am nächsten Tag lagen Mohrrüben, Maiskolben, Kohlrabi und Kohlköpfe auf dem Tisch. Unsere Mutter gab keine Erklärung darüber ab, aber sie wusste wohl, dass wir uns alle einen Reim auf die Herkunft dieser Schätze machen konnten – auch wenn die anderen nichts von ihrem Fortsein mitbekommen hatten. Als sie mittags einen Teil des Gemüses auf den Tisch brachte, sagte sie nach dem Tischgebet: „Esst mal, ich kann davon nichts essen. Es war das erste Mal und es ist auch das letzte Mal, nie wieder lass ich mich von den Frauen überreden."

Jahrzehnte später in Bremen wurde unsere Mutter von ihrem schlechten Gewissen eingeholt, das sie all die Jahre nicht losgeworden war. Sie litt so stark unter dem Bewusstsein, damals in Harpstedt Bauern bestohlen zu haben, dass es zu Depressionen kam. Eines Tages hielt sie es nicht mehr aus, stieg in die Straßenbahn vor dem Haus, dann am Brill in den Bus nach Harpstedt. Sie ging zu den beiden Bauern, auf deren Feldern sie sich damals in der Nacht bedient hatten, und bot ihnen Bezahlung an und bat um Vergebung. Ich kann mir ein wenig vorstellen, wie die Beichten, die Gespräche, verlaufen sein mögen, wäre aber gern dabei gewesen, um sie hier wahrheitsgetreu erzählen zu können. Sicher ist, dass diese kleine Reise in die Vergangenheit sie nichts gekostet hatte – von den Fahrscheinen für Straßenbahn und Bus einmal abgesehen. Sie hatte ihr aber gut getan, die Depressionen ließen nach, sie fühlte sich vergeben, zumindest von den betroffenen Menschen.

Die Ausgabe der Bezugsscheine für Kleidung und Schuhe wurden nach Kriegsende erst einmal unterbrochen. Als die Verteilung im Juli 1945 grundsätzlich wieder begann, wurden wir per Aushang in Harpstedt darauf hingewiesen, dass *„alle Vorteile und Vorrechte, die etwa Verbrauchern wegen ihrer Zugehörigkeit zur NSDAP...gewährt worden sind, hinfällig"* seien und dass nun die Befriedigung der dringendsten Bedürfnisse einer klaren Rangfolge unterliege: Zuerst kämen die Ausländer an die Reihe, dann Konzentrationshäftlinge, Personen, die durch die NSDAP gelitten hatten, Mitarbeiter der Militärregierung – dann am Ende erst *„die übrige Bevölkerung"*. Man fügte aber vorsorglich hinzu, die *„übrigen"* brauchten erst gar keine Anträge einzureichen, sie würde eh' nicht genehmigt.

Weil man also keine Kleidung kaufen konnte, behalf man sich mit dem Umarbeiten alter Kleidungsstücke, wendete manchen alten Mantel, um die noch gute Innenseite nach außen zu bringen, und man arbeitete und färbte Decken und Uniformstücke um und nähte daraus Jacken und Hosen – nein, um Haute Couture konnte man sich dabei nicht kümmern, manch einer lief schon abenteuerlich angezogen herum. Erst als Onkel Jakob, gelernter Schneider, aus der Kriegsgefangenschaft zu uns in die Baracke kam und das Ändern und Nähen übernahm, kam Form und Schick in unsere Kleidung.

In der ersten Zeit hatten wir alle noch etwas Vernünftiges anzuziehen – von den guten Kleidungsstücken, die man in Litzmannstadt gekauft hatte, war schon die Rede. Aber lange hielten diese Sachen nicht vor, zumal sie oft gewaschen werden mussten und dieses Waschen mit scharfen Laugen auf dem Waschbrett auch nicht gerade schonend war. Mit den Pullovern ging es noch, weil man die alten Exemplare aufrebbeln konnte, wenn sie nicht mehr passten oder an den Ellenbogen hoffnungslos durchgescheuert waren. Man wickelte die alte Wolle auf große Knäuel und konnte sie dann zu neuen Westovern oder Pullovern verarbeiten. Unsere Mutter und Erna, später auch Irmgard, saßen abends sehr oft an einer solchen Arbeit. Beide waren in der Lage, neben dem Stricken Unterhaltungen zu führen und auch zu lesen.

Aber mit den Hosen haperte es sehr, und da wurde zu einem Notbehelf gegriffen, den wir alle in ganz bitterer Erinnerung haben, auch weil sich in dieser Angelegenheit geradezu eine soziale Rangfolge zeigte: Die gut gestellten Einheimischen trugen normale Stoffhosen, die etwas schlechter gestellten hatten auch solche Hosen, aber man sah ihnen an, dass sie aus Materialien hergestellt waren, die eigentlich einem anderen Zweck gedient hatten. Eine Etage darunter gab es Hosen, die deutlich sichtbar gestopft oder geflickt waren – das, so sagte unsere Mutter immer, sei völlig in Ordnung.

Wir Barackenkinder spielten anfangs gar nicht in dieser Hosen-Liga mit. Wir hatten über Jahre gar keine langen Hosen, sondern trugen dafür lange Strümpfe, ebenfalls aus alter Wolle hergestellt. Das war an sich gar nicht so schlimm (außer wenn es eine sehr grobe Wolle war, die kratzte), aber diese Strümpfe mussten ja auch irgendwie oben gehalten werden. Und dazu trug man diese verwünschten „Leibchen", ein Kleidungsstück, das über der Unterhose auf der Hüfte getragen wurde und Gummibänder nach unten hin besaß – man kennt dieses Ausrüstungsstück in vornehmer Form als Strumpfhalter für Frauen. Unsere verfügten aber beim besten Willen über keinerlei Sexappeal! Und wenn dann mal ein solches Gummiband riss oder ein Knopf oben am Strumpf verloren ging, rutschte der Strumpf auf die Schuhe hinunter und man sah aus wie Pippi Langstrumpf – nur kannte niemand diese junge Dame und der verrutschte Strumpf galt damals noch lange nicht als kess und schick.

Aber natürlich gab es auch in der Strumpf-Liga eine klare soziale Rangfolge. Rang eins nahmen die Kinder ein, deren Löcher, die man sich natürlich beim Fußballspielen und beim sonstigen Herumtoben in die Kniegegend riss oder mit der Zeit an den Hacken in den Holzschuhen durchscheuerte, mit einer Wolle gestopft wurden, die von gleicher oder zumindest sehr ähnlicher Farbe war wie die Strümpfe an sich – und somit kaum oder gar nicht auffielen. „Gut geflickt oder gestopft…", sagte unsere Mutter immer…ich will mich nicht wiederholen. Rang zwei kann man schon erraten; hierzu gehörten die Strumpfträger aus besonders kinderreichen Familien (oder von gleichgültigen oder schlampigen Müttern). Diese armen Kinder liefen also mit braunen Strümpfen herum, die man mit weißer oder beige-farbener Wolle gestopft hatte - scheußlich sah das aus und signalisierte schon von weitem: Wir haben nicht das Geld, uns auch nur angemessene Stopfwolle zu besorgen, wir nehmen das, was wir gerade im Hause haben.

Und der unterste Rang? Na ja, diese Leute stopften die Löcher gar nicht, die blanke Haut schaute durch. Entweder sie hatten nicht einmal ‚irgendwelche' Stopfwolle, oder die Mütter waren zu faul oder gleichgültig, sich die Arbeit zu machen, denn Arbeit war es schon, die oft faustgroßen Löcher am Knie oder an den Fersen halbwegs kunstfertig zu stopfen (und nicht einfach mit wenigen Stichen zusammenzuziehen). Stundenlang am Abend saßen unsere Mutter und Erna und später auch Irmgard unter der Lampe, hatten in Ermangelung eines professionellen Stopf-Pilzes einen Apfel oder eine Faust in den Strumpf gesteckt und zogen mit unendlicher Geduld den Wollfaden hin und her, bis das Loch abgedeckt war. Dann wurde der Querfaden eingearbeitet, wobei mit noch mehr Geduld die Stopfnadel jeweils über unter über unter die Fäden durchgezogen wurde, bis ein dichtes „Gewebe" das ehemalige Loch verschlossen hatte. Wir Jungen wurden – der damaligen noch unbestrittenen Rollenverteilung gemäß - nie zu dieser Arbeit herangezogen. Auf diese Kinder schauten wir schon ein wenig herab, den Kommen-taren der Erwachsenen folgend. Offenbar hat jeder die Neigung oder das Bedürfnis, immer noch jemanden unter sich zu sehen, egal wie tief man selbst gesunken war

Wer mit Löchern in den Strümpfen unterwegs war, musste allerorten mit Spott rechnen; bei uns in der Baracke war ein wenig freundlicher Reim üblich, den sich der Betroffene überall anhören musste: „Loch im Strump(f), Zigeunerlump!"

Dass dabei – nebenbei - eine Volksgruppe diffamiert wurde, die man heute nur noch Sinti und Roma nennen darf, störte niemanden. Dafür war man nicht im Geringsten sensibilisiert – man kannte Zigeuner, die oft mit ihren Wagen durch den Flecken zogen und ihre Dienste anboten: Sie schliffen Messer und Scheren und sie beherrschten eine Technik, Löcher in Kochtöpfen mit zwei Metallplättchen, die man miteinander verschraubte, zu flicken: Scherenschleifer und Kesselflicker waren von alters her zwei ehrenwerte Berufe gewesen, nun standen sie ganz unten auf der sozialen Leiter, zumal die Ausübenden nicht einmal über einen festen Wohnsitz verfügten, unerhört! Welch unreflektiert gespaltenes Verhältnis wir gegenüber diesen Leuten hatten – wir Kinder übernahmen natürlich einfach die gängigen Vorurteile – zeigte sich in zwei gegensätzlichen Meinungen: Wir waren ganz sicher, dass Zigeuner kleine Kinder und Hühner stahlen und anderswo verkauften, und manche Mütter holten ihre Kinder von der Straße und die Hühner in den Stall, wenn sich eine Wagengruppe zeigte. Andererseits wurde bei uns gern ein Lied gesungen, das ahnen ließ, dass wir schon den Freiheitsdrang dieser Volksgruppe erkannten – und sogar ein bisschen beneideten. Der Text lautete: „Lustig ist das Zigeunerleben, faria faria ho, / brauchen dem Kaiser kein Zins zu geben, faria, faria ho./ Lustig ist es im grünen Wald, wo der Zigeuner Aufenthalt, faria faria - faria faria - faria faria ho." Ich habe das Lied nach meiner Kindheit in Harpstedt nie wieder gehört.

Zeitweise hatten wir von irgendwo her auch alte Trainingshosen aus dickem, warmem Stoff, die wir ohne viel Rücksicht auf Größe und Pass-Form trugen. Später dann – zeitlich kann ich das nicht recht einordnen, es wird aber deutlich nach der Währungsreform gewesen sein – gab es eines Tages neue Hosen, Skihosen, die wir alle todschick fanden und die im dunklen Blau auch tatsächlich ganz ordentlich aussahen. Diese Hosen waren aus strapazierfähigem Stoff, rund und leicht beutelig genäht, und wurden über dem Knöchel gebunden, um dann locker auf den Schuh zu fallen. Man konnte mit diesem Binden die Länge um einiges variieren, so dass diese Beinkleider zumindest zwei Jahre als passend angesehen werden durften.

Das Lang-Strumpf-Problem gehörte endgültig der Vergangenheit an.

Irgendwann gab es auch Jacken, die man – und auch wir – kaufen konnte. Aus Manchester waren sie und also recht strapazierfähig. Zwei Typen wurden angeboten, die beide aus Amerika herüber gekommen waren und sich bei uns enorm verbreiteten. Ob man die eine oder andere trug, war fast eine Sache der Weltanschauung:

Da war die „Lumberjack", die nur bis in die Taille reichte, vorn einen Reißverschluss hatte, rechts und links je eine eingearbeitete Tasche, auch mit Reißverschluss, und unten mit einem Strickbündchen abgeschlossen. Da die Schultern etwas gepolstert waren und die Jacke sich zur Taille hin verjüngte, machte sie dem Träger eine gute Figur.

Die zweite war ebenfalls aus Cord oder Manchester, „Texasjacke" genannt, hatte ebenfalls Taschen und einen Reißverschluss, reichte aber weit über die Taille hinaus bis auf den halben Po. Ich denke, die Taschen waren hier aufgesetzt – aber entscheidend war, das diese Jacke nicht annährend so deutlich einen kräftigen Oberkörper betonte, wie z.B. Artur ihn hatte. Zwar war die Jacke hinten mit einem Gummizug versehen, so dass die Taille auch hier zu ihrem Recht kam, aber nicht annähernd so demonstrativ. Dafür war sie natürlich besser für die Nieren, deckte sie vollständig ab und hielt sie warm.

Das bitterste Kapitel waren die Unterhosen. Während die schrecklichen Strümpfe irgendwann höchstens noch bei großer Kälte unter der langen Hose getragen wurden, blieben die Unterhosen die ganze Zeit ein Problem, vor allem in der Schule in Delmenhorst. Ich denke, der heutige junge Leser wird sich nicht vorstellen können, woher denn ein Unterhosen-Problem stammen könnte, über das sich zu reden oder gar zu schreiben lohnt, aber es gab eines. Die schönen weißen Unterhosen von Bleyle oder sonst wem konnten wir uns nicht leisten, also trug man unter der Lederhose oder der langen Hose eine normale Turnhose, die man zum Sportunterricht ja sowieso haben musste – das war Schul-Vorschrift. Zum Sport zogen denn auch alle Schüler in Delmenhorst die Ober-Hosen aus und eine Turnhose über die Unterhose – bis auf mich und noch zwei andere Flüchtlingskinder. Wir zogen unsere Hosen aus und hatten dann gleich die Sporthose an, nur die Sporthose an. Mit dem Turnhemd war es natürlich genauso, aber das war nicht auffällig. Das mit der Turnhose = Unterhose schien mir an sich auch nicht so schlimm, aber ich merkte bald, dass mich alle – auch und besonders der Lehrer – so merkwürdig anschauten, bis mir klar wurde, dass meine Turnhose von allen als Unterhose identifiziert werden konnte: Die etwa zehn Zentimeter langen Hosenbeine fielen nicht etwa glatt und ordentlich auf die Oberschenkel wie bei den anderen Jungen, sondern sie waren vom vielen Sitzen zusammengefaltet wie eine Ziehharmonika. Und während alle oder fast alle nach dem Sport ihre verschwitzten Sachen in den Turnbeutel steckten, stiegen wir drei arme Teufel damit wieder in unsere Ober-Hosen. Igitt! – aber es war halt so; ich weiß nicht, wann ich mich bei unserer Mutter durchsetzte und auch richtige Unterwäsche bekam.

Ein besonderes Geruchsproblem ergab diese Art von Unterwäsche nicht, denn grauslicher Weise gab es in Delmenhorst nach dem Sport sowieso kein Duschen. Bei der totalen Prüderie hätten es die meisten als unglaublich angesehen, wenn man ihnen zugemutet hätte, mit den Klassenkameraden nackt unter die Gemeinschaftsdusche zu gehen. So selbstverständlich das in Delmenhorst nie geschah, so selbstverständlich gingen in meiner nächsten Schule in Bremen alle nach dem Sport in den Duschraum, und jeder hätte verwundert geschaut, wenn man gesagt hätte, man fände das irgendwie ungehörig. Ich schluckte denn auch nur beim ersten Mal ein wenig und passte mich sofort an, kam nie auf die Idee, von den Delmenhorster Sitten zu reden – oder sage ich besser: Unsitten?

Noch eine Hose muss ich thematisieren, die in unserer Kindheit weit verbreitet war und jahrelange Geldausgaben ersparte: die Lederhose. Ich weiß, dass Artur sie gern trug – und vor allem ich selbst: jahrelang, Tag für Tag, den ganzen Frühling, Sommer und Herbst über. Rudi hatte sie mir von seinem selbstverdienten Geld gekauft und ich liebte sie über alles. Sie war im Laufe der Zeit ziemlich schwarz und hart geworden, aber das durfte nicht nur so sein, sondern das gehörte so, speckig schwarz musste sie hinten glänzen. An der rechten Seite gab es eine kleine Zusatztasche nach innen hinein, in der die bayrischen Jäger immer ihren Hirschfänger oder ihr Messer für die Brotzeit steckten, und ich, ein absoluter Messer-Freak, steckte dort mein selbstverdientes und –gekauftes Fahrtenmesser mit dem Ledergriff und Messingknauf hinein. Es saß so tief, dass nur der Knauf herausschaute, aber obwohl man diesen Knauf unschwer als Teil eines Messergriffes erkennen konnte und das Tragen von Waffen – also auch von Fahrtenmessern – in der Schule natürlich verboten war, hat mich über all die Jahre in Delmenhorst und Bremen nie ein Lehrer oder sonst jemand auf mein Messer angesprochen.

Ich trug diese Lederhose übrigens auch noch in der Studienzeit. Erst lange nachdem ich verheiratet war und die Hose denn doch etwas reichlich über den Hüften spannte und am Bauch kniff, musterte ich sie aus, zerschnitt sie und verarbeitete die großen Lederstücke zu Sohlen unter Wollsocken, die ich trug, wenn ich oben in meiner Mansarde saß und mich auf das Examen vorbereitete. Schon Jahre später bereute ich diese Tat, die damals aus sehr einleuchtenden und praktischen Gründen geschehen war. Nostalgie setzte sich durch und ich hätte die Lederhose besser irgendwo in meinem Arbeitsraum an der Wand hängen sehen, um in Abwandlung von Freddy Quins Lied vom Pferdehalfter an der Wand von meiner Lederhose an der Wand singen oder zumindest träumen zu können – was hat sie doch alles durchgemacht und miterlebt, in Deutschland, Holland, Belgien, Dänemark, Frankreich...

Schuhe waren anfangs ein ganz großes Problem, weil sie recht teuer waren (wenn man sie denn überhaupt kaufen konnte) und man auch schnell herauswuchs, sofern sie bei unserer heftigen Beanspruchung nicht eh' kaputt waren, bevor sie zu klein wurden. Also wich man auf Holzschuhe aus, die wir bei Herrn Würdemann kauften. Es gab die einfachen, die ganz aus Holz waren und vorn auf dem Spann ganz schlimm drückten, und die etwas vornehmeren, die über dem Spann einen Streifen Leder hatten, das den Druck enorm milderte und den Holzschuh erträglich machte. Dennoch hat manch einer aus dieser Generation vom Holzschuh-Tragen leicht deformierte Füße – ich gehöre dazu.

Ora et labora – Geld regiert die Welt

Neben den geschilderten Arbeiten zum direkten Beschaffen von Nahrungsmitteln gab es die verschiedenen Formen des Geldverdienens. Geld war immer Mangelware. Geld brauchte man für die Lebensmittel, die man nicht selbst im Garten anbauen oder als Naturallohn vom Bauern erhielt, und Geld brauchte man auch für Holz und Torf, die in späteren Jahren nicht mehr kostenfrei selbst beschafft werden konnten, und natürlich für Kleidung und Schulsachen. Unsere Mutter betete oft, Gott möge sie doch nicht im Stich lassen und ihr Wege zeigen, wie sie zu Geld kommen könne. Manchmal schienen diese Gebete zu helfen und kleine (wenn auch menschengemachte) Wunder geschahen: Ein Rentenerhöhung flatterte ins Haus, eine Versicherung noch aus der Vorkriegszeit in Ostpreußen wurde ausgezahlt, Opa aus Argentinien schickte ein Paket, oder ein Gönner – davon wird noch die Rede sein – erschien auf dem Plan.

Unsere Mutter zog aus diesen glücklichen Zufällen oder Fügungen so viel Gott-vertrauen, dass sie ihrerseits bereit war, großzügig zu sein und allen Leuten um sie herum zu helfen, soweit ihr das möglich war. Es half ihr auch, die kleinen Katastrophen mit der notwendigen Gelassenheit zu tragen: Sie kaufte halt eine neue Hose, als Edith ihre gute Ski-Hose zerschnitten hatte, sie kaufte halt neue Schuhe, als meine im Backofen verkohlt waren und sie war sogar zu einer kleinen Luxusausgabe bereit, als Ediths Neger-Püppchen (ich weiß, ich müsste heute wohl von einem dunkelhäutigen Püppchen reden, aber damals existierte diese „Sprachregelung" noch nicht, niemand dachte im entferntesten daran, dass im Wort „Neger" eine Diffamierung stecken könnte) mit dem Kopf aus Zelluloid unter das Trittbrett der Nähmaschine gekommen und zersplittert war.

Meistens aber blieb für die Geldbeschaffung doch nur der einfache normale Weg: das Arbeiten.

Die Arbeit, die uns Kinder vollständig mit einbezog und sehr viel Zeit in Anspruch nahm, aber auch richtig Geld einbrachte, war das Blaubeerpflücken, eine Tätigkeit, die uns alle in teils guter, teils leidvoller Erinnerung ist, weil sie über viele Jahre lief, jeden Sommer einige Wochen und zwar täglich vom frühen Morgen bis zum frühen Abend dauerte:

Sommerferienzeit war Blaubeerzeit.

Am Abend trafen sich die Frauen draußen vor dem Eingang zum Erfolgs- und Einsatzgespräch.

„Wo wart ihr denn gestern?"
„Wir waren im Brammer, gleich vorne an, noch vor den Wasserlöchern."
„Und, war die Stelle gut?"
„Nein, nicht besonders, da müssen schon andere vor uns gewesen sein."
„Wo wollt ihr morgen hin?"
„Ich denke, wir gehen Richtung Ippener, da in den Dünsener Wald."
„Wir gehen morgen ins Brammer Moor. Ich kenne eine Stelle weiter hinten, da kommt kaum jemand hin. Das ist zu weit."
„Und die Stelle ist gut?"
„Jedenfalls haben wir da im letzten Jahr viel gepflückt. Sehr dick waren die Beeren."
„Wenn die Lokadia sagt, die Stelle ist gut, dann ist sie gut. Wir gehen mit."

Es war Frau Reich, die sich unserer Mutter als erste anschloss, und auch Frau Krempin wollte mit ins Moor, Frau Streck, die nie zum Blaubeerenpflücken in den Wald ging, fragte an, ob sie ihren Oskar, die Hilde und Herta mitschicken könne – die Frauen hatten keine Einwände, das kannten sie schon.

Schon früh morgens um acht brach man auf. Alle drei Mütter hatten ein Fahrrad dabei, das sie allerdings schoben. Vorn an der Lenkstange hingen jeweils drei Marmeladen-eimer, hinten auf dem Gepäckträger saßen die Kleinsten, Irmchen Streck, Rudi Krempin, bei uns also Edith – der weite Weg würde ihnen zu anstrengend sein.

Es musste für die Harpstedter ein exotisches Bild gewesen sein, wenn sie morgens kurz nach acht aus dem Fenster schauten. Drei Mütter, bekleidet mit dicken Trainingshosen, festen Jacken und Kopftüchern schoben ihre Fahrräder durch den Logeweg, die Kleinen auf dem Gepäckträger hielten einen Korb voller Essen und Getränke auf den Knien, ein Dutzend Kinder, Mädchen und Jungen in unterschiedlichem Alter liefen mal den Fahrrädern voraus, trödelten mal hinterher und mussten sich dann anhören: „Nun kommt schon, Thale und Irma, was habt ihr schon wieder zu bereden?" Sie alle hatten ihre älteste, schlechteste Hose angezogen, trugen Pullover und Jacken, weil man ja nie wusste, wie sich das Wetter entwickeln würde, alle hatten eine Blech- oder Aluminiumdose oder ein Soldaten-Essgeschirr vor den Bauch gebunden oder trugen einen solchen Sammelbehälter in der Hand, sie waren munter und gutgelaunt, bildeten wechselnde Grüppchen, ärgerten sich gegenseitig, schubsten schon mal ein Mädchen in den Graben…

Nach den Bewohnern das Logeweges kamen heute nur wenige Einheimische in den Genuss dieses Schauspiels, denn wir liefen vor dem Flecken nach rechts durch die Gartenanlagen (heute ist das alles bebaut, es ist die Verlängerung des neuen Logeweges, der zur Grünen Straße führt), bogen dann rechtwinklig in die Delme-Wiesen ab, überquerten die Schwarze Brücke und gingen nach rechts in den Wald hinein, der heute die Bezeichnung „Inselbruch" trägt...

Hier kreuzte eine schwarze Katze in wilder Panik unseren Weg, kam von rechts und lief zu den wenigen Häusern hinüber, die auf der linken Seite des Weges standen. Frau Reich blieb abrupt stehen.

„Ich gehe nicht weiter. Es gibt heute ein Unglück im Brammer, ganz sicher."

„Was redest du denn?" wollte unsere Mutter sie beruhigen. „Das ist doch nur ein junges Kätzchen. Das hat einen Schreck bekommen."

„Was weißt du schon!"

„Na, was soll ich denn nicht wissen?"

„Kennst Du den Spruch: >Schwarze Katz von rechts nach links, Unglück bringt´s?< "

„Das ist doch Quatsch, Aberglaube. Kommt weiter!"

Nicht alle waren mit der Meinung unserer Mutter einverstanden, vor allem Herta Streck stimmte Frau Reich lautstark zu und auch Thale Krempin hatte Bedenken – aber schließlich war niemand von dem kommenden Unglück so sehr überzeugt, dass sie sich weigerten weiterzugehen.

In lichtem Wald liefen wir dann auf dem von uns so genannten „Ameisenweg" parallel zur Delme nach Osten. An diesem Weg gab es linker Hand drei riesige Ameisenhügel, die wir bewunderten und respektvoll behandelten und denen der Weg seinen Namen verdankte. Es ging an dem Hof der Uhlendorfs vorbei, der rechts lag, links stand das Haus des Revierförsters Wilkening. Eine Weile später kamen wir auf die Straße, die vom Harpstedter Bahnhof nach Bassum führt, und die wir am letzten Tag unserer Flucht mit dem Pferdewagen entlanggefahren waren – o ja, in den ersten Jahren sprachen wir jedes Mal darüber, wenn wir auf diese Teerstraße kamen. Auf der Höhe des jetzigen Wasserwerkes tauchten wir dann in die uns unendlich erscheinenden Wälder rund um das Brammer Moor ein. Heute gehört das alles zum Staatsforst Alhorn, die alten Kiefern von damals sind längst durchjungen Anpflanzungen ersetzt.

Nachdem wir die Bassumer Straße überquert hatten, liefen wir noch gut einen Kilometer auf dem breiten Sandweg nordwärts. Die dann folgende Wegekreuzung war uns allen vertraut: Hier sollte vor Jahren ein schrecklicher Mord geschehen sein. Die Einzelheiten wurden jedes Mal anders ausgestaltet, mal war ein Postbote wegen des vielen Geldes, das er an dem Tag auszutragen hatte, vom Leben zum Tode gebracht und beraubt worden, mal hatte ein eifersüchtiger Ehemann den Liebhaber seiner Frau totgestochen – egal was zutreffend war, es gab hier immer etwas zu reden, um sich gegenseitig in Angst zu versetzen. Niemand hatte Lust, sich dort entlang zu bewegen, ohne eine genügend große Anzahl von Begleitern zu haben.
Und im Brammer Moor, da spukte es natürlich und mehrfach war dort jemand einem Irrlicht gefolgt und in dem brakigen Wasser oder den trügerischen grasbewachsenen Modderflächen ertrunken...oh ja, es war uns schon unheimlich in diesem Bereich.

In dem Buch „Harpstedt im Wandel der Zeit", das Günther Knappmeier 1985 im Verlag D.C. Lampe, Harpstedt, herausgegeben hat, findet sich auf der Seite 26 das Bild einer alten Tür mit folgendem Kommentar: *„Hinter dieser Gefängnistür, die sich auf der Südseite des Amtshofes befand und zum Verlies führte, saß als letzter in Harpstedt hingerichteter Straftäter der ‚Raubmörder Schröder', der 1834 an der ‚Mordbrücke' (Landstraße vor Bassum) einen Postboten ausraubte und tötete. Die Hinrichtung, die auf einer Weide hinter dem Schützenplatz stattfand, lockte eine unübersehbare Anzahl Schaulustiger herbei, die z.T. mit dem Pferdewagen sogar aus Oldenburg hergekommen sein sollen."* – Wie man sieht, hatten ‚unsere' Schauer-geschichten also tatsächlich einen historischen Hintergrund, wenn es auch keinen Sinn machte, sich noch ein rundes Jahrhundert später zu fürchten...
Auch Ellwanger hat diese Tür in sein Buch „Schwierige Zeiten" aufgenommen, sogar an pointierter Stelle: auf der Rückseite des Deckblattes.)

In einem der schmalen Nebenwege sahen wir Waldarbeiter, die hier den dichten Wald durchforstet und dabei auch ein paar dicke Bäume umgesägt hatten, die sie jetzt mit schwarzen Kaltblutwallachen, den „Rückepferden", durch den Wald an die Wege schleiften, um sie dort zu verladen und abzutransportieren. Diese Waldwege waren vom Regen der letzten Tage mit Pfützen übersät; manche dieser Pfützen erwiesen sich als bodenlose Schlammlöcher, und auch heute saß mal wieder die Zugmaschine des Holztransporters fest, konnte nicht vor und nicht zurück.

[17] aufgeweichter Waldweg

Wir bettelten unsere Mutter an, eine Weile zuschauen zu dürfen und sie ließ sich erweichen. „So viel Zeit muss sein", entschied sie gnädig, und wir machten alle eine kleine Pause. Vor allem wir Kinder gingen neugierig näher und sahen den Arbeitern zu, wie sie ihre Befreiungsaktion starteten. Zuerst versuchten sie es damit, Tannenäste in das Wasserloch unter die Räder zu legen, dann setzte man die Winde mit dem Stahlseil ein, die vorn an der Zugmaschine angebaut war, befestigte es mit einer dicken Kette an einem Baum und die Maschine setzte nun die Winde in Bewegung. Sie drehte sich langsam knirschend, ein klein wenig bewegte sich der schwere Transporter voran, dann ging nichts mehr. „Wartet", rief einer und ging in den Wald zurück, „ich hole die Pferde."

Drei der dicken Rückepferde spannte man vor die Zugmaschine. Und es war ein beeindruckendes Schauspiel, wie dann drei Pferdestärken in Konkurrenz traten gegen die hundert, über die die Zugmaschine sicherlich verfügte: Erstaunlich, mit welchem Eifer und welcher Kraft sich die Pferde ins Geschirr legten. Sie brauchten nur mit Schnalzen und Anfeuerungsrufen angetrieben zu werden, die Peitsche wurde gar nicht zu Hilfe genommen. Stück für Stück zogen sie das schwere Fahrzeug aus dem tiefen Schlammloch, zogen auch noch eine Weile mit, als der Fahrer schon wieder festen Boden unter den Reifen hatte und seinen Motor einsetzte.

Wir machten uns wieder auf den Weg: Natur hatte sich mal wieder der Technik überlegen gezeigt, das fanden wir gut.

Nachdem wir eine Weile durch jungen Fichtenwald gelaufen waren, kamen nun hohe Kiefern: Das war das Gebiet, das unsere Mutter für heute ausgesucht hatte. Wir verließen den Weg und schlugen uns buchstäblich in die Büsche, wobei es ziemlich anstrengend war, die Räder durch die bauchhohen, sehr eng beieinander stehenden Blaubeersträucher zu schieben. Wir hatten die Marmeladeneimer abgenommen, um es unserer Mutter leichter zu machen, und Edith saß nun bei Artur auf den Schultern. Dreißig, vierzig Meter ging es in den Wald hinein bis zu einer kleinen Lichtung, dem Ziel und Zentrum des heutigen Tages. Die Räder wurden

an die Bäume gestellt, die leeren Eimer kamen auf den Boden – jede Familie suchte sich dazu ein kleines Plätzchen - den Proviantkorb hängte man an einen Ast – es gab ein paar junge Buchen und Birken zwischen den hohen Kiefern - um ihn vor Ameisen zu schützen. „Nu man los, Kinder, haltet euch ran. Wenn die Eimer voll sind, geht es nach Hause, eher nicht."
    Und dann ging es los. Unsere Mutter war die schnellste Pflückerin und unser Ehrgeiz bestand jeden Tag wieder von neuem darin, möglichst zeitgleich mit ihr die Einliter-Dose am Hosenbund gefüllt zu haben und sie ihr vor dem Umschütten in den Marmeladeneimer präsentieren zu können.

    Es gab die „Renner" und die „Hocker": Die Renner liefen in gebückter Haltung durch die Blaubeersträucher, hielten die Dose in einer Hand und rupften mit der anderen die Beeren ab, die sie am Strauch sahen. Die Technik war gut, wenn man in einem Bereich pflückte, in dem es nur wenige Beeren gab. Vor allem die uns bekannten Frauen und Kinder aus Schlesien wandten sie an. Unsere Mutter war eine Hockerin, und wir Kinder hatten mehr oder weniger konsequent ihre Technik übernommen: Sie bestand darin, dass man sich zwischen die Sträucher hinhockte oder -kniete (abends taten einem die Knie trotz der dicken Hosen bitter weh!), mit einer Hand die dünnen Zweige umbog, so dass man auch die unter den Blättern wachsenden Beeren in den Blick bekam und die dann ratzekahl abpflückte. Dann erst ging man ein Stückchen weiter - in Bereichen mit sehr vielen Früchten reichten da zwei „Schritte" auf den Knien - und rupfte dort die erreichbaren Beeren ab. Es gab Büsche mit sehr großen Beeren, so groß wie der Kinderdaumennagel, dort machte das Pflücken Freude, weil man zusehen konnte, wie sich das Niveau in der Dose hob. Dann aber wieder waren die Beeren klein wie der Nagel des kleinen Fingers und der Frust entsprechend groß. „Das hat der liebe Gott nicht gut eingerichtet" – solche Bemerkungen fielen jeden Tag, wenn sich zwei trafen, die nicht den Eindruck hatten, ihren Becher jemals voll zu bekommen. „So groß wie Kirschen hätte er die Blaubeeren doch machen können! Dann wären wir mittags fertig und könnten baden gehen."
    Viele Gespräche drehten sich auch um Pflückmaschinen, die man erfinden müsste. Vielleicht wäre ja schon eine Art Kamm nützlich, mit dem man an den Zweigen entlangstrich und die Beeren abstreifte. Wir hörten dann sogar davon, dass es solche Geräte gebe, die mochten wir aber gar nicht befürworten, denn dabei würden doch mit Sicherheit viele Blätter mit abgerissen werden und das konnte nicht gut sein…wir blieben beim Pflücken.

    Die Tatsache, dass es kleine und große Beeren gab, ließ offenbar schlauen Züchtern keine Ruhe. Als ich im Jahre 2009 mal wieder in Bremen am Dom vorbei über den Wochenmarkt ging, blieb ich bei einem Stand mit Blaubeeren stehen: Sie waren so groß, wie wir sie uns als Kinder erträumt hatten. Ich sprach den Verkäufer an, er kam aus Twistringen, ich erzählte ihm, dass hier auf diesem Markt unser „Blaubeermann" in den Jahren nach dem Krieg die von uns gepflückten Beeren verkauft hatte; die seien aber wesentlich kleiner gewesen. Und er klärte mich dann auf, dass seine Früchte aus dem Gewächshaus kämen, die Frucht eines langen Züchtungsprozesses seien, bei dem man immer die größten Beeren gekreuzt hatte, bis schließlich diese Prachtexemplare herausgekommen waren. Bedauerlich war allerdings, dass man offenbar die Preise mitgezüchtet hatte, und die waren sogar schneller gewachsen: Ich bezahlte für ein halbes Pfund einen Euro achtzig Cent, nein von solchen Preisen hatten wir als Kinder nicht einmal geträumt, die hätten wir auch nicht gewagt, dem lieben Gott vorzuschlagen.

Mittags gab es immer eine Pause. Als unsere Mutter die fünfte Dose voll hatte, kam der heiß ersehnte Ruf, den keiner aus der manchmal über eine große Fläche verstreuten Familien überhörte - nach der vierten Dose achtete man darauf, dass der Abstand zum „Futterplatz" nicht zu groß wurde. Nun versammelte man sich auf der Lichtung, alle stellten ihren halbgefüllten Sammelbecher an einen sicheren Platz an einem Baumstamm ab, Erich und Irmgard hatten ein paar Pilze gefunden, die sie nun unserer Mutter zeigten – die meisten waren essbar und kamen in den Essens-Korb, der sich langsam leerte und Platz für die Pilze bekam. Abends würde man entscheiden, ob es sich lohne, für diese Zufallsfunde die Pfanne „schmutzig" zu machen, sonst würde man sie Strecks schenken, die sie für ihre vielen Kinder immer gut gebrauchen konnten, zumal Herta auch selbst ein paar gefunden hatte. Alle setzten sich nun auf die kleinen freien Flächen zwischen den Sträuchern ins Gras und die Mütter verteilten das Festmahl: Brot mit Margarine und Salz, dazu Tomaten und Gurken und Wasser. Es folgte eine halbe Stunde Pause, die jeder auf seine Art verbrachte.

Die Mütter streckten sich auf dem weichen Boden aus und schliefen oder dösten zumindest vor sich hin. Wir unermüdlichen Kinder tobten herum, spielen Kriegen und Verstecken und wir kleinen Jungen, Oskar Streck, Rudi Krempin und ich kletterten auf die Laubbäume, am liebsten auf die jungen Birken, kletterten so hoch, bis der Wipfel sich zur Seite zu neigen begann, ließen dann die Beine hängen und konnten uns an den biegsamen Wipfeln auf den Boden herunterlassen. Wir drei hatten genau das richtige Gewicht, den Baum zum Sich-Biegen zu bringen, ohne dass er brach. Hinterher lagen wir auch ausruhend auf dem Rücken und hörten das Rauschen in den Gipfeln, das Hämmern eines Spechtes, das Rufen des Kuckucks, den einen oder anderen Singvogel. Wir genossen das schon, aber sehr romantisch waren wir alle nicht.

Nach einer von unserer Mutter geschätzten halben Stunde – „aber das waren doch nur zehn Minuten!" protestierten wir - gab sie das Zeichen zum Weiterarbeiten: „Los Kinder, weiter geht´s, wir wollen doch heute noch nach Hause!"

Nach einer Weile fand ich eine Stelle, an der ganz besonders viele und ganz besonders dicke Blaubeeren eng beieinander wuchsen. Das war mal wieder eine Gelegenheit, seine heimlichen Sympathien spielen zu lassen. Wem sollte ich Bescheid sagen, dass sie oder er teilnehmen konnte am lustvollen Pflücken an besagter Stelle? Oder sollte ich sie allein abernten. Nein, der Wunsch, sich beliebt zu machen, überwog schnell und ich rief Edith und dann auch noch Hilde Streck, als ich sah, wie groß meine Fundstelle war.

So gegen fünf sagte unsere Mutter an, die mitgebrachten Eimer seien fast voll, jeder sollte nur noch eine viertel Dose füllen, das würde reichen. Wir suchten nun besonders schön dicke Beeren aus, die oben auf geschüttet werden sollten. Man sammelte sich nun wieder auf der kleinen Lichtung, alle beschauten zufrieden die vollen Eimer. Jeder war stolz, dass sie (oder er) mit sechs oder sieben vollen Büchsen seinen Beitrag geleistet hatte.

Wir Klein-Kinder betrogen nicht, indem wir etwa halbvolle Büchsen in den Eimer schütteten, und als voll angaben, wenn unsere Mutter gerade nicht in der Nähe war, um die Dose kontrollieren zu können. Unsere Disziplin war sehr hoch, auch was das Naschen anging. Während des Pflückens aß kaum einer von uns Blaubeeren, obwohl wir sie durchaus gern mochten. Erst wenn die Arbeit vorbei war, konnte man noch ein paar Minuten zum eigenen Vergnügen anhängen. In anderen Familien war das anders, da sah man bei den Kindern und auch mancher Mutter in der Mittagspause nicht nur blaue Finger, sondern auch schon blaue Lippen und vor allem eine blaue Zunge. Wir konnten unsere stolz herausstrecken und mit ihrer Farbe beweisen, nicht genascht zu haben. (Ich hoffe, unsere Familie nicht zu sehr zu loben, da Eigenlob ja bekanntlich einen schlechten Geruch auszuströmen pflegt – aber es war einfach so.) Auch in Bezug auf die Qualität gaben wir uns Mühe, das heißt wir vermieden es, viele Blätter zwischen die Beeren zu bekommen und die Beeren durch zu starken Druck beim Abziehen von den kleinen Stielchen, die die Beeren mit den Zweigen verbinden, zu beschädigen, weil dann ein Teil des Saftes austrat und die Beeren nass machte und dunkel färbte. Gut war die „Ernte", wenn sie blätterfrei war und der feine hellblaugraue Schmelz auf den Beeren erhalten geblieben war. Dann zahlte der Blaubeermann durchaus einen Groschen mehr pro Kilo. Natürlich wurde oben auf den Marmeladeneimer vorsichtig eine Schicht von extratrockenen und extradicken Beeren geschüttet, das machten alle, aber man kannte natürlich diesen kleinen Trick, der beim kiloweisen Verkaufen stets ans Tageslicht kam, und der Blaubeermann wusste schon, in welcher Familie auch die unteren Kilos einigermaßen das hielten, was die obersten hundert Gramm versprochen hatten.

Der Blaubeermann.
Anfangs waren es Herr Streck und Herr Radtke, die jeden Morgen mit einem Fahrrad, das rundum mit vollen Eimern behängt war, die knapp 30 km nach Bremen fuhren und sie dort auf dem Markt verkauften. Sie rechneten dann täglich am Abend mit den Müttern ab, hatten mal vierzig Pfennig für das Kilo bekommen, mal etwas mehr, mal weniger. Unsere Mutter bekam also für einen vollen Eimer etwa sechs Mark, das machte bei drei Eimern achtzehn, in sechs Tagen runde hundert Mark. Das war Geld! In den Sommerferien verdienten wir also mehr, als die gesamte Rente einbrachte. Wir Kinder bekamen von diesen Einnahmen nichts ab, aber ich kann mich nicht erinnern, dass wir das ungerecht fanden. Ich kann mich auch nicht erinnern, dass wir gegen das ganztätige Sammeln sechs Tage in der Woche protestierten oder auch nur schlecht gelaunt waren. Offensichtlich war die Einsicht in unsere schwierige ökonomische Lage groß genug, und außerdem machten fast alle Kinder in der Baracke mit – da war es leicht und selbstverständlich, sich solidarisch zu verhalten. Glücklich waren wir natürlich schon, wenn es mal geschah, dass wir ein Stündchen vor der üblichen Zeit Schluss machten und dann abends noch an die Delme zum Baden konnten, wo andere Kinder aus dem Flecken sich z.T. schon den ganzen heißen Nachmittag über amüsiert hatten.

Ich weiß gar nicht, wie diese beiden Männer, die schon über fünfzig waren und damit in den Augen von uns Kindern steinalt – Herr Streck noch dazu halb blind – diese schlimme Plackerei Tag für Tag geschafft haben. Irmgard schätzte ihre Tätigkeit allerdings ein wenig anders ein: *"Streck und Radtke machen dabei doch nur Geschäfte. Wir wissen doch gar nicht, was die in Bremen für ein Pfund kriegen, die können uns ja viel erzählen. Uns geben sie nur Pfennige für ein Pfund Blaubeeren, das ist fast gar nichts."*

Sicher werden die beiden Radfahrer ihren Profit gemacht haben, für den sie aber auch eine Leistung erbracht hatten, aber ebenso sicher wurden sie dabei nicht reich. Wie auch immer: Wir waren auf sie angewiesen, es gab keine Möglichkeit, die Blaubeeren in Harpstedt zu verkaufen.

Bei einem Besuch in Harpstedt trafen wir – Erich und ich – Edmund Streck vor seinem Haus, das er am Schwarzen-Berg-Weg gebaut hat, als wir von unserem Spaziergang durch die Delme-Wiesen auf das Gelände der ehemaligen Baracken zugingen. Wir erkannten uns sofort, freuten uns heftig über das Wiedersehen nach etwa fünfzig Jahren, umarmten uns ganz gegen deutsche Sitten und kamen natürlich sofort auf die gemeinsame Baracken-zeit zu sprechen. Edmund erzählte ein paar Details von damals. So hat es einen Polizisten gegeben, der selbst in der Baracke gewohnt hatte, Stübner mit Namen, der hat „uns" immer einen Tipp gegeben, wenn Razzien geplant waren, und in solchen Nächten verzichtete dann natürlich jeder auf das heimliche Schnapsbrennen oder Schlachten und versteckte alle Dinge, die auf solche Vorgänge hätten hinweisen können, unter den vielen Kartoffeln oder sonst wo. Damit wusste ich endlich, warum unser Schwarzschlachten und das Schnapsbrennen nie „aufgeflogen" war.

An einen anderen Polizisten erinnerten wir uns gemeinsam, kamen aber nicht mehr auf den Namen. Der trank sehr gern und ich hatte einmal auf einem Schützenfest, an dem ich (aus Dünsen kommend) teilnahm, erlebt, wie besagter Polizist trotz seiner grünen Uniform so blau war, dass er lang zwischen Tisch und Stuhlreihen fiel, als er sich mit einem jungen Mann unterhielt. Zu diesem Beamten fiel Edmund auch noch eine Geschichte ein: Die Bauern wollten ihm einen Streich spielen und ihm in oben angedeutetem Zustand, in den er sich gern und oft versetzte, seine Dienstpistole wegnehmen. Als sie die Pistolentasche öffneten, erlebten sie aber eine Überraschung: Brot hatte er darin stecken, keine Pistole!

Als wir über die Blaubeerzeiten und die Funktion seines Vaters dabei zu sprechen kamen, fiel ihm eine Geschichte zu dem zweiten Blaubeermann Radtke ein. Der besaß später einen Goliath, und Edmund arbeitete damals bei dieser Autofirma in Bremen. Eines Tages sah er, dass Herr Radtke vergessen hatte, den Schlüssel abzuziehen und witterte ein kleines Geschäft. Er schob den Wagen ein Stück weg und zog den Schlüssel ab. Dem jammernden Radtke sagte er dann, er könne ihm bei Goliath einen Nachschlüssel besorgen, polierte den alten Schlüssel und übergab ihn am nächsten Tag – drei Mark erhielt er zum Lohn.

Edmund schwärmte dann von den abendlichen Streifzügen durch die Kneipen, damals, als sie achtzehn, zwanzig waren, er bekam ganz strahlende Augen dabei und lachte verschmitzt, genüsslich, verzichtete aber auf Details, weil seine Frau dabei saß. Manfred Reich sei oft dabei gewesen (den hat seine Frau mit einem Messer erstochen), der Schneider-Sohn...Eines Abends hätten sie einen Strohschober angezündet, einfach nur so, sie hätten sehen wollen, wie schnell die Feuerwehr da ist – oh ja, man war nicht sehr zimperlich damals in der Auswahl seiner

Vergnügen ... Nicht lange danach trat er dann selbst der freiwilligen Feuerwehr bei und machte dort viele Jahre sehr aktiv mit.

[18] Die männlichen Hoffnungsträger aus unserer Baracke; von links nach rechts: Manfred Schneider, Helmut Kürbis, Edmund Streck, Rudi Klein, Hubert Wagner, Artur Klein, Manfred Reich

Ich kehre nach dem kleinen Exkurs zu unseren Blaubeeren zurück:

In späteren Jahren hupte an jedem Abend der moderne Blaubeermann. Er fuhr mit einem grünen Dreirad-Goliath auf dem Barackenhof vor und alle Mütter lieferten bei ihm ihre Ware ab, die er genau wog, den Müttern einen Zettel gab, den man dann am nächsten Tag gegen Bargeld einwechselte. Alle Kinder waren bei diesem wichtigen Tagesereignis dabei, schauten ihm interessiert zu.

Der Preis änderte sich nicht grundlegend, im Laufe der sieben Jahre bekamen wir aber ein wenig mehr – schließlich war ja alles teurer geworden.

Am späten Abend wurden wir dann regelmäßig alle untersucht, ob sich nicht eine Zecke irgendwo in die Haut gebohrt hatte, um wertvolles Blut zu saugen. Fast jeden Abend fand unsere Mutter bei einem von uns eine oder gar mehrere, die dann mit spitzen Fingern herausgezogen wurden und nur eine kleine rote juckende Stelle hinterließ - das war uns genauso kein Problem wie die Mückenstiche, die man an sonnigen oder schwülen Tagen an den Unterarmen und im ungeschützten Nacken mit nach Hause brachte. Von Borreliose wusste damals noch niemand etwas – und deshalb erkrankte auch niemand von uns daran – logisch, oder?

Gegen Ende des Blaubeerkapitels sollte ich noch den alternativen Blaubeerwald vorstellen. Er lag zwischen Dünsen und Ippener. Dazu mussten wir zumindest zeitweise durch den Flecken, was wir nicht besonders schlimm fanden, was uns aber auch keine Freude brachte, weil wir schon sahen, dass die Einheimischen stehen blieben, wenn wir vorbeizogen, und uns eine Weile nachschauten.

Entweder wir gingen die heutige Schulstraße und dann die Lange Straße entlang, bogen an der Ecke bei Schnepel rechts ab und gingen die Burgstraße und die Amtsfreiheit hinunter, überquerten die Delme, bogen bei Lamprechts links in den Redekerweg ein, an der die Reichen sich ihre kleinen Villen gebaut hatten - in diesem Fall hatten ein paar hundert Harpstedter das gemischte Vergnügen des angedeuteten Schauspieles - oder wir liefen außen um das Zentrum des Fleckens herum durch den Logeweg und die Grüne Straße, brauchten dann nur ein, zwei bewohnte Straßen zu passieren und kamen so in den Redekerweg. Gleich danach nahm uns dann der Wald auf, der Amtsacker.

In dem Wald liefen wir auf einem schattigen gewundenen Weg bis zum Sportplatz bergauf, gingen an dem vorbei, querten die Straße zwischen dem Harpstedter Bahnhof und Ippener, liefen einen breiten Waldweg nordwärts, der uns nach Dünsen brachte. Dort bogen wir an dem Sumpfgelände bei Wilkes links ab, "Vor dem Hagen" heißt das heute, liefen noch ein Stück auf Ippener zu und waren dann in dem ausgedehnten Waldgebiet, in dem wir jeden Tag ein anderes Fleckchen zum Sammeln aussuchten - es waren etwa sechs Kilometer bis dort, fast doppelt so weit wie ins Brammer Moor.

Ach ja, und am Wochenende genossen auch wir manchmal Blaubeeren: Blaubeeren in Milch, Blaubeeren mit Zucker, Blaubeerkuchen oder Blaubeer-Teigtaschen (die wir nicht Piroggen nannten).

Edith und ich verbinden mit dem Blaubeersammeln durchaus positive Erinnerungen, Edith spricht sogar vom *„Höhepunkt des Jahres"*, auch wenn wir noch genau wissen, wie oft wir gestöhnt oder leise geschimpft haben. Für Irmgard und auch für die Großen sieht das anders aus, für sie bedeutete das In-den-Wald-Müssen wohl noch stärker als für uns Kleinen, dass man nicht zu den Aktivitäten kam, die man eigentlich gerne ausgeführt hätte. *„...und vor allem Blaubeeren sammeln, die ganzen Ferien. Die Ferien waren deswegen beinahe grässlich, denn es waren ja immer >Blaubeeren-Ferien<. Morgens ging es los, dieses Eimer-Geklapper fing an; den ganzen Tag im Wald Blaubeeren sammeln. Elendig."* So schimpfte Irmgard im Jahre 1991 gegenüber unserer Tochter Katja.

In den ersten Jahren nach dem Krieg, als es noch an allem fehlte, hörten wir, dass man bei den Förstern Eicheln verkaufen könne. Die verwendeten sie in den Zeiten, wenn Schnee lag, als Futter für die Hirsche und Rehe, die dann auf natürlichem Wege nicht immer satt wurden. Manche Bauern fütterten auch ihre Schweine damit. Das Eichelsammeln war eine einfache Arbeit: Man wartete den Herbst ab, bis sie ganz natürlich heruntergefallen waren, harkte sie dann zusammen, trennte sie von den Blättern und steckte sie in kleine Säcke, die man dann zu Lamprechts oder zum Förster Wilkening brachte. Reichtümer waren dabei nicht zu verdienen, denn es gab nicht so viele Eichen in Harpstedt und Umgebung wie Blaubeersträucher und außerdem wuchsen Eicheln erst im nächsten Jahr wieder nach – in manchen Jahren gab es nur ganz wenige.

Ähnlich war es mit Bucheckern, die man auf gleiche Weise „erntete" – nur dass diese kleinen dreieckigen Früchte viel kleiner waren als Eicheln. Die Firma Knüpling in Wildeshausen verfügte über eine spezielle Ölmühle, in der diese Früchte verarbeitet werden konnten. Wo wir unsere gefüllten Säckchen verkauften, weiß ich gar nicht mehr – Bucheckern und Eicheln haben einen wesentlich geringeren Eindruck hinterlassen als die Blaubeeren. Bucheckern knackten wir auch lieber mit den Zähnen auf und aßen sie selbst – auf dem Weg zu den Blaubeeren oder auch in der Mittagspause – sie waren etwa gleichzeitig mit den Blaubeeren reif. Die harten Schalen der Früchte, die zum „Nuss-Obst" gehören, platzten auf und entließen drei bis fünf dieser „Eckern", die sehr gut nussig schmeckten. Der hohe Nährwert interessierte uns damals nicht, wir wussten aber auch nichts darüber.

Als ich später (1982) mit meiner Frau und den beiden Töchtern als Lehrer nach Spanien ging, wurde ich an die Liebe der Schweine zu Eicheln erinnert. In Spanien züchtet man eine Rasse kleiner schwarzer Borstentiere, das „cerdo iberico", unter Einsatz besonders vieler Eicheln. Je höher der Anteil der Eicheln am Futter ist, desto wertvoller sind die Schinken, die man von diesen Schweinen „gewinnt". In Salzlake gelegt und monatelang an der frischen Luft getrocknet, ergeben sie den „jamon serrano". Die reinweg mit Eicheln aufgezogenen Schweine(schinken) erzielen Traumpreise, als „pata negra" werden sie angeboten und man zahlt leicht dreißig bis fünfzig Euro für ein Kilo: Ganz dünn mit dem Messer frisch geschnitten sind sie allerdings auch eine Delikatesse.

Der größte Teil der Arbeit fiel natürlich auf unsere Mutter.
Wir hatten in der Flieger-Baracke Hella Richter als Kindermädchen zugewiesen bekommen, was für uns, aber auch für Hella, ein Glücksfall war. Da unsere Mutter sieben Kinder unter 15 Jahren zu versorgen hatte, stand ihr ein Kindermädchen zu, bis Erna dieses Alter erreicht hatte, also bis zum August 1956. Sie war dadurch in der Lage, den Großteil des Tages außer Haus bei der Arbeit zu verbringen – die Kinder waren unter Aufsicht, sie brauchte sich „nur" um das Frühstück, das Mittagessen und das Abendbrot zu kümmern – und natürlich um die Wäsche und die normale Hausarbeit. Für Hella war es ein Glück, weil die Alternative, Arbeit als Magd bei einem Bauern, nicht das Rechte für sie war. Ihre Eltern hatten in Lensk keinen Hof gehabt, sondern den Kolonialwarenladen mit angeschlossener Kneipe, deshalb hatte Hella also nicht gelernt, mit der Mistforke umzugehen – Arbeit beim Bauern wäre ihr sehr schwer gefallen.

Ich habe merkwürdigerweise eine ungewöhnliche Arbeit unserer Mutter ganz deutlich gewissermaßen als Stand-Bild vor Augen. Sie saß vor dem zweiten Eingang unserer Baracke neben dem großen Schuppen auf einem niedrigen Hocker, hatte neben sich einen Eimer, der mit Klieseln gefüllt war, Kartoffelprodukten in Form und Größe eines Fingers, gekocht und dann in Fett gewendet. Mit der linken Hand hielt sie eine Gans zwischen den einklemmenden Knien am Hals fest, mit der rechten holte sie eine Kliesel aus dem Eimer, drückte der Gans mit Daumen und Zeigefinger rechts und links an den Schnabelansatz, so dass sie den Schnabel aufriss, schob eine Kliesel hinein, hielt dem armen Tier den Schnabel zu, das Tier schluckte, man sah, wie die Kliesel durch den Hals hinunterrutschte, der Schnabelgriff wurde gelöst, die gequälte Gans schnappte nach Luft – und die Prozedur begann von neuem. „Nudeln" nennt man diesen tierquälerischen Vorgang, und ich weiß gar nicht, für welche Familie in der Baracke sie das übernommen hatte. Wem war es zuzutrauen, Hunger auf Gänse-Stopf-Leber zu haben und unsere Mutter dafür zu bezahlen? Oder wurden die Gänse am Ende dieser Mast verkauft – mitsamt (oder gerade wegen) der malträtierten aufgequollenen Leber? In Deutschland wurde dieser Wahnsinn in späteren Jahren verboten, aber in Frankreich z.B. stört man sich immer noch nicht daran, dass Tiere schlimm zu leiden haben, damit sich ein paar Gourmets eine Gaumenfreude gönnen können.

Die meiste Arbeit fand aber nicht in oder an der Baracke statt, sondern bei den Bauern des Fleckens. Bei der Getreideernte hatten wir Kinder – anders als bei den Kartoffeln - keinen Anteil. Wer heute im Fernsehen oder auf den Feldern die riesigen Mähdrescher fahren sieht, von einem Menschen in klimatisierter Kabine hoch oben gelenkt, kann sich kaum eine Vorstellung davon machen, wie anstrengend jahrhundertelang die Getreideernte war. Heute lenkt die Fahrerin oder der Fahrer ihr oder sein Fahrzeug geradeaus über das Feld, der bis zu zehn Meter breite Mähbalken erfasst die Halme (selbst wenn sie durch Sturm oder Regen sehr flach auf dem Boden liegen), schneidet sie ab – alles weitere geschieht im Bauch der Maschine: Hinten werden die gepressten Strohballen ausgeworfen, am Feldrain kann man das gedroschene Getreide über ein Rohr in den bereitgestellten Wagen abpumpen und in den Getreidesilo fahren – fertig.

Die ganz schlimme Zeit, als das Korn noch mit der Sense gemäht (Männerarbeit) und dann die Halme mit der Hand zu Garben gebunden und in Hocken aufgestellt wurden (Frauenarbeit) haben wir in Harpstedt nicht mehr miterlebt, einen „Mähbalken" hatte man bereits überall, so dass das Mähen mit Pferdekraft und kluger Mechanik stattfand, aber das Garbenbinden hat unsere Mutter noch mitgemacht. Sie beherrschte die Technik perfekt, hatte das jahrelang auf unserem Hof in Lensk machen müssen. Für sie war es gleichgültig, ob man zum Binden eine kleine Handvoll langer Halme verwendete oder die später in Mode gekommenen Schnüre.

Als sich dann nach dem Krieg langsam die Selbstbinder, auch „Mähbinder" genannt, durchsetzen, war nur noch das Aufstellen der Garben zu Hocken per Muskelkraft notwendig; (Günter Knappmeyer bringt zu dieser Entwicklung in seinem Buch „Harpstedt im Wandel der Zeiten" auf den Seiten 131 ff. Bilder.) Natürlich mussten die Hocken dann nach ein paar Tagen Trockenzeit auseinandergenommen werden, und das Aufladen auf turmhohe Wagen war noch einmal Schwerstarbeit, genauso wie das Hochstaken der Garben in den Scheunen oder den Dachböden der Bauernhäuser mit Einfahrdielen. Eigentlich war auch das Männerarbeit, aber da sie in den ersten Jahren nach dem Krieg bekanntlich vielerorts fehlten, übernahmen auch diese Arbeit starke Frauen, unsere Mutter zum Beispiel. Manchmal durften wir als kleine Kinder, wenn wir mit auf dem Feld gewesen waren, um bei der Arbeit zuzusehen, oben auf diesen Erntewagen sitzen, die meisten Bauern mochten das aber aus Vorsicht nicht: Zu oft war es vorgekommen, dass ein schlecht gepackter Wagen in einer Kurve umgekippt war – und das war für oben Sitzende natürlich hochgefährlich, im wahren Sinne des Wortes.

Mit dem Unterbringen der Garben unter dem Dach (oder auf dem Feld in hohen „Diemen" oder „Mieten") war die Arbeit mit dem Getreide aber noch nicht beendet. Oft wurde unsere Mutter im Spätherbst oder im Winter zum Dreschen angestellt.

Da nicht jeder Bauer einen Dreschkasten besaß – das war ein großes und teures Monster – wurde der von einem Hof zum nächsten transportiert, und die eingesetzten Arbeiter(innen) hatten wochenlang zu tun. Schwer war diese Arbeit, unsere Mutter kam immer völlig erledigt von der Anstrengung und dem Staub nach Hause. Diese Dreschkästen wurden über einen langen Treibriemen meistens von einem Trecker angetrieben und forderten pausenlos Futter. Die Garben mussten also in hohem Tempo oft über zwei oder drei Stationen vom Dachboden in diesen Kasten eingebracht werden, der dann in Inneren die Körner aus den Ähren drosch, anschließend die Spreu vom Weizen trennte, was dafür sorgte, dass um den Kasten herum immer eine durstbringende Staubwolke stand. Das ausgeworfene leere Stroh (hier entstand die Redewendung, man solle nicht leeres Stroh dreschen = dummes Zeug reden) musste beiseite geschafft werden, das Korn musste in Säcke gefüllt und abtransportiert werden – man ahnt schon, dass das Dreschen stets eine Gruppe von rund zehn Personen in Atem hielt.

Über das Mahlen des Kornes gibt es hier nichts zu berichten, das war Arbeit von Profis in den beiden Harpstedter Mühlen, der Windmühle und der Wassermühle; daran hatte unsere Mutter nicht teil.

Ganz anders war es auf den Rübenfeldern. Unsere Mutter nahm jedes Jahr einen Morgen Rüben an, der betreut werden musste. Ein Morgen – das ist eine Fläche von etwa einem Fußballfeld. Bei dieser Arbeit waren vor allem Rudi und ich oft mit eingespannt. Es ging damit los, dass man die Rüben zu „verziehen" hatte: Sobald die Saat aufgegangen und die Rübenpflänzchen ein paar Zentimeter hoch geworden waren, musste ein Großteil der Pflanzen herausgehackt werden, so dass im Abstand von etwa vierzig Zentimetern nur jeweils ein Grüppchen stehen blieb. Zwischen den Reihen wurde dann das Unkraut beseitigt, ebenfalls mit der Hacke, und dann kam der mühsamste Teil: Auf den Knien rutschte man zwischen den schier endlosen Reihen entlang und suchte in dem stehengebliebenen Pflanzengrüppchen die kräftigste Pflanze aus, hielt sie fest und riss dann den Rest vorsichtig aus. Nur ein Pflänzchen bekam die Chance, sich zu einer dicken rotgelben Runkelrübe für die Kühe oder zu einer hellen Zuckerrübe für die Herstellung von Zucker oder Sirup zu entwickeln, je nachdem, was eingesät worden war.

Während der Sommermonate musste immer mal wieder das Unkraut gehackt werden. Diese Arbeit war langweilig, sie war aber nicht besonders anstrengend. Außerdem konnte man sie sich einteilen – wenn unsere Mutter nicht schon eingeteilt hatte und dabei war und aufs Tempo drückte.

Im Herbst kam die schwerste Arbeit, die Ernte. Im ersten Arbeitsgang hatte man die Rüben herauszuziehen und in saubere Reihen zu legen, das Rübenkraut nach rechts. Bei den Runkelrüben war diese Arbeit relativ leicht, da sie nur ein paar Zentimeter im Boden steckten, der größte Teil oberhalb der Erde stand und sich an der Sonne wärmte, aber das Herausziehen der Zuckerrüben erforderte große Kraftanstrengung, und manchmal mussten wir einen Spaten zu Hilfe nehmen, weil unser bisschen Kraft nicht reichte. Dieses Rübenziehen fürchteten wir besonders, es ging ins Kreuz, das abends schmerzte.

Wenn alle Rüben unseres Morgens schön in der Reihe lagen, ging es wieder im Knien weiter. Mit links packte man eine Rübe, rechts hielt man das Rübenmesser, ein schweres Gerät mit einem rauen Holzgriff und einer Klinge von dreißig Zentimetern Länge und vielleicht acht Zentimetern Breite, fünf

Millimeter dick. Und mit diesem Hackmesser trennte man durch einen schnellen Schlag das Kraut von der Rübe, was auch wieder bei den Runkelrüben viel einfacher war als bei den Zuckerrüben, weil hier die Blätter eng beieinander im Zentrum der Rübe wuchsen. Die Rüben wurden auf einen Haufen geworfen, später fuhr der Bauer mit Pferd und Kastenwagen an den Haufen entlang und wir warfen die Rüben per Hand oder mit einer Forke in diesen Wagen. Das Kraut rafften wir mit der Forke zusammen und luden es auf einen anderen Wagen, es war auch Rinderfutter.

Wir waren jedes Mal froh, wenn die Pferde den letzten Wagen vom Feld gezogen hatten und wir die Rüben bis zum nächsten Jahr vergessen konnten – das heißt, das Vergessen dauerte stets ein paar Tage, bis die Rückenschmerzen nachließen und die dicken Schwielen in der rechten Hand verschwanden.

Das Heuen war wieder Arbeit für Erwachsene, Kinder konnten da höchstens Hilfsdienste leisten. Da in Harpstedt an der Delme die Wiesen oft sehr nass waren, musste das Mähen in manchen Jahren noch per Hand, mit der Sense, vorgenommen werden. Das war Sache der Männer, die schon sehr früh anfingen, weil man das morgentau-nasse Gras besser „schneiden" konnte. Die Frauen hatten das Gras dann zusammenzuharken, bei Sonnenschein zum Trocknen auszubreiten, umzudrehen, zusammenzuharken, neu auszubreiten - es gab viele Arbeitsgänge, die in der Hitze des Frühsommers - erste Heuernte - und bei der zweiten im Spätsommer so manche Schweißperle kostete. Noch anstrengender war wieder der Abtransport, weil man die Fuhrwerke auf den sicheren Wegen stehen lassen musste, deshalb das Heu auf Planen oft weit zu tragen hatte, bis man das Fuhrwerk hoch bepacken konnte - und in den Scheunen und den Häusern erfolgte dann das Abladen und Hochstaken auf die Heuböden – wie mit den Getreidegarben. Gebläse, die diese schwere Arbeit übernahmen, gab es noch nicht. Auch von dieser Arbeit kam unsere Mutter oft hochrot vom Sonnenschein und der Anstrengung nach Hause.

Das Arbeiten unserer Mutter brachte vor allem uns Kleinen, Edith und mir, manche bittere Stunde. Wie oft saßen wir draußen auf der Steintreppe vor unserem Baracken-Eingang und warteten auf sie. Edith hat noch mehr darunter gelitten als ich. Vor allem wenn es dunkel wurde und sie noch nicht da war, wurden wir unruhig und unglücklich. Die größeren Geschwister waren irgendwo unterwegs, wir warteten auf unsere Mutter. Unsere Mutter war für uns das Ein und Alles! Wenn sie sich verspätete, setzte die diffuse Angst ein, irgendetwas Schlimmes könne passiert sein, und das war für uns unausdenklich. Ein Leben ohne unsere Mutter, ohne Mutti - nein, das konnten wir uns nicht vorstellen und das wollten wir auch nicht. Wenn ein Unglück geschehen sollte, dann ein solches, bei dem wir alle zusammen sterben, das wäre nicht so schlimm wie allein bleiben, der Vater war ja für uns nie da gewesen und wenn nun noch die Mutter…nicht auszudenken so ein Unglück!

Und dann war jedes Mal die stille Freude groß, wenn sie endlich kam, meistens mit dem Rad, ein Kopftuch umgebunden, mit einer alten Trainingshose bekleidet, über die sie noch einen Rock gezogen hatte, eine Manchesterjacke oben herum. Ich hielt mich bei der Begrüßung trotz der Erleichterung und Freude stets zurück, das Zeigen von Emotionen gehörte nicht zu meinen Gewohnheiten. Edith war da anders – sie nutzte möglichst die wenigen Minuten, die unsere Mutter sich ausruhte, bevor sie sich an die Zubereitung des Abendbrotes machte, um Körperkontakt mit ihr aufzunehmen, sich an sie zu drücken, sie festzuhalten – ein richtiges Umarmen war mit den kurzen Ärmchen nicht möglich.

Bis das Abendessen fertig war, hatten sich üblicherweise auch die anderen Geschwister eingefunden, von der Arbeit oder anderen auswärtigen Aktivitäten zurückkommend. Das gemeinsame Abendessen war heilig; es war ziemlich gleichgültig, wo wir den ganzen Tag verbracht hatten, zum Abendessen aber war man pünktlich zu Hause.

An das Abendessen schloss sich bei uns stets die Abendandacht an - danach ging jeder seinen Interessen nach, die sich natürlich im Laufe der Jahre sehr verschoben. Edith versuchte meistens, möglichst nahe bei unserer Mutter zu sein, schob sich am liebsten unauffällig auf ihren Schoß oder saß wenigstens auf dem kleinen Fußschemel neben ihr, ich spielte in den ersten Jahren gern mit meinem Holzlastwagen auf dem Fußboden, die Schularbeiten hatte ich immer gleich nach dem Mittagessen erledigt, Irmgard und Rudi machten diese Arbeit oft abends, Artur ging gern noch einmal nach draußen, auch wenn unsere Mutter das gar nicht mochte, Erich legte sich am liebsten – müde von der schweren Arbeit, aufs Bett und las, Erna las und strickte, wenn sie denn bei uns war, unsere Mutter setzte sich ans Spinnrad, Nachbarinnen kamen, berichteten den neuesten Klatsch (wobei unsere Mutter für die manchmal etwas schmuddeligen Geschichten keine Vorliebe hatte) und meistens lebte dann in den Gesprächen wieder die Vergangenheit auf: „Weißt du noch…?" so begannen die Erzählungen über das „Unterwegs", die Flucht aus Ostpreußen, bei manchen auch aus Schlesien, das war ein Thema, aus dem man leicht eine 'unendliche Geschichte' hätte spinnen können.

Unsere Mutter saß, wie gesagt, bei diesen Plaudereien meistens am Spinnrad, um auch noch die Abendstunden zum Geldverdienen zu nutzen. Wir Kinder hatten mit Brettern, in die man dünne gebogene Haken eingeschlagen hatte, die fettige klumpige Schafswolle auseinander gezogen zu lockeren großen Ballen, unsere Mutter sorgte dafür, dass durch geschicktes Drehen mit den Fingern ein kontinuierlicher Faden entstand, der durch ein Loch in der Spindel geführt, dann nacheinander um einen der Haken gelegt wurde, von denen etwa acht auf den zwei hölzernen Flügeln der Spindeln angebracht waren und der sich dann um die Spule wickelte, die im Inneren der Spindel angebracht war und herausgenommen wurde, wenn sie gleichmäßig mit dem endlosen dünnen Wollfaden gefüllt war. Die ganze Apparatur hielt sie durch das Treten eines Brettchens, das wiederum über eine Trittstange und einer Kurbel ein großes Rad in Drehung versetzte, das seinerseits über ein Lederband Spindel und Spule drehte, in Bewegung. Das hört sich kompliziert an? Das war es auch, zumindest mir schien dieses Spinnrad immer ein kleines Wunderwerk der Technik, das niemand von uns Kindern im Griff hatte, nur unsere Mutter war in der Lage, aus dem Wollballen Wollfäden zu spinnen.

War die Spule voll, musste die Wolle abgewickelt werden, was wiederum eine Arbeit für uns Kinder war. Einer stand mit ausgestreckten Unterarmen da, der andere wickelte den Faden drum herum, sodass ein Gebilde entstand, bei dem der Faden in etwa dreißig Zentimetern in Bögen lose nebeneinander lagen. Dieses Gebilde wurde gewaschen und getrocknet und danach von uns Kindern zu runden Kugeln zusammengewickelt. Meistens drei davon legte unsere Mutter dann in einen Korb, nahm die Fäden in die Hand und drehte sie mit dem Spinnrad auf der Spule zu einem nun dickeren dreifädrigen Faden zusammen. Der konnte dann endgültig aufgewickelt und zum Auftraggeber gebracht werden, der für diese Arbeit einen kümmerlichen Lohn zahlte - aber immerhin zahlte.

Die Gemeinde Harpstedt war immer stolz darauf, viel Wald in der Umgebung zu haben, und da es durch den Krieg große Schäden gegeben hatte, musste aufgeforstet werden. Dazu stellte man auch Frauen ein, die unter Anleitung einiger Forst-Fachleute Bäumchen pflanzten, ganze Schonungen anlegten.

Bei diesen Arbeiten bot es sich natürlich an, mal zu anderen Zwecken im nahen Gebüsch zu verschwinden – viele Frauen hatten ihre Männer im Krieg verloren, nicht alle planten, ihr Leben fortan in Keuschheit zu verbringen. Da kam das Angebot des einen oder anderen Waldarbeiters gerade recht – wie heißt doch der anzügliche Spruch: „Wo ein Wille ist, ist auch ein Gebüsch". Bei der Arbeit im Wald gab es von beidem reichlich.

[19] Die Waldarbeiter(innen)-Gruppe. Fast alle kommen aus der Baracke. Unsere Mutter ist die stehende vierte von links mit dem Drahtkorb

Von unserer Mutter wusste man, dass sie jedem Angebot die kalte Schulter zeigte, und da Waldarbeiter oft auch Jäger sind, weckte das den Jagdinstinkt. Einer der Männer, der sich mit Casanova eng verwandt wähnte, schloss eine Wette mit drei anderen Männern ab, dass es ihm gelingen werde – (ich verwende mal eine freundliche Formulierung, keine andere käme bei meiner Mutter in Frage!) „sie zu verführen", notfalls dürfe er auch ein wenig zudringlich werden. Er bemühte sich also in den nächsten Tagen intensiv um sie, arbeitete immer in ihrer Nähe, turtelte wie ein Auerhahn, betatschte sie bei jeder sich bietenden Gelegenheit, so dass bei unserer Mutter alle Warnlampen angingen. Man erzählte mir, sie habe dann stets Edith mit zu dieser Arbeit genommen und darauf geachtet, dass sie immer an ihrer Seite blieb: Der Möchte-Gern-Casanova verstand, warf seine Flinte ins Korn und zahlte die verlorene Wette.

Man kann sich leicht vorstellen, dass unsere finanziellen Probleme auch Konsequenzen in einem kleinen und gänzlich unwesentlichen Bereich hatten, der heute allerdings für die meisten Kinder eine Quelle großen Vergnügens ist – ich spreche von den Geburtstagen, die es in unserer großen Familie statistisch gesehen öfter als in jedem zweiten Monat gab. Geburtstage wurden bei uns nicht wirklich gefeiert, Kuchen gebacken hat meine Mutter zu jedem Sonn- und Feiertag und auch zu den Geburtstagen, aber Kinder wurden nicht eingeladen. Man bekam für dreißig Pfennig eine blaue Spitztüte voll Bonbons, es waren üblicherweise klebrige blassrote Himbeerbonbons, und die gehörten einem dann nicht einmal allein, die verteilte man unter die Geschwister, behielt nur ein paar mehr für sich zurück. Das war's.

In späterer Zeit gab es dann schon mal ein Geschenk, etwas Sinnvolles, Praktisches, etwas Schönes zum Anziehen. Darauf war man immer ganz stolz. Das hatte man dann den ersten Tag zur Schule an, danach längere Zeit sonntags, dann erst wurde es Alltagskleidung.

Spielsachen hatten Seltenheitswert, der Kauf solcher Dinge wurde als überflüssiger Luxus angesehen, das war bei allen Barackenfamilien so. Edith besaß die kleine schon erwähnte Neger-Puppe, die ihr eine Bekannte geschenkt hatte und die sie über alles liebte, ich einen Lastwagen aus Holz, mit dem ich bei einigen Spielen König war, weil niemand so etwas Schönes vorweisen konnte. Wer mir dieses Prachtstück geschenkt hat, weiß niemand mehr.

Bei unserem Ausflug nach Polen / Ostpreußen im Jahre 2013 entdeckte ich „meinen" Lastwagen in einem Schaufenster eines Handarbeit-Spielzeug-Ladens, genau so, wie ich in Erinnerung habe. Meine Tochter Katja schenkte mir dieses wertvolle Stück und es steht jetzt auf meinem Schreibtisch, beladen mit einem Mini-Glas voll Sand, den Katja am Strand der Weichsel eingetütet hatte, dort wo wir Ende Januar 1945 diesen vereisten Fluss überquert hatten. (s. Bild 32 D). Nostalgie kann schön sein.

Es war ein Erlebnis, als Erich auf die Idee kam, mir zum achten Geburtstag ein Taschenmesser zu kaufen. Ein Messer war ganz wichtig, Stöcke mussten aus den Büschen geschnitten werden, um Flitzbogen zu bauen oder als Hockeystock zu dienen, Band musste gekürzt werden – ein Messer war unverzichtbar, ein richtiger Junge musste ein Messer haben, am besten ein Fahrtenmesser – aber das kaufte ich mir dann später selbst. Wir gingen also gemeinsam in den Eisenwarenladen von Nolte in der Langen Straße 56, in dessen Schaufenster die verlockendsten Exemplare zum Verkauf auslagen. Es galt aber, einen Kompromiss zu finden zwischen den breiten Luxusexemplaren mit Korkenzieher, Dosenöffner und Schraubenzieher und den einfachen Modellen mit einer einzigen Klinge. Erich ließ sich „nicht lumpen", so sagten wir, wenn wir ausdrücken wollten, dass jemand nicht geizig war. Ich bekam ein Messer mit Griffschalen aus Hirschhorn und einer großen und einer kleinen Klinge und einem Korkenzieher. Was habe ich mit diesem Messer nicht alles geschnitzt, wie oft habe ich mir damit in die Finger geschnitten, vor allem in Daumen und Zeigefinger der linken Hand natürlich. Noch heute sind die vielen kleinen Narben blass aber deutlich zu sehen.

Ich besitze dieses Messer übrigens heute noch, nach immerhin 65 Jahren. Es liegt in einem Füller-Etui, ausgekleidet mit grauem Samt, in einem meiner Bücherregale. Meine Absicht ist es (wenn es sich denn so fügt), dieses Messer Erich mit ins Grab zu geben. Er wird mir hoffentlich verzeihen, dass das gute Stück nicht mehr ganz wie neu ist: Bei einem ungeschickten Einsatz habe ich vor vielen Jahren die kleine Klinge abgebrochen und die große ist vom häufigen Scharfmachen in der Mitte recht schmal geworden.

Geld fehlte uns in der Baracke immer, das galt nicht nur für alle Familien, das galt natürlich auch für uns Kinder. Wir hatten zwar keine besonders hohen Ansprüche, wenn man sie damit vergleicht, was Kinder sich heute so wünschen und auch erfüllt bekommen, aber man wollte schon mal ins Kino gehen, sich ein Getränk kaufen etc. Die Mütter um Geld zu fragen, war ein sinnloses Unterfangen, man musste sich schon selbst um Einkünfte bemühen.

Eine der beliebtesten Möglichkeiten war das Schrottsammeln, denn diese Beschäftigung hatte einen großen Vorteil: Das Geld, das wir Kinder dabei verdienten, durften wir behalten – alle Familien hielten sich an dieses ungeschriebene Gesetz. Das war durchaus nicht selbstverständlich, denn was durch andere Arbeiten hereinkam, ging selbstredend in die Familienkasse – wurde von allen verdient und von allen und für alle ausgegeben.

Am Nachmittag, wenn die Hausaufgaben für die Schule erledigt waren, machten sich oftmals kleine Gruppen von uns Jungen auf den Weg: Oskar Streck, Günter Kappelt, Erich Rossol, Gerhard und Rudi Krempin, Artur Radtke gehörten zum harten Kern, zumindest für mich. Die Großen hatten eigene Gruppen, aber auch andere Ziele. Wir gingen meistens zum 'Schwarzen Berg', das war der Müllabladeplatz, der von den Harpstedtern immer noch direkt beliefert wurde und fast vor unserer Haustür lag. Wenn man heute Fernsehbilder sieht, wie in Brasilien und Indien und anderswo Hunderte von Leuten im Müll wühlen, um sich ihren Lebensunterhalt zu verdienen, so ist das gar nicht neu. Wir machten das damals schon, wenn auch für kleine „Luxusgüter".

Der Müllplatz war groß und völlig unorganisiert. Es zogen sich von der Köhrener Straße (heute Schulstraße) in den Bereich des heutigen Logeringes und der Straße „Am Schwarzen Berg" einige Wege, die von Autos und Pferdewagen benutzt werden konnten. Büsche und Bäume standen auf dem hügeligen Gelände, man kippte seinen Schutt einfach irgendwo hin, möglichst direkt am Weg, um keine große Arbeit damit zu haben. Wir liefen zuerst immer zu den neu abgekippten Müllbergen, um zu sehen, ob dort vielleicht etwas lag, das man gebrauchen konnte, eine Dachrinne aus Zink, ein Ausgussbecken aus Eisen…Das wurde dann auf einem Platz zusammengetragen, an dem einer von uns blieb, um aufzupassen – mit Dieben musste man immer rechnen, mit Gewalttaten allerdings nicht: Ein kleiner Junge reichte also als Wächter. Oft war auf diese Weise aber keine Beute zu machen – es gab auch Profis, die schon lange vor uns dagewesen waren und die besten Sachen auf ihre Autos geladen hatten. Dann blieb uns nur die mühevollere Arbeit an den schon länger abgelagerten Bergen. Stundenlang wühlten wir mit langen Hacken in den Abfällen, kratzten Bauschutt und Plastik, Papier, verfaulte Kartoffeln und Rüben beiseite - und groß war jedes Mal der Jubel, wenn man auf eine alte Kurbelwelle, einen Wasserhahn, ein Kupferrohr, alte Elektrokabel stieß. Die Kabel wurden dann in einem Feuer von der Isolierung befreit - Feuer machen konnten und durften wir, der Gestank der verbrannten Isolierung störte niemanden, die nächsten Häuser waren damals einen guten Kilometer entfernt. Der Kupferdraht der Leitungen wurde anschließend zu handlichen Ballen aufgewickelt. Sehr groß durften diese Wickelballen nicht sein, weil dann der alte Rudolf Skrotzky meckerte: Es konnte ja ein billiges Stück Eisen eingewickelt sein (gegen diesen

Trick setzte er seinen starken Magneten ein) oder gar ein gänzlich wertloser Stein (den kein Magnet aufspüren konnte), und dann war er der Betrogene.

Skrotzky war unser wichtigster Mann. Was der Blaubeermann für das Blaubeer-sammeln, war Skrotzky für die Schrottverwertung. Dieser Mann war in Hamburg aufgewachsen, so erzählte man uns, hatte dann in Harpstedt mit viel Fleiß ein Fuhrgeschäft aufgebaut, das er nach dem Krieg gegen den lukrativen Handel mit Schrott tauschte. In den besten Jahren verdiente er sich eine goldene Nase – oder reichte es nur zu Silber? - auch an uns Kindern. Wir fühlten uns bei Skrotzky immer fair behandelt, niemand bezweifelte, dass er unsere Lieferungen korrekt abwog – überprüfen konnten wir das nicht, niemand in der Baracke hatte eine Waage.

Es war mir ein Vergnügen, als ich 2012 im Ellwanger-Buch lesen konnte: „*Ähnlich* [wie der jüdischen Familie Löwenstein, die Unterstützung durch die Familie Dreier gefunden hatte] *erging es Jenny de Vries, die in ihrem Haus, das an die Familie Skrotzky vermietet war, wohnen blieb. Die Familie Skrotzky kümmerte sich wenig um Nazi-Parolen und antijüdische Hetze, sondern nahm die alte Frau de Vries so gut es ging in ihren Haushalt auf...*" (Ell SZ, S.128) Hätte ich das damals gewusst und schon würdigen können, wäre mir der alte Skrotzky noch sympathischer gewesen.
Als ich in dem Harpstedter Industriegebiet im Amtsacker zufällig ein Firmenschild mit dem Namen Skrotzky fand, ging ich in das Büro des Metallbetriebes hinein, erzählte der Dame hinter dem Tresen kurz von unserer Schrott-Vergangenheit und erfuhr von ihr, dass der Besitzer, ihr Mann, tatsächlich aus unser damaligen Skrotzky-Dynastie stammt. Ich hatte meine Freude daran, dass die Skrotzkys weiterhin erfolgreich sind.

Für Kupfer bekam man 30 Pfennig pro Pfund (60 Pfennig zahlte man zu der Zeit für eine Nachmittagskinovorstellung mit Tarzan oder Colt-bewaffneten Cowboys und Tomahawk-schwingenden Indianern, 5 Pfennig kostete ein 'Heißgetränk' bei Pagel), Zink, Messing und andere Buntmetalle lagen etwas unter Kupfer. Eisen brachte 4 bis 5 Mark pro Zentner (je nach Qualität), Blech wurde nicht genommen.

Auf dem Schwarzen Berg wühlten wir kleinen Kinder meistens allein. Auch die Buddelausflüge zur anderen Seite des Ortes - Richtung Klein Amerika - unternahmen wir allein. Dort gab es eine Stelle an der Straße, wo auch schon seit Jahren Müll abgekippt worden war, dort buddelten wir auf die gleiche Art wie am Schwarzen Berg. Diese Stelle hatte nur den Nachteil, dass man weit gehen musste, die Hacke auf dem Rücken, einen Sack für die Ausbeute in der Hand.

Dann gab es noch Großunternehmen, die wir zusammen mit Rudi und den Streckjungen Reinhold und Edmund, auch manchmal mit Artur und Edith durchführten. Wir hatten gehört, dass nach der Zerstörung der Muna in Dünsen die restlichen Bomben von den Engländern in den Wald gebracht und von deutschen Kriegs-gefangenen gesprengt worden waren. Auf unserem Weg in den Blaubeerwald bei Ippener waren wir an diesem Sandplatz vorbeigekommen, und unsere Großen hatten messerscharf geschlossen, dass die Splitter dieser zerfetzten Bomben eigentlich noch im Sand stecken mussten. Sie hatten probeweise gebuddelt – der Sand war gelb und weich – und waren auf Anhieb fündig geworden. Sie hatten zwei handgroße Splitter mitgenommen, bei Skrotzky vorgezeigt und der hatte sofort gesagt, das Material sei hervorragend, dafür zahle er Überpreis: sechs Mark pro Zentner. So war das Großunternehmen Bombensplitter beschlossen worden.

Wir machten uns in leicht wechselnder Zusammensetzung – je nachdem, wer Lust und nichts anderes vor hatte – nach der Schule auf den Weg, den ich schon im Blaubeerkapitel beschrieben habe – nur hatten wir kein Fahrrad dabei, sondern einen Handwagen – ich weiß gar nicht, ob wir inzwischen irgendwo einen gekauft hatten oder ihn uns immer irgendwo ausliehen. Der Hinweg mit dem leeren Wagen – manchmal saß Edith darin, aber das Leichtgewicht zählte nicht – war einfach, selbst die Strecke bergauf im Amtsacker strengte nicht an.

Nach einer guten Stunde waren wir da, jeder griff sich seine Hacke, man verteilte sich in einer Ecke des großen Geländes und begann zu buddeln. Die Arbeit war wenig anstrengend, weil der Sandboden ideal war. Zwar klackte es nicht bei jedem Hackenschlag, aber oft genug zeigte dieses Geräusch an, dass man einen Splitter getroffen hatte. Er war dann leicht aus dem Sand zu ziehen und in den Korb, dann in den Kasten des Handwagens zu bringen. Ob wir keine Angst hatten, dass wir mal auf einen Blindgänger stoßen könnten? Natürlich bestand diese Gefahr immer und natürlich stieß die Hacke manchmal auf ein solides Stück Eisen, das wir dann mit Vorsicht freilegten. War es eine große Bombe, ließen wir sie liegen, scharrten sie wieder zu, war es eine handliche Granate, so hatten wir keinen Respekt. Üblicherweise handelte es sich um Panzergranaten, die so etwa einen halben Meter lang waren und einen Durchmesser (das „Kaliber") von zehn bis 15 Zentimetern hatten. Manche nahmen wir sogar mit, wenn Artur oder Edmund, unsere Fachleute, sagten, der Zünder sei eindeutig ausgeschraubt, das Biest könne also unmöglich explodieren. Skrotzky war dann immer böse (oder tat er nur so?), bezahlt wurde das Gewicht aber dennoch, sobald er sich vergewissert hatte, dass auch kein Pulver mehr in der Eisenhülle vorhanden war. Passiert ist uns dabei nie etwas, obgleich man uns oft auf die Gefährlichkeit hinwies und das Betreten des Sprengplatzes natürlich verboten war. Wen störte es? Unsere Eltern hatten keine Einwände gegen unsere Ausflüge. Ein Bombensplitternachmittag war zwar anstrengend, brachte aber jedem der Beteiligten runde fünf Mark - und das war ein kleines Vermögen. Ich konnte mit diesen Einnahmen den Grundstein für meine schulische Ausbildung legen – doch dazu später.

Wenn der Kastenwagen voll war, wussten wir, dass wir ungefähr vier Zentner geladen hatten. Die mussten wir dann die gut fünf Kilometer zurückziehen bis auf den Skrotzky-Hof. Der Weg vom Sportplatz durch den Wald ging nun logischerweise bergab, wir wählten dann gleich nach der Delme die Grüne Straße, hatten also bis zum Logeweg festes Pflaster unter den Rädern, lediglich das letzte Stück im jetzigen Logeweg, damals ein namenloser Sandweg, forderte noch einmal vollen Einsatz beim Ziehen und Schieben.

An eine kleine Kuriosität im Zusammenhang mit Kupfer erinnere ich mich immer noch mit Schmunzeln. Wir – Erich Rossol und ich - hatten zusammen Kupferdraht gefunden, nicht viel, aber doch so etwa ein Kilo. Da ich keine Lust hatte, den relativ weiten Weg zu Skrotzky zu laufen (der direkte Weg war uns durch Neubauten versperrt, wir musste den damaligen Logeweg hinunterlaufen, unten an den Gärten rechts abbiegen und dann den Parallelweg wieder hoch zum Schrotthändler), sagte ich meinem Kompagnon, er bekomme 10 Pfennig mehr, wenn er das Kupfer hinbrächte. Erich kam zurück: Es war ein Kilo gewesen, brachte uns also 60 Pfennig, 30 für jeden. Er hatte seine dreißig schon in der Tasche, zeigte mir meinen Anteil und nahm sich dann einen weiteren Groschen. Ich protestierte - Erich begriff nicht: Das sei doch abgemacht gewesen, zehn Pfennig mehr für ihn. Ich stimmte ihm zu: zehn Pfennig mehr. Er solle aber nun einmal sagen, wie viel er jetzt hätte: „Na, vierzig Pfennig natürlich", sagte er. „Und ich?" „Na, zwanzig!" „Siehste, du hast also zwanzig Pfennig mehr als ich - und das war *nicht* ausgemacht." Wir einigten uns auf 35 für ihn und 25 für mich. Ganz glücklich war Erich nicht, hatte er doch nun den Weg für genau 5 Pfennig gemacht, aber gegen meine Logik war nichts einzuwenden - oder? Einfach wäre es gewesen, wir hätten 70 Pfennig bekommen und die dann in 30 zu 40 aufgeteilt, aber dann wäre dieses schöne Mathematikproblem nicht aufgetaucht.

Der Krieg war uns nicht nur in Form der Bombensplitter in buchstäblich greifbarer Nähe: In den Gräben nahe der Delme fanden wir in den ersten Jahren immer mal wieder Gewehre, die deutsche Soldaten auf dem Rückzug weggeworfen hatten. Sie waren arg verrostet und die Holzkolben meistens schon verfault: Wir spielten oft eine Zeitlang damit, dann gingen sie ebenfalls zum Schrotthändler. Großen Respekt vor Waffen und Munition und deren Gefährlichkeit hatten wir nicht. Entweder wir hatten Glück bei unseren zahlreichen Spielen oder wir waren wirklich vorsichtig - jedenfalls hat es bei uns nie ein Unglück gegeben - nicht einmal beim Spiel mit den Zündstangen, zu grauen „Makkaroni" gepresstes Zündpulver, das wir in kleine Stücke zerbrachen, zu einem Häufchen schichteten, mit Sand zudeckten und dann mit einer Stange, die von außen durch den Sand geschoben wurde, anzündeten. Die kleinen Explosionen machten uns viel Spaß, waren aber wohl auch ungefährlich, weil wir sinnvollerweise nur mit kleinen Mengen operierten und Stellen im Gelände aussuchten, wo kein Feuer entstehen konnte.

Auch bildschöne Reitersäbel mit kunstvollen Griffkörben und Bajonette wanderten den Weg zum Schrotthändler- später ärgerten wir uns, als wir in Delmenhorst und Bremen sahen, dass man auf dem Antiquitätenmarkt den zwanzigfachen Preis hätte bekommen können - aber was wussten wir damals von Sammlern und Antiquitäten: Wir kannten nicht einmal das Wort.

Eines Tages kamen Kinder aus einem Nachbarort beim Auffinden von Minen zu Tode, und danach waren für uns die Besuche in Dünsen auf dem Muna-Sprengplatz vorbei, verboten. Bei Ellwanger (Ell SZ, S.74 ff.) kann man nachlesen, dass es in und um Harpstedt sehr viel mehr Unglücke mit Minen gegeben hat, als wir damals zu hören bekamen. Hätten wir das gewusst, wären wir kaum so sorglos gewesen.

[20] Wir Barackenkinder. Obere Reihe von links nach rechts: Hannelore Schneider, Herta Streck, Rudi Klein, Irmgard Klein, Erna Streck zweite Reihe: Erika Steinke, Gitta Schneider, Hilde Streck, Margot Steinke, Horst Klein, Heinrich Magdowski, sitzend Irmchen Streck, Inge Wesner, Renate Schubert, Edith Klein, Kurt Rossol

Haute Cousine?   Schmalhans ist Küchenmeister!

Haben wir in der Baracke gehungert?
Bei dieser Frage gehen die Meinungen unter uns Geschwistern auseinander. Ja, es gab Tage, an denen man auf das Abendessen wartete, Hunger hatte, schon kurz nach dem oft schlechten Mittagessen, aber wenn man heute die ausgemergelten Kinder in der Sahelzone vor Augen hat oder nach dem Krieg zum ersten Mal die schlimmen Bilder der im KZ halb verhungerten Juden sah, dann muss man sagen: Nein, im Vergleich zu dem Hunger, den diese Menschen erlebten oder erleben, hungerten wir nicht. In den ersten Jahren war das Essen allerdings sehr, sehr einfach, hatte wenig Kalorien und an den Geschmack durfte man auch keine besonders hohen Ansprüche stellen, obwohl unsere Mutter als gutbürgerliche, talentierte Köchin gelten konnte.
Das Brot, das man kaufte, schmeckte oft scheußlich, vor allem wenn es mit Sägemehl gestreckt war, was zum Glück nur in der allerersten Zeit vorkam. Aber auch das Maisbrot war gar nicht nach unserem Geschmack. Bereits im Mai 1945 hatten die Engländer über die deutschen Bürgermeister die Bestände an Brotgetreide und die Mengen des Korns in den einsatzbereiten Mühlen erfassen lassen: In Harpstedt waren das ganze 118 Doppelzentner in der Wind-Mühle von Cord Nienaber, und bei Adolf Freese in der Wassermühle lagen 533 Doppelzentner. Das reichte natürlich hinten und vorne nicht, und da die Ernte 1945 miserabel ausfiel, was zum Teil am Wetter, zum Teil aber auch an den fehlenden Arbeitskräften lag, denn die Männer waren noch in Gefangenschaft und die zugewiesenen Fremdarbeiter aus Polen, Frankreich etc. konnten nicht mehr eingesetzt werden, fehlte es am Mehl – die Bäcker mischten Sägemehl in den Teig.
Die Deutschen wandten sich außerdem an die zweite Besatzungsmacht, die Amerikaner, von denen man Hilfe erwarten konnte: Sie hatten zum einen sehr früh eingesehen, dass man zwischen „sonen" und „solchen" Deutschen differenzieren musste und dass man – ehemalige Nazis hin und gute Deutsche her – schlicht den Menschen helfen musste, wenn sie nicht verhungern sollten, und zum anderen verfügten diese Amerikaner über riesige Vorräte an Lebensmitteln aller Art – Amerika war schließlich, anders als ganz Europa, kein Kriegsschauplatz gewesen. Man bat also die Amerikaner um „Korn" und da für Amerikaner „Corn" vor allem Mais ist, schickte man ganze Schiffsladungen mit diesem Getreide zu uns herüber, das dann aber nicht als Hühnerfutter verwendet wurde, sondern unserem Brot zu einer sattgelben Farbe und einem recht fremden Geschmack verhalf – essen konnte man es durchaus.

Wir Kinder hatten nicht das Recht, zu jeder Tageszeit an das Brot heranzugehen, das in einem Sonderfach im Küchenschrank untergebracht war. Nein, abgeschlossen war das Fach nicht, aber wir wussten, dass es tabu war, und das machte das Fach genauso sicher wie ein Schloss.
Butter gab es für uns natürlich nicht, man strich dünn Margarine oder selbstgemachtes Schmalz aufs Brot. Selbstgemachte Wurst war zum Glück sehr oft vorhanden, Marmelade ebenfalls, an Käse erinnere ich mich nicht. Den konnten wir nicht selbst herstellen, und da die Molkereien in Harpstedt und Umgebung in der ersten Zeit nicht arbeiteten, war Käse auch nicht zu kaufen.
Insgesamt habe ich das Frühstück mit Brot nicht in schlechter Erinnerung. Wenn mal weder Margarine noch Marmelade im Hause waren, machten wir das Brot mit Wasser oder Milch feucht, hielten es schräg und streuten Zucker

darüber, bis er von der Oberfläche in die Zuckerdose zurückrutschte; damit waren wir durchaus zufrieden. Das genossen wir vor allem als kleinen Imbiss zwischendurch, wenn unsere Mutter eine Scheibe Brot spendiert hatte.

Die berühmten – besser berüchtigten – Steckrüben gab es bei uns natürlich auch die ganzen Jahre über, nicht nur in allererster Zeit, meistens als Suppe gekocht und nur selten mit Fleisch oder Schmalz angereichert – ich habe darüber schon berichtet..

Ich erinnere mich noch sehr gut, als meine Frau Hella nach ein paar Jahren Ehe den Vorschlag machte, einmal Steckrüben zum Mittag zu kochen. Ich lehnte entsetzt ab, sie überzeugte mich aber, es einmal probieren zu dürfen. Sie fabrizierte ein Essen aus Steckrüben, die sie in kleine Würfel schnitt, ein paar Kartoffeln in gleicher Form kamen hinzu, einige Gewürze, und ein komplettes Hühnchen, in Teile zerlegt. Und siehe da: Das Essen schmeckte hervorragend, hatte nichts mit der süßlich-wässerigen Suppe zu tun, an die ich mich mit Grausen erinnerte. Steckrüben stehen seitdem genauso auf dem Essensplan wie verschiedene Kohlsorten, an die ich ebenso schlimme Erinnerungen aus der Nachkriegszeit habe.

Suppe mit frischem Kohl oder Kohl als Gemüse zu Kartoffeln – das war ja in Ordnung, aber schlimm war die Kohlsuppe aus Sauerkraut. „Kapuschniak" hieß sie bei uns. Dieses Wort stammt aus dem Russischen, denn Russen können als Spezialisten für alle Sorten von Kohlgerichten gelten, wenn auch nicht unbedingt für die schmack-haftesten. Wenn wir heute Kohl und Kartoffeln kochen und kleine gut gewürzte Hackbällchen hineintun, dann ergibt das ein herrliches Essen, aber damals fehlten genau diese Hackbällchen und es fehlten auch die Geschmack bringenden Gewürze, Salz war da – aber an mehr kann ich mich auch schon nicht erinnern. Vielleicht wird es manchmal auch Pfeffer gegeben haben, aber Kräuter im Garten, die dann frisch verwendet wurden, hatten wir anfangs nicht.

In einem Kochbuch aus dem Jahre 1906 fand ich unter der Nummer 164 eine „Sauerkrautsuppe, russisch". Das war unser Kapuschniak – aber auch hier wird am Ende des Rezeptes angesagt: *„Ist alles gut verkocht, so gibt man einige Stücke Bratwurst in den Suppentopf, schlägt einige Eier in die kochende Suppe und richtet diese über zerschnittene Wurststückchen an."* – Ja, dann, dann hätte uns Kapuschniak wahrscheinlich auch geschmeckt.

Noch schlimmer als Kapuschniak war die Anbrennsuppe. Kapuschniak hatte ja wenigstens noch eine Gemüsebasis, die Anbrennsuppe war eigentlich nur gefärbtes Wasser, wurde gekocht, wenn gar nichts mehr im Hause war, was nur in der ersten Nachkriegszeit vorkam. Die Basis war ein wenig Mehl, das unsere Mutter in der Pfanne braun werden ließ und dann mit Wasser löschte. Fertig. Geschmack war da, aber wer könnte heute schon von dem Geschmack angebrannten Mehls schwärmen? Wir konnten es auch damals nicht. Brot haben wir dazu gegessen.

Nicht viel besser war die Kartoffelsuppe, für die einfach Kartoffeln in gesalzenem Wasser weich gekocht und angemust wurden. Wenn etwas Schmalz hinkam, konnte man sie durchaus essen. Es gab bei uns das Lied, das oft gesungen oder geträllert wurde: „Kartoffelsupp, Kartoffelsupp, die ganze Woch Kartoffelsupp. Sonntag gibt es auch nicht viel, das gibt's was mit dem Besenstiel."

Geschmacklich viel besser waren dann schon die großen Pfannen voller Bratkartoffeln, die ein ganz wesentlicher Bestandteil unseres Essens waren. Nach dem Schlachten wurden die gekochten Kartoffeln mit Schmalz gebraten und manchmal kamen auch Zutaten von Speck und etwas Fleisch hinein. Wenn wir Pilze gesammelt hatten und eine zweite Pfanne mit diesen Pilzen auf dem Tisch stand, dann war das ein gutes Essen. Als Variante gab es auch mal eingelegte Salzheringe dazu, die den Kalorienhaushalt ein wenig erhöhten und die auch schmeckten, wenn man denn nicht anspruchsvoll war – und das waren wir nun wirklich nicht.

Auch Frikadellen, bei uns „Klopse" geheißen, gab es oft, weil man das dazu nötige Hack leicht selber herstellen oder auch billig kaufen konnte. Bei diesen Klopsen gab es immer ein kleines Problem, das unsere Mutter aber leicht löste. Ich war und bin, solange ich mich erinnern kann, allergisch gegen Zwiebelgewächse, Porree gehört dazu, Schnittlauch ebenso, Knoblauch nicht. Ich mag sie weder riechen noch essen, weder roh noch gedünstet noch gekocht oder gebraten. Es geschieht praktisch nie, dass ich Zwiebeln esse, weil ich sie auch dann noch herausschmecke, wenn der Koch im Restaurant schwört, sie seien total verkocht. Als ich mich bei einer Einladung einmal überreden ließ, eine Porreesuppe zu essen, um die Hausfrau nicht zu düpieren - sie schmeckte mir wirklich gut, diese Porreesuppe - spielte mein Magen-Darm-Trakt umgehend verrückt und ich war fast zwei Stunden lang auf das Zimmer angewiesen, zu dem auch der Kaiser zu Fuß geht – das war in der Baracke unsere vornehme Umschreibung für die Toilette. Das Problemchen für unsere Mutter war, mir zwiebelfreie Klopse anzubieten, ohne viel Aufhebens zu machen: Sie mengte also die Fleischmasse an, würzte sie, formte für mich zwei ovale Bouletten, Frikadellen, Klopse, briet sie scharf an, dann erst kamen in den Fleischteigrest die Zwiebeln, die normalen runden Modelle wurden geformt und gebraten – ich hatte kein Problem, jedenfalls nicht zu Hause, hatte immer garantiert zwiebelfreie Ware. Über die Schwierigkeiten, Jahre später in Restaurants, vor allem auf Auslandsreisen, will ich hier nicht erzählen – meine Freunde wussten in kurzer Zeit alle Bescheid und kochten bei Einladungen entweder für alle zwiebelfrei oder es gab eine „Pfanne" extra für mich.

Milchsuppen standen in verschiedenen Varianten fast jeden Tag als Abendessen auf dem Plan. Akzeptabel war Reissuppe, wenn sie denn nicht angebrannt war oder oben eine dicke Haut hatte. War der Reis dick gekocht und es gab dazu Zucker (am besten noch mit Zimt gemischt) zum Drüberstreuen, dann war die Welt in Ordnung – leider war das aber eher selten der Fall. Schlimmer war schon Sago-Suppe. Sie erinnerte immer fatal an Froschlaich. Auch die „Satschirken" liebten wir nicht gerade. Besonders Erich und Edith hatten Probleme, die glitschigen Klümpchen hinunterzubekommen, aber vielleicht wegen der gemeinsamen Abneigung achtete Erich immer darauf, dass Edith auf jeden Fall genug aß, um „groß und stark" zu werden. Er brachte es durchaus fertig, Ediths Löffel festzuhalten und sie fast zu füttern, zum Essen zu zwingen. Wie die Anbrennsuppe kamen die Satschirken auf den Tisch, wenn fast gar nichts mehr im Hause war. Ich habe dieses Essen schon bei der Ankunft in Harpstedt eingeführt.

Wenn wir gute Vollmilch beim Bauern bekommen hatten, ließ unsere Mutter oft eine Portion stehen und zu Dickmilch gerinnen. Die gab es dann, dick mit Brotkrümeln bedeckt, ebenfalls zum Abendessen. Wenn Zucker darüber kam, schmeckte das.

Wenn es dann richtige Eintöpfe gab – Erbsensuppe, Linsensuppe, Bohnensuppe und Suppe mit Schnippelbohnen, solange der Garten die Früchte dafür lieferte – waren wir zufrieden, weil unsere Mutter diese Suppen wirklich geschmackvoll zubereitete. Es wurde manchmal gespottet, dass mehr Augen in die Suppe hinein als Fettaugen aus ihr herausschauten, aber das war halt in den ganz schlechten Zeiten nicht zu verhindern.

Eine ostpreußische Spezialität, die wir alle gern mochten, war Sauerampfer-Suppe. Sauerampfer war sowieso bei uns allen beliebt. Wenn wir das Schaf hüteten oder nach einem Bad in der Delme im Gras lagen, hielten wir immer Ausschau nach den braunroten kleinen Blüten und den schmalen lanzenförmigen Blättern – die kleinen, jungen schmeckten am intensivsten. Wenn wir richtig Hunger hatten, aßen wir die Blätter nicht einzeln, sondern pflückten uns eine Handvoll, so viele, wie wir sie mit den vier Fingern und dem Daumen halten und zusammenpressen konnten. Dann bissen wir von diesem Block ab, man konnte wirklich den kleinen Hunger damit vertreiben. Besser aber war die Suppe, die unsere Mutter kochte, wenn wir genügend Blätter mitgebracht hatten. Mit saurer Sahne wurde sie angerichtet und hartgekochte Eier kamen hinein, wichtig war, dass man die Blätter nur kurz kochte.

Der Sonnabend begann mit leichtem Regen. Unsere Mutter war schon seit halb sieben Uhr auf, machte uns die Brote für die Schule, bzw. für die Arbeit, schaute immer wieder aus dem Fenster. Um acht Uhr war sie bei Bauer Horstmann zum Einfahren des Heus eingeplant und dazu brauchte man mindestens trockenes Wetter, am besten sogar Sonnenschein, um beim Aufladen und beim Transport noch die letzte Feuchtigkeit aus dem seit Tagen getrockneten Gras zu vertreiben. Als sich nach sieben der Nieselregen in einen heftigen Dauerregen verwandelte, wusste sie, dass sie diesen Tag abschreiben konnte: Heute würden keine Reichtümer zu verdienen sein, eine andere Arbeit war so schnell nicht zu finden.

Das wussten wir Kinder auch und bestürmten sie deshalb: „Wenn du nun so viel Zeit hast, dann mach uns doch Piroggen!" Unsere Mutter war gar nicht begeistert, Piroggen machten Arbeit, viel Arbeit. Unsere Piroggen aus dem Osten – verbreitet in der Ukraine, in Russland, in Polen - hatten kaum etwas mit dem Essen zu tun, das man heute unter diesem Namen in Rezeptbüchern oder im Internet findet. Da sie aber wusste, wie gern alle ihre Kinder Piroggen aßen, erklärte sie sich bereit…

Während wir in die Schule bzw. zur Arbeit aufbrachen, holte sie eine Wanne voll Kartoffeln aus dem Keller, saß den ganzen Vormittag neben dieser Wanne, schälte die Knollen, warf sie in eine Schüssel mit Wasser und rieb sie dann auf einer kleinen Handreibe zu Brei. Das war eine echte Strafarbeit, aber unsere Mutter war Arbeit gewohnt und klagte nie. Dieser Brei wurde dann in einem Geschirrtuch portionsweise entwässert und gewürzt und mit ein wenig Mehl und drei Eiern versetzt. Aus diesem Teig formte sie kleine Fladen, knappe zwanzig cm im Durchmesser, auf die in der Mitte ein Klecks gesalzener Quark gelegt wurde. Dann bog sie den Teig an den Kanten hoch, klappte ihn oben zusammen, verklebte die Enden durch sanftes Drücken und hatte so runde, zwei Zentimeter dicke „Klöße" von etwa zehn Zentimeter Durchmesser, die also aus Teig oben, Teig unten und Quark im Innern bestanden. Besagte Piroggen wurden gekocht und kühlten dann ab: Als wir mittags nach Hause kamen, lagen sie in großer Zahl auf flachen Tellern und Brettchen bereit und, wir freuten uns auf den Abend, denn dann wurden sie in der Pfanne goldbraun gebraten. Sie schmeckten köstlich, und wir veranstalteten wieder einen Wettbewerb, wer am meisten schaffte: Edith machte nach drei schlapp, Irmgard und ich nach vier, sechs schaffte Rudi, sieben Erich, und Artur hatte mit dem achten kein Problem – er war Sieger, wie meistens bei diesem Wettspiel.

Von dem Piroggenteig war etwas übrig geblieben, deshalb rollte unsere Mutter daraus ‚Klieseln', daumendicke Kartoffelteigstücke, die dann auch gekocht und zum nächsten Mittagessen gebraten wurden; sie enthielten keinen Quark, schmeckten aber auch gut, vor allem wenn in der Pfanne ein bisschen durchwachsener Schinkenspeck mitgebraten wurde.

Auch aus reinem Mehl konnte man ‚Piroggen' herstellen, wie das heute überall üblich ist: Das waren dann kleine Mehlteigtaschen, in die man Blaubeeren oder anderen Beerenkompott füllte. Sie wurden ebenfalls gekocht und leicht in der Pfanne gebräunt - auch sie schmeckten uns jedes Mal wieder hervorragend.

Die einfachen Varianten der Kartoffel- und Mehlspeisen in der Pfanne waren Kartoffel- und Mehl-"Flinsen". Darüber muss nicht groß berichtet werden, sie sind auch heute als Kartoffelpuffer und Pfannkuchen in allen Varianten bekannt – anders war bei uns nur der Name.

Richtigen Kaffee kannten wir praktisch gar nicht. Manche Erwachsenen redeten wohl mit verklärten Blicken davon und man roch dieses Getränk auch mal, wenn jemand auf dem Schwarzmarkt oder sonst wo ein halbes Pfund ergattert hatte und dann die Nachbarfrauen einlud. Unsere Mutter machte sich wenig aus diesem Luxusgetränk: Wir tauschten die paar Päckchen, die wir von Opa Edemann aus Argentinien bekamen, umgehend gegen andere, einfachere und brauchbarere Nahrungsmittel ein.

Wir tranken Milch, Wasser oder Muckefuck, einen Pseudokaffee, der aus geröstetem Roggen, Malz und zur Geschmacksverbesserung der Wurzel der Zichorie hergestellt war. Die blauen Packungen des Linde-Kaffees standen in jeder Küche. Auch die Konkurrenz, den Caro-Kaffee mit dem roten Spielkarten-Caro auf der Packung, kauften wir. Tee konnte man in den ersten Jahren noch nicht bekommen.

Sauerkraut und saure Gurken gab es bei uns aus eigener Produktion – auch noch viele Jahre später in Bremen.

Mittags an einem Herbsttag hatte unsere Mutter angesagt, dass heute Sauerkraut hergestellt werden solle. Alle anwesenden Kinder marschierten mit einem Korb oder Sack mit ihr in den Garten am Schwarzen-Berg-Weg, wo in zwei Reihen prächtige Weißkohlköpfe standen. Unsere Mutter riss die Kohlköpfe aus und legte jedem so viele in den Korb bzw. Sack, wie die oder der Betreffende tragen konnte, weit war der Weg ja nicht. Zu Hause setzten sich alle um den großen Tisch, unsere Mutter schnitt mit einem großen Messer die Wurzeln ab, riss die losen Blätter herunter,(die Artur sofort für die Kaninchen in Beschlag belegte, die erste Ladung gleich nach draußen brachte und verfütterte), und zerteilte die Köpfe dann in jeweils sechs Segmente. Wir Kinder bekamen ein kleineres Messer in die Hand gedrückt, ein Brettchen wurde untergelegt und dann schnitten alle diese Segmente in kleine Scheiben, die locker auseinander fielen.

Aus dem Abstellraum im Flur war das große Holzfass herangerollt worden – unsere Mutter hatte es in den letzten Tagen mehrfach heiß ausgewaschen - in das nun jeder sein Feingeschnittenes hineinschüttete. Nachdem die ersten Köpfe verarbeitet waren, wurde der Stampfer bestimmt: Rudi war es dieses Mal. Obwohl er standhaft behauptete, seine Füße seien sauber, wie immer, kam er nicht um eine gründliche Fußwaschung herum. Er stieg dann in das Fass und stampfte das Kraut fest, bis es Feuchtigkeit ließ. Unsere Mutter schüttete eine Portion Salz hinzu, und diese Prozedur wiederholte sich nun eine lange Zeit: Wir schnitten Kohl und schütteten ihn in das Fass, Rudi stampfte ohne Unterbrechung. Unsere Mutter sorgte immer wieder dafür, dass hinreichend Salz hineinkam.

Als das Fass voll war - obenauf stand nun ein bisschen von der Flüssigkeit - kam ein Holzdeckel darauf, es wurde in das kleine Kabuff neben dem Flur gerollt, nein, nicht liegend, sondern auf der Kante drehend natürlich, dann kam ein dicker Stein obenauf. In den nächsten Wochen breitete sich dann im Flur ein ganz typischer Geruch aus, der natürlich auch in der Küche zu riechen war: Für uns war dieser Geruch angenehm, er gehörte zum Spätherbst und Winter dazu. Unsere Mutter wusste genau, wie viel Salz dafür sorgte, dass unser Sauerkraut gut wurde, einen intensiven Geschmack und einen knackigen Biss hatte. Jeder ging dann in den nächsten Wochen mal an das Fass, hob den Stein herunter, Edith und ich (und anfangs auch noch Irmgard) mussten natürlich einen von den Großen darum bitten, den Stein hochzuheben, der den Deckel beschwerte, und probierte. Roh war es am besten und es durfte auch nur erst halb durch gegoren sein, dann mochte ich es am liebsten.

Noch besser waren die eingelegten Salzgurken. Die konnte man später auch im Geschäft und auf dem Wochenmarkt kaufen, aber nirgendwo waren sie so gut wie bei uns zuhause. Mittelgroße grüne Gurken kamen in eine aufgekochte Salzlake in ein Steingutfass – unsere Mutter wusste wieder, was an Kräutern aus unserem Garten und an gekauften Gewürzen hineingetan werden musste, um den unnachahmlichen Geschmack herzustellen. Das Fass wurde nach einer gewissen Reifezeit fast täglich geöffnet, weil irgendwer immer Lust auf eine Gurke hatte – sie schmeckte zu jeder Tageszeit.

1983 auf einer Polenfahrt habe ich bei einer Pastoren-Haushälterin mal wieder solche Gurken angeboten bekommen - ich habe mich entschuldigt und gleich drei gegessen, was Frau Haushälterin denn doch sehr schmeichelte. Sie waren so gut, wie ich sie aus meiner Kindheit in Erinnerung hatte – und wir bekamen ein großes Glas in unseren Lastwagen gestellt. Wir - drei in Polen geborene Kieler Lehrer - wir hatten gespendete Medikamente nach Polen in Krankenhäuser gebracht und in Pastorenhäusern Esspakete und Säcke mit Kleidung abgegeben, 1983 stand Polen über Weihnachten unter Hochspannung und Kriegsrecht.

Inzwischen – 2014 – kann ich diese Gurken in Gläsern mit russischem Etikett auch in Süd-Spanien kaufen. Es haben sich hier inzwischen so viele reiche Russen niedergelassen, dass es sich lohnt, ihre Spezial-Produkte ins Warenangebot zu stellen. Sie sind wirklich schmackhaft - wie in der Baracke.

Unsere Mutter machte auch Senfgurken ein, die aus den ganz groß und gelb gewordenen Gurken süß-sauer und mit anderen Gewürzen hergestellt wurden. Auch die waren gut, hielten aber nicht mit den Salzgurken mit – das finde ich jedenfalls.

Zum Wochenende wurde meistens Kuchen gebacken – aber dabei ging es um die üblichen Rezepte – erwähnenswert ist höchstens, dass unsere Mutter oft große Bleche vom Bäcker auslieh, die natürlich nicht in unseren kleinen Herd passten, und wir Kinder dann mit diesen Blechen durch den Flecken spazierten – hin mit dem rohen Teig darauf, zurück mit dem köstlich duftenden Butter- oder Streuselkuchen. Einer hielt das Blech vorne, der andere hinten – wenn wir großen Besuch hatten, gab es schon mal zwei von diesen Blechen und vier Kinder waren im Einsatz.

„Halleluja, amen!" - Christliches Leben

Unsere Eltern waren sehr fromm und legten von Anfang an größten Wert darauf, auch uns Kinder zu guten und aktiven Christen zu erziehen. In Ostpreußen war die „Gemeinde" das Zentrum des religiösen Lebens gewesen - in die Kirche war man nicht gegangen. Diese „Gemeinde" war also freikirchlich, eine Pfingstgemeinde, baptistisch, d.h. man lehnte die Taufe kleiner Kinder ab. Erst im Erwachsenenalter, wenn man sich für ein streng christliches Leben entschieden hatte, bereit war, auf viele weltliche Freuden zu verzichten und das auch öffentlich in der „Gemeinde" kundtat, dann wurde man getauft und in diese verschworene Gemeinschaft aufgenommen.

Es war bei uns selbstverständlich, dass vor dem Essen laut und gemeinschaftlich gebetet wurde. Jeden Abend – ich habe das bei der Ankunft in Harpstedt dargestellt – las unsere Mutter aus der Bibel vor, meistens konnte sich danach ein Kind – reihum – ein Lied wünschen, das dann als erstes gesungen wurde. Wir kannten schon in früher Kindheit alle gängigen Adventslieder, Weihnachtslieder, Lutherlieder auswendig und wir hatten zwar nicht alle eine so schöne Stimme wie unsere Mutter (in Ostpreußen war ihr deshalb sogar eine Gesangsausbildung im fernen Königsberg angeboten worden), waren aber in der Lage, die uns bekannten Melodien so zu singen, dass die Nachbarn nicht die Polizei riefen, weil sie sich gestört fühlten.

Vor dem Schlafengehen war es selbstverständlich, sich vor dem Bett auf den Fußboden zu knien und zu beten. Es war nicht mit dem Vaterunser getan, es wurde erwartet, ein täglich neues eigenes Gebet zu erfinden, mit Dank, mit Bitten, mit guten Wünschen für andere. Ich weiß noch, wie lange ich ein schlechtes Gewissen hatte, als ich anfing, mich um dieses demonstrative Beten zu drücken. Wenn meine Mutter mich nicht kontrollieren konnte, unterließ ich es schon mal, besonders wenn ich in dem Jungenzimmer schlief, wo diese Art des Betens bald nicht mehr üblich war.

In Harpstedt war das anders als in Ostpreußen: Hier gab es keine „Gemeinde", also ging man - ersatzweise und ohne Begeisterung - in die Kirche im Ort, die evangelisch war. Wir Kinder - zumindest Edith und ich - besuchten regelmäßig den Kindergottesdienst, der immer anschließend an den normalen Zehn-Uhr-Gottesdienst stattfand, an dem unsere Mutter meistens und wir zumindest manchmal teilnahmen.

Wir wurden zu ganz normalen evangelischen Christen erzogen. Wir wären überhaupt nicht in der Lage gewesen, die feinen dogmatisch-theologischen Unterschiede zwischen dem, was der evangelische Pastor und der „Gemeinde-Prediger" verkündeten, zu erkennen. Die Unterschiede lagen auch wesentlich klarer in den Verhaltensvorschriften, die aus der Bibel abgeleitet wurden, als in der Dogmatik. Der Katalog der Handlungen, die verboten waren und als Sünde galten, war wesentlich länger und die Verbote wurden viel strenger, härter durchgesetzt, notfalls auch mit Schlägen:

Kartenspielen war verboten, Spielkarten waren das „Gebetbuch des Teufels", Alkohol war Sünde, bestenfalls ein Gläschen Wein bei einem Fest durfte man trinken, wobei man bekanntlich stets darauf verwies, dass Jesus ja bei der Hochzeit von Kanaan Wasser in Wein verwandelt hatte – Rauchen war Sünde (unsere Mutter erreichte, dass niemand ihrer sieben Kinder zur Zigarette griff).

Ich will hier die Problematik der ‚Sünden' nicht besonders breit ausführen, obwohl sich hinreichend Stoff dafür anböte, ich verweise nur noch auf so unsinnige

Dinge wie das Verbot kurzer Ärmel und natürlich auch kurzer Röcke für Mädchen, an ein Dekolleté war gar nicht zu denken. Hier wurden in etwa die gleichen unsäglichen Argumente verwendet, wie wir sie heute noch von engstirnigen Islamisten für das Verschleiern der Frauen hören: Die Reize der Frauen sind nur für ihre Ehemänner da, andere Männer dürfen sie nicht sehen, um nicht aufgereizt zu werden. Hat sich denn niemand überlegt, was für ein Zeugnis die Männer sich damit ausstellen? Müssen Frauen Gesicht und Figur verdecken, damit die Männer nicht über sie herfallen? Traurig!

Mädchen durften sich auch nicht die Haare abschneiden, hatten sie lang zu tragen, wie der liebe Gott sie ihnen gegeben hat – dass Männer aber natürlich die Haare schnitten und auch nicht mit einem Zottelbart herumliefen, war kein Widerspruch. Man könnte darüber lachen, aber wer mitverfolgen konnte, wie viele Mädchen sich – auch meine Schwestern! - diesem Zwang unterworfen haben und – nach anfänglicher Akzeptanz – darunter litten, weil sie als altmodisch galten und gehänselt wurden, der weiß, wie man mit solchen Unsinns-Verboten Druck und sogar Terror ausüben kann.

Der Druck-Mechanismus lief so: In der Gemeinde wurde vom Prediger mit der gleichen Unfehlbarkeit, wie sie der Papst in Glaubensdingen beansprucht, „herausgefunden" und bestimmt, was gut und böse (also sündig) ist und diese „Erkenntnisse" wurden dann den Gemeindemitgliedern als Verhaltensregeln mitgegeben. Die hatten sie dann im *eigenen* Leben und natürlich auch bei ihren Kindern (für deren Seelenheil sie mit-verantwortlich sind) umzusetzen, einzuhalten. Fand dann jemand heraus, dass ein Gemeinde-Mitglied gegen eine Regel verstieß, dann wurde das in der nächsten Gemeinde-Versammlung recht deutlich zur Sprache gebracht, und der anwesende Sünder selbst oder die stellvertretende Mutter hatten gefälligst reuig um Vergebung zu bitten und Besserung zu versprechen. Und man spitzelte und denunzierte gern, half man so doch dem Sünder, wieder auf den richtigen Weg zurückzukehren. Was machte da schon die öffentliche Demütigung aus? Demut war ja eh' eine der Tugenden, in der sich der Mensch vor Gott – und stellvertretend vor dem Prediger und der ganzen Gemeinde – zu üben hatte. Um das Maß der öffentlichen Demütigungen möglichst gering zu halten und auch dem Vorwurf zu entgehen, man tue nicht genug für das sündenfreie Leben und somit das Seelenheil seiner Kinder, wurde dann zu Hause – notfalls auch mit hohem Druck und mit Weinen und Klagen – dafür gesorgt, dass die Regeln eingehalten wurden. Vor allem Edith und ich wissen ein Lied davon zu singen (und dieses Lied hat einige Strophen), wie viele Stunden an Diskussionen voller Vorwürfe wir mit unserer Mutter geführt haben…

Sex außerhalb und vor der Ehe war natürlich das Schlimmste, das man sich vorstellen konnte. Sex war nur zu dem Zweck erlaubt, Kinder zu zeugen, möglichst lustfrei - und auch dann war er nicht sündenlos. Hatte man nicht für Jesus extra die jungfräuliche Geburt zum Dogma erhoben, damit nicht ein Sexualakt seine Göttlichkeit beschmutzte und trübte? Und hatte man nicht die Erbsünde erfunden, damit sich auch niemand sündenfrei fühlen konnte, selbst wenn sie oder er wie eine Nonne oder ein Mönch lebte?

Auch das Tanzen gehörte zu den lustbetonten fleischlichen Sünden; es war offensichtlich die unschickliche körperliche Berührung zweier Menschen, die nicht miteinander verheiratet waren, was störte. Besonders Artur und Irmgard gerieten hier mit unserer Mutter aneinander. Irmgard betonte, es gehe ihr dabei keineswegs um irgendwelche Körperkontakte, um Vorstufen zur Sexualität, ihr sei das Tanzen ganz einfach ein reines Bewegungs-Vergnügen – zum Beispiel mit Edmund Streck, der sehr gut tanzte. Aber das beruhigte unsere Mutter durchaus nicht: Es genügte bereits, dass man sich bei solchen Veranstaltungen amüsierte – das war nicht in Ordnung! Die Welt galt dieser Gemeinde als Jammertal, „hier auf Erden" hatte man seine Pflicht zu tun, zu leiden und auszuhalten. Je mehr man litt, umso größer war die Sicherheit, „dermal einst droben" reichlich belohnt zu werden, an der Seite des Heilandes, (den man so liebte), zu sitzen und sich in alle Ewigkeit zu freuen.

Man sieht an dieser Grundeinstellung sehr deutlich, warum sich das Christentum in den ersten Jahrhunderten nach Christi Geburt im Römischen Reich besonders unter den ganz Armen und den Sklaven ausbreiten konnte – es war eine perfekte Sklavenmoral, die sehr dazu beitrug, die sozialen Verhältnisse zu stabilisieren, denn die Sklaven (und die Armen, die nicht viel besser dran waren), wussten nun, dass ihr elendes Dasein nicht ohne Sinn war, im Gegenteil, es war die geradezu ideale Voraussetzung für ein ewiges Leben in Glück und Seligkeit, allerdings erst nach dem Tod. Zwar versprach man ihnen (und uns) nicht einen Himmel mit zahlreichen bildschönen Jungfrauen zur freundlichen Nutzung, wie der Koran es tut (die irdischen Frauen gehen mal wieder leer aus!), aber die Bilder, die in der Gemeinde fantasievoll ausgemalt wurden, waren durchaus dazu angetan, sich sehr auf diesen Himmel zu freuen – und sich ebenso vor der grauslichen Hölle zu fürchten. Wie hieß es doch in dem Lied, das in unserer Familie zum abendlichen Standard-Repertoire gehörte: „…die Flammen schlagen um mich her, je mehr ich mich der Hölle näh'r…" Ja, in dieser – in unserer! – Hölle brannte noch richtig das Höllenfeuer und ein Dutzend Teufel standen bereit, um uns mit dem Dreizack zu piksen und ins Feuer zu schubsen. Was hat uns – ich glaube, ich darf „uns" sagen und unsere Familie einreihen in ein paar Hunderttausend oder gar Millionen Gläubige – was hat uns diese Vorstellung gequält, jahrelang den Alltag bestimmt, den Spaß am Leben genommen, Gewissensbisse und Angst produziert, selbst bei kleinen harmlosen Freuden.

Ja, ja, ich weiß, dass diese Vorstellung von himmlischem Lohn und höllischer Strafe Jahrhunderte lang ein ziemlich effektives pädagogisches Mittel war, um (zumindest viele) Menschen von schlimmen Taten abzuhalten, und ich weiß auch, dass der Wegfall dieser Aussichten auf Lohn oder Strafe mit ein Grund dafür ist, dass es heute in weiten Kreisen – auch schon bei Kindern und Jugendlichen – kaum noch eine Moral gibt.

Man fragte bei der langen Liste der Verbote nicht danach, was ein solches Verbot eigentlich bringe, wem es schade, wenn man sich nicht daran halte und wem es nütze, wenn man es tat, sondern man las einfach in der Bibel und leitete daraus die Gebote und Verbote ab – wie es auch die orthodoxen Juden tun. Nein, beileibe nicht nur die zehn Gebote des Moses, die man ja im Sinne eines gedeihlichen Zusammenlebens zwischen Menschen voll akzeptieren kann, und auch nicht nur die Worte aus der Bergpredigt und anderes, was Jesus gesagt haben soll und was meines Erachtens ebenso positiv bewertet werden kann, sondern auch einen großen Teil der krausen Regeln, die im Alten Testament für das Leben von Hirten und Nomaden damals zum Teil ihren Sinn gehabt haben, zum Teil schlicht der Machtausübung und dem Machterhalt einer abgekapselten Priesterkaste dienten und deren strikte Einhaltung heute noch den orthodoxen Juden, die all diese alten Vorschriften wörtlich nehmen und einzuhalten versuchen, das Leben so schwer macht, dass sie sagen, es gelinge keinem, völlig gesetzestreu und damit sündenlos zu leben.

Um noch einmal auf die Familie Klein zurückzukommen: Wenn Irmgard und Artur abends zum Tanzen gehen wollten, (was sie vor allem später, von Dünsen aus machten) taten sie gut daran, irgendwelche vorgeschobenen Gründe zu finden, weshalb sie nett gekleidet weggehen mussten. Das höchst überflüssige Tanz-Verbot sorgte also dafür, dass sie – und wir alle in unterschiedlichen Situationen bei ähnlich sinnlosen Verboten – zu Lügen greifen mussten, wollten wir häuslichen Unfrieden vermeiden und unsere Mutter davor bewahren, sich darüber zu grämen, dass sich ihre Kinder dem Laster und der Sünde hingaben. Und ist nicht das Lügen eine schlimmere Untat als das verleugnete Tanzen?

Ich kann sich noch gut erinnern, was zu Hause los war, als sich in der elften Klasse in Bremen alle Mitschüler zu der Tanzstunde anmeldeten. Ich verweigerte die Teilnahme, um meine Mutter nicht zu betrüben und zu verärgern, kam dann aber in einen klassischen Konflikt, weil mich alle Klassenkameraden drängten und mir deutlich machten, ich schlösse mich sonst aus der Klassen-Gemeinschaft aus, könne dann schwerlich an bestimmten Veranstaltungen, bei denen das Tanzen Bestandteil sein werde, teilnehmen...
Also meldete ich mich unter Bauchschmerzen in der Tanzschule an und ging dann zu unserer Mutter, um ihr das mitzuteilen, denn das regelmäßige montägliche abendliche Fortgehen in Anzug und Schlips und geputzten Schuhen ließ sich schlicht nicht verheimlichen, und außerdem hatte ich auch nicht Lust, permanent mit dem schlechten Gewissen zu leben und dauernd Ausreden oder glatte Lügen zu erfinden. Unsere Mutter hatte schwer an dieser Nachricht zu schlucken und war jedes Mal verbittert und traurig, wenn sie mich feingemacht zur Straßenbahn gehen sah. Und ich schaffte es nicht, mich davon frei zu machen, schuld an ihrem Kummer zu sein – und hatte daher nie Spaß an den Tanzstunden.

Zeitweise nahmen Edith und ich sogar an dem Konfirmandenunterricht teil, der in einem Seitenraum des Pfarrhauses abgehalten wurde.
Zwei Jahre lang mussten die Anwärter auf die Konfirmation zum "Konfer" gehen und auch regelmäßig den Gottesdienst besuchen: Jeder hatte eine Karte, auf der sein Besuch abgestempelt und damit dokumentiert wurde. Wir wussten aber von Anfang an, dass es eine Konfirmation für uns nicht geben würde, wir waren ja nicht getauft und somit auch keine Mitglieder der Kirche. Dennoch bekam ich zu Weihnachten einmal die ehrenvolle Aufgabe, vormittags im Gottesdienst die Weihnachtsgeschichte aus dem Lukas-Evangelium aufzusagen. Ich lernte relativ schnell und leicht – noch heute kann sie auswendig.
Mein Vortrag klappte ohne Probleme.

Als ich im Jahre 1996 in Kiel in meiner Gesamtschul-Klasse 5 im Rahmen einer Debatte über den Sinn des Gedichte-Auswendig-Lernens argumentierte, es sei doch schön, wenn man wichtige Texte im Kopf habe, die man vor Jahrzehnten einmal lernen musste und – weil Weihnachten direkt vor der Tür stand – spielerisch begann: „Es begab sich aber zu der Zeit, dass ein Gebot von dem Kaiser Augustus ausging, dass alle Welt geschätzet würde, und diese Schätzung war die allererste und geschah zu der Zeit, da Cyrenius Landpfleger in Syrien war..." da merkte ich schnell, dass keinerlei Reaktion erfolgte. Also brach ich ab und fragte, wer denn diesen Text kenne. Zuerst erfolgte nichts – dann kam zögerlich eine Hand hoch und diese Schülerin meinte dann, den Text vielleicht schon einmal gehört zu haben. Könne das zu Weihnachten vor einem Jahr gewesen sein? Ihre Mutter habe ihn aus einem Buch vorgelesen.

Kein Kommentar!

Bevor man die Konfirmation feiern konnte, hatte man allerdings eine Prüfung zu bestehen, in der man vor versammelter Kirchengemeinde beweisen musste, dass man über hinreichende Kenntnisse verfügte, um nun volles Mitglied dieser frommen Gemeinschaft zu werden. Man musste einen bestimmten Kanon von Lutherliedern auswendig können und den kleinen Katechismus, den Martin Luther formuliert hatte, um die zehn Gebote zu erklären, das Glaubensbekenntnis, das Vaterunser, das Sakrament der Taufe und im fünften Hauptstück das Sakrament des Altars und des heiligen Abendmahles. In der „Konfer"-Zeit hörte man in jeder Schulpause Mitschüler murmeln: „Du sollst nicht....Was ist das? ...." Zu jeder Konfirmanden-Unterrichtsstunde hatte man einen bestimmten Teil des umfangreichen Erklärungswerkes auswendig zu lernen...

Luther selbst hatte zwar die Konfirmation nicht eingeführt, er hielt die Taufe als Eintritt in den Kreis der Gläubigen für ausreichend, aber im Rahmen der Diskussion darüber, dass doch ein Baby gar nicht entscheiden könne, ob es Mitglied der katholischen oder evangelischen Kirche – oder nichts von beidem - werden wolle, hatte man dann in den evangelischen Landeskirchen am Ende des 16. Jahrhunderts die Konfirmation erfunden: Mit vierzehn könne ein junger Mensch über seine Religion entscheiden, und mit der Konfirmation werde die Taufe gewissermaßen wiederholt, bekräftigt, die oder der Gläubige sei nun freiwillig und selbstbestimmt ein Mitglied der evangelischen Kirche. Unsere „Gemeinde" hatte die Konfirmation – wie alle Baptisten und auch Mennoniten – logischerweise nicht übernommen, weil sie eine Taufe erst im Erwachsenenalter nach einer klaren und öffentlichen Bekehrung zum Glauben für sinnvoll hielten und halten.

Die Kirchen waren in den Jahren nach dem Krieg nicht schlecht besucht. Viele Menschen hatten in den Bombennächten und an der Front und auf der Flucht das Beten wieder gelernt, auch Pastor Dauskardt in der Harpstedter Kirche hatte keinen Grund zum Klagen. Natürlich war die Kirche an gewöhnlichen Sonntagen nicht so voll wie an Weihnachten, aber auch wenn Konfirmation war, dann saß man eng gedrängt in den Holzbänken oder stand sogar im Seitenschiff, oben und unten. Natürlich wollten alle Verwandten und Bekannten der Konfirmanden bei dem feierlichen Akt dabei sein, waren stolz, wenn die festlichen gekleideten Mädchen und Jungen einmarschierten, ihre Prüfung ablegten, ihr erstes Abendmahl einnahmen und dann wieder geschlossen bei Orgelmusik ausmarschierten. Wir Barackenkinder fragten uns manches Mal, ob es nicht ein teurer Unsinn sei, extra für diese Veranstaltung ein spezielles schwarzes Kleid oder einen schwarzen Anzug anzuschaffen, den oder das man kaum weiterverwenden konnte – bestenfalls einmal zu Weihnachten oder zu einem anderen Fest. Aber die Harpstedter werden wohl gesagt haben: „Egal, wat mut, mut!"

Es gab aber auch noch ein anderes Motiv, bei diesem Gottesdienst dabei zu sein, ein weniger ehrenwertes. Unter uns Barackenbewohnern war dieses Motiv durchaus weit verbreitetet, wohl weiter als unter den Harpstedter Einheimischen.

Etwas auswendig zu lernen, bis man es fest im Gedächtnis verankert hat, ist eine Sache, es dann aber in der Kirchenöffentlichkeit vorzutragen, mit dem Bewusstsein, dass hinter einem ein paar hundert Bekannte gespannt zuhören, ob man glatt durch den Text kommt oder sich verhaspelt oder sogar ganz steckenbleibt und abbrechen muss, das ist die weit schwierigere Aufgabe.

Für uns Kinder und wohl auch für viele Erwachsene war diese Prüfung ein wahres Wechselbad der Gefühle: Natürlich gab es Prüflinge, die man kaum kannte oder denen man neutral gegenüberstand, da war es egal, ob sie oder er „patzte", aber dann gab es andere, die man gern mochte, die Freunde waren und mit denen man mitzitterte. Da stockte einem schon der Atem, wenn nach dem „Was ist das?" eine Pause entstand und man sah, dass der Nachbar einhalf oder der Pastor sogar einen anderen aufrief, der dann fortsetzte.

Es gab aber auch Prüflinge, weibliche und männliche, die man nicht leiden konnte. Ich spreche hier lieber von mir persönlich, weil ich anderen Menschen nicht so böse Gedanken unterstellen will, wie ich sie hatte. Wir alle in der Baracke strotzten nicht gerade vor Selbstbewusstsein und reagierten deshalb besonders empfindlich darauf, wie man von Klassenkameraden und anderen Mitschülern behandelt wurde. Da reichte oft eine Geste, ein Gesichtsausdruck, ein Wort, ein Satz – und man wusste, dass die oder der andere auf einen herabschaute. Wenn eine solche oder ein solcher Prüfling beim Aufsagen steckenblieb und vielleicht sogar später mit einer zweiten Aufgabe eine neue Chance bekam, die sie oder er auch nicht nutzen konnte, dann schlug der Schadenfreude-Teufel Purzelbaum. Man gönnte dem Versager die öffentliche Blamage, die mindestens eine Woche im ganzen Flecken Gesprächsstoff war.

Nach der kirchlichen Zeremonie gab es in allen betroffenen Familien eine große Feier, manche fanden auch in den Gasthäusern des Fleckens statt. Natürlich waren wir ein bisschen neidisch, wenn wir miterlebten, wie reich die Konfirmanden von der ganzen Verwandtschaft beschenkt wurden. Uhren gab es da, Brieftaschen, Füllfederhalter, ein Fahrrad, Bargeld in Briefumschlägen… Selbst die wenigen Bekannten, die in der Baracke diese Zeremonie erlebten, wurden nach Kräften beschenkt, weit mehr als das zu Weihnachten oder zum Geburtstag üblich war.

Und nach der Konfirmation waren die Kinder dann Jugendliche und hatten automatisch eine Reihe von Freiheiten, die uns verschlossen blieben. Je nach Familie durften die Mädchen nun einen Freund haben, durften tanzen gehen, durften schon mal ein Glas Alkoholisches trinken…Böse Zungen behaupteten, dass viele Kinder mit Kirche und Christentum gar nichts im Sinn hatten, den Konfirmandenunterricht und die Kirchenzeremonie nur auf sich nahmen, um die eben genannten Annehmlichkeiten zu erhalten. Wir konnten das nicht beurteilen, wir waren so in unserer „Gemeinde"-Mentalität aufgewachsen, eingebunden, sozialisiert, erzogen, dass wir es hinnahmen, davon ausgeschlossen zu bleiben - und nichts Böses unterstellten.

Ich ahnte damals noch nicht, dass das Fehlen der Konfirmation mir später einmal Probleme bereiten würde.

Als ich heiraten wollte und die Brauteltern Wert darauf legten, dass es eine kirchliche evangelische Trauung gab (meine Mutter erklärte sich mit einer solchen Trauung außerhalb der „Gemeinde" einverstanden), war kein Pastor bereit, mich vor den Altar zu lassen: Ich war ja weder getauft noch konfirmiert, somit formal ein Heide. Also ging ich in Kiel ein paar Mal zu einem Spezial-Konfirmandenunterricht für Erwachsene, verblüffte den Pastor mit meinen Kenntnissen der Bibel, der evangelischen Theologie, der christlichen Lieder – er befreite mich von der weiteren Teilnahme und taufte mich dann in der Kapelle der HNO-Klinik, wobei er nicht darauf verzichtete, im Namen des Vaters und des Sohnes und des Heiligen Geistes richtig viel Wasser auf mein Haupt und meinen schwarzen Anzug zu gießen – ich war danach zwar pitschnass, aber getauft und konfirmiert und somit präpariert für den Traualtar.

Als ab 1944 viele Ausgebombte aus dem Rheinland nach Harpstedt kamen, gründete man zusammen mit den wenigen hiesigen Katholiken, die bisher von Twistringen mitbetreut worden waren, eine katholische Gemeinde, die denn auch bald einen eigenen Seelsorger bekam. Für die Gottesdienste, die heilige Messe, benutzten die Katholiken die evangelische Christuskirche, üblicherweise vor dem evangelischen Gottesdienst, so dass wir oft noch einen Hauch von Weihrauch riechen konnten, wenn wir um zehn zu unserem Gottesdienst hineingingen. Erst 1962 bekamen die Katholiken eine eigene Kirche.

Dem wahren Glauben diente man in der Kirche nach Ansicht der „Gemeinde"-Mitglieder nicht, viel zu oberflächlich und lax wurde dort die Bibel interpretiert und das Leben gesehen. Aber es gab zumindest nicht so tiefgreifende Differenzen, dass es ein Sakrileg, eine Sünde gewesen wäre, an ihrem Gottesdienst teilzunehmen. Luther hatte nach Ansicht der „Gemeinde"-Prediger zumindest so viel „Schlimmes" aus der katholischen Lehre entfernt, dass man die evangelische Kirche tolerieren konnte, mit der katholischen wäre das undenkbar gewesen, Katholiken waren in ihren Augen Ketzer, nicht Ungläubige, sondern schlimmer: Falschgläubige. Unsere Mutter machte nie einen Hehl daraus, dass sie sich für alle ihre Kinder später einen „Gläubigen", d.h. ein Mitglied der „Gemeinde", als Ehepartner wünschte. Eine evangelische Christin, ein evangelischer Christ konnte notfalls toleriert werden (sie hat das bei allen sieben Kindern tun müssen), sie kündigte aber an, mit einer katholischen Braut oder einem katholischen Bräutigam dürfe ihr niemand ins Haus kommen, da war die Ablehnung kompromisslos, die Intoleranz hart wie Granit.

Den rechten Glauben konnte nur der Prediger der „Gemeinde" vermitteln, und daher war es stets ein absoluter Höhepunkt, wenn ein solcher „Bruder", damals kein studierter Theologe, sondern ein Laienprediger (wenn auch mit einer gewissen Schulung durch „Gemeinde"-Zentren) sich ansagte, um in der Baracke ‚richtigen' Gottesdienst abzuhalten. Solche „Brüder" waren zum Teil auch aus Ostpreußen geflüchtet, es gab sie aber auch seit alters her in Westdeutschland und anderswo. Baptisten und Pfingstgemeinden waren – in vielen kleinen abweichenden Variationen, wie das bei Sekten üblich ist – fast über die ganze Welt verstreut, besonders in den USA hatten und haben sie viele engagierte Anhänger.

An einem Dienstagmorgen hatte der Briefträger mal wieder eine Postkarte unter unserer Tür durchgeschoben, und unsere Mutter verkündete beim Abendessen mit strahlendem Gesicht: „Am Wochenende kommt Bruder Rothenbusch. Er wird wieder bei uns wohnen." Unsere Mutter kannte ihn aus Ostpreußen, er reiste nun in Norddeutschland herum und betreute die weit verstreuten Gemeinde-Anhänger. Sie war allerdings die einzige, bei der diese Nachricht Begeisterung auslöste, für uns Kinder bedeutete sie zuerst einmal wieder, beim Schlafen noch mehr zusammenrücken zu müssen, denn „Onkel Rothenbusch", wie wir Kinder ihn ansprechen mussten, hatte selbstverständlich einen Anspruch auf sein eigenes Bett. Außerdem würden wir uns das ganze Wochenende besonders leise und wohlerzogen benehmen müssen, um zu beweisen, dass wir gute Kinder waren, die auf dem rechten Wege wandelten, den die Bibel vorgezeichnet hatte und deren genaue Regeln vor allem er, Onkel Rothenbusch, kannte, dessen Aufgabe und Recht es war, diese Bibel „auszulegen", zu interpretieren, zu erklären.

Einen Lichtblick gab es dabei allerdings: Unsere Mutter würde sich beim Essenkochen wieder ganz besonders anstrengen, es würde nicht das langweilige Fleisch aus den Einweckgläsern geben, sondern sie würde frisches Fleisch, Rindfleisch vielleicht sogar, kaufen oder das von uns allen geliebte Huhn zubereiten, zwei wahrscheinlich sogar, damit nicht jeder nur seine übliche Zuteilung bekam (Erich und Artur ein Bein, Rudi die Karkasse, Irmgard die Flügel und den Magen, unsere Mutter und Edith und ich das weiße Brustfleisch), sondern wir alle nach Wunsch zugreifen konnten, wenn Onkel Rothenbusch signalisierte, dass er genug gegessen hatte. Sicherlich würde sie dann auch wieder selbstgemachte Nudeln dazu liefern, aus Weizenmehl hergestellt und zehnmal köstlicher als die üblichen Grießnudeln, die wir sonst aßen. Und in der Hühnersuppe würden Fleischstückchen schwimmen und wohl auch Eierstich, der für alle zur Krönung eines Festessens gehörte. Und zum Nachtisch würde ihr sicher ein guter Pudding einfallen und ein Berg von Erdbeeren aus dem Garten würde mit Zucker und Sahne obendrauf den krönenden Abschluss ausmachen. Ja, diese Vorfreude konnte schon dafür sorgen, dass man die Nachteile des Besuchs in Kauf nahm.

Was ich am meisten hasste und auch Edith stets sehr fürchtete, war seine Frage, die bei jedem Besuch gleich nach der Ankunft gestellt wurde. „Na Horst, - na Edith - liebst du denn auch den Heiland?" Ich weiß gar nicht, ob auch meine größeren Geschwister mit dieser inquisitorischen Frage in Bedrängnis gebracht wurden, mag sein, dass sie es zu organisieren wussten, bei seiner Ankunft unaufschiebbare auswärtige Pflichten zu haben, aber an Edith und mir ging dieser Kelch nie vorüber. Was sollte ich antworten? Natürlich wurde ein begeistertes „Ja" erwartet, am besten noch mit der Befestigung: „sehr sogar" oder „mehr als mein Leben" ergänzt. Aber es stand doch eindeutig in den zehn Geboten, dass man nicht lügen sollte und Jesus als Sohn Gottes wusste doch alles, schaute in alle Herzen und Köpfe und würde die Lüge sofort erkennen, selbst wenn man Onkel Rothenbusch mit treuherzigen Augen und fester Stimme hinters Licht führen konnte.

Wie sollte ich den Heiland lieben? Ich kannte ihn doch kaum. Natürlich war in der Kirche dauernd von ihm die Rede und unsere Mutter las vor allem aus dem Neuen Testament vor, in dem er die Hauptrolle spielte, aber das, was immer als seine besondere Lehre herausgestellt wurde, konnte mir als Kind, zumal als Junge, gar nicht imponieren. Wir sollten unseren Nächsten lieben wie uns selbst, hatte er zum Beispiel gesagt. Ich wusste gar nicht so recht zu sagen, ob ich mich denn selbst liebte, ja, meine Mutter liebte ich von Herzen und meine kleine Schwester Edith auch,

[21] Edith und Horst]

meine größeren Geschwister auch ein bisschen – aber der Gedanke, dass ich auch unsere Nachbarin Frau Mietsche lieben sollte und Frau Streck und gar die schrecklichen großen Jungen in der Nachbar-Baracke, die mit Steinen warfen, wenn man in der Nähe vorbei ging – das ging mir doch zu sehr gegen den Strich. Und dann noch sein Befehl, den man uns hundertmal wiederholte, man solle die rechte Wange hinhalten, wenn man von jemandem auf die linke geschlagen würde. Nein, das kam gar nicht in Frage! Wenn es jemand wagte, mich ins Gesicht zu schlagen, dann musste er damit rechnen, von mir zwar nicht die Faust aufs Auge, aber doch eine Ohrfeige zu erhalten – bevor ich weglief. Denn das Weglaufen hatte uns unsere Mutter als eiserne Regel ans Herz gelegt: Weglaufen sei nicht feige, es sei einfach nur schlau, um eine Prügelei zu vermeiden. Und obwohl wir Kinder da unsere Zweifel hatten, ob man nicht doch als Feigling angesehen würde, wenn man davonlief, hielten wir uns an unserer Mutter strikten Hinweis. Aber die andere Backe – wir sprachen nicht von „Wange" – hinhalten, nein, das ging uns denn doch zu weit, das ging uns über die Hutschnur oder besser: an die Ehre. Und wohin diesen Jesus sein Verhalten geführt hatte, das sah man ja: Ans Kreuz haben sie ihn genagelt, wo er doch fast allmächtig sein sollte. Das hat er sich gefallen lassen und sein Vater hat ihm nicht geholfen. Und dann erzählte man uns noch in vielen Predigten, dass er seinen Tod freiwillig auf sich genommen hatte, um uns

Menschen von unseren Sünden zu befreien. Was hatte ich kleiner Kerl denn so Sündiges getan – und meine unschuldige kleine Schwester erst! – dass jemand dafür sterben musste?! Nein, ich fand keinen wirklichen Grund, diesen Heiland zu lieben und deshalb stotterte ich denn auch, ich gäbe mir Mühe, was stets einen langen Sermon auslöste, ich müsste doch... Ich gewöhnte mir dann einfach an – Lüge hin oder her! - mit einem klaren „ja, ich liebe ihn von Herzen" zu antworten.

Mit diesem Satz wird auch zwischen Menschen so oft gelogen, dass es sicher auf meine Notlüge auch nicht mehr ankam.

Das Wochenende kam - und mit ihm Onkel Rothenbusch. Unsere Mutter zog in das andere Schlafzimmer, Erich und Artur tauschten und wurden Bettnachbarn des Predigers – nicht auszudenken, dass unsere Mutter in einem Raum mit ihm genächtigt hätte.

Zum Abendessen gab es tatsächlich das erwünschte Huhn, Onkel Rothenbusch würdigte es mit einem langen selbst erdachten Gebet, in dem er weniger unsere Mutter, als dem Heiland dafür dankte, dass er so gütig zu den Witwen und Waisen und Armen und Kranken war und sie alle so reich gesegnet habe – er schloss sich diesem Segen an und verteilte ihn mit ausgestreckten Händen auf unsere Köpfe. Abends wurde dann lange aus der Bibel vorgelesen, gesungen und gebetet, aber der richtige Gottesdienst war für den nächsten Vormittag angekündigt, alle ostpreußischen Familien waren informiert worden.

Am Sonntagmorgen trat dann – ungewohnt für mich, der sich an seinen Vater überhaupt nicht erinnern konnte – Onkel Rothenbusch in die Küche, angetan mit einem langärmligen Unterhemd und Hosenträgern darüber. Er holte sich eine Schale mit warmem Wasser auf den Tisch, baute einen kleinen Klappspiegel auf, schob die Hosenträger von den Schultern, krempelte die langen Ärmel zweimal um, knöpfte das Hemd auf, klappte die oberen Teile nach innen, so dass der Hals frei war, rührte sich Seifenschaum an, strich sich den Schaum mit dem Pinsel ins Gesicht, wetzte das Rasiermesser auf einem Lederband scharf und schabte sich dann Strich für Strich den Schaum und die Bartstoppeln aus dem Gesicht. „Guck mal", hörte ich Artur an der offenen Tür sagen, der genauso gebannt zugesehen hatte wie ich, „genauso hat Papa das immer gemacht."

Gegen zehn füllte sich unsere große Küche mit Nachbarn, vor allem Frauen, die alle ihren eigenen Stuhl, zum Teil auch ihre Kinder mitgebracht hatten. Man begrüßte sich, schwatzte, lachte, es herrschte eine erwartungsfrohe, fast aufgedrehte Stimmung.

Um zehn öffnete sich dann die Tür und Onkel Rotenbusch trat aus dem Nebenzimmer vor seine Gemeinde. Ich hatte mich auf einen Hocker in die Ecke mit dem Herd gesetzt, um niemandem einen guten Platz wegzunehmen. Edith saß dicht neben unserer Mutter mitten zwischen den Frauen.

Onkel Rothenbusch begrüßte seine „lieben Schwestern und Brüder" und freute sich, dass der Herr einem wieder die Gnade geschenkt habe, sich in seinem Namen versammeln zu dürfen. Er hob seine schmalen Hände – die Gemeinde kannte das Signal, sie ging mit, alle Köpfe senkten sich – und dann sagte er an: „Lasset uns beten!" Und er sprach ein langes Gebet, sein Gesicht verklärte sich, er bat, beschwor eindringlich, dankte. Alle beteten leise mit, ab und zu hörte man ein Schluchzen, ein „Jesus", „Ja, Herr Christus", „Oh mein

Heiland"...bis Onkel Rothenbusch, wie aus tiefer Versunkenheit erwachend, mit wonniglichem Gesicht die Augen öffnete, die Arme ausbreitete und ein paar Töne trällerte: Einige Stimmen schlossen sich an, ein Summen ertönte, die Stimmen wurden lauter, klangen zusammen, ein Schluchzen irgendwo, eine Stimme sang laut auf, alle hielten die Augen geschlossen, das Summen erinnerte an einen Choral, Onkel Rothenbusch griff die Melodie auf, begann den Text zu singen, die ersten sangen mit, dann sangen alle laut, jubelnd erklang dreimal der Choral.

Dann las Onkel Rothenbusch einige Verse aus der Bibel vor und legte sie aus, predigte laut, dass draußen neugierige Gesichter an den Fenstern erschienen. Er ballte die Hände zu Fäusten, streckte die Arme gen Himmel, sein Gesicht war verzerrt vor Zorn, er drohte den Sündern mit ewiger Verdammnis, in der Hölle würden sie schmoren, das Feuer sei schon entfacht für sie, die Teufel warteten schon – lautes Weinen brach aus, manche Frauen schlugen sich mit der Hand auf den Kopf oder an die Brust – dann schaltete er um, wurde leiser, verwies darauf, dass man bereuen und Buße tun könne, dann sei Rettung möglich, Gott habe ja seinen eingeborenen Sohn für unsere Sünden hingegeben. Das Weinen ging in Seufzen über, seine Stimme säuselte jetzt, beruhigte, machte Hoffnung, dermal einst droben würden sich die Gerechten wiedersehen im Angesicht des Herrn zu ewigem Frieden und zu ewigen Freuden.

Und dann wurde noch einmal zum Gebet, zum kollektiven Beten aufgerufen, alle knieten sich hin, die Oberkörper auf den Stuhl gelegt, das Gesicht mit den Händen verhüllt. Und nun hob ein lautes Reden an mit immer sich wiederholenden Ausrufen „ja Herr!", „hilf Herr!" „oh mein Gott", „Hosianna", „Amen", „Halleluja", „ja ja"... Schluchzen, Freudenausbrüche, Schreie, Jammern, Wimmern: ein kleiner Hexenkessel... Bis plötzlich hinten eine laute Frauenstimme anhob, Jesus zu loben, ihn bat, die Lippen seiner Dienerin zu salben, sie flehte für die Kranken, die Armen, die Verfolgten, dankte noch einmal für die Gnade, hier in seinem Namen versammelt zu sein, bat um seinen Segen, schaltete reichlich „geliebter Heiland, mein Jesus, ach mein Herr" ein, bat um Ausschüttung des Heiligen Geistes, dankte für Gestern und die erfahrene Gnade, um am Ende den „herrlichen Jesusnamen, Amen!" zu preisen.

Ein Zweiter, jetzt ein Mann, übernahm das laute Beten, sprach fest und frei, beichtete ungehemmt seine Sünden, bereute, flehte um Nachsicht, Verzeihung, Gnade. Die dritte Beterin lobpreiste Jesus mit den herrlichsten Worten, den gesuchtesten Wendungen, die Sätze flossen ihr nur so vom Mund. Und plötzlich begann ein mir nicht bekannter Mann zu reden, mitten hinein in das Gebet der Frau: „Akarai maschandie, nur mesa nando, akarai kuri umma batalaga, kaschischerri, Herr, ich habe dein Wort gehört, ich weiß, Herr, es ist Zeit zur Buße, das Ende ist nah." Und das Beten und Schluchzen und das laute Weinen und Schreien ging weiter, als sei dieser Beitrag das Normalste der Welt gewesen.

Als Onkel Rothenbusch seine Hände senkte, „ja Herr" rief und dann „Halleluja Amen – Amen", da versiegten schlagartig die Tränen, die Ekstase war vorbei, als hätte das „Amen" einen Schalter umgelegt. Alle standen auf und setzten sich wieder auf ihre Stühle, manch einer schaute um sich, als nehme er erstmals seine Umgebung und seine Schwestern und Brüder wahr...

Onkel Rothenbusch stimmte ein Lied an, alle sangen mit, dann sprach er den Schlussdank, verkündete, in zwei Monaten wiederzukommen und zog sich in das Nachbarzimmer zurück. Die Frauen nahmen ihre Stühle und gingen, wir rückten den großen Tisch in die Mitte vor das Fenster – die Normalität konnte wieder Einzug in unsere Küche halten: Gott sei Dank, dachte ich.

Ich habe mich damals als kleines Schulkind schon gewundert, zu welchen sprachlichen Leistungen die einfachsten Menschen in diesen öffentlichen Gebeten fähig waren. Als ich dann als Germanistikstudent in Kiel und Bremen häufig an solchen Gottesdiensten teilnahm, um meiner Mutter einen Gefallen zu tun, wurde mir erst recht bewusst, dass Personen, die im Alltag keinen gescheiten Satz zusammenbekommen, plötzlich hochgestochen und flüssig redeten, blumenreich mit den schönsten Vergleichen und Metaphern, gedrechselten Satzstrukturen, und ich versuchte herauszufinden, wie sich das erklären lasse. Bei meiner Mutter machte ich einige Beobachtungen, die mir zumindest eine Teilerklärung brachte: Morgens, mittags und abends wird gebetet, christliche Lieder werden gesungen, die Bibel, fromme Heftchen und Traktate, Bücher, Aufrufe, Broschüren werden gelesen, Versammlungen werden erlebt, Gebete des sprachgewaltigen Predigers gehört – alles ist in demselben salbungsvollen an Metaphern reichen Stil gehalten, das gesamte Denken spielt sich in diesem sprachlichen Rahmen ab, die Alltagsgeschäfte sind fern davon. In dem frommen Dunstkreis ist man mit dem Vokabular und der Bilderwelt und den Gleichnissen voll vertraut, man kann sie jederzeit abrufen, stellt sie dann unter der Hochspannung, in die man versetzt ist, wenn man sich entschlossen hat, laut vor der Gemeindeöffentlichkeit seinen Auftritt zu haben, neu zusammen – und fertig ist das wohlklingende Gebet. Wie abgehoben und beschränkt diese fromme Sprache ist, merkte ich in späteren Jahren, als meine Mutter wegen ihrer Demenz einen Alltagstext nicht mehr lesen und verstehen konnte. Sie beherrschte daneben aber weiter perfekt die christliche Diktion und Rhetorik im lauten Gebet.

Was ich immer noch nicht recht verstehe, ist das oben knapp vorgestellte sogenannte Zungenreden, wissenschaftlich „Glossolalie" genannt. Klar ist, dass die Pfingstgemeinden – nur hier wird diese Form des Gebetes praktiziert – sich auf Paulus beziehen und das Pfingstgeschehen mit der Ausgießung des Heiligen Geistes über die Apostel, die nun neue Sprachen beherrschten, um in aller Welt missionieren zu können. In Korinther 1 ist das nachzulesen. Aber was sich im Kopf des plötzlich in Zungen Redenden abspielt, was ihn motiviert und wie er selbst oder ein anderer dann den „Zungentext" in Normalsprache übersetzen kann, das weiß ich auch nach der Lektüre des Wikipedia-Artikels im Internet nicht, bei allen schlauen Informationen, die ich sonst dort finden konnte.

Ich kann mich gut an diese häufigen Veranstaltungen in unserer Baracken-Küche erinnern. Mir war der Aufenthalt des Herrn Rothenbusch immer ein Alptraum, mir schienen die Versammlungen eine Mischung aus einer Art Hypnose und schlichter Heuchelei zu sein. Und den Herrn Rothenbusch hielt ich - so jung ich damals auch noch war - immer für einen effektvollen Hochstapler, der mit den zahlreichen Geldscheinen, die er nach seinen Predigten erhielt (das Zehnt-Geben war in der Gemeinde üblich), wohl recht gut durchs Leben kam.

Ich dachte jahrelang, diese Gottesdienste hätten sich in meiner Erinnerung gewissermaßen aufgeblasen, könnten gar nicht so emotionsgeladen und aufgeregt abgelaufen sein, wie ich sie hier geschildert habe, bis ich dann ein Jahrzehnt später wieder mehrfach Gemeindeveranstaltungen besuchte, vor allem sogenannte Erweckungsgottesdienste in großen Zelten, aber auch in den festen Gemeinde-Häusern. Und siehe da, auch dort erlebte ich hochtalentierte Prediger, die ihren Zuhörern „einheizten" bis an den Rand der Ekstase und der Hysterie. Diese Gottesdienste liefen genau nach dem Muster ab, wie „Onkel Rothenbusch" es schon 1945, 48, 50 in Harpstedt beherrschte und anwendete.

Im Zusammenhang mit der christlichen Erziehung stand auch unser Verhältnis zur Sexualität. Sexualität – ich schrieb das schon - gehörte zum Fleischlichen und war damit automatisch dem Bereich des Sündhaften und somit Verbotenen zugeordnet.
Wir wuchsen in einer merkwürdig verklemmten und verlogenen Atmosphäre auf. Ringsum in der Baracke gab es hinreichend Anschauungsunterricht in gelebter Sexualität, schließlich waren nicht alle Frauen bereit, nach dem Tod oder während des Vermisst-Seins ihrer Männer wie eine Nonne zu leben –ich schrieb das bereits. Manch eine hatte sich einen neuen Partner zugelegt, manch eine ließ sich auch bei der Arbeit im Wald oder beim Bauern von dem einen oder anderen Mann beglücken; man hörte als Kind häufig von solchen Ereignissen, denn nicht in allen Familien war das Thema so tabuisiert wie bei uns. Auch waren die Barackenwände sehr dünn und sorgten dafür, dass man schon mal unfreiwilliger Ohrenzeuge der einen oder anderen Liebes-Veranstaltung wurde. So naiv waren wir denn doch nicht, dass wir eine bestimmte Geräusche-Mischung nicht zu deuten wussten, zumindest in der Zeit, als wir schon zur Schule gingen. Manche Frauen erzählten auch ganz ungeniert, dass Frau XY es mit ihrem neuen Kerl treibe, wann immer sie Lust bekämen, ohne Rücksicht auf die Anwesenheit der Kinder – das gilt für das „Treiben" und das Erzählen…

Unter uns Kindern – besonders wenn wir Jungen allein, also ohne Mädchen waren - wurde natürlich in aller Deutlichkeit und Grobheit und mit einem sehr Baracken-speziellen Vokabular (das man z.B. schon in Delmenhorst manchmal nicht mehr verstand) über Sexuelles geredet, wenn auch mit einer umwerfenden Ahnungslosigkeit, die die meisten hinter großen Sprüchen versteckten, die Kenntnisse und Erfahrungen vorgaukelten, die niemand wirklich besaß.
Man zitierte gern Schmuddel-Sprüche oder sang entsprechende Lieder, an denen aber auch viele Erwachsene ihre Freude hatten und laut kicherten, wenn sie sie hörten – Frauen bildeten da keine Ausnahme. „Donnerwetter, sprach der Vetter, als er seinen Sack besah. Fünf Pfund Wolle an der Knolle, gut gewachsen dieses Jahr!" „Banane, Zitrone, in der Ecke steht ein Mann / Banane, Zitrone, er lockt die Weiber an. / Banane, Zitrone, er nimmt sie mit ins Bett, / Banane, Zitrone, er macht sie dick und fett." wurde gern gesungen und ebenso gern zitierte man den Spruch: „In Hannover an der Leine / haben die Mädchen schöne Beine, / rote Lippen, dicke Titten / und ein kleines Loch zum Ficken."
Damals war dieses F-Wort noch tabuisiert, wie heute immer noch in weiten Teilen Amerikas und in England, wo man umschreibend von dem Vier-Buchstaben-Wort („fuck") spricht und schreibt, bei uns vergeht ja kaum ein Fernsehabend, an dem man es nicht zu hören bekommt, wenn man die entsprechenden Sender einschaltet – aber auch im ARD und ZDF entkommt man ihm nicht. Unsere Mutter hätte sich sicher wieder einen „passek", einen Gürtel (später davon) ausgeliehen

und uns durchgehauen, wenn sie von uns so etwas gehört hätte. Für Edith war das ein Graus und mancher Junge machte sich ein Vergnügen daraus, gerade in ihrer Gegenwart entsprechende Sprüche laut werden zu lassen. Unter uns Jungen war das F-Wort nicht üblich, wir hatten ein anderes dafür, dass ich nach der Baracke nie wieder gehört habe: „Dubsen" sagten wir, und ich denke, das Wort wird sich in keinem Duden oder anderem Wörterbuch finden. Abgeleitet ist es von „Dubs" = Po, Hintern.

Edith erzählt, Dr. Jelken, ihr erster Deutschlehrer in Delmenhorst, der auch zwei Jahre lang mein Lehrer gewesen war, hatte eine geniale Idee gehabt, diesen ganzen sprachlichen Bereich zu enttabuisieren und ihm dadurch seinen schmutzigen Reiz zu nehmen. Er hatte Wortfeldübungen eingeführt, das Wort „sprechen" mitten an die Tafel geschrieben und dann die Kinder aufgefordert, Wörter mit gleichem oder verwandtem Sinn dazuzuschreiben. Es stand dann „reden, rufen, sagen, schreien, erzählen, mitteilen..." an der Tafel und in einem zweiten Durchgang versuchte man dann, die Unterschiede zu formulieren, was nicht immer gelang.

Tage später hatte er „koitieren" angeschrieben, worauf keine Reaktion kam. Erst als er als erster ergänzte und „vögeln" anschrieb, ging den Kindern ein Licht auf. Sie wollten anfangs gar nicht glauben, dass man in Anwesenheit eines Lehrers solche Wörter verwenden durfte, überhaupt so was zur Sprache bringen konnte. Schließlich stand die ganze Tafel voll: bürsten, pimpern, bummsen, dubsen, bügeln, Sex haben, lieben, umlegen, umnieten, lang legen, schwängern, dick machen – das „Ficken" traute sich niemand anzuschreiben. Erst auf Aufforderung, es gebe da doch noch das Wort mit „F", ging ein kleines, sonst ganz stilles Mädchen nach vorn und schrieb das Wort ganz nach oben über alle anderen.

Edith hat dann diese Methode übernommen, als sie einige Zeit als Deutschlehrerin arbeitete und merkte, wie in den Klassen drei, vier, fünf vor allem die Jungen die Mädchen mit diesem Vokabular drangsalierten. Nachdem dann diese Wörter an der Tafel gestanden hatten und auch vorgelesen worden waren - auch Mädchen hatten sie ausgesprochen – verloren sie ihren Schrecken und ihre Schmutzschicht, waren nur noch Sprachvarianten.

Es gab manchmal abends, wenn das Licht ausgefallen war, kleine Spielchen wie „Fischlein im Dunklen", die hatten mit Tasten und Fühlen zu tun, aber wirkliche sexuelle Handlungen waren bis in weit höhere Altersstufen hinein tabu. Die meisten hielten sich daran.

Allerdings nur die meisten: Unsere Mutter wurde eines Tages in die Schule bestellt und man weihte sie ein in die Beobachtungen, die ein Lehrer im Wald gemacht hatte. Unser Artur hatte sich dort mit Ida Krempin, seiner langjährigen Freundin, vergnügt – wie auch immer. Ob ihm das wohl Spaß gebracht hat? Artur sicherlich, aber ich meine den Lehrer, den Zuschauer, den Spanner! Unsere Mutter war erschüttert, es war das erste Mal, dass sie etwas Negatives zu hören bekam, bis dahin hatten sich alle Lehrer stets höchst positiv über ihre Kinder geäußert. Irmgard bekam bei dem heftigen Schimpfen auch gleich ihr Fett ab, sie war oft mit Artur zusammen unterwegs und unsere Mutter hielt alles für möglich, es war ihr ein Alptraum, dass Irmgard mit ihren 13 Jahren ein Kind bekommen könnte. Erna war es dann, die die total verunsicherte Irmgard beruhigte: Nein, selbst wenn sie mal geküsst werden sollte, davon könne sie kein Kind bekommen! Irmgard war beruhigt.

An eine kleine Veranstaltung erinnere ich mich genau. Ich war draußen und spielte und wunderte mich, dass kein anderes Kind da war. Nach einer Weile kam Erich Rossol und sagte mir, ich solle mitkommen. Ich ging hinter ihm her und traf die ganze Kindermeute unten im langen dunklen Kellergang vor der Waschküche. Immer ein Junge und ein Mädchen standen beieinander, nur Hilde S. war allein. Die rief mich denn auch zu sich hin - ich verstand nicht recht, was sich hier abspielte. „Nun mach schon!" hörte ich sie sagen. Was sollte ich machen? Sie half mir, ergriff meine Hand und führte sie tief in ihren Schlüpfer ein, bis ich ihre Vagina berührte. So, das musste also sein und machte offenbar allen Spaß! Ich kann mich an meine Reaktion nicht erinnern, aber offenbar hat mich dieses kleine Spielchen doch irgendwie bewegt oder angeregt, ich hätte es sonst nicht über ein halbes Jahrhundert in der Erinnerung behalten.

Im Jahre 2013 hatte Hilde S. mein Buch und natürlich auch diese kleine Szene gelesen. Sie schrieb mir einen Brief, in dem sie über ihre Lektüre und ihre Reaktionen berichtete. Ich fragte zurück, ob sie sich durch diese Darstellung vielleicht verletzt gefühlt habe und sie antwortete, nein, warum denn auch? Man wisse doch heute und akzeptiere, dass es kindliche Sexualität gebe. Und sie erinnerte sich ebenso wie ich an die Kellerszene und konnte noch ergänzen, was ich nicht mehr gewusst habe. Ich hatte Robert gefragt, ob denn Hilde auch dabei sei, und als er verneinte, hatte ich gesagt, dann käme ich nicht. Daraufhin sei er zu Hilde gegangen und habe sie aufgefordert, im Keller zu erscheinen, damit auch ich an dem Spielchen teilnähme. Erst nach ihrer Einwilligung sei ich dann losmarschiert und im Keller aufgelaufen.

Ein Ereignis muss noch erwähnt werden, das Edith und viele andere Mädchen in unserer Baracke tief verwirrt und fast traumatisiert hat, und auch an uns Jungen nicht spurlos vorbeiging: Einer der Männer – ich lasse hier bewusst klare Angaben fort - hatte die junge Tochter der Frau, mit der er als „Ersatzmann" zusammenlebte, vergewaltigt. Was dieses Wort bedeutete, das wussten wir schon als Kinder aus vielen Berichten von dem Einmarsch der Russen in Ostpreußen und dann im Reich. Das schien uns schon grauslich genug, aber das waren Soldaten in Ausnahmesituationen, Fremde, hier hatte ein Mann einem Kind sexuelle Gewalt angetan, das mit ihm wie eine Tochter zusammenlebte: Unglaublich schien uns das. Ich hatte diesen Mann nie leiden können, grob und unfreundlich war er zu uns Kindern – aber nun machte ich einen weiten Bogen um ihn, wenn ich ihm irgendwo begegnete. Nein, juristische Konsequenzen hatte die Tat nicht – wo kein Kläger, da auch kein Richter, so etwas verschwieg man einfach.

Edith nennt in ihrem Buch „Barackenkind" das Vergewaltigungsopfer „Gundel" und zitiert sie auf dem Barackentreffen (Edith Dühl, „Barackenkind", S.277):
„>Ja<, sagte Gundel, >wir haben alle zu viel abgekriegt. Und nicht nur, weil sie uns verachtet haben. Auch in der Baracke. Wir haben zu viel gesehen und zu früh. Und die, bei denen es beim Sehen blieb, die

*haben noch Glück gehabt. < Alle schauten sie an...alle wussten, wovon Gundel sprach.*

*>Ich hab ja später Glück gehabt, weil ich so einen geduldigen Mann gefunden habe<, sprach Gundel nach kurzem Zögern weiter, >vielleicht war es für mich gut, dass das damals in der Baracke kein Geheimnis war. Geschehen war geschehen, aber ich bin für alle die Gundel geblieben und brauchte mir nicht irgendwelche Sachen auszudenken oder einzubilden. <"*

Es soll Männer aus dem nahen Altersheim gegeben haben, die den kleinen Mädchen fünfzig Pfennig dafür boten, wenn sie kurz einmal den Schlüpfer heruntergezogen und ihn gucken ließen. Mir ist davon damals nichts bekannt geworden, aber Edith hat das beobachten müssen und hat den Preis von einigen Mädchen erfahren, als die sich mit dem verdienten Geld Kandis und Bonbons kauften.

Die Tabuisierung und Verurteilung des Sexuellen und „Fleischlichen" ging noch weiter und führte bei uns zu Verklemmungen, die unvernünftige Ausmaße annahmen und uns das Leben schwer machten. Edith berichtet zum Beispiel davon, wie sie ihr Gesicht abschrubbte, wenn es mal jemandem gelungen war, ihr gegen ihren Willen einen Kuss aufzudrücken, und wie entsetzt sie abgelehnt hatte, sich von Frau Streck küssen zu lassen, selbst als ihr ein neues Kleid zur Belohnung dafür versprochen wurde. Wir alle waren nicht in der Lage, uns zur Begrüßung umarmen zu lassen, wie Olla es zum Beispiel gern tat, und schickten beim Besuch bei ihr in Frankfurt möglichst einen anderen nach vorn, um nicht die stürmische Umarmung und eventuell sogar noch einen nassen Schmatz-Kuss ertragen zu müssen. Auch im Erwachsenenalter fiel es uns allen schwer, ein normal-entspanntes Verhältnis in diesem Bereich zu entwickeln.

Ich sehe bei unseren Kindern, wie anders und entspannter und damit demonstrativ liebevoller sie ihre Kinder – unsere Enkelkinder – behandeln und herzen und küssen; wir haben das nicht so erlebt, es nicht gelernt und konnten nur schwer einen eigenen anderen Stil entwickeln. Bei mir war da allerdings meine Frau Hella eine entscheidende Hilfe, die in diesem Punkt eine ganz andere Erziehung und Sozialisation hinter sich hatte. In ihrer Familie war es üblich, dass man sich in den Arm nahm und drückte und auf die Wange küsste – ich übernahm das dann schnell. Hier in Spanien ist das eh´ selbstverständlich.

Am Ende dieses Kapitels möchte ich auf eine Abschlussbemerkung nicht verzichten. Bei aller Kritik an den religiösen Regeln und Praktiken, die wir erlebt und unter denen wir zum Teil heftig gelitten haben, muss ich betonen, dass ich nichts gegen Glauben und Religiosität an sich habe. Ich bin überzeugt, dass das Vertrauen auf und der Glaube an Gott meiner Mutter über manch schlimmes Ereignis hinweggeholfen hat und mit dazu beitrug, dass sie diese Nachkriegsjahre überlebte – buchstäblich. Ich werde bei einer Todesnachricht noch einmal darauf zurückkommen.

Homo Ludens – der Mensch ist Mensch, weil er spielt

Die Nachkriegszeit war für fast alle Deutschen – für fast alle Europäer – keine Zeit des Zuckerschleckens, schon gar nicht für die vielen Ausgebombten, Vertriebenen, Geflüchteten. Ich habe deshalb notwendigerweise ausführlich darüber erzählt, wie schwierig es war, den Alltag zu meistern, das Überleben zu sichern. Für meine Mutter war das der ausschließliche Lebensinhalt in all den Jahren in der Baracke. Sie hat nie darüber geklagt, dass es kaum eine Stunde am Tag – schon gar nicht ganze Tage - gab, die sie für sich hatte, die ihrem Vergnügen dienten. Ich habe schon dargelegt, dass sie das alles bereitwillig auf sich nahm, weil es im Einklang mit ihren christlichen Überzeugungen stand – ohne die sie kaum diese Kraft entwickelt hätte.

Bei uns Kindern war das alles ganz anders. Natürlich waren wir Egoisten, Hedonisten, natürlich suchten wir unseren Spaß – ebenso natürlich sahen wir ein, dass es notwendig war, viele Tage im Jahr und viele Stunden am Tag auf unser Vergnügen zu verzichten und zu arbeiten: in der Schule, im Haus, im Wald, bei Bauern. Aber wann immer diese Pflichten erfüllt waren, konnten wir Kinder sein – und Kindheit ist immer auch und wesentlich Spielzeit.
Wenn ich sehe, wie heute ein Großteil der Kinder und Jugendlichen ihre Freizeit verbringt, wenn ich tagelang kein Kind auf der Straße oder auf einem der Plätze sehe, spielen sehe, dann weiß ich, dass ich trotz aller Nöte und Sorgen und Einschränkungen in einem Kinderparadies groß geworden bin – auch wenn viele Barackenkinder, auch ein Teil meiner Geschwister, das anders sehen.

**EINE VERGLEICHENDE SZENE AUS DEM KINDERLEBEN:**

*Bremen 2013, Roland, elf Jahre alt*
    *Harpstedt 1951, Horst, zehn Jahre alt*

*Halb eins, es klingelt. Roland geht die Schul-Treppe hinunter, holt sein Handy aus der Tasche, drückt die Nummer 3, sein bester Freund Mike meldet sich.* „Hallo, Alter, wie fandst du denn heute die Krüger?" „Meinst du ihren Unterricht oder ihre Bluse?" „Na zum Unterricht ist ja wohl nichts zu sagen, der war langweilig wie immer. Aber die Bluse, die hatte es doch wohl in sich, oder?" „Das kann man wohl sagen, wenn sie noch einen Knopf mehr aufmachen würde, müsste man Angst bekommen…" „Angst?, red doch keinen Blödsinn, das wär doch echt geil, wenn der mal die Möpse rausfallen würden." „Da mach dir man keine Hoffnungen!" „Du, ich muss aufhören, meine Mutter wartet schon, mach's gut."
Halb eins, es klingelt. Horst geht mit Günter Kappelt und Erich Rossol den langen Flur entlang, dann die Treppe aus dem Untergeschoss nach oben. „Habt ihr heute Nachmittag Zeit?" „Sicher." „Dann treffen wir uns nach den Schularbeiten. Bei uns vor dem Eingang." „Gut, bis dann!"

*Roland geht über die Straße, wo auf der anderen Seite seine Mutter in BMW Cabrio wartet.* „Tag, mein Schatz, wie war´s denn heute!" „Hey, Mum, langweilig wie immer. Was gibt es denn zu essen?" „Ich hab uns Pizza in den Ofen geschoben." „Geil. Was für eine denn?" „Du kannst aussuchen, eine ist mit vier Käsesorten, die andere mit Thunfisch." „Wir können uns ja beide teilen." „Gute Idee, ich mag auch beide gern"

Die drei gehen über den großen leeren Schulhof hinüber zu der rechten Baracke, Horst verschwindet im ersten Eingang, Erich und Günter gehen zum zweiten hinüber. „Was unsere Mutter wohl gekocht haben wird. Hunger habe ich!"

*Der Küchenwecker klingelt, Rolands Mutter holt die beiden Pizzen aus dem Backofen, schneidet sie auf zwei großen runden Brettchen in je sechs Stücke, legt dann drei plus drei zusammen, Roland holt Catsup und Cola aus dem Kühlschrank. Sie setzen sich an den Tisch und fangen an zu essen, zerteilen die Stücke mit Messer und Gabel, wünschen sich guten Appetit.*

Horst kommt in die Küche, er riecht schon das Sauerkraut, das seine Mutter im großen Topf gekocht hat. Dazu gibt es Salzkartoffeln und Fleisch, Koteletts, aus einem Glas von der letzten Schlachtung. Edith sitzt schon am Tisch, Irmgard und Rudi kommen gleich nach Horst, setzen sich hin, Artur wird wie immer sein Mittagsbrot in der Werkstatt essen, Erich kommt eine Weile später von dem Gröperplatz herüber, er muss heute nicht auf einer Baustelle arbeiten und kann zu Hause essen. „Komm Herr Jesus, sei unser Gast und segne, was du uns bescheret hast!" betet die Mutter laut, alle murmeln mit, alle sagen dann laut „Amen". Die Gabel wird in die rechte Hand genommen, mit der linken wird der Knochen des Koteletts angepackt und dann essen alle schweigend. Kinder bei Tisch sind stumm wie ein Fisch.

*Roland und seine Mutter bringen das gebrauchte Geschirr in die Küche, die Mutter stellt die Sachen in den Geschirrspüler, Roland nimmt sich noch ein Glas Cola und geht auf sein Zimmer.*

Horsts Mutter und Irmgard stapeln das Geschirr in eine Schüssel, gießen heißes Wasser darüber, das nach dem Essenkochen in einem Topf auf dem Ofen gesummt hat, die Mutter wäscht ab, Irmgard trocknet ab und stellt die Sachen dann in den Küchenspind.

*Roland schiebt eine Diskette in seinen Player, dreht die Lautstärke hoch, legt sich auf sein Bett und zuckt im Rhythmus der Rap-Musik mit den Füßen.*

Edith, Horst, Irmgard und Rudi verteilen sich rings um den Tisch und holen ihre Schulsachen heraus. Erich kehrt zu Gröper zurück, die Mutter sagt an, sie sei bis sechs beim Bauern Horstmann zum Dreschen, zieht ihre Jacke über und geht.

*Es klingelt, was Roland aber gar nicht hört. Seine Mutter kommt herein und gibt ihm mit einer Geste den Auftrag, die Musik leiser zu machen. Roland dreht am Lautstärkenknopf. „Was ist denn schon wieder?" „Klaus ist gekommen, er braucht in seiner Mittagspause ein bisschen Ruhe." „Klaus? Wer ist das denn schon wieder?" „Das ist mein neuer Freund, du wirst ihn heute Abend kennen lernen." „Das lohnt doch gar nicht, der letzte war ja auch nur eine Woche hier." „Acht Tage waren es! – und diesmal ist es mir ernst. Klaus ist Bänker." „Geht es dir um den Mann oder um sein Geld?" „Na um beides, um den Mann mit dem Geld!" Die Mutter geht, Klaus klemmt sich die Kopfhörer auf, es ist still im Haus.*

Am Tisch herrscht Ruhe, jeder arbeitet an seinen Schulsachen, Edith hat noch mit der Schiefertafel zu tun, die anderen haben Hefte und auch Bücher. Horst hat in Erdkunde die Aufgabe, Südamerika zu zeichnen, auf ein Din A4

Blatt. Irmgard zeigt ihm den Trick, ein Stück Pergamentpapier auf die Seite ihres Atlanten zu legen und dann die Umrisse und die Flüsse auf das Pergament zu übertragen – Pauspapier haben sie nicht. Dann wird das richtige Papier mit dem Pergament aufeinander gelegt, gegen die Fensterscheibe gehalten, und mit einem Bleistift werden nun die durchscheinenden Umrisse übertragen, mit Buntstiften kommen braun die Berge hinein, grün das Flachland.

*Roland hat die Aufgabe, sich über die Regierungsformen in den verschiedenen Ländern Südamerikas schlau zu machen. Er geht an seinen PC, schaltet Google ein, findet bei Wikipedia eine gute Übersicht, schaltet auf „Drucken" und hat nach Sekunden das Ergebnis in der Hand. Er schaut nur flüchtig drauf, lesen wird er es abends immer noch können. Da er schon mal den PC anhat, lädt er sich sein Lieblingsspiel herunter und erledigt per Mausklick erst einmal 37 Feinde, eine beachtliche Leistung in einer halben Stunde.*

Horst hat in Rechnen eine ganze Reihe von Brüchen zu multiplizieren, weiß aber nicht, wie das geht. Das haben sie in seiner Klasse angefangen, als er im Krankenhaus lag. Rudi erklärt ihm das simple Prinzip: Zähler mal Zähler, Nenner mal Nenner. 1/3 x ½ = 1/6, klar, die Hälfte von einem Drittel ist ein Sechstel; je größer der Nenner, desto kleiner der Wert des Bruches.

*Auch Roland muss sich um Bruchrechnung kümmern. Er ruft bei Mike an. „Hast du Mathe schon fertig?" „Klar Alter, war leicht, das schaffst du auch, schlappe fünfzehn Minuten habe ich gebraucht. Im Laptop habe ich das gemacht." „Kannst mir das mailen?" „Sicher– aber beim nächsten Mal rechnest du dann, klar?" „Versprochen." Minuten später hat Roland auch diese Hausaufgabe fertig – ausgedruckt. Er schaltet den Fernseher an, um seine Lieblingssendung nicht zu verpassen, die Daily Soap „Verbotene Liebe".*

Horst verstaut seine Schulsachen in den Tornister und geht nach draußen, Edith nimmt er mit, die schon seit einer Weile fertig ist und gemalt hat. Vor der Tür stehen nicht nur Günter und Erich herum, auch Gerhard, Hilde und Oskar sind da, Rudi und Artur kommen gerade um die Ecke. Sie einigen sich schnell auf Versteckspielen, stellen sich im Kreis auf und Edith darf abzählen. „Ene mene muh und ab bist du!" Bei jedem Wort zeigt sie mit dem Finger auf einen der Mitspieler in der Runde, bei den beiden letzten fügt sie dann noch hinzu: „…ab bist du noch lange nicht, sag mir erst, wie alt du bist!" Dann zählt sie die Antwort „neun" abwechselnd zwischen den beiden hin und her und übrig bleibt Hilde, sie muss also als erste die Versteckten suchen und abschlagen.

Während sie sich an den hölzernen Strommast auf dem freien Platz stellt und laut anfängt, den Spruch aufzusagen: „Eins zwei drei vier Eckstein, alles muss versteckt sein, hinter mir und vorder mir das gildet nicht, eins zwei drei ich komme", rennen alle in verschiedene Richtungen auseinander, zwischen den vielen Schuppen und Holzstapeln gibt es herrliche Verstecke. Eine halbe Stunde hält das Spiel alle im Bann, hinzukommende Kinder werden aufgenommen, spielen mit, das Alter spielt hier keine Rolle.

*Roland hat sein Fernsehstück genossen, geht nach unten in die Küche, um sich noch eine Cola zu holen, eine Tüte Chips wäre auch nicht schlecht. Die Mutter ist nicht da, der BMW steht nicht vor der Tür, das muss er nutzen. Oben schaltet er schnell wieder den PC ein, er kennt die einschlägigen Suchmaschinen, gibt in das Suchfenster „große Busen" ein, liegt auf seinem Sofa und schaut sich dann die gut gefüllten Bikini-Oberteile diverser junger Frauen an. Einige legen diese Teile sogar ab und er staunt, was es alles gibt. Aber auch er weiß schon, dass all diese Übergrößen nicht aus der Natur stammen, sondern vom Chirurgen auf dem OP-Tisch hergestellt worden sind. Aber das schmälert nicht seinen Genuss. Als er unten die Tür ins Schloss fallen hört, schaltet er den PC aus und setzt sich schnell an seinen Schreibtisch, schlägt das Lesebuch auf. „Na", fragt die hochgekommene Mutter, „noch immer nicht mit den Hausaufgaben fertig? Die geben Euch aber auch ganz schön viel auf." „Gleich hab ich´s, ich muss nur noch ein paar Fragen zu so einer Geschichte beantworten." Zufrieden mit dem fleißigen Sohn geht die Mutter nach unten.*

Die Kindergruppe ist inzwischen zu groß geworden, man teilt sich in Jungen und Mädchen. Die Jungen gehen Fußballspielen, rüber auf den Schulhof. An der großen fensterlosen Seitenwand der neuen Schule wird mit Kreide - Günter hat ein Stück aus dem Unterricht in der Hosentasche – ein Tor gemalt, in dreißig Meter Abstand wird ein zweites Tor durch einen Feldstein und einen Pullover als Pfosten gebaut. Wie so oft gibt es nach einer Weile Streit, ob der Ball zwischen den imaginären Pfosten hindurchgegangen ist, der Schuss also ein Tor war oder nicht. Nach kurzem Hin und Her wird das Tor anerkannt, weil der Torwart zugibt, der Ball sei ganz dicht an ihm vorbeigeflogen, müsse also innerhalb der Markierungen gewesen sein. – Die Mädchen haben sich ganz in der Nähe mit einem Stock im Sand zwei Hüpf-Figuren eingekratzt, und springen nun und werfen den Stein und springen und drehen sich in der Luft, haben die Füße mal eng beieinander, mal müssen sie die Beine spreizen, weil der Kasten in der Mitte nicht berührt werden darf.

*Roland schaltet sein Handy ein und ruft fünf Freunde an, ein Mädchen ist auch dabei. Nachdem sie ausgiebig geklärt haben, was jeder bisher an diesem Nachmittag gemacht und gesehen hat, (bei dem Telefonat mit dem Mädchen verschweigt er allerdings die dicken Busen, bei den Jungen wurden sie dafür umso größer), verabredet man sich an der Bank gleich vorne im Park. Es kommen aber nur ein Junge und das Mädchen. Sie setzen sich auf die Lehne der Bank, die Füße auf der Sitzfläche, und lästern eine Weile über den Unterricht, die Lehrer, dann holt als erste das Mädchen ihr Handy heraus - und nach wenigen Minuten sprechen alle gleichzeitig, aber nicht etwa miteinander, sondern jeder in sein Handy.*

Mädchen und Jungen haben sich ausgetobt, ihren Bewegungsdrang gestillt, einige Mädchen gehen zur Baracke zurück, andere besorgen sich einen kleinen Ball und spielen die Zehner-Probe. Die Kunst dieses Spiels besteht darin, den Ball auf unterschiedliche Art gegen die Mauer zu katapultieren und dann wieder aufzufangen, Runterfallen bedeutet das Aus, dann ist die nächste Spielerin dran. Der Kopf wird eingesetzt, das Knie, der Fuß, die verschränkten Hände, die Ellenbogenbeuge, die Faust, die flache Hand, die Brust, um den Rücken herum, unter dem gehobenen Knie hindurch, über die Schulter – die Aufgaben werden von eins bis zehn durchgezählt, in unserer Baracke geht es mit der Faust bei eins los, Fuß ist die zehn. In der Nachbarbaracke gilt bereits eine andere Reihenfolge, im Flecken sowieso – und jede Gruppe schwört, ihre Regel sei die richtige. Wer zuerst alle zehn Übungen fertig hat, ist Sieger –

Wettkampf, Konkurrenz ist bei fast allen Spielen ein ganz wichtiges Element. Einige Mädchen schaffen den ganzen Durchgang, ohne den Ball ein einziges Mal zu verlieren.

*Roland ist inzwischen wieder zu Hause, hat den PC angeschaltet und chattet mit seiner Freundin Veronica in Süddeutschland. 16 ist sie – schreibt sie - geht aufs Gymnasium und hat sich gerade um die Teilnahme bei DSDS beworben; sie rechnet sich große Chancen bei Dieter Bohlen & Co aus, weil sie nicht nur gut singen kann, sondern auch eine Traumfigur hat. Roland heißt Carol – schreibt er - ist 17, macht gerade die Mittlere Reife und fängt dann bei seinem Vater in der Bank an; diese Idee ist ihm gekommen, weil „der neue Lover" Klaus ja Bänker ist.*

Nebenan auf dem freien Platz haben größere Kinder, Jugendliche schon, ein Völkerballfeld aufgezeichnet, Rudi und Irmgard sind dabei, Reinhold Streck, Herta Streck, Manfred und Annelies Schneider, Hildegard Steinke, Ida und Thale Krempin, Manfred und Gertrud Reich….sie brauchen noch ein paar Mitspieler, und drei von den Jüngeren gehen hinüber, obwohl sie nicht mehr herumtoben wollten, aber bei den Großen mitmachen zu dürfen, macht immer besonderen Spaß. Nach drei Durchgängen geht Horst nach Hause, Irmgard und Rudi versprechen, auch gleich zu kommen, denn es ist schon nach sechs, gleich Zeit für das Abendessen.

*Roland wird nach unten gerufen, seine Mutter ist dabei, einen Salat auf einer großen Porzellanschale anzurichten, ihn mit exotischen Früchten zu dekorieren. Das Dressing füllt sie in einen zierlichen Silberkrug, „natürlich selbstgemacht, eigene Kreation" wird sie zu Klaus sagen und die große Flasche weit hinten im Kühlschrank verstecken. Roland bekommt den Auftrag, das dünne Stangenbrot mit eingebackenen Oliventeilen in schräge Stücke zu schneiden und einen roten und einen weißen Wein aus der Vorratskammer zu holen, seine Mutter kennt noch nicht die Vorlieben ihres Neuen. Als Klaus klingelt – er hat noch keinen Schlüssel von der Wohnung seiner Freundin – wird er Roland vorgestellt; Roland erhält ein kleines Paket, in dem er das Computerspiel vorfindet, das er sich schon lange gewünscht hat. Er dankt, na der ist doch sympathisch, dieser Klaus, da hat seine Mutter eine gute Wahl getroffen.*

Horsts Mutter ist um kurz nach sechs verschwitzt vom Rad gestiegen, hat sich schnell in der großen Schüssel neben dem Herd gewaschen, Irmgard hat den Tisch gedeckt, die Mutter hat zwei Liter Milch aufgesetzt – das Feuer hat Rudi angemacht, Horst hat das Holz dazu aus dem Keller hochgeholt - und streut nun Nudeln in die hochkochende Flüssigkeit. Artur kommt rein, Erich ist inzwischen auch eingetroffen, mault ein wenig, weil es schon wieder Milchsuppe gibt, isst dann aber wie alle anderen zwei Teller leer, Brot gibt es als Beilage. Die Mutter nimmt dazu wie immer den Sechspfundbrotlaib vor die Brust, klemmt ihn zwischen die Brüste und schneidet dann mit glattem Schnitt sechs, acht fingerdicke Scheiben herunter, das scharfe Messer zu sich durch das Brot ziehend.

*Roland geht nach dem Essen nach oben – Klaus hat den Rotwein aufgemacht – und probiert gleich das neue Spiel aus, „geil" ist es, genau wie er sich das vorgestellt hat.*

Horst und seine Geschwister verteilen sich im Zimmer, jeder hat ein Buch vor der Nase, Groschenromane, Billy Jenkens und Lore-Romane, Edith ihre Fibel, die Mutter stopft Strümpfe. Zwischendurch spielt sie mit drei der Kinder eine Runde Mensch-Ärger-Dich-nicht, wobei sich wieder zeigt, dass sich alle einigermaßen an den Namen dieses Brettspieles halten, nur die Mutter nicht. Sie empfindet es jedes Mal als persönlichen Angriff, wenn eine ihrer roten Figuren rausgeworfen wird, und ärgert sich fürchterlich. Artur sitzt in der Ecke und arbeitet an seinem Werkstattwochenbuch, das er regelmäßig für seine Berufsschule führen muss.

*Um zehn schaltet Roland den PC aus, ruft nach unten, er schlafe jetzt, holt seine Play Station aus der Nachtschrankschublade und spielt noch, bis ihm die Augen zufallen.*
Um halb zehn geht die Mutter an den Schrank, zieht die untere Schublade auf, holt die Bibel heraus – alle kennen das Signal und legen ihre Bücher weg. Sie liest ein Stück aus der Bibel, dann singen alle zusammen zwei Lieder, die Mutter sagt gute Nacht und bis auf Artur und Erich verschwinden alle in den beiden Nebenzimmern.

Apropos lesen! Ich weiß nicht genau, was alles bei uns gelesen wurde, aber gewiss waren die großen deutschen Dichter nicht dabei. Ich gewöhnte mich daran, die Groschenromane meiner älteren Brüder zu lesen, meistens Wildwestschmöker. „Billy Jenkins" war über lange Zeit der einsame Favorit. Dieser Herr Jenkens war ein ehemaliger Deutscher, der im Wilden Westen die Banditen das Fürchten lehrte, zusammen mit drei Freunden, von denen der erste, Tom Prox, dann nach einiger Zeit der Held einer eigenen Schmökerreihe wurde. Dieser hatte dann bald einen jungen Freund, Pete, der dann nach einiger Zeit der Held einer eigenen Schmökerreihe wurde und vor allem die Bedürfnisse der sehr jugendlichen Leser abdeckte. Die beiden anderen Freunde des Billy Jenkins schafften es nicht – jedenfalls nicht in der kurzen Spanne der Jahre, da die Klein-Kinder zur erlauchten Leserschaft dieser Bildungs-romane gehörten – zu eigenen Romanhelden zu werden. Der eine war simpel und dick und stark, erledigte viele Probleme ganz einfach mit der Faust, konnte zur Not sein Pferd stemmen, war ein Typ, wie er heute im ‚Obelix' bekannt ist: Offenkundig erfreuen sich solche einfachen Gemüter großer Beliebtheit – über die Zeit hinweg und wohl nicht nur bei einfachen Gemütern. Der zweite war schlank, sehnig, schlau und schnell. Wenn der Dicke mal in Probleme geriet, etwa von den bösen Gangstern in einem finsteren Räubernest gefangen gehalten wurde, weil er es doch nicht geschafft hatte, alle sieben Gegner mit der Faust in das Reich der Träume zu schicken, dann war er es, der sich abends lautlos anschlich, die Wache mit gekonntem Karateschlag ausschaltete, den nächsten Herbeikommenden ebenso still mit dem Wurfmesser erledigte, dann mit dem Colt in der Hand in den Raum stürmte, seinem dicken Freund den zweiten Colt zuwarf – na ja, und dann trafen unsere beiden Helden natürlich mit jedem Schuss einen Gangster, üblicherweise genau zwischen die Augen, wurden selbst aber (ebenso natürlich) nicht verletzt…

Es ging in diesen 36-Seiten-Heften nicht zart zu, es wurde geprügelt und geschossen, wie eben angedeutet, aber unsere Helden standen immer kompromisslos auf der Seite des Rechts, des Guten, verfolgten gnadenlos und erfolgreich das Unrecht und die Bösen. Einfach gestrickt war die Handlung, aber für uns damals spannend und zum Teil sogar bewundernswert.
Ebenso war es mit den kleinen Comic-Heftchen, die in einem Format von 5 cm Höhe und 12 cm Breite geliefert wurden – einfachste Bilder, einfachste Texte, einfachste Handlungen. Hier ging es oft um Urwald und Tiere, Tarzan war da auf gleicher Augenhöhe mit Billy Jenkins. Diese Comic-Strips haben die Großen aber nicht gelesen, das war eine Sache für uns Jüngeren.

Trotz aller Unkerei haben diese Schmöker keinen von uns dazu gebracht, Gewalt als passendes Mittel zur Lösung von Problemen anzusehen oder gar selbst einzusetzen. Wir waren und blieben friedfertige Menschen, die sich in keine Prügelei verwickeln ließen – Gelegenheit dazu hätte es hinreichend gegeben.

Die Mädchen lasen erstaunlicherweise meistens dieselben Bücher wie die Jungen, aber zusätzlich auch andere, zum Beispiel Erika-Romane, Schmöker gleicher Qualität wie Billy Jenkins, aber nicht mit dem Wilden Westen beschäftigt, sondern mit Herz und Schmerz, Liebe und Leid...

Auch von Irmgard wurde Billy Jenkins, Tom Prox gelesen - und Rolf Torring. Dieser letzte war kein Westernheld, sondern ein Abenteurer, der zusammen mit dem starken Neger Pongo tolle Geschichten erlebte. Das Buch war quadratisch und etwa fingerdick, fiel deshalb sehr aus der Reihe. Irmgard liebte diesen Pongo sehr, konnte gar nicht erwarten, bis die Jungen das Buch aus der Hand legten und sie mit der Lektüre beginnen konnte: Das brachte ihr in der Schule den Spitznamen ‚Pongo' ein. Immer wenn jemand über diese Lektüre lästerte, wies Irmgard darauf hin, dass Rolf Torring sehr genau die Geografie, die Pflanzen- und Tierwelt beschrieb, in der er sich bewegte, und man deshalb sehr viel aus seinen Büchern lernen konnte.

Nein, ein Grundstein für meine literarische Bildung wurde in der Baracke nicht gelegt. Lediglich Erna brachte manchmal von ihrer späteren Arbeitsstelle bei Beckmanns ein gescheites Buch mit, das las sie dann aber allein. Sie erinnert sich nicht mehr gut an Schriftsteller und Titel, aber Pearl S. Buck sei wohl dabei gewesen, Fritz Reuter, Fontane...

Irmgard hörte mit der Lektüre dieser ‚Schundromane' (so wurden sie von Lehrern und Hochgebildeten diffamiert) auf, als unter dem Junglehrer Rösche eine Bücherei nach Harpstedt kam. Besagter Rösche unterrichtete Naturlehre, und Irmgard schwärmte derart für den jungen Mann, dass sie alles für dieses Fach tat und als einziges Mädchen eine Eins bekam. Herr Rösche ließ Irmgard dort Bücher einschlagen, Listen erstellen, Bücher ausleihen – und dieser Lehrer gab ihr altersgemäße Tipps für ihre Lektüre und führte sie somit an gute Literatur heran, wofür sie ihm heute noch dankbar ist. An das Buch „Der große Regen" erinnert sie sich z.B. besonders gern; den Autor oder die Autorin kennen wir nicht.

Sie hatte bei Rösche offenbar einen dicken Stein im Brett: Wenn er aus irgendwelchen Gründen mal kurz die Klasse verlassen musste, wurde sie stets damit beauftragt, solange auf die Klasse aufzupassen. Die Aufpasserin nahm dann vorn hinter dem Pult Platz und musste alle an die Tafel schreiben, die nicht brav an der aufgegebenen Arbeit werkelten, sondern störten oder sonstigen Unsinn machten. Es war immer eine Gratwanderung, die ich selbst auch mehrfach erlebt habe: Schrieb man niemanden an die Tafel, ging der Lehrer davon aus, dass man seinen Auftrag nicht ernsthaft durchgeführt hatte und nahm übel – schrieb man jemanden an, dann nahm der Betroffene natürlich übel: Nein, es war schon eine recht zweifelhafte Ehre, das Aufpasser-Amt übertragen zu bekommen.

Eine deutlichere und unproblematische Ehre war es dann schon, dass Herr Rösche sie mitnahm, wenn er mit seiner Klasse 3 auf Klassenfahrt ging oder einen Ausflug machte. Ich kann mich daran erinnern, dass Irmgard mehrfach in der Jugendherberge in Bückeburg war und immer voller guter Erlebnisse zurückkam.

Bei uns zu Hause gab es außer der Bibel kaum ein Buch. Irmgard erinnert sich an eines: ‚Pawel Smoljonni', ein blaues Büchlein über einen Russenjungen auf der Flucht. Das wurde wohl hundertmal vorgelesen und alle saßen dann da und heulten vor Rührung – erzählt sie. Es ist ziemlich sicher, dass dieses Werk nicht zu den Leuchten der Weltliteratur gehört – es ist mir nicht gelungen, es in meinen literarischen Lexika oder im Internet zu finden.

Zum Spielen hatten wir optimale Bedingungen. Da unsere Mutter fast immer arbeitete, hatten wir also fast unbegrenzte Freiheit, niemand schaute uns auf die Finger, wir konnten beinahe tun und lassen, was wir wollten, solange wir uns im Rahmen der bürgerlichen Verhaltensregeln bewegten – und auch wenn man den mal verließ, passierte nicht unbedingt Schlimmes. Wenn wir zum Beispiel auf dem Weg zum Baden in der Delme wieder einmal nicht einen der wenigen schmalen Wege benutzt hatten, sondern quer durch das hohe erntereife Gras gelaufen und es niedergetrampelt hatten, so dass man es in den nächsten Tagen nicht gut mit der Sense erwischen und abmähen konnte, dann gab es schon mal ein Problem mit den Besitzern, den Bauern. Sie brachten es durchaus fertig, uns mit der langen Peitsche, die eigentlich den Pferden zugedacht war, zu verfolgen, aber ich kann mich nicht erinnern, dass sie uns damit wirklich geschlagen haben, sie drohten nur. Und sie drohten auch damit, uns in der Schule anzuschwärzen, aber da sie unsere Namen nicht kannten, blieb auch diese Drohung üblicherweise leer.

Zu den optimalen Bedingungen gehörte auch, dass wir draußen reichlich Platz hatten, sowohl rings um die Baracke herum als auch auf dem Schulhof gegenüber und auf den Wiesen und in den Wäldern der nahen Umgebung. Die Wege waren zum großen Teil noch nicht gepflastert, die Flächen um die Schule herum bestanden weitgehend aus Sand und Gras, man konnte also vieles spielen, das heute auf den zubetonierten Flächen gar nicht möglich ist. Natürlich gab es keinerlei Unterhaltungsindustrie (vom Kino einmal abgesehen), natürlich hatte fast niemand gekauftes Spielzeug, aber was wie ein Nachteil klingt, drehten wir um zu einem Vorteil: Wir hatten reichlich Fantasie, jeder brachte Ideen zu Spielen ein, bekannte, die heute noch viele Kinder kennen, und andere, die lange ausgestorben sind. Und wir waren kreativ im Herstellen einfachster Spielsachen aus Steinen, Holz, Blech...

Natürlich hatte niemand sein eigenes Zimmer. Wenn das Wetter schlecht war, saß man immer mit einem Dutzend Menschen in einem Raum, Erwachsene und Kinder mussten miteinander auskommen, man nutzte das zu unterschiedlichsten Spielen - mal nebeneinander, also Erwachsene und Kinder getrennt, mal miteinander.

Ein Ball war in Hunderten von Stunden das wichtigste Spielzeug. Man kam mit einem billigen Gummiball zurecht, aber besser war ein richtiger großer Lederball, wer ihn besaß, war König – mein Bruder Artur gehörte dazu.

Sehr beliebt war das Köppen. Meistens war es ein Spiel zu zweit, man konnte allerdings auch zwei gegen zwei antreten, was aber seltener geschah. Man ritzte sich ein Doppelfeld nahe einer Wand in den Sand, auf der man ein Tor aufmalte, das andere Tor musste mit Stöcken oder sonst wie markiert werden und hatte natürlich den bekannten Nachteil, zumindest nach oben hin nie klar abgegrenzt zu sein.

Das einfache Köppen – ich glaube, heute spielt das niemand mehr, wir verbrachten damit Stunden! – bestand darin, dass man den Ball einfach hochwarf und per Kopfstoß versuchte, ihn in das Tor des anderen zu befördern. Der andere versuchte natürlich das Tor zu verhindern, indem er den Ball abfing oder per Faust oder Fuß abwehrte. Sprang der Ball von Hand oder Fuß oder Körper zurück in das Feld dessen, der geköppt hatte, so durfte der per Fuß „nachschießen", um eventuell doch noch ein Tor zu erzielen. Man durfte auch direkt zurückköppen: Traf ein solcher Ball das Tor, zählte das doppelt.

Schon bald modifizierten wir: Man durfte den Ball beliebig oft mit der Stirn in die Luft befördern und dann auf das Tor „abfeuern". Hatte man den Ball z. B. drei Mal mit der Stirn hoch „geditscht" und danach mit dem vierten Kopfstoß erfolgreich im Tor untergebracht, zählte das als vier Tore. Den Ball auf der Stirn ditschend, durfte man sich auf das gegnerische Tor zu bewegen, um den Ball dann aus ganz kurzer Entfernung und somit nur schwer haltbar in Richtung Tor zu befördern. Um hier Grenzen zu setzen, galt die Regel, dass der Gegner den Ball wegfangen durfte, sobald der Angreifende die Mittellinie übertreten hatte, sich also im Feindesfeld befand.

Wer das Köppen gut beherrschte, stand hoch im Ansehen. Entsprechend trainierten wir mit allen kleinen und großen Bällen, die wir in die Finger bekommen konnten: fünf, zehn, zwanzig Mal konnten wir den Ball auf der Stirn tanzen lassen…aber beim ernsten Wettköppen beschränkte man sich meistens auf drei bis fünf.

Hatte man ein paar Jungen mehr zusammen, wurde Fußball gespielt – Mädchen war das Fußballspielen nicht verboten, aber bei uns galt noch ziemlich stark und macho-mäßig eine ziemlich klare Trennung, jedenfalls bei diesem Spiel. Auch Fußball war überall möglich, wo ein genügend großes und einigermaßen ebenes Feld zur Verfügung stand. Als Torpfosten nahmen wir Handschuhe, Steine, Rasenstücke – alles war möglich. Waren nur fünf oder sechs zusammen gekommen, spielte man in zwei Mannschaften auf ein Tor, waren es mehr, dann konnte man richtig auf zwei Tore spielen. Wir kannten damals alle deutschen Torwarte und jeder war stolz, als „Iljitsch" oder sonst wer im Tor zu stehen und den Vorbildern nachzueifern. Die Feldspieler standen nicht annähernd so hoch im Ansehen, obwohl man sich natürlich auch gern mit Fritz Walter oder sonstigen Heroen identifizierte.

Gespielt wurde mit jedwedem Schuh, den man gerade anhatte, wenn eine Mannschaft zusammen kam. Manchmal waren das auch die neuen Sonntags-Ausgehschuhe, von denen man jeweils (wenn überhaupt) nur ein Paar hatte, und unsere Mutter war dann oft entsetzt, wenn diese empfindlichen Geräte vorn beschädigt worden waren, „abgeluppert" nannte sie das. Dann musste sorgfältig mit Bürste und Schuhcreme gearbeitet werden, um den Schaden möglichst weitgehend wieder gutzumachen. Manche hatten richtige Fußballschuhe mit einer Stahlkappe vorn unter dem Leder, mit der man richtig heftig „mit Pike" schießen konnte. Rudi und Artur hatten solche Schuhe, spätestens als sie in der Harpstedter Fußballmannschaft mitmachten. Und als ich in diese Situation kam – ich spielte in der Schüler-Mannschaft – bekam ich auch welche, ich weiß aber nicht mehr, woher das Geld dazu kam, wahrscheinlich haben meine beiden Fußball-Brüder Geld zusammengelegt..

Das Fußballspielen im HTB („Harpstedter Turnerbund") wurde ein ganz wichtiger Faktor bei der Integration. Edmund Streck erzählte mir bei unserem Treffen, er sei erst Jahre später durch sein Fußballspielen von den Harpstedtern anerkannt worden – man kennt diese Effekte auch heute noch z.B. in den USA beim Aufstieg Dunkelhäutiger durch Erfolge im Sport. Fast jeden Sonntagvormittag wurde gespielt, entweder auf dem Sportplatz oben im Wald oder auswärts in Bassum, Twistringen etc.

Artur, Rudi und ich begaben uns dann schon früh auf den Weg nach oben, zogen uns in der kleinen Hütte am Spielfeldrand um, sahen bei den jeweils anderen Spielen zu, spielten dann selbst und gingen zusammen wieder nach Hause, wo sich dann eine Waschung in der Schüssel oder ein „Bad" in der Zinkwanne anschloss. Wenn wir auswärts spielten, traf man sich meistens auf dem Marktplatz, von wo aus wir dann mit einem Kleinbus in das entsprechende Dorf gefahren wurden.

[22] Die Zebras vom HTB – links Artur

Rings um den Platz verteilt standen stets einige Zuschauer, zu denen oft auch Erich gehörte. Diese Leute mussten sogar für das Zusehen bezahlen – manche allerdings zogen sich in den Wald zurück, wenn der Kassierer vorbei kam und stellten sich danach wieder hinter die niedrigen Holzbalken, die die Grenze für die Gäste bildeten. Wir Kinder kletterten zwischendurch in den Bäumen am Waldrand herum, wenn uns das Zuschauen langweilig wurde oder es Pausen gab.

Artur wurde meistens als Mittelläufer oder als Stürmer eingesetzt, Rudi auch, ich war immer Verteidiger oder rechter Läufer, nie Stürmer. Man spielte damals noch anders als heute: Vor dem Torwart gab es zwei Verteidiger, dann im Mittelfeld eine Reihe mit drei Läufern und im Sturm fünf Mann – Linksaußen, Halblinks, Mittelstürmer, Halbrechts und Rechtsaußen.

Zu den Fußballschuhen muss ich noch etwas erzählen. Bei dem harten Einsatz, der üblich war, kam es oft vor, dass ein Stollen abbrach und irgendwo auf dem Rasen verloren ging. Neue waren teuer. Auch hier war Artur findig: Er schliff zwei Eisenrohre mit verschiedenem Durchmesser scharf an und stanzte damit aus altem Leder kleine runde Stücke aus. Die wurden dann mit entsprechenden Nägelchen auf die Sohlen genagelt, und zwar so, dass ein großes Stück direkt auf die Sohle kam und die Basis bildeten und dann drei vier übereinander den eigentlichen Stollen ausmachten – so waren Reparaturen zum Nulltarif möglich.

Artur war es auch, der den einzigen Lederball in der Baracke reparierte - immer wieder. Der Ball war auf eine Länge von zehn Zentimetern offen, nur mit Lederband verschnürt, innen gab es eine Blase aus stabilem Gummi, die schon mal kaputt ging. Dann musste diese Blase geflickt werden wie ein Fahrradschlauch, kam wieder in den Ball hinein, wurde ein wenig aufgepumpt, ein Lederlappen kam von innen über die Öffnung, die Blase wurde nun stramm aufgepumpt und die Öffnung wieder verschnürt.

Da unser Ball nicht gerade neu war, rissen oft die Nähte, mit denen die vielen Sechsecke zusammengehalten wurden. Dann nahm Artur die Blase heraus, drehte das Innere nach außen und nähte die gerissene Stelle zusammen. Er verwendete dazu Garn, das mit Pech eingerieben wurde (Opa Richter, der sich inzwischen als Schuster betätigte, konnte das Material kostenfrei liefern) und dadurch Widerstandsfähigkeit auch gegen Nässe gewann. Ich bewunderte immer sein Geschick, wie er einen langen Faden durch das letzte Loch der geplatzten Stelle zog, dann die beiden Enden mit je einer Ledernadel ausrüstete und nun mit beiden Nadeln von der jeweils entgegengesetzten Seite durch die Löcher ging: So entstand mit einem Arbeitsgang eine perfekte Naht.

Eines Tages erzählte Manfred Gröper in der Schule – ich weiß das von Rudi - er habe von Verwandten aus Amerika die Nachricht erhalten, es sei ein Paket unterwegs, das unter anderem einen Fußball enthielt. Rudi und Artur waren elektrisiert: Wenigstens bei den vielen Spielen, an denen Manfred teilnahm, würde man nun einen neuen Fußball haben. Das Paket ließ auf sich warten, aber irgendwann war es dann wirklich da. Es enthielt tatsächlich einen Fußball, aber wieder einmal hatten die ähnlichen Begriffe wie schon bei „Korn" und „Corn" zu einer Panne geführt: Ein „futbal" war im Paket - und das ist in den USA das Ei, das wir heute alle vom „american futbal", dem „Rugby" kennen. Die Enttäuschung war groß, mit dem Ding konnte man nichts anfangen, Artur musste weiter Nadel und Faden zum Einsatz bringen.

An zwei Fußball-Vorkommnisse kann ich mich noch gut erinnern.

Ich hatte mir aus irgendeinem Grund angewöhnt, mich immer fallenzulassen, wenn es mir gelungen war, jemandem den Ball abzunehmen und weit wegzuschießen, nein, gezielte Flanken waren das durchaus nicht immer! Artur, der bei jedem Spiel in Harpstedt dabei war, kam in einer Halbzeitpause auf mich zu und sagte mir, ich zeige ja sehr aktiven Einsatz, aber das Hinwerfen sei dummes Zeug, das müsse ich mir sofort abgewöhnen. Ich war erst einmal kurz sehr getroffen, die Kritik von dem Fußball-Vorbild Artur musste erst verdaut werden – aber das Hinwerfen war von Stund an Vergangenheit.

Vorfall 2: Der Lehrer Lachnit trainierte die Schülermannschaft. Bei einem dieser Trainings teilte er mir mit, er habe mich ausgesucht, Harpstedt bei einem Fußballturnier in Twistringen zu vertreten. Das war eine echte Auszeichnung, die mich stolz und nervös machte. Ich weiß gar nicht mehr, wie ich dort hinkam, wahrscheinlich fuhr ich in einem Kleinbus mit, der die älteren ausgewählten Spieler zu dem Turnier brachte. In Twistingen stand ich ziemlich verloren auf dem Sportgelände herum, fragte, wo und wann die Schülermannschaften anzutreten hätten, niemand konnte mir Auskunft geben. Nach einiger Zeit fand ich jemanden mit einer Ordnerbinde, der mir sagte, Schülermannschaften seien hier gar nicht vertreten, es gehe erst mit den Jugend-mannschaften los. Woher ich denn komme und wie ich denn heiße: Er fand mich tatsächlich auf der Liste der Jugendmannschaft, Lachnit hatte mich zum Jugendspieler „befördert", ohne mir ein Wort davon zu sagen.

Ob ich dann bei dem Spiel der Jugendmannschaft aufgestellt worden bin, weiß ich nicht mehr.

Dem schieren Spaß an der Bewegung, am Laufen, am Austoben dienten auch die Kullerreifen, die vor allem in den ersten Jahren zum Einsatz kamen. Es waren ausgediente Felgen von Fahrrädern, die man auf dreierlei Art antreiben konnte, wenn man geschickt war - und das waren wir. Die einfachste Art war, neben dem sich drehenden Reifen herzurennen und mit einem Stock dagegen zu schlagen. Bei der zweiten Art lief man hinter dem Reifen und schob einen längeren biegsamen Stock so in die Auskehlung der Felge, dass man den Reifen konstant vor sich her bewegte. Die dritte Variante brauchte schon eine gewisse handwerkliche Fähigkeit: Man nahm einen festen Draht von einem halben Meter Länge, bog sich an einem Ende einen einfachen Griff und am anderen Ende ein U von knapp zehn cm Durchmesser, das seitwärts und nach unten von dem Drahtschaft abstand. Dieses U legte man dann von außen um die Felge und rannte los, der Draht des U schabte nun auf den beiden Stahlwülsten der Felge und machte dabei ein ziemlich heftiges Geräusch. Viele Stunden haben wir mit diesen Kullerreifen verbracht, Wettrennen veranstaltet, Kilometer zurückgelegt. Mager, zäh und fit waren wir ja alle, ich schrieb das schon.

Ein weiteres Spiel, bei dem man Sand-Flächen brauchte, war ebenfalls sehr beliebt, es forderte Geschicklichkeit, nicht unbedingt Kraft und Ausdauer, wurde deshalb gern gemischt gespielt, also mit Mädchen und Jungen. Wir nannten es „Eierlegen", man spielte es zu zweit und brauchte dazu ein Werkzeug, ein altes langes Messer oder eine Feile ohne Holzgriff, von denen es genügend gab, abgenutzt und damit glatt durch die Hand gleitend. Zuerst wurde ausgeknobelt, wer anfangen durfte – dazu gab es verschiedene Methoden vom Münze-Hochwerfen über Abzählen und dem heute auch noch üblichen „Haupitzkapuh" mit Stein, Brunnen, Schere, Papier. Wer nach dem Ruf „Haupitzkapuh" einen „Stein" durch das Ballen der Faust anzeigte, hatte verloren, wenn der andere „Papier" (flache Hand) oder „Brunnen" (Kreis aus Daumen und Zeigefinger) vorweisen konnte, denn Stein fällt in den Brunnen und Papier wickelt Stein ein. Schere (gespreizter Mittel-und Zeigefinger) schneidet Papier, wird aber am Stein stumpf und fällt in den Brunnen…

Wer gewonnen hatte, warf sein Messer (oder seine Feile) in selbstgewähltem Abstand so in den Boden, dass es steckenblieb. Dann zog er das Messer heraus und „malte" um die Einstichstelle einen kleinen Kreis, der oft eiförmig wurde und dem Spiel zu seinem Namen verhalf. Er stellte sich nun in den Kreis und legte das nächste „Ei", indem er den Vorgang wiederholte. Traf sein Messer auf einen Stein oder hatte er sich dumm angestellt, den Abstand zu ehrgeizig weit gewählt, das Messer blieb nicht stecken, fiel um, dann war der andere dran, musste zuerst seine Feile in einem „Ei" nach dem anderen zum Stecken bringen – und dann konnte er das Kommando übernehmen, dem Eierlegen eine andere Richtung geben, die Abstände variieren etc. Zum „Bestimmer" (so nennen das heute die Kinder) zu werden, die Richtung anzugeben, das war in der Baracke ein ganz wesentliches Element vieler Spiele, Ehrgeiz war hier der Motor. Wer diesen Ehrgeiz übertrieb und dann sein Messer fünf oder sieben Meter weit warf, wobei das Steckenbleiben natürlich zur reinen Glücksache – und für den zweiten Spieler ganz schwierig wurde, der hatte es bald schwer, als Mitspieler akzeptiert zu werden.

Auf dem Schulhof war - wie gesagt - viel Platz, die Kinder des ganzen Fleckens hätten hier spielen können, aber die meisten kamen nicht. Die Baracke galt - ich habe das schon an anderer Stelle angedeutet - den meisten als vermintes Gelände, als asozial. Man saß zwar in der Schule konfliktfrei nebeneinander, aber das war noch lange kein Grund, mit uns zusammen zu spielen, wir lebten in verschieden Welten.

Ich zitiere noch einmal aus dem Barackenbuch von Edith (267 f).

*">Kein Mädchen aus der Klasse durfte einen mit nach Hause bringen, meine Mutter will das nicht, hieß es immer<, sagte Ruth, und Lothar, der sich gerade zu ihnen gesetzt hatte, bestätigte: >Zu jemandem mitgehen, das gab´s auch unter den Jungs nicht und zu uns in die Baracke kam erst recht keiner."*

Als sich am 12. Dezember 1993 die ehemaligen Barackenkinder in Harpstedt in den Bürgerstuben trafen, machte die lokale Zeitung genau diesen Aspekt zur Schlagzeile. Ich füge den Artikel ein.

Ich hatte allerdings das Glück, mindestens von zwei „Hiesigen" akzeptiert zu werden. Der Sohn des Bäckermeisters Götte, Rolf Götte, der mit mir in eine Klasse ging, kam häufig zu uns in die Baracke. Das war deshalb spannend, weil er ein Fahrrad besaß, sogar eines, das deutlich kleiner war als die normalen Herrenräder. Und Rolf war ausgesprochen großzügig, genoss natürlich auch seine Bedeutung und die Anerkennung: Wir alle durften mal eine Runde mit seinem Rad drehen. Das war schöner als das Fahren auf den Rädern der Erwachsenen. Mit den Damenrädern ging es ja noch, da konnte man normal in den Pedalen stehen und hatte den hohen Lenker vor dem Gesicht, aber die Herrenräder hatten eine so hoch angebrachte Stange, dass man viel zu kurze Beine hatte, um von oben - über der Stange - die Pedalen zu erreichen. Was machten wir? Wir stiegen mit links auf die linke Pedale, steckten den rechten Fuß unter der Stange durch, setzten ihn aufs Pedal, blieben mit dem ganzen Körper links vom Rad und bewegten nun in dieser chaotisch schiefen Haltung, halb neben dem Rad, ganz unter dem Lenker, das Fahrrad vorwärts. So hat auch Edith das Radfahren gelernt. Mit dem Rad von Rolf Götte war das ganz anders, und deshalb war es immer ein großer Tag, wenn er kam. Während das Rad von einem nach dem anderen genossen wurde, machte er beim Fußball oder Kriegenspielen mit. Unsere Wohnung betrat er allerdings nie.

Und der Sohn des Oberförsters Lamprecht, Hannes Lamprecht, wurde sogar mein bester Freund, den ich so oft besuchen konnte, wie wir das wollten. Er kam zwar auch nicht in die Baracke – ich habe das aber nicht übel genommen, für mich war die Trennung zwischen Einheimischen und Flüchtlingen ziemlich normal, kein Image-Problem, das mir besondere Minderwertigkeitskomplexe machte – Probleme dieser Art gab es erst im Gymnasium in Delmenhorst.

Wie viele Stunden haben wir zusammen in dem Wagenschuppen und in der Scheune verbracht, haben ungestört im Stroh getobt, dort aus den gepressten Ballen Höhlen gebaut, sind vom hohen Balken mit einem leichten Salto ins Heu hinunter gesprungen, mit dem Rücken und Po stets sanft gelandet.

Den zweiten wunderschönen Spielplatz hatten wir im Garten; dort gab und gibt es einen riesigen Rhododendronbusch, in dem man hervorragend Kriegen spielen konnte. Man musste sich mit großem Geschick zwischen den hunderten von Zweigen hindurchschlängeln und stets auf der Hut sein.

Die Lamprecht-Eltern ließen uns gewähren. Und wenn ich dann mal mit ins Haus durfte, das mir damals von der Einrichtung her unglaublich herrschaftlich vorkam, verbuchte ich den Tag unter den besonders glücklichen, und wenn ich dann noch eine Schnitte Brot mit der Wurst vom Wildschwein bekam, war das Glück perfekt.

Ich kann mich übrigens nicht daran erinnern, dass auch nur ein einziges Mal ein dritter Junge an unseren Spielen teilhatte. Wie ich zu der Ehre des Auserwähltseins kam, habe ich nie ergründen können – ich habe mich aber auch nie darum bemüht.

Hannes hatte etwas, wovon wir Flüchtlingskinder natürlich nur träumen konnten: ein Aquarium. Ich denke, es war nicht riesig, aber doch mittelgroß, 60 Liter fasste es vielleicht. Viele exotische Fische gab es dort, die wir oft und lange beobachteten: Ich habe aus der Zeit nur zwei Namen im Gedächtnis: die kleinen Guppys und die prächtigen Schleierschwänze. Das Aquarium musste natürlich oft gereinigt werden – ich half und schleppte das neue Wasser heran, das dann vorsichtig ins Becken gegossen wurde…

Mit Hannes hat mich eine jahrelange Jungenfreundschaft verbunden, die erst auseinander ging, als ich nach Delmenhorst in die Oberschule kam, die Hannes nicht besuchen durfte, weil er bei der gemeinsamen Aufnahmeprüfung durchgefallen war. Später fuhr er dann auch im Zug mit und besuchte die Mittelschule – aber da war schon eine gewisse Entfremdung eingetreten.

An der Delme gab es eine schöne Badestelle für uns Kinder. Die Delme war hier etwas verbreitert und flach, der Untergrund bestand aus feinem Sand, so dass man dort gerne ins Wasser gehen mochte. Diese Stelle lag sehr in der Nähe unserer Baracke, weshalb sich dort vor allem die Flüchtlingskinder amüsierten. Aber hierher kamen auch manchmal Kinder aus dem Flecken, man badete ja nicht unbedingt miteinander, sondern nebeneinander.

[23] Die Badestelle in der Delme. Man sieht, dass das Wasser nur so etwa einen Meter tief ist

Ein Stück den Bach abwärts gab es die zweite Badestelle unter den Büschen, wo die größeren Jungen und Mädchen badeten, die schon schwimmen konnten; hier war es deutlich tiefer, wenn man auch überall stehen konnte. Auch hierher kamen manche Jungen, die nicht in der Baracke wohnten. Ich erinnere mich an einen Spaß einer solchen Gruppe, der uns Kleinen ziemlich ungeheuerlich erschien: Einer der Jungen hatte einen Bierdeckel genommen, ein Loch hineingebohrt und seinen Penis (wir sprachen vom „Piedel") dort hindurch gesteckt. Damit legte er sich auf den Rücken und paddelte herum, so dass das ausgestellte Geschlechtsteil sich auf der Wasser-oberfläche befand und bewundert werden konnte. Drei oder vier machten es ihm nach und hatten laut juchzend ihren Spaß daran, so dass wir von unserer Badestelle hinübergingen und zusahen.

Die dritte Badestelle befand sich an der Schwarzen Brücke, die damals noch ein sehr hohes Geländer hatte, von dem wir hinunter sprangen, einen „Köpper" machten oder eine „Arschbombe", was die Großen - wir später auch - mit Vergnügen taten. Man schaffte es, nach dem Auftauchen die zwei Meter bis zum Ufer zu paddeln, ohne dass man wirklich schwimmen konnte - das lernten fast alle von uns erst sehr spät, ich erst in der Oberschule in Delmenhorst so mit zwölf Jahren einigermaßen, gut erst in Bremen.

Die vierte Badestelle lag Delme-abwärts hinter der Wassermühle: Das war der Haupttreff für die Einheimischen, Erich und Artur waren wohl auch mal dort, wir kleineren Kinder nie.

Direkt an die Wiesen schloss sich Wald an, schöner Mischwald, in den wir auch manchmal gingen, um dort zu klettern und Räuber und Gendarm zu spielen oder unsere geliebten Cowboys und Indianer zu imitieren. Die kannten wir aus dem Kino, in das wir wegen des Geldmangels nicht sehr oft, aber doch manches Mal gingen. Am Sonntagnachmittag liefen die Filme für uns Kinder: Wildwestfilme waren es meistens, die wir uns ansahen. Tarzan war auch gern gesehen – diese Filme durfte sogar Hannes Lamprecht anschauen, dessen Vater sehr streng seinen Konsum überwachte und sehr einschränkte – aber die Tarzan-Filme zeigten viel Natur – Urwald vor allem – und dann natürlich Tiere. Und für den Oberförster Lamprecht war es der größte Wunsch, dass sein Sohn auch diesen Beruf ergreifen möge – und daher sollte er sich schon möglichst früh mit Fauna und Flora beschäftigen – auch per Film.

Wir spielten also Wilden Westen, schlichen uns indianermäßig an und schossen vor allen Dingen aufeinander. Nein, Waffen hatten wir natürlich nicht, auch keine Spielzeugwaffen, wie sie heute in verblüffender ‚Echtheit' aus Plastik hergestellt werden, aber das störte uns nicht. Es genügte ein Stock, den man sich zurechtschnitt, ein Stock, der eine Abzweigung hatte, die man als Revolvergriff in die Hand nahm, und dann konnte man schießen. Das dazu notwendige Geräusch wurde per Mund fabriziert, ein „Kch kch" war es, das die Schüsse signalisierte. Solche Schießereien spielten wir auch um die Baracke herum, die Mädchen machten da durchaus mit, wenn auch etwas weniger begeistert. Die Erwachsenen ließen uns gewähren, machten kein Gewese darum – die heute weit verbreitete und mit viel Engagement betriebene Diskussion darum, ob Kriegsspielzeuge und Filme mit Gewalt die Kinder und Jugendlichen verderbe, zu Gewaltnachahmung verführe oder eher Gewaltpotentiale abbauen helfe, gab es damals noch nicht. Wir jedenfalls überstanden sowohl die Filme als auch die hundertfach wiederholten Schießereien ohne erkennbare Folgeschäden.

„Flitzebogen" bauten wir uns natürlich auch, schossen dann die Pfeile in die Gegend – aber unsere Bögen waren aus dünnen Haselnuss-Stöcken geschnitten, die „Sehnen" waren aus einfachem Band, das Ganze hatte wenig Spannung, Verletzungsgefahr bestand auch hier nicht, zumal wir uns an die Regel hielten, niemals mit den Pfeilen auf einen Menschen zu zielen, geschweige denn zu schießen. Das änderte sich erst, als wir in Dünsen geschickter und leichtsinniger wurden...

Ach ja, ich erinnere mich noch gut an den ersten Film, den ich sah: „Höllenfahrt nach Santa Fee" hieß er. Der Höhepunkt ist mir unvergessen geblieben: Die ‚Höllenfahrt' fand mit einer Postkutsche statt, die von Indianern überfallen wurde. Einer von ihnen sprang von seinem galoppierenden Pferd zwischen zwei der vier Postkutschen-Zugpferde, wurde vom Beifahrer des Kutschers erschossen und fiel zwischen den Pferden auf den Boden, die Kutsche rollte über ihn hinweg. Und während die Kutsche rechts aus dem Bild raste, meinte ich gesehen zu haben, dass der tote Indianer weit hinten links im Bild vom Boden aufstand: Das war eine große Enttäuschung und brachte mich von Anfang an um die Illusion, dass solche Filme Realität zeigten: Offensichtlich war das alles nur Show, gestellt, vorgespielt...

2009 kamen wir bei einer Reise durch die Südstaaten der USA in das echte Santa Fee. Ich fand es spannend, unter den modernen

Straßennahmen die alten Schilder mit den „Trails" zu sehen, auf denen man in den Zeiten des Wilden Westens, also vor 120, 140 Jahren die großen Rinderherden von den Ranches zu den Verladebahnhöfen getrieben hatten. Nebenan in Albuquerke gab es dann sogar noch die alte Firma Wells Cargo – wieder einmal genoss ich Nostalgie, Billy Jenkens und Tom Prox hätten um die Ecke kommen können.

Von den tollen Indianern war allerdings nicht viel übriggeblieben. Wir besuchten einige Orte, in denen sie im Alltag – nicht aufgedonnert verkleidet für Touristen - leben und waren erschüttert, was wir dort zu hören und zu sehen bekamen. Es war die Politik der einwandernden Europäer, die diese Ureinwohner in Reservate gezwungen hatten und sie ihrem ursprünglichen Leben völlig entfremdeten.

Bei schlechtem Wetter fand man auch Gelegenheiten, drinnen zu spielen. Dabei gab es keineswegs immer eine strenge Trennung zwischen den Erwachsenen und den Kindern, die sonst - bei ernsten Gesprächen - immer konsequent durchgehalten wurde. Man schickte uns stets hinaus („Geht draußen spielen!"), wenn sie etwas zu bereden hatten. War das mal nicht möglich, wechselten sie ins Polnische, so dass wir Kinder nichts verstanden. Was ich heute so beobachte, dass Kinder alles mitbekommen, was in der Familie, unter den Eltern, mit Verwandten, mit Freunden, mit Fremden ausgetauscht wird, das wäre damals undenkbar gewesen - und ich meine, das war gut so. Kinder sind heute sehr oft maßlos überfordert, wenn sie all das verdauen sollen, was an Beziehungsmüll zu ihren Ohren gerät...

Meistens traf sich eine größere Gruppe in der Großküche einer Familie und spielte. Besonders beliebt war bei vielen Erwachsenen und auch den Kindern das grausliche „Schinkenklopfen". Die Mitspieler saßen im Kreis. Ein Mitspieler, das Opfer, musste sich so hinknien, dass sein Gesicht im Schoß eines zweiten Mitspielers lag und dann den Po, den „Dubs", weit hochstrecken. Ihm wurden die Augen zugehalten. Ein dritter Mitspieler - frei nach eigener Entscheidung oder durch Gesten anderer Mitspieler zum Handeln genötigt - stand nun auf und schlug mit der flachen Hand auf den Po des Opfers, „klopfte" also dessen „Schinken". Besagtes Opfer musste nun raten, wer ihn geschlagen hatte. Riet er richtig, war der Erratene das nächste Opfer, riet er falsch, konnte der nächste an das Opfer herantreten und - je nach Sympathie und Neigung - hart oder sanft zuschlagen.

Nun mag sich der liebe Leser fragen, warum ich dieses Spiel als „grauslich" tituliere, das klingt doch ganz harmlos! Es war auch harmlos, wenn es fair zuging und man wirklich nur den „Schinken" leicht klopfte, nicht wirklich wehtun wollte. In der Baracke wurde es aber leider oben in der Küche von Butzins oft anders „gespielt", missbraucht. Diese Familie hatte einen erwachsenen Sohn namens Artur, der sprach-behindert und wohl insgesamt ein wenig zurückgeblieben war - so genau differenzierte damals niemand. Dieser Artur wurde besonders gern zum Klopf-Opfer auserkoren, und er blieb dann stets sehr lange in dieser Rolle, weil er nie den richtigen erriet; und selbst wenn es ihm per Zufall gelang, dann sagte man ‚falsch' und ließ ihn weiter knien und die Schläge empfangen. Und hier taten sich dann einige heftig hervor, schlugen mit aller sadistischen Kraft zu und freuten sich, wenn Artur dann sein „ojaja" stöhnte.

Artur mochte Mädchen. Seine dicke Zunge, die es ihm nur ermöglichte, sabbernd und undeutlich zu sprechen - ganze Sätze gelangen kaum - hinderte ihn nicht daran, die ganz normalen, auch sexuellen Wünsche eines Jungen (später dann eines jungen Mannes) zu haben. Er hatte durchaus ein ästhetisches Empfinden und suchte sich unter den vielen altersmäßig in Frage kommenden Mädchen immer die hübschen aus – die wollte er dann auch heiraten, wie er bei jeder Gelegenheit mitteilte. Und auch hier machten sich viele wieder einen Spaß daraus, ihm zuzureden, er habe sicher Chancen bei Irma oder Hilde oder Herta, um ihn dann auszufragen, was er mit den Mädchen machen würde, wenn sie erst einmal seine Freundinnen geworden wären. Oh ja, Artur entwickelte da schon ganz konkrete Wunschträume und konnte sie auch mit einfachem, grobem Vokabular formulieren.

Nicht immer blieb es bei Wunschträumen, Artur fasste schon mal ein Mädchen an die Brust, wenn er ihr auf dunkler Treppe begegnete. Und dann rannten diese Mädchen zu seinem Vater. Nicht dass sie unbedingt etwas dagegen hatten, dass man die sichtbaren Belege ihrer Weiblichkeit berührt hatte, aber Artur durfte das nicht, zumindest nicht *dieser* Artur. „Artur hat mir an die Titten gegrabscht", hieß dann üblicherweise die klare Anklage, die sein Vater ungeprüft glaubte. Und dann wurde Artur zu dem Holzplatz beordert, hatte sich über den Hauklotz zu bücken und bekam gnadenlos mit einem Lederriemen „den Hintern versohlt" – das war die übliche Formulierung. Er weinte nie, stöhnte nur und versuchte ein „genug" herauszubringen, wenn er es denn gar nicht mehr aushalten konnte. Nein, Mitleid gab es drumherum nicht, Artur musste es lernen, so die allgemeine Ansicht, die Mädchen nicht anzufassen, und wer nicht hören will, muss eben fühlen - auch das war gängige Moral.

Zu kleinen Mädchen, die nicht als Heiratskandidatinnen in Frage kamen, war Artur ausgesprochen freundlich. Edith erzählte immer wieder gerne, dass er eine ungeheure Geduld entwickelte, wenn er sie in den dreibeinigen umgekehrten Holzschemel setzte und dann im Kreis drehte, bis ihr schwindelig wurde und sie ihn bat, aufzuhören.

Noch etwas Unerfreuliches habe ich in Bezug auf den Umgang mit Artur im Gedächtnis. Der schon erwähnte Junge, der sich in der Delme beim Penis-Präsentieren hervorgetan hatte, besaß ein echtes Luftgewehr, was für uns unerschwinglich und daher ein Objekt der Bewunderung oder gar des Neides war. Der wollte uns eines Tages zeigen, wie die Wirkung eines Schusses aus diesem Gewehr sei: schon recht schmerzhaft, aber nicht gefährlich. Ich erinnere mich noch genau, wie wir in einer großen Gruppe an der hohen kahlen Stirnwand der neuen Schule standen und Artur, aus dem Flecken kommend, von der Straße auf den Schulhof einbog. Er war wohl so zwanzig Meter von uns entfernt, als besagter Luftgewehrbesitzer kurz anlegte und abdrückte. Artur schrie auf und hielt sich den linken Oberschenkel, wo die Kugel ihn getroffen hatte. Sie hatte die Haut nicht durchschlagen, ihm aber einen bösen Schmerz zugefügt und für längere Zeit einen Bluterguss hinterlassen. Einige von uns fanden diese Tat gar nicht zum Lachen, aber Härte galt damals als ‚cool' (so würde man das heute wohl sagen) und deshalb erhob niemand Protest.

Bei den Großen waren Pfänderspiele sehr beliebt, weil man da beim Auslösen der Pfänder Aufgaben stellen konnte, die manchen kleinen, sonst verbotenen Körperkontakt möglich machte. Da wurde einem Mädchen schon einmal aufgegeben, einen Mann zu küssen – und alle schauten dann lüstern zu.

Wir Jungen veranstalteten auch Ringkämpfe, in denen ein Erwachsener den Schiedsrichter spielte, machten Vier-Ecken-Raten, spielten Fischlein im Dunklen und manches mehr....

Als ich beim Schreiben dieses Abschnittes in verschiedenen Spiele-Büchern nachsah, um mich über bestimmte Regeln zu vergewissern, fand ich noch manches, das auch wir gespielt haben: Die Reise nach Amerika („Ich reise nach Amerika und wer will mit?" „Die Katze mit dem langen Schwanz und die muss mit..."), den Händeturm-Bau, bei dem zuletzt alle ihre Hände übereinander klatschten, verschiedene Hand-Klatsch-Spiele, Das ist der Daumen, der schüttelt die Pflaumen, Hoppe, hoppe Reiter, wenn er fällt, dann schreit er (das musste unsere Mutter mit uns noch sehr Kleinen machen), Die schwarze Köchin („Ist die schwarze Köchin da?" „Nein, nein, nein, dreimal..."), Die Waschfrauen („Zeigt her eure Füße, zeigt her eure Schuh..."), „Eierandotzen" zu Ostern, Blinde Kuh, Hänschen sag mal Piep, Topfschlagen, Eine kleine Dickmadam als Abzählreim, Papierfaltspiele – sehr beliebt war Himmel und Hölle und wichtig waren weit segelnde Flugzeuge, Treffball, Ringlein, Ringlein, du musst wandern, Heiß und kalt, Englisch Fußball mit drei Münzen auf dem Tisch, Zublinzeln, verschiedene Pfandspiele, Flaschendrehen, dann natürlich Mühle und Dame und Mensch-Ärgere-dich-nicht und Mau mau und Hand-Schatten-Spiele, Drei di nich um, de Plumpsack geit um, Schubkarrenfahren um die Wette, Hinkelaufen, Tausendfüßler, Sackhüpfen, Reiterkämpfe, Seilspringen in allen Varianten, Bockspringen und viele andere halb turnerische Spielchen – die Liste ließe sich fortsetzen – die meisten dieser Spiele gibt es heute noch und fast alle werden fast alle kennen, es macht wenig Sinn, sie hier detailliert darzustellen.

Für lange Monate gab es eine Marotte, die in Variation wohl in jeder Generation vorkommt: Man sammelt etwas und spielt damit und tauscht... Bei uns waren es nicht teuer zu erwerbende Pokémon- oder Abziehbilder, die wir bei unseren Enkeln erlebten, bei uns waren es die Vorderseiten von Zigarettenschachteln. Überall, wo man auf der Straße oder im Gelände eine Schachtel sah, rannte man hin, um sie zu ergattern, riss säuberlich die vordere Seite ab und verstaute sie zu Hause in dem dafür bestimmten Schuhkarton. Viele zu haben bedeutete hohes Ansehen bei der Konkurrenz - und Konkurrent war jeder Junge in etwa gleichem Alter. Mädchen machten diesen Spaß nicht mit und Ältere sowieso nicht. Aber Edith sammelte die Schachteln auch; sie erinnert sich, sogar im Müll hinter Dräger gekramt zu haben, um welche zu finden. Sie kannte die Wert-Reihenfolge genau, kann sie jetzt noch hersagen – sie spielte aber nicht selbst mit diesen „Karten", sondern schenkte sie mir. Die grüne Derby mit der Goldkrone war die Nummer eins, die vornehm aussehende braune Astor die zwei, dann kam die weiß-rote Lux, ganz am Ende rangierten die Golddollar und die gras-grüne Collie.

Hatte man genügend „Karten" zusammen und war zu einem gewissen Risiko bereit, nahm man ein solides Bündel in die Hand, ging nach draußen und fand immer einen Mitspieler. Man hielt das Bündel so, dass die Vorderseite nicht sichtbar war, ergriff die oberste Karte, dreht sie um, so dass ihr „Wert" sichtbar wurde, und legte sie auf den Tisch. Der Gegner legte seine oberste Karte darauf. War sie im Wert höher, so gehörten beide Zigarettendeckel ihm. Er steckte sie auf die Unterseite des Bündels und legte nun seinerseits vor. Legte der Gegner zufällig die gleiche Karte, also Zigarettenmarke, auf die vorgelegte, dann mussten beide eine zweite Karte verdeckt darauf legen und dann wieder eine Karte offen. Wer nun gewann, kassierte also sechs Karten, was stets ein besonderes Vergnügen war, zumal dann, wenn man hinterher merkte, dass unter den verdeckt gelegten eine Astor oder gar eine Derby war, denn von denen hatte man wenige, sie waren teurer als Lux und Golddollar und wurden daher nur von wohlhabenden Leuten geraucht. Immer wenn man einen vornehmen Mann - Frauen rauchten damals noch nicht, zumindest nicht draußen - rauchen sah, beobachtete man ihn eine Weile, um zu sehen, welche Marke er benutzte. War es die begehrte Astor oder gar die Derby und sah man, dass nur noch ein, zwei Zigaretten in der Schachtel waren, verfolgte man diesen Menschen notfalls eine lange Zeit, bis er die leere Packung endlich fortwarf - Papierkörbe gab es nicht, sie landete also stets auf dem Boden und war eine leichte Beute.

Ach ja, nach vielleicht drei Jahren war das Spiel plötzlich out. Man hortete die Schachtel mit den Zigarettendeckeln noch ein paar Monate unter dem Bett, dann warf man sie schlicht fort. Was eben noch höchster Wert gewesen war, war nun nur noch schmuddeliges Papier. So ist das Leben!

Ein etwas anders geartetes Saisonspiel war das Murmelspiel, wie es bei uns hieß, das vornehme „Marmeln" verwendeten wir nicht und auch das Wort „Knicker" machte sich erst viel später breit. Der wesentliche Unterschied zum Spiel mit den Zigaretten-schachtel-Deckeln bestand darin, dass sich dieses Spiel über all die Jahre wohl bis heute gehalten hat und dass man die Marmeln nicht auf der Straße fand, sondern kaufen oder aber erspielen musste. Aus Lehm oder Ton waren sie hergestellt („Kitt" sagten wir, und nannten sie deshalb auch „Kitter") hatten einen Durchmesser von einem Zentimeter und waren mit kräftigen Farben versehen. Später gab es dann auch „Glasis", größere Marmeln aus Glas, die zum Teil sehr hübsche bunte Einschlüsse hatten. Aber die waren teuer und ihr Besitz war etwas Besonderes.

An diesem Nachmittag im Mai beeilte ich mich besonders mit meinen Hausaufgaben. Es hatte lange Zeit geregnet und war kalt gewesen, was den Bauern Freude bereitet hatte („Ist der Mai kühl und nass, füllt er dem Bauern Scheun´ und Fass"), uns Kindern aber gar nicht. Heute schien schon den ganzen Vormittag die Sonne und man würde endlich wieder draußen spielen können, und sogar barfuß, denn es hatte am Wochenende ein großes Gewitter gegeben und nach der unerfindlichen Regel unserer Mutter durfte man nach dem ersten Gewitter barfuß nach draußen, worauf wir uns jedes Jahr freuten.

Kurz nach zwei war ich fertig und ging erwartungsvoll und barfuß vor die Tür: Wer würde dort herumstehen und auf Spielkameraden warten? Niemand war da, was mich sehr erstaunte. Ich ging zum Bassin hinüber und da sah ich den Grund: Vier Kinder in meinem Alter und jünger hockten auf dem Sandboden und spielten Marmeln, Edith war dabei. „Warum hast du mir denn nicht Bescheid gesagt? Ich möchte doch auch mitspielen." „Aber du warst doch noch an den Schularbeiten, deshalb dachte ich…"

Ich war schon weg, lief ins Schlafzimmer, legte mich lang auf den Bauch, fühlte mit ausgestrecktem Arm die rechte Ecke ab und stieß dort erwartungsgemäß auf einen Widerstand: meinen Marmelbeutel, der dort seit Wochen bereit lag, nachdem er den langen Winter unten in dem Spind verbracht hatte. Gut gefüllt war er mit Kittern, auch zwei Glasis konnte ich fühlen. Die nahm ich heraus und steckte sie in die Hosentasche.

„Hier bin ich wieder. Kann ich mitmachen?" „Nein", hörte ich von Oskar Streck, „wir sind schon fünf, und mehr sind doof." Nebenan standen inzwischen Hilde Streck, Artur Radtke und Günter Kappelt, auch sie hatten ihre Marmel-

Beutel in der Hand. „Dann machen wir eben ein neues Spiel auf", schlug Günter vor.

Wir gingen ein paar Schritte weiter, Artur drückte den Hacken seines Schuhes – er war zum Glück noch nicht barfuß - fest in die Erde und drehte sich dann einmal um sich selbst, Hilde wischte den überschüssigen Sand zur Seite, ich trampelte den Sand rundherum fest und Günter fegte einen breiten Streifen mit den Fingern sauber. „Darf ich anfangen?" fragte Hilde, „ich war als erste hier." „Klar!" gaben wir uns gönnerhaft, „du bist doch ein Mädchen und Damen haben immer Vortritt." „Na", schränkte Hilde ein, „das wüsste ich aber!"

Sie ging drei Schritte auf dem gefegten Gebiet vom Loch weg, zog einen Strich, nahm drei Kitter aus ihrem Beutel, bückte sich tief und kullerte sie in Richtung Loch. Zwei rollten hinein, die rote dritte blieb zehn Zentimeter rechts vom Loch liegen. Günter schaute mich an, ich sagte „Mach du!" und er warf nun auch drei Marmeln: Alle trafen, er sprang hoch und klatschte in die Hände vor Freude. Ich hatte nicht so viel Glück, zwei bleiben draußen liegen, bei Artur auch. Günter ging nun ans Loch, bückte sich hinunter und kickte mit dem gekrümmten Zeigefinger Hildes rote hinein – wir achten beide darauf, dass er die Marmel nur antickte, nicht mit dem Finger über den Boden schob. Auch meine grüne brachte er problemlos im Loch unter, aber an der blauen, die weit über das Loch hinausgerollt war, scheiterte er. Bis auf drei Zentimeter rollte er sie heran und ärgerte sich nun, weil er Hilde gewissermaßen eine Steilvorlage geliefert hatte: Sie brauchte die Marmel nur anzuticken und drin war sie. Strahlend nahm sie die neun Kugeln heraus und durfte nun wieder vorlegen: Fünf nahm sie jetzt. Dieses Mal hatte ich mehr Glück und konnte anfangen. Drei der Draußenliegenden schaffte ich, dann aber wurde ich skeptisch: Die vierte lag so weit weg, dass ich nicht glaubte, sie hineinzubekommen. Ich war aber nicht so leichtsinnig wie Günter eben, wollte Artur nicht auch eine gute Chance ermöglichen, tickte die Marmel also nur an, so dass sie lediglich ein paar Zentimeter weiterrollte. Artur war optimistisch, „das schaff ich" – und die Marmel rollte tatsächlich einen Meter auf das Loch zu, blieb aber dann an einem Steinchen hängen. Nun war es wieder Hilde, die die Abstauberin spielen konnte und alle Marmeln gewann.

Inzwischen hatten sich Erich Rossol und Irmchen Streck zu uns gesellt, fragten, ob sie mitmachen dürften. Erich holte seinen Marmel-Beutel aus der Hosentasche, Irmchen druckste herum. „Was ist, hast du keine Murmeln?" „Nein, ich habe meine alle bei Oskar gegen Bonbons eingetauscht." „Dann lauf zu Lindloge und kauf dir ein paar, mit zehn Stück kannst du einsteigen." „Aber ich hab doch kein Geld." „Dann versuch es mal mit Hexen!"

[24] Eine typische Marmelspielszene. Der Junge rechts schiebt mit dem gebogenen Zeigefinger eine Marmel ins Loch. Links hält er den Sack mit seinen Marmeln. Fachkundige Zuschauer gibt es auch hier

Irmchen ging hinüber zu den anderen Spielern, ihr Bruder Oskar hatte Mitleid und erlaubte ihr, für ihn zu hexen. Als er dran war und seine vier Marmeln über den Sandboden kullerten, hielt sie beide Hände über das Loch und rief „Hexe hex!" Natürlich wirkte das: Alle vier lagen im Loch und Oskar überreichte eine Kitter als Hexerlohn. Als er dann am Ende die letzte Marmel einlochte und die zwanzig gewonnenen in den Sack steckte, bekam Irmchen noch einmal zwei ab, zehn Prozent Gewinnbeteiligung galten als normal, wie im Geschäftsleben auch. Es dauerte nur wenige Minuten und sie hatte zehn zusammen, kam zu uns zurück und machte nun mit, gewann gleich die erste Runde und war jetzt gut mit Spielmaterial versorgt. Beim nächsten Durchgang ging es wieder um den Einsatz von fünf, Hilde brachte eine Glasi zum Einsatz, die den fünf Kittern gleichwertig war. Wunderschön war dieses Glaskunstwerk, mit roten und grünen Schlieren darin, die ineinander verwoben waren: Die musste ich haben – und ich setzte mein ganzes Können ein, konzentrierte mich und konnte am Ende dieses Spieles die Glasmarmel in meiner Hosentasche versenken, nein, im Spiel riskieren wollte ich die Glaskugeln nicht.

Zwei volle Stunden spielten wir, dann schlug jemand vor, Kriegen zu spielen, um die vom Stehen, Knien, Bücken steif gewordenen Beine wieder flott zu bekommen.

Geschick gehörte zu diesem Spiel, wenn man denn zu den Gewinnern gehören wollte und nicht zu denen, die mit einem vollen Säckchen das Spiel begannen und am nächsten Tag bereits wieder zu Lindloge gehen mussten, um neue zu kaufen...

Wenn wir – „wir" sind Edith und ich, ich weiß gar nicht, ob Irmgard und Rudi diese Kinderspiele auch noch mitmachten - bei einem Spiel so etwa hundert Marmeln gewonnen hatten, trugen wir das Beutelchen nach Hause und kamen mit einem Rest von zehn wieder, die dann neu „eingesetzt" wurden. Die gesicherten verkauften wir dann im Laufe der Saison an die Verlierer - wir nahmen nur halb so viel, wie man bei Lindloge bezahlen musste. Meistens verloren die Käufer wieder recht schnell ihre Marmeln und mussten dann eben wieder kaufen– es war ein Kreislauf, bei dem es stets Gewinner und Verlierer gab; wir gehörten sehr oft zu den Gewinnern, wobei sich die Summen, die wir verdienten, allerdings in Pfennig-Grenzen hielten.

In den späteren Jahren entartete das Spiel manchmal ein wenig, wenn Kinder mit etwas mehr Geld fünf oder sechs Glasmarmeln auf einmal ins Spiel brachten und man dann 25, 30 Kitter aus voller Doppelhand werfen musste, wenn man mithalten wollte. Bei einer solchen Wurftechnik war der Erfolg reiner Zufall und das Risiko, dreißig Marmeln auf einen Streich zu verlieren, war schon schockierend groß. Der Spaß an dem Spiel ließ nach.

[25] Beim Faden-Abnehmen

„Faden abnehmen" war ein weiteres Spielchen, das immer mal wieder Konjunktur hatte und dann für längere Zeit unterging. Hier waren es vor allem die Mädchen, die eine enorme Geschicklichkeit entwickelten und immer wieder neue und höchst komplizierte Griffe vorführen konnten, mit denen man dem anderen den Faden abnahm und dabei in noch komplizierteres Faden-Kreuz-Muster herstellte.

Für zwei Jahre war der Hula-Hopp-Reifen der absolute Renner. Jeder musste einen haben, jeder musste die Hüften kreisen lassen. In unserer Familie gab es keinen – wir konnten es dennoch, Edith und Irmgard besonders gut, ich hatte dazu weniger Talent und Lust – was sich wohl gegenseitig bedingte.

Wenn die Arbeit auf den Getreidefeldern vorbei war, kam die Zeit des Drachensteigen-Lassens. Natürlich konnte man fertige Drachen bei Lampe kaufen, aber ebenso natürlich kam dieser Luxus in der Baracke nicht in Frage. Wir bauten die Drachen selbst, in den ersten Jahren waren Erich und Artur und Rudi die Erbauer, später konnte ich das selbst. Es war gar nicht so leicht, die dünnen Holzlatten stabil zu verbinden und dann mit Packpapier zu bekleben, aber wir bekamen das hin. Auch der lange Schwanz aus jeweils zusammengedrehtem Papier gelang – ohne diesen Schwanz fehlte dem Drachen in der Luft die gewünschte Stabilität.

Schwieriger schon war es, hinreichend Band zusammenzukommen, damit der Drachen auch ordentlich hoch steigen konnte. Meistens hatten wir alle verfügbaren Bänder zusammengeknotet und hüteten diesen aufgewickelten Ballen wie einen Schatz bis ins jeweils nächste Jahr.

Die Knoten behinderten leider eine kleine Spezialität: Wir knickten ein Stück Strohhalm zu einem Quadrat, das wir um das Band legten. Der Wind schob dann diesen Strohhalm hoch zum Kopf des Drachens, „Post hochschicken" nannten wir das. Leider blieb die Post an jedem Knoten hängen und wir mussten erst ruckeln und schütteln, um sie wieder auf den Weg nach oben zu bringen.

Das Steigen-Lassen fand auf den Stoppelfeldern statt. Da wir den ganzen Sommer über, wann immer es das Wetter zugelassen hatte, barfuß gelaufen waren, hatten wir eine solche Hornhaut an den Fußsohlen, dass wir auch auf den Stoppel keine Schuhe brauchten. Es gab auch hier wieder regelrechte Wettbewerbe, wessen Drachen am höchsten steigt. Bitter war es, wenn sich herausstellte, dass man irgendeinen Fehler gemacht hatte, die Latten nicht genau symmetrisch gekreuzt waren z.B., und der Drachen dann die Neigung hatte, nach links oder rechts abzustürzen…

Ein sehr einfaches Spielchen, das ich nie wieder unter Kindern gesehen habe, war das „Eins zwei drei, zeig grün!" Man musste dazu mit einem oder mehreren verabreden, dass sie oder er an diesem Spiel teilhaben wollte. Wenn man dann den Teilnehmer irgendwo traf, forderte man ihn auf, etwas Grünes zu zeigen. Konnte er das nicht innerhalb von eins zwei drei Sekunden, dann musste er dem Fordernden etwas geben. Diese kleine Gabe konnte man selbst bestimmen – und man war dabei in der Lage, seine Sympathie anzudeuten, indem man etwas Schönes wählte, oder aber seine Abneigung kundzutun, indem man einen alten Hosenknopf oder einen Kieselstein überreichte – als schlaues Kind sorgte man stets dafür, ein paar passende Geschenke in den Tiefen der Hosentaschen mit sich herumzutragen.

Anders als ich, dem dazu wenig einfällt, hat Irmgard gut in Erinnerung, dass in Harpstedt abends sehr viel unter uns Geschwistern gespielt wurde. Mau-Mau war beliebt und natürlich auch Mensch-ärgere-dich-nicht. Es wurde auch viel miteinander geredet, vor allem Erna war da sehr aktiv: Sie erzählte uns oft Märchen. Und Radio hörten wir gemeinsam – aber das wurde dann erst in Dünsen ein richtiges Vergnügen, als es Hörspiele und am Samstag die Familie Meyerdierks gab – eine unendliche Geschichte.

Kleine Probleme und Unfälle

Zu unseren Spielen gehörte auch das Wettlaufen, mager, zäh und schnell waren wir Kinder ja alle und ehrgeizig auch. Wettläufe konnte man auf den freien Flächen überall veranstalten, mit beliebig vielen Kindern, auch als Staffellauf.

Nach einem großen Regen war mal wieder jemand auf die Idee gekommen, Wettlaufrunden um die Baracke herum zu veranstalten. Wir liefen wegen der tiefen Pfützen in Gummistiefeln, merkten aber bald, dass die klobigen Dinger kein hohes Tempo zuließen. Also zog man sie aus und rannte barfuß. Als ich um die letzte Ecke bog und ins Ziel kam, erhob sich großes Geschrei: Ich zog eine breite Blutspur hinter mir her. Ich war in einer Pfütze auf eine zerbrochene Tasse getreten und hatte die rechte Hacke an der Innenseite aufgeschnitten; ein gut Fünfmarkstück-großer Fleischlappen war nur noch lose mit der Hacke verbunden. Es blutete enorm - und unsere Mutter war nicht zu Hause. Ich wurde hingelegt, man wickelte Lappen, ein Handtuch herum - alles war in kürzester Zeit rot und nass. Als unsere Mutter endlich da war, gab es zuerst einmal ein mittleres Donnerwetter wegen des dumm-gefährlichen Barfuß-Laufens durch Pfützen, dann brachte sie mich auf dem Rad zu Dr. Schäfer, der sofort nähen wollte: ein Alptraum! Ich schaffte es, unsere Mutter und den Doktor zu überreden, dass man von einem Nähen Abstand nehmen könne: Man legte nur einen strammen Verband - und siehe da, es heilte auch so. Das Stück wuchs problemlos wieder ein, und heute zeugt nur noch eine Narbenlinie von dem Malheur.

Noch ein Malheur erlebte ich, das auch Narben hinterließ, dieses Mal in der rechten Hand. An der Wohnung der Kappelts hing draußen ein Kabel aus der Wand. Was Strom ist, wussten wir alle damals schon, auch die Gefährlichkeit kannten wir. Einer der Spielkameraden überredete mich, dieses Kabel anzufassen, das sei harmlos, es sei ein Antennenkabel. Als ich nach misstrauischem Zögern wirklich zufasste, durchzuckte es mich bis in die Füße. Der Stromschlag lähmte kurz die Muskulatur, ich konnte die Hand nicht öffnen. Nach wenigen Sekunden gelang es mir, die Hand nach unten zu schieben, weg von der blanken Kabelstelle, und dann loszulassen. Ich schaute mir meine Hand an: In der Innenhandfläche am Ansatz des Ringfingers hatte der Strom ein richtig tiefes und großes Loch geschmort, etwa halb so groß wie ein Pfennig, in der Kuppe des Ringfingers und dem ersten Glied des Zeigefingers waren die Löcher kleiner. Es blutete nicht, die Wundränder waren weißlich gelb. Ich beschimpfte den Jungen, der mich zu dem Kabelanfassen überredet hatte und lief dann in den Keller, um unter der Pumpe die Hand zu kühlen – jetzt erst setzte der Schmerz ein. Ich erzählte zu Hause nichts, ich glaube – wissen tue ich es nicht sicher – dass meine Mutter gar nichts davon mitbekam, es heilte und ich laufe halt mit drei Narben mehr herum.

Ohne sichtbare Narben verliefen unsere Kontakte mit dem Zahnarzt Dr. Köllenberger. Er hatte seine Praxis in einem schönen Haus an dem kleinen Nebenarm der Delme, der aus dem Burggraben herausfloss. Edith und ich gingen dort üblicherweise gemeinsam hin, die nicht gerade tolle Ernährung und die fehlende Zahnpflege – Zahnbürsten gab es erst ab 1950 und nur in vornehmsten Kreisen - hatten dafür gesorgt, dass die Karies uns zu guten Patienten machte. Leider arbeiteten die Zahnärzte damals noch sehr anders als heute, wo man bei einer Sitzung drei Zähne ausgebohrt und fertig plombiert bekommt. Vier, fünf Mal mussten wir hin, der Zahnarzt bohrte, steckte einen übel schmeckenden Wattebausch hinein, das wiederholte sich…bis schließlich endlich die Füllung der Sache ein Ende bereitete. Viele Stunden verbrachten wir im Wartezimmer im Keller – und daran, was Edith dabei in Erinnerung hat und was ich, kann man gut sehen, wie unterschiedlich wir beide unsere Welt wahrnahmen. Ich erinnere mich vor allem daran, dass in diesem Keller alle zehn Minuten eine Maschine ansprang und dann einige Minuten lief: Offenbar war es die Wasserpumpe. Und auf dem Weg zur Toilette hatte der alte Köllenberger einen Totenschädel aufgestellt: Edith kostete es jedes Mal Überwindung, für sie war es ein Alptraum, daran vorbei zu gehen, ich fand das Knochenteil spannend und stand gerne davor und schaute mir das Gebiss an. Für mich war Herr Köllenberger ein netter alter Herr, Edith fürchtete sich davor, von ihm geneckt und vor allem gestreichelt zu werden.

Zu einem zweiten Spiel auf freiem Feld versammelten sich am späten Nachmittag Rudi, Irmgard, Thale Krempin, Manfred Reich und Reinhold Streck, alle mit einem Messer oder besagter Feile bewaffnet. Ich durfte mitspielen, obwohl ich nicht ganz in die Altersgruppe passte, aber das spielte beim „Länder-Klauen" – wir nannten es auch „Ich habe Hass" – keine so große Rolle, man brauchte mich als sechsten Mitspieler. Wir zeichneten ein großes Viereck von etwa sechs mal zehn Meter in den Sand und teilten es gerecht in sechs Länder, Irmgard wollte Deutschland sein, Thale wurde Amerika, Rudi war England, Manfred sah sich als Frankreich, Reinhold als Russland, ich suchte mir Polen aus. Oh ja, es steckte in uns allen noch reichlich konkreter Hass, um diese Länder zu wählen und diesem Spiel einen fast psychologischen kriegerischen Hintergrund zu geben. Wir stellten uns nun in unser Land, ich bekam als Jüngster einen einfachen Gummiball zugeworfen und durfte anfangen. Ich warf den Ball mit aller Kraft vor mir auf den Boden, so dass er ziemlich senkrecht nach oben sprang, schrie dabei: „Ich habe Hass, ich habe Hass auf Russland" und alle – bis auf Reinhold – rannten in verschiedene Richtungen davon. Reinhold machte ein paar schnelle Schritte und fing den fallenden Ball auf, schrie laut „Halt" und alle erstarrten. Weit war keiner gekommen. Er schaute um sich, Manfred stand ihm am nächsten. Das war günstig, denn sein Frankreich lag in unserem Spiel-Feld neben Russland. Er warf mit dem Ball nach ihm und traf ihn am Rücken: Nun war er besiegt und Reinhold durfte ihm – wie im echten Leben – ein Stück Land klauen. Dazu warf er von seinem Heimatland aus seine Feile in Manfreds Bereich, so dass die Angriffswaffe ein Stückchen von der Ecke entfernt stecken blieb. Nun durfte er zu diesem Einstichpunkt zwei senkrechte Linien ziehen - und das Stück Land gehört ihm. Noch zweimal steckte die Feile ordentlich im Boden, beim nächsten Mal klackte es, er hatte auf etwas Hartes getroffen, die Feile sprang ab, fiel um. Reinhold vereinigte die frische Eroberung mit seinem Land, indem er die alte Grenzlinie zertrampelte –fast wie im echten Leben.
Nun war Reinhold dran, einem Land seinen Hass zu erklären. Er warf den Ball direkt in die Luft, schrie seinen Hass auf Deutschland hinaus, Irmgard fing den Ball erst, nachdem er einmal aufgetrumpft war, konnte aber Rudi mit dem Ball treffen und sich also an England vergreifen. Sie stach sich erfolgreich die ersten eins, zwei Stücke ab und beim dritten Feilenwurf protestierte Rudi: Es galt als abgemacht, dass das jeweilige Eroberungsquadrat in der Kantenlänge nicht größer sein durfte als die Feile lang war, um nicht zu schnell sein Land zu verlieren und das Spiel dann verloren zu haben. Die Feile steckte nun aber zu weit von der letzten Ecke entfernt im Boden, meinte Rudi. Irmgard sah das

anders. Um in dem Konflikt zwischen meinen Geschwistern mitentscheiden zu können, schaute ich mir die Einstichstelle an, beugte mich vor, bestätigte Rudis Aussage, Irmgard zog die Feile heraus und warf sie neu, nicht ganz geschickt, wohl auch weil sie sich ärgerte, und ich bekam diese Feile gegen die Stirn, zum Glück nicht mit der Spitze, sondern nur mit der Seite: Sie riss mir die rechte Augenbraue auf, verletzte das Auge zwar nicht, es blutete aber enorm, und ich jagte den Barackenleuten mit meinem blutüberströmten Gesicht einen gehörigen Schrecken ein, als ich in unsere Wohnung zurückrannte, Irmgard mir dicht auf den Fersen. Sie drückte ein Handtuch auf die Wunde, und als unsere Mutter eine halbe Stunde später nach Hause kam, blutete es schon nicht mehr. Sie schaute sich den Schaden an - vor Schreck vergaß sie ganz, mit Irmgard zu schimpfen, die natürlich gleich erzählte, wie es zu dem Unglück gekommen war - entschied, dass ein Arztbesuch nicht nötig sei, wischte alles sauber, klebte ein Pflaster darüber: Groß war der Schaden zum Glück nicht, man muss schon genau hinsehen, um die Narbe heute noch zu bemerken.

Die zweite Narbe, die ich Irmgard zu verdanken habe, ist allerdings unübersehbar, sie ziert meinen rechten Oberschenkel, Außenseite. Irmgard hatte mich auf dem Herrenrad von unserem Cousin Gustav mitgenommen. Ich saß vorn auf der Stange, wir fuhren auf dem Feldweg Richtung Schwarzer Berg, als Irmgard das Gleichgewicht verlor und wir beide umkippten. Der Klemmbügel der Handbremse riss mir den Oberschenkel gut fünfzehn cm lang auf, nach oben hin recht tief. Oha, wenn das unsere Mutter sehen würde, das gäbe sicher großen Ärger! Abends beim obligatorischen Füße-Waschen in der Zinkwanne legte Irmgard größten Wert darauf, mir beim Waschen zu helfen, statt es unserer Mutter zu überlassen, wie es üblich war. Schon das fiel ihr auf - und schnell war die Wunde entdeckt. Es gab keinen sehr großen Ärger, weil Sorge und Mitleid viel größer waren. Auch diese Wunde heilte ohne Doktorbesuch und ohne Naht.

[26] Irmgard und Horst - mit zeittypischer Schirmmütze

Öfter als mit mir war Irmgard mit der kleinen Edith unterwegs. Unsere Mutter gab ihr oft den Auftrag, sie mitzunehmen, was Irmgard gar nicht gefiel, weil die kleine Schwester natürlich ein Klotz am Bein war, sie daran hinderte, mit den gleichaltrigen Freundinnen an der Baracke oder im Flecken ihren gewünschten Aktivitäten nachzugehen.

Nach Ediths Erzählungen wurde dann schon mal die Roggenmuhme angekündigt, die sie in Panik versetzte und sie nach Hause rennen ließ, wo sie erst in der Küche Sicherheit vor diesem Gespenst fand. Irmgard war ihren „Klotz" los.

Wir waren als Kinder oft und gern bereit, etwas zu verschenken. Manchmal vergriffen wir uns dabei und schenkten etwas her, was im Wert so hoch war, dass die Eltern entsetzt waren. Dann kam der bittere Moment, zum Beschenkten gehen und das Geschenk zurückfordern zu müssen. Das galt als recht schlimme Tat und man musste sich dann entweder anhören: „Gegeben – genommen: in die Hölle gekommen!" oder: „Gegeben ist gegeben, wiederholen ist gestohlen".

Eine lange Zeit grassierende Krankheit war die Krätze. Es handelt sich dabei um eine - wohl von Milben hervorgerufene - relativ harmlose, aber lästige und sehr ansteckende Erkrankung (besser: Entzündung) vor allem der Hände, wobei die Innenseiten der Finger am heftigsten betroffen werden und unerträglich jucken. Ich war damals in der Clique der etwa gleich alten Jungen uneingeschränkter Anführer, Räuberhauptmann („Bestimmer" nach heutiger Diktion) und konnte ansagen, welche Spiele gespielt wurden, wohin man ging, wer mitmachen durfte etc. „Hoschi" hieß ich in der Baracke immer, nicht Horst.

In der Zeit der Krätze-Epidemie führte ich ein strenges Reglement ein: Morgens vor Spielbeginn hatte jeder seine Hände vorzuzeigen, und bei wem die typischen roten Stellen zwischen den Fingern zu sehen waren, der wurde für den Tag von den meisten Spielen ausgeschlossen, um den Kontakt mit ihm und damit eine Ansteckung und Ausbreitung zu verhindern.

Edith zitiert zu dem „Anführer-Thema" in ihrem Barackenbuch (S.269) aus einem Gespräch auf dem Treffen der Barackenbewohner, das mich (ich leugne es nicht) weit mehr als ein halbes Jahrhundert nach der Baracke ein bisschen stolz gemacht hat.

*„Dass Manfred für die paar Stunden, die das Barackentreffen dauern würde, mitten im Schuljahr nicht aus Spanien kommen konnte, bedauerten sie sehr. >Auf den Manfred habe ich mich vor allem gefreut<, sagte Reinhard, >ohne ihn ist doch alles nur halb. < >Ich hab von ihm gelernt, dass man weglaufen kann, wo man sich nicht gut fühlt<, sagte Alfred.*
*Leuchtbruder, dachte Elisabeth [Edith]. Wie gerne hätte sie ihn neben sich."*

Und auf Seite 271 heißt es: *„Volker fragte nach Manfred, alle fragten nach Manfred."*

**Feste**

Zu den schönen Seiten Harpstedts und der Schule gehörten die Feste, auch wenn sie durchaus anstrengende Elemente enthielten.
Im August fand das Heidefest statt. Alle Schüler machten dabei einen Umzug durch den Flecken. Die großen Mädchen trugen mit Heide umwundene Bögen, unter denen die kleinen Mädchen zu Paaren liefen. Die Jungen schulterten geschmückte Stöcke wie Gewehre, schließlich waren diese Feierlichkeiten aus den Kinderschützenfesten hervorgegangen, die man denn auch – ebenso wie die Schützenfeste für die Erwachsenen - wieder einführte, als sich die Engländer nicht mehr gegen militärische Spielerei wehrten. Das geschah erstmals am 18.5.1948.
Man marschierte durch den Flecken und den Amtsacker hoch zum Sportplatz, wo die einzelnen Klassen dann Lieder und kleine Stücke vorzutragen hatten. Ich weiß noch gut, wie ich litt, als ich in dem Stück „Tuck, tuck, tuck, ihr Hühnerchen, was habt ihr denn getan, seit einer halben Stunde schon fehlt euer lieber Hahn…" den Hahn zu spielen hatte und mich damit zur Schau stellen musste, auch Mädchen an die Hand zu fassen hatte. Das war bei unserer Schüchternheit, die durch die „gesellschaftliche" Position, in der wir uns als Flüchtlings- und Barackenkinder befanden, hergestellt oder zumindest verstärkt wurde, gar nicht so leicht. Ich hatte mich gegen diese Rolle gewehrt, das hatte aber nicht geholfen, ich musste ran – und litt.

Edith war bei einem dieser Feste ihre Position sehr deutlich gemacht worden. Sie hatte mit einem Harpstedter Jungen, Enno, den sie gern mochte und der genauso schnell laufen und denken konnte wie sie, zusammen tanzen sollen und am Ende des kleinen Rundtanzes hatte sie sich auf den Boden zu setzen, und er musste dann Platz nehmen auf ihrem Rücken, nachdem er sie durch entsprechende Gesten in einen Sack gesteckt hatte. Dazu sangen die Jungen: „Und wenn du dann noch schreist, ach bitte lass mich raus, dann binde ich ihn zu, den Sack, und setzt mich oben drauf."
Ein Harpstedter Mädchen hatte als Partner einen Barackenjungen zugewiesen bekommen und weinte deshalb heftig, ging zum Lehrer Mösche und beklagte sich. Edith hörte etwas von „Mutter…darf nicht…Barackenkind." Herr Mösche ordnete einen Tausch an. Das Mädchen war glücklich, Enno akzeptierte die neue Partnerin. Die erbitterte Edith nahm den Baracken-Partner an, gegen den sie nichts einzuwenden hatte, der aber nicht der Wunschkandidat war, das war Enno gewesen. Aber von Stund an lachte sie Enno nicht mehr an, wenn sie ihn mit seinen Eltern im Flecken traf, und um das Haus des Mädchens machte sie einen großen Umweg, wenn sie in den Flecken ging. Auch Herr Mösche hatte sein hohes Ansehen bei ihr ein Stück weit eingebüßt.

Auf dem Sportplatz gab es dann allerlei sportlichen Wettkampf und eine Fülle von Spielen, die mit Geschicklichkeit zu tun hatten und oft Preise einbrachten, was für uns von großer Wichtigkeit war. Das bekannte Sackhüpfen gehörte dazu, Singspiele der Klassen, Wettläufe, Staffelläufe,…..Edith erwies sich hier als großartige Sportlerin, war in ihrem Jahrgang stets die Schnellste, brachte meistens kleine Urkunden oder Preise mit nach Hause.
Ich erinnere mich noch gut an die Kletterstangen: Ein dünnes Bäumchen hatte man von den Zweigen und der Rinde befreit und dann aufgestellt. Oben hingen an einem Kranz allerlei schöne Sachen, Bonbons und sogar Würstchen.

Wer es schaffte, nach oben zu klettern, konnte jeweils einen „Preis" abreißen und unten verspeisen. Für die Großen gab es einen Baumstamm mit vielleicht 15 cm Durchmesser unten, für uns Kleinen hatte er knappe zehn, damit wir ihn auch umfassen konnten. Für uns Barackenkinder war es natürlich ein Leichtes, die Schuhe und Strümpfe auszuziehen und wie die kleinen Affen nach oben zu turnen; wir haben da ganz schön abgeräumt!

[27] Schulfest auf dem Hof vor den Baracken. Die beiden Toilettenhäuschen sind gut zu erkennen. Hinter – für den Betrachter vor – den Toilettenhäuschen stehen die typischen Holzschober. Der rechte könnte unser sein, denn dort etwa verarbeiteten wir stets das aus dem Wald geholte Holz.

Zu den Festen des Fleckens, auch im Rahmen der Schule, gehörte das Laternenlaufen im Herbst. Wochen schon vor dem Termin hingen in vielen Geschäften Laternen zum Kauf aus und Lampes hatten immer das ganze Schaufenster damit dekoriert. Es gab die unterschiedlichsten Modelle zu den unterschiedlichsten Preisen. Am einfachsten waren die Zylinder, die man ziehharmonikamäßig zusammenklappen konnte, sie kosteten weniger als eine Mark. Am schönsten schienen mir immer die orange-gelben großen Monde mit dem Gesicht darauf, für sie musste man so um die fünf Mark auf den Ladentisch legen.

Für uns war es ziemlich egal, ob man nun eine oder fünf Mark zahlen musste, ein Kauf kam gar nicht in Frage, bei uns wurden die Laternen selbst gebastelt. Schon Tage vorher saßen wir um den großen Tisch, hatten von vollgeschriebenen Heften die schwarzen Deckblätter aufgehoben, hatten von dem durchscheinenden Seidenpapier je einen großen Bogen in gelb, rot, blau und grün gekauft, zeichneten nun Entwürfe für die vier Seiten unserer eckigen Laternen, Erna und Erich halfen uns dabei, es war jeweils eine der Gelegenheit, wo alle Kinder zusammenarbeiteten. Wenn die Entwürfe als gelungen angesehen wurden –, meistens waren es geometrische Figuren, manchmal aber auch Tiere - übertrugen wir sie auf das schwarze feste Papier der Heftumschläge, schnitten aus, was durchscheinend sein sollte und klebten dann passende Seidenpapierstücke von innen ein. Das war an sich gar nicht schwierig, aber wir hatten natürlich auch nicht den guten Klebstoff von Uhu oder Pattex, den heute jedes Kind als Rollstift oder Klebetube im Federmäppchen mit sich trägt, wir stellten uns Klebe aus Wasser und Mehl her und mit diesem Kleister musste man sehr vorsichtig umgehen, damit man das Seidenpapier nicht zu nass machte und es dann schrumpelte, nicht glatt auflag. Die vier Seiten wurden nun mit schmalen Streifen von innen zusammengeklebt, was dem ganzen Gebilde einige Festigkeit verlieh. Unten kam ein doppelt gefaltetes Blatt als steifer Boden hinein, in dessen Mitte man einen Kerzenhalter vom Weihnachtsbaum befestigt hatte. Das war ganz wichtig: Die Kerze musste fest und sicher in dem Papiergehäuse stehen, damit nicht passierte, was man auf dem Umzug immer wieder sang: „Brenne aus mein Licht, brenne aus mein Licht, aber nur meine liebe Laterne nicht..." Oben blieb die Laterne ganz einfach offen, ein Stück Draht kam als Bügel darüber, ein dünner Stock aus einer Weide oder Haselnuss wurde daran befestigt, der große Tag des Umzuges durch den abendlichen Flecken konnte beginnen.

Natürlich waren wir ein bisschen neidisch auf die bunten Laternen der Einheimischen, aber sehr bald sahen wir, dass fast alle Kinder dieselben Modelle trugen, und fanden das langweilig. Wir begannen, auf unsere Unikate stolz zu sein, verglichen unter uns Flüchtlingen und stellten heimlich Ranglisten auf, welche Laterne am besten gelungen war. Und wir erlebten auch sehr oft, dass in den billigen Kaufmodellen die Kerze umkippte und die Laterne in kurze, helle Flammen aufging – das gab jedes Mal bittere Tränen. Ohne eine Laterne in der Hand war jeder weitere Laternenumzug langweilig.

Bei den anderen Festen des Ortes – man feierte gern, vor allem Schützenfeste mit großen Umzügen und viel Brimborium – war für uns kein Platz vorgesehen. Als ich mir die Filmaufnahmen anschaute, die im Archiv von Dr. Ellwanger und Helfern aus alten Aufnahmen wiederhergestellt worden sind, sah ich immer wieder Kinder als Zaungäste neben den Festzügen herumlaufen; vom Outfit her konnten das durchaus Baracken-kinder gewesen sein – wir bewunderten natürlich das herrschaftliche Auftreten von Bürgermeister und Schützenkönig, das Marschieren und Salutieren und Exerzieren. Ich habe noch live – nicht aus den Filmen – in Erinnerung, wie ich den Tambourmajor bewunderte, der stets an der Spitze der herausgeputzten „Truppen" marschierte. Er ließ seinen reichverzierten Stab, der unten in einer Kugel endete, im Takt der hinter ihm kommenden Trommler und des Marschierens auf und ab schweben, und jedes Mal, wenn sich ein Abbiegen nach rechts oder links ankündigte, kam sein großer Auftritt, der für mich schon Zirkusreife hatte: Der Stab kippte in seiner Hand nach rechts, nach links, wurde hoch emporgehoben, auch mal emporgeworfen, wirbelte in der Hand im Kreis, rechtsherum, linksherum, und dann erst schien sich sein Major zu entscheiden: ein, zwei, drei Mal stieß er den Stab nach rechts, hielt ihn dann waagerecht in diese Richtung – und bog rechts ab. Klar: Alle hinter ihm Marschierenden folgten, das ist beim Militär und auch bei Pseudosoldaten, den Schützen, selbstverständliche Pflicht.

Ich weiß nicht, wann man im Schützenverein den Beschluss fasste, auch Zugereiste, Nichteinheimische aufzunehmen. Als ich 2012 Rudi Krempin in seinem Haus an der Delme im Redeckerweg besuchte, zeigte er mir stolz ein großes Bild, das ihn als Schützenkönig darstellte, mit Säbel und allem Drum und Dran. Da er der älteste regierende Schützenkönig ist – so erzählte er mit nicht geringem Stolz – muss dieser Beschluss schon einige Jahre alt sein. Rudi war erfolgreicher Besitzer eines Klempnerbetriebes geworden, konnte das Haus des ehemaligen Lehrers Lachnit kaufen, war damit aufgestiegen in den Kreis der angesehenen Harpstedter Bürger – waren das die Voraus-setzungen zum Schützenkönig? – mal vom geschickten Schießen mit dem Kleinkalibergewehr abgesehen.

Einmal im Jahr wurde auf dem Marktplatz vor der Kirche ein Jahrmarkt aufgebaut, auf den sich alle Kinder schon lange freuten. Wir sparten seit Wochen das Geld, das wir beim Schrottsammeln verdienten, um uns wenigstens einige der Lustbarkeiten erlauben zu können. Eine ganze Woche lang standen dann die verlockenden Eisbuden und Geschäfte mit Süßigkeiten herum und drehten sich die Karussells.

Die Schiffschaukel war ein großes Vergnügen: Wir waren stets nach ein paar Schwüngen so hoch, dass wir dachten, jetzt sei der Moment gekommen, um einen kompletten Überschlag zu schaffen – aber da war der Bremser vor! Er zog an einer Stange, die dann ein Bodenbrett anhob, über das das Schiff radikal abgebremst wurde – nach drei vier Schwüngen waren wir wieder ganz oben und dann gab es eine Mahnung, sich zurückzuhalten, sonst würde er die Schaukeln anhalten und uns raussetzen.

Die aufgeblasene bunte Zuckerwatte faszinierte uns: Meistens blieb es aber dabei, dass wir zuschauten, wie der Mann bunten Zucker in die große Kupferschale schüttete, in der durch Hitze und Drehung und Luftzufuhr dieser Zucker zu feinsten Fäden verblasen wurde, die er dann um einen Holzstab zu einem großen Ball drehte und dem Käufer reichte. Teuer war diese Zuckerwatte, wir leisteten sie uns ganz selten.

Ebenso mussten wir uns bei den Zuckerstangen zurückhalten: Je nach Länge kosteten sie zehn, zwanzig, bis zu fünfzig Pfennig – die teuersten hatten am Ende einen Bogengriff wie ein Krückstock, nein, das war nicht unsere Kragenweite, wir gönnten uns meistens nur die einfachen rotweißen zu zwanzig – aber auch daran konnte man mehr als eine Stunde lang genüsslich lutschen.

Eine große Anziehung übte das Kettenkarussell auf uns aus. In den ersten Jahren war es ein einfaches Modell, später konnte dann das Dach, an dem an langen Ketten die Sitze hingen, schief gestellt werden, was dafür sorgte, dass dann die Sitze auf dem Höhepunkt der Bahn besonders hoch und weit nach außen flogen. Wir verstärkten diesen Effekt noch immer dadurch, dass der innen Sitzende den Außensitz an sich heranzog und ihm dann beim Hinaufgleiten einen starken Schubs nach oben außen gab. Saß dort ein Mädchen, konnte man fast sicher sein, dass es einen lauten Juchzer gab, gemischt aus Vergnügen und Angst.

[28] Das Kettenkarussell

Der dort Sitzende musste dann aufpassen, beim Zurückschweben nicht mit dem Innensitzenden zu kollidieren – aber die Technik beherrschten wir schnell. Wir wechselten uns mit dem Innen- und Außensitzen jeweils ab – mehr als zwei Fahrten am Tag konnten wir uns eh nicht leisten, ich meine 30 Pfenning kostete dieses Karussell, dafür musste man schon ein ganzes Pfund Kupfer zu Skrotzky gebracht haben…

Noch teurer war der Autoskooter, eine Mark kostete er und war damit fast doppelt so teuer wie eine Kinovorstellung. Und bei der amüsierte man sich anderthalb Stunden, während hier bereits nach wenigen Minuten ein lang anhaltender Heulton das Ende ankündigte. Aber in den Skooter musste man unbedingt hinein, mindestens einmal. Endlich konnte man nach Herzenslust andere Wagen anfahren – frontal galt als dumm und rücksichtslos – aber andere schräg von der Seite zu rammen, das machte schon Spaß. Auch wenn wir noch lange keine Frauenhelden waren, suchte man sich doch gern Wagen mit hübschen Mädchen aus, um auf diese Weise – im wahrsten Sinne des Wortes – Kontakt aufzunehmen. Es war wie im echten Leben: Man musste diesen Kontakt vorsichtig ausführen und durfte ihn auch nicht zu schnell und zu häufig wiederholen, sonst wurde man lästig.

Die Geisterbahn war nichts für uns. Wenn man einmal darin gewesen war, kannte man die Gruseleffekte – und Angsthasen waren wir, zumindest wir Jungen, nicht. Da war der „Haut den Lukas" schon interessanter – hier ging es aber nur ums Zusehen. Zu schwer war für uns der dicke Holzhammer, mit dem man auf einen Zapfen schlagen musste, der dann ein Gewicht hochkatapultierte, das oben eine kleine Explosion auslöste – wenn man denn hinreichend stark auf den Lukas gehauen hatte. Das hochjagende Gewicht konnte erhöht werden, und besonders spannend war das Zuschauen, wenn sich zwei, drei Männer einen Wettkampf lieferten, bis es nur noch bei einem oben knallte. Der hatte dann gewonnen und brauchte nicht zu bezahlen.

Gab es noch weitere Lustbarkeiten? Wahrscheinlich ist es so. Dann habe ich sie einfach vergessen, weil sie mir nicht so viel bedeuteten, dass sie sich ins Langzeitgedächtnis eingegraben haben. Sicher wird eine Würstchenbude dabei gewesen sein, mit Rost- und Ross-Bratwürstchen, aber dort war ich nie Kunde. Erst in Bremen auf dem Freimarkt, zu dem ich von Dünsen aus fuhr, konnte ich mir so etwas leisten.

## 3. AUF DEM WEG IN DIE NORMALITÄT – DER FORTSCHRITT IST EINE SCHNECKE

Schulbeginn 1945

Die große Politik ging derweil weiter, unbeeinflusst von unseren Nöten und Spielen. Es wurden weit weg von Harpstedt Beschlüsse gefasst, die wir zum Teil gar nicht mitbekamen, weil wir zu Beginn von allen Informationsquellen abgeschnitten waren, die uns nichtsdestoweniger sehr betrafen, unser Leben in alle Zukunft hinein bestimmen sollten.

Im Juni übernahmen die Regierungen der vier Siegermächte die *„oberste Regierungsgewalt in Deutschland"*, Deutschland wurde besetzt, aber nicht annektiert, also nicht von den Siegern in Besitz genommen. Man teilte das Land in vier Besatzungszonen auf, wobei man Deutschland in den Grenzen vom 31.12.1937 definierte, den Grenzen, die existiert hatten, bevor Hitler anfing, die im Versailler Vertrag verloren gegangenen Gebiete „heim ins Reich" zu holen – mit unter-schiedlichsten Methoden, schließlich auch mit Gewalt.

Diese Festlegung war wichtig für uns Ostpreußen aus dem Bezirk Soldau: Unser Gebiet war damit per definitionem kein Teil des deutschen Staates, über den man in Zukunft redete und verhandelte, es war (wieder) polnisches Gebiet wie in den Jahren seit dem Versailler Vertrag und vor Hitlers Rückeroberung. Was auch immer man weiter über die deutschen Ostgrenzen aushandelte: WIR waren gar nicht betroffen, wir waren nie einbezogen, jedwede Hoffnung auf Rückkehr, die wir jahrelang hatten, war bereits im ersten Nachkriegsmonat durch diese *Berliner Deklaration* ausgeschlossen worden. Wir erfuhren nichts davon.

Im Juli / August trafen sich dann die drei Sieger (Frankreich war noch nicht dabei) in Potsdam zu der berühmten Konferenz, die das Schicksal Deutschlands fast so tiefgreifend prägen sollte wie der Versailler Vertrag nach dem Ersten Weltkrieg. Für uns war es kaum von Bedeutung, dass Deutschland demokratisiert, dezentralisiert, demilitarisiert und denazifiziert werden sollte (die berühmten vier D). Wenn diese zentralen Begriffe bei uns überhaupt angekommen sein sollten, hätten wir außer mit der De- oder Entnazifizierung, (die auch in Harpstedt einige Auswirkungen hatte), nichts mit ihnen anfangen können.

Wichtiger war da schon die Festlegung, Deutschlands Wirtschaft solle zwar gefördert werden, aber nur so weit, dass der Lebensstandard der Deutschen stets unter dem der anderen europäischen Bevölkerung bleibe: Wenn also magere Jahre auf uns zukamen, so war das kein Pech und auch keine Konsequenz deutscher Faulheit oder Unfähigkeit: Es war Resultat einer Planung. Es sollte uns nicht gut gehen, das gehörte, wie die Reparationen, zu den Strafen für uns, das deutsche Volk, das Hitler gewählt und damit seine Untaten ermöglicht hatte.

Wenn es die eben genannte *Berliner Deklaration* nicht gegeben hätte, die unsere Rückkehrchancen auf null brachten, so gab es im Potsdamer Abkommen noch eine Bestimmung, die de facto sagte: „Lasst alle Hoffnung fahren!"

Und das wird wohl auch in der Baracke bekannt geworden sein, ohne allerdings wirklich alle Hoffnungen zerstört zu haben: Die Gebiete jenseits der Oder-Neiße-Linie wurden unter polnische Verwaltung gestellt. Hier gab es aber den Vorbehalt der Vorläufigkeit, erst eine Friedenskonferenz sollte das endgültig festlegen (und daran klammerten sich Hunderttausende von Flüchtlingen) – aber trotz aller verbalen Gefechte in den vielen Jahren der Nachkriegszeit hatten wir nie eine Chance: Das Land war polnisch geworden und ist es bis heute geblieben.

Jetzt, wo beide Länder in der EU sind, verliert das alles an Bedeutung, damals bewegte es die Gemüter, war eine Herzensangelegenheit.

Man regelte auch – und das betraf uns sehr direkt, waren doch zahlreiche nahe Verwandte im Nachbardorf Przellenk zurückgeblieben – was mit den Deutschen geschehen sollte, die noch in Polen, der CSR, in Ungarn...wohnten: Sie sollten *„in ordnungsgemäßer und humaner Weise ausgesiedelt"* werden. Über die Umsetzung des „ordnungsgemäß und human" sind Hunderte von Zeitungsartikel und Bücher voller Anklagen gegen die Russen und vor allem gegen die bösen Polen und Tschechen und Ungarn... geschrieben worden – ich will mich nicht daran beteiligen, werde darüber kurz berichten, was unsere Verwandten erzählten, als sie 1950 herüberkamen.

Nüchtern und realistisch gesehen war „unser" Hof mit allen Feldern und Tieren, war „unsere" Schmiede, war „unser" Wohnhaus also bereits wenige Monate nach unserer Flucht unwiederbringlich verloren – aber das bewegte uns nicht, erstens weil wir die Festlegungen nicht kannten und zweitens weil der Mensch sich eben nicht an objektiven Gegebenheiten orientiert, sondern aus der Hoffnung heraus lebt, mag sie noch so utopisch sein. Ich habe das Possessivpronomen, das besitzanzeigende Fürwort „unser" in Anführungsstriche gesetzt, weil man trefflich darüber streiten konnte und kann, ob wir jemals legitime Besitzer gewesen sind, schließlich hatte man in der neuen großdeutschen Zeit nach dem Polenfeldzug einfach einen Polen auf die Straße gesetzt, damit wir seine Besitztümer nutzen konnten.

Wir hatten erst einmal andere Probleme zu bewältigen: Die Schulausbildung gehörte dazu.

Die alte Harpstedter Schule hatte auf dem Amtshof gestanden, war aber am 24. Juli 1940 bei einem Bombenangriff so schwer beschädigt worden, dass man sie nicht mehr benutzen konnte und eine Reparatur aussichtslos erschien. Also fand der Unterricht im Konfirmandensaal statt – und weil der natürlich nicht ausreichte, benutzte man die Tanz-Säle der Gastwirtschaften Horstmann und Beuke. Am 1.10.1940 zog man dann in eine Baracke des RAD-Lagers am Galgenberg, konnte dort den Unterricht aber nur notdürftig aufrechterhalten, zumal die Schule durch die Evakuierungsmaßnahmen im Westen seit Mitte 1944 einen enormen Zuwachs an Schülern zu verzeichnen hatte.

Man zog daher in eine nun leer stehende Kriegsgefangenen-Baracke dicht neben unseren Wohnbaracken, auf den Platz, an dem heute die Grundschulturnhalle steht. Kurz bevor im April 1945 englische und kanadische Soldaten Harpstedt besetzten, schloss man die Schule vorerst ganz. Als sich dann das öffentliche Leben wieder einigermaßen stabilisiert hatte, wurde sie am 1.10.1945 wiedereröffnet.

Erna wurde in Harpstedt gar nicht mehr eingeschult, musste gleich arbeiten gehen. Man muss sich einmal vorstellen, was für eine Enttäuschung das bedeutete, was das für ein Bruch in der Lebensplanung war: In Ostpreußen war sie Tochter eines wohlhabenden Schlosser- und Schmiedemeisters und leistungsstarke Gymnasiastin mit klarer Aussicht auf ein Abitur gewesen – und nun Barackenkind mit schwerer Arbeit im Brammer Moor und dann beim Bauern! Aussichten? Zumindest beruflich gab es keine!

Sie war mit sieben Jahren im Herbst 1938 in Przellenk eingeschult worden, als unser Bezirk Soldau noch polnisch war, und hatte ein Jahr lang polnischen Unterricht gehabt. In dieser Zeit lernte sie korrektes Polnisch, reden konnte sie bereits vorher – wie wir alle ein bisschen – aus dem Umgang mit den Polen in der Nachbarschaft, auf dem Hof und in der Schmiede. Sie lernte es so gut, dass sie (sie erzählte das später immer mit breitem Schmunzeln) unserem polnischen Landarbeiter die Liebesbriefe schrieb. Der konnte zwar lesen, aber mit dem Schreiben haperte es sehr. Immer, wenn er die von Erna geschriebenen Briefe vor dem Wegschicken las, freute und amüsierte er sich über ihre gelungenen Formulierungen.

Erna war in Ostpreußen eine hoffnungsfrohe Schülerin gewesen war, hatte in Harpstedt aber keine Chance, ihre Schulbildung fortzusetzen. Die Schule begann zwar mit einigen Stunden für ihren Jahrgang 1931 bereits Anfang 1946, aber da arbeitete sie bereits beim Bauern und wurde als ehemalige Gymnasiastin nicht mehr berücksichtigt. Ein Gymnasium gab es bekanntlich in Delmenhorst. Aber es schien gänzlich unmöglich, dort hinzukommen und außerdem wusste man in der Baracke gar nicht, dass der Unterricht bereits wieder am 18. September 1945 aufgenommen worden war. Also ging sie von Anfang an arbeiten, war sie doch schon so groß und erwachsen, dass man sie (oder sie sich) manchmal vor den englischen Besatzungssoldaten versteckte – ich erwähnte das schon.

Paul Richter hatte sie schon in Lensk kennen gelernt, schließlich war er der Sohn des kleinen Ladens für Lebensmittel, kombiniert mit einem Lokal. Aber von Freundschaft oder gar Jugendliebe konnte nicht die Rede sein, wie manche in unserer Familie erzählten. Paul war zurzeit der Flucht als Lehrling bei einem Einzelhandelskaufmann angestellt und von der Partei gerade zu einer auswärtigen Veranstaltung dienstverpflichtet worden. Er konnte deshalb nicht mit auf die Flucht kommen, sondern man „entließ ihn", wie Erna das formuliert, später nach Westfalen, wo er dann den Aufenthaltsort seiner Familie herausfand. Die Eltern lebten anfangs mit den beiden Töchtern bei dem Bauern Lange am Weg nach Wildeshausen, dann in der Nachbarbaracke im hinteren Eingang. Paul zog natürlich zu ihnen, sowohl zu Langes als auch in die Baracke. Er wollte gern in Harpstedt bei einem der Kolonialwarenhändler weiterarbeiten, aber man nahm ihn nicht. Seine Gesellenprüfung hat er aber dann später doch noch ablegen können, in Bassum.

Seine Schwester Hella, die bei uns als Kindermädchen arbeitete, nahm Erna ab und zu nach Hause mit - anfangs noch zu dem Bauern Lange – und dort begannen dann die freundschaftlichen Kontakte zu Paul.

Beim Torfstechen im Brammer Moor traf Erna viele Jugendliche, die alle auch keine feste Anstellung hatten. Dazu gehörte die Schwester des Bäckers Ranke; die lernte Erna kennen und schätzen und fragte sie eines Tages, ob sie nicht im Laden als Verkäuferin arbeiten möchte – man suche jemanden. Rankes kamen dann auf Erna und unsere Mutter zu, und Erna sagte gerne ja.

Ab Herbst 1946 verkaufte sie daher bei Bäcker Ranke, dessen Laden gegenüber der Kirche lag, Brot, Brötchen und Kuchen. Sie bekam dort zu essen und brachte uns oft genug Brot und wohl auch mal Kuchen mit. Frau Ranke, die es gut mit ihr und uns meinte, hatte ihr gesagt, sie könne schon mal ein Sechspfundbrot für uns an die Seite legen, das wir auch dann bekamen, wenn die normalen Roggenbrote ausverkauft waren (das Backen von Roggenbrot war über Zuteilungen von Mehl begrenzt; die Zuteilung richtete sich nach der Menge der abgegebenen Lebensmittelkarten für Brot; war das Roggenbrot „aus", gab es nur noch Maisbrot, das niemand so gern essen mochte); außerdem müsse sie es bei uns mit der Abgabe von Lebensmittelkarten nicht gar zu genau nehmen. (Dieselben Regeln galten auch für Elfriede, die ältere Verkäuferin.) 25 Mark verdiente Erna hier, aber wichtiger war für sie die geregelte und schöne Arbeit. Sie wohnte weiterhin bei uns in der Baracke.

Leider ging die Zeit in dem Bäckerladen schnell zu Ende, und das kam so: Christa, eine Cousine von Frau Ranke, tauchte im Hause auf, aus Schlesien kam sie, wo ihre Mutter vor dem Krieg hin geheiratet hatte. Sie half im Haus, in der Küche und auch im Laden, was Ursel, der Haushaltshilfe, irgendwie nicht passte; jedenfalls stichelte sie Erna gegenüber, sie solle mal aufpassen, die Neue wolle gewiss nicht in der Küche arbeiten, sondern ihre Aufgabe im Laden übernehmen...Auch Otto Rapp, ein guter Bekannter aus Ostpreußen, redete ständig auf unsere Mutter ein: Es sei doch besser, wenn Erna von sich aus gehe, bevor man ihr kündige (so ganz verstehe ich die unterschiedlichen Motivationen in diesem Zusammenhang nicht, aber das muss ich vielleicht auch nicht) – jedenfalls hatten die Intriganten Erfolg: Unsere Mutter schloss sich der Argumentation an und riet Erna, zu kündigen, nach Hause zu kommen und dann beim Bauern zu arbeiten. Das tat Erna denn auch, hörte aber später von Frau Ranke, die ihr stets wohl gesonnen blieb, die Befürchtungen seien gänzlich unbegründet gewesen, besagte Christa habe ja auch recht bald das Ranke-Haus verlassen.

Man merkt Erna noch heute, ein halbes Jahrhundert später, an, dass sie es unserer Mutter krumm nimmt, auf diese Weise ihren Lebensweg noch stärker verbogen zu haben, als die Umstände es erzwungen hätten.

Erich sollte dann im Herbst 1940 auch in die Grundschule in Przellenk eingeschult werden – das war dann schon deutsche Zeit, Hitler hatte ja den Bezirk Soldau sofort nach dem Einfall in Polen wieder dem Deutschen Reich eingegliedert. Da unserem Vater aber eine Schmiede im Nachbarort Groß Lensk zugewiesen wurde – man hatte den polnischen Besitzer schlicht enteignet – und wir dorthin umzogen, kam Erich verspätet im März 1941 in Lensk in die Schule. Erna bekam ein halbes Jahr „geschenkt" und wurde der dritten Klasse zugewiesen, als Erich startete. Nach vier Jahren wechselte sie dann auf das Gymnasium in Soldau – die neu gegründete Mittelschule im bequemeren Lautenburg hatte unser Vater verschmäht. Lange dauerte der Unterricht auf dem Gymnasium aber nicht: Bevor der dort ebenfalls angemeldete Erich starten konnte, hatte man im Herbst 1944 die Schule bereits geschlossen, weil man die Räume für ein Feldlazarett brauchte.

Artur, Rudi und Irmgard waren ganz normal in Groß Lensk eingeschult worden: 1941, 1943, 1944. Der Unterricht litt aber bereits sehr unter den kriegsbedingten Einschränkungen: Die jungen Lehrer kamen an die Front, die alten wurden beim

Volkssturm eingesetzt, die Schule wurde schließlich mit Soldaten belegt und geschlossen.

Unsere drei Jungen setzten in Harpstedt ihre in Ostpreußen begonnene Schul-ausbildung fort. Irmgard musste noch warten. Es gab anfangs allerdings nur vereinzelte Stunden in einem einzigen Raum in der alten RAD-Baracke - der Großteil dieser Baracke wurde von den englischen Besatzungssoldaten genutzt; die vier Lehrer hatten zusätzlich einige Dorfschulen in der Umgebung zu betreuen. Erst ab Herbst 1946 konnte man von einem geregelten Unterricht sprechen.

Noch im Sommer 1945 schufen die vier Siegermächte einen Internationalen Gerichtshof, dem sich 19 weitere Staaten anschlossen. Er tagte anfangs in Berlin, dann in Nürnberg, wo Hitler seine Reichsparteitage abgehalten hatte. Am 30. September des nächsten Jahres wurden dann 12 „Obernazis" zum Tode verurteilt und auch hingerichtet, weitere erhielten hohe Freiheitsstrafen.

Nach den schon in Potsdam beschlossenen Maßnahmen zur Entnazifizierung mussten sich die NS-Parteimitglieder einer Überprüfung unterziehen – auch in Harpstedt wurden nicht alle Bürger von den Spruchkammern, die schon bald in deutsche Hand übergingen, entlastet. Das war im Flecken schon Gesprächsthema, zumal jeder Einwohner die Betroffenen persönlich kannte. Ich belasse es bei dieser pauschalen Zusammenfassung – Ellwanger hat in seinem mehrfach zitierten Buch hinreichend nachgewiesen, dass es in Harpstedt manche braune Weste gegeben hat – aber auch weiße.

In unserer Familie war man über alle Aktionen glücklich, die den Nationalsozialismus beseitigten, seine Anhänger von der Macht und aus der Verantwortung für die Bürger ausschlossen. Auch in unserem Elternhaus hatte es ja den Sündenfall gegeben, spät, sehr spät hatte man eingesehen, auf was und mit wem man sich eingelassen hatte, als man Parteimitglied wurde. Unseren Vater hätte man wohl in jeder Spruchkammer als Mitläufer eingestuft – ob die vorn dargestellten Hilfen für Juden und Zwangsarbeiter genügt hätten, ihn zu entlasten? Das hätte sicher ganz von den Zeugen abgehangen, die man für diese kleinen Widerstandshandlungen hätte beibringen können.

Wir bekamen natürlich nur wenig von den internen Macht-Auseinandersetzungen um Ämter in Harpstedt mit, nahmen an keinerlei Abstimmungen über den Bürgermeister etc. teil.

## 1946

Am 18. Januar 1946 hatte unsere Mutter ein großes Blech Butterkuchen gebacken, obwohl es Donnerstag war, nicht Sonnabend. Sie hatte nicht mit Margarine und auch nicht mit Zucker gespart, gut schmeckte er wieder, wir hatten die Kanten schon mittags essen dürfen. Als es draußen langsam dunkel wurde, versammelten wir uns um den großen Tisch, es gab Muckefuck und Milch zum Kuchen, wir „feierten" den ersten Jahrestag unserer Flucht, genauer: des Fluchtbeginns. Als um sechs mal wieder der Strom ausfiel, rückten wir mit unseren Stühlen und Hockern vor dem Herd zusammen, die Eisenringe an einem Feuerloch wurden herausgenommen, der Feuerschein erhellte die Raum-Ecke notdürftig, warf wechselnde Schatten an die Wände. Wir brauchten aber auch kein Licht: Sich erinnern und reden konnte man auch im Dunkeln. „Wisst Ihr noch, wie krank ich war...", leitete unsere Mutter ein, und dann entstand mit wechselnden Beiträgen der 18. Januar vor einem Jahr, alles war noch frisch, lag aber dennoch schon unendlich weit zurück, war bereits Geschichte geworden, Teil der Familiengeschichte der Kleins.

Unsere Mutter ging es sehr schlecht an diesem Tag, an dem wir flüchten mussten.

Schon seit Weihnachten hatte sie kaum aus dem Bett aufstehen können, hatte Nierenschmerzen und Fieber und war sehr schwach. Um was für eine Art von Krankheit es sich handelte, wusste niemand - mit Ärzten war unser Teil Ostpreußens nicht so recht gesegnet und jetzt gegen Ende des Krieges gab es gar keine in der näheren Umgebung. Trotz ihrer Schwäche war sie in der Lage zu protestieren und die Abfahrt der elf Pferdefuhrwerke zu verzögern: Sie wollte unbedingt, dass man auf die Verwandten aus dem Nachbardorf Przelenk wartete. Sie war überzeugt, dass sie sich auch auf den Weg machen würden - eine Kommunikation funktionierte in dieser hektischen Nacht nicht, obgleich die beiden Dörfer nicht einmal drei Kilometer auseinander liegen.

An diesem 18. Januar hatte man schon am Nachmittag mit den Vorbereitungen zur Flucht begonnen, als sich die Nachricht im Dorf verbreitete, die Rote Armee stehe schon fast vor der Tür. Die großen Kinder mussten ihre Tornister einpacken, damit sie stets bereit waren, den unterbrochenen Schulbesuch wieder aufzunehmen, wenn die Flucht irgendwann und irgendwo ein Ende hatte oder man in die Heimat zurückkehren konnte, wenn die deutsche Wehrmacht die Polen und Russen wieder vertrieben hatte.

Unsere beiden polnischen Arbeiter Janek und Chenek waren mit Freunden - wie abends oft - zum katholischen Pfarrhof gegangen. Das war zwar verboten – das Zusammensein von mehr als drei Polen galt in unserem Kreis schon als „Zusammenrottung" – wurde aber in den späten Kriegsjahren allgemein toleriert. Erich und Erna waren losgelaufen und hatten den beiden gesagt, sie müssten sofort nach Hause kommen und den Wagen aus der Schmiede holen. *„Weißt du noch, Erich, wie sie geschimpft haben? Wir könnten doch nicht einfach ihren wohlverdienten Feierabend kaputt machen und sie von ihren Freunden wegholen!"* Aber sie waren gehorsam mitgekommen, weigerten sich dann aber, bei den weiteren Vorbereitungen zur Flucht zu helfen. Erst als unsere Mutter, die im Bett lag und nicht einmal sitzen konnte, sie ins Zimmer holen ließ und ihnen hundert Mark und einen Anzug und ein paar Stiefel gab, da holten sie gemeinsam den vorbereiteten Wagen aus der Schmiede und brachten ihn zu unserem Wohnhaus, das nur ein paar hundert Meter entfernt lag. *„Was wohl in ihren Köpfen vorgegangen sein mag? Ihnen musste doch klar sein, dass sich in wenigen Stunden einiges - nein alles! – für sie ändern würde. Die Panje-Familie machte sich auf die Flucht. Damit war das Leben als Knecht für sie vorbei."* Ja, polnische Knechte, Menschen zweiter Klasse, waren sie gewesen, auch wenn man sie in unserer Familie immer anständig behandelt hatte, wie unsere Mutter auch jetzt wieder betonte. Zwanzig Jahre, seit dem Versailler Vertrag, hatten die Polen oben auf der Kinderwippe gesessen, dann hatten die Deutschen wieder diesen Platz inne gehabt für gut fünf Jahre, seitdem Hitler mit seiner Wehrmacht Polen erobert hatte. Nun war die Schaukel neuerlich am Kippen, bewegt durch die Soldaten der Roten Armee, nun würden die Polen wieder oben sitzen und diesen Platz genießen –

für wie lange? Oder würden diese beiden Völker, Deutsche und Polen, endlich einmal begreifen, dass sie miteinander leben mussten und konnten, friedlich mindestens oder gar freundschaftlich – Platz war genug für alle da!

Im Augenblick der Flucht bewegten aber ganz andere Emotionen unsere Familie, Wut, Hass – der auch nach einem Jahr in der Baracke nicht abgeflaut war. Irgendwann würden wir nach Ostpreußen zurückkehren und dann wieder *unseren* Hof und *unsere* Schmiede zurückbekommen – dass man Hof und Schmiede einem Polen weggenommen hatte, um sie uns zu übereignen, das verdrängte man gern.

Die dicken Federbetten wurden als erstes auf den Wagen geschleppt, eines für jede Person, dann Essensvorräte, von denen man reichliche Reserven angeschafft hatte: Leinensäcke mit Mehl, Zucker und Salz, ein Eimer voll Marmelade, ein halber riesiger Käse, Weckgläser mit Wurst und Fleisch, Säcke mit Hafer für die Pferde, eine Kanne mit Milch, dann viele Kleidungsstücke für alle, schöne warme Wollsachen vor allem, die uns jetzt im kalten Winter in Harpstedt gute Dienste leisteten. *„Die Stricksachen aus Litzmannstadt sind doch genauso gut gearbeitet wie hier die Sachen von Bleyle."* *„Und Muttis schöne braune Kleid mit dem gelben Einsatz sieht immer noch gut aus und macht sie glatt ein paar Jahre jünger."* Auch die Anzüge unseres Vaters mussten mit, unsere Mutter hatte darauf bestanden. *„Er kommt bald aus dem Krieg zurück, und dann wird er doch seine Sachen brauchen!"* – das war auch heute noch ihre feste Über-zeugung.

Ein bisschen Geschirr und Besteck wurde ausgewählt, einige Tischdecken wurden verstaut, und die neuen Lederschürzen, die unser Vater beim letzten Urlaub in Soldau gekauft hatte, kamen auf den Wagen. Aus diesem Leder hatte uns inzwischen Schuster Schnepel Schuhe angefertigt- zum Lohn erhielt er einen Teil des Materials.

Erna konnte es nicht mit ansehen, dass so viele schöne Sachen zurückbleiben sollten. Sie schleppte Vaters Geige herbei, gut geschützt im Geigenkasten, und hinten aus dem Zimmerschrank das schöne Porzellangeschirr, das sie zusammen mit Erich und Artur ordentlich in Kisten verpackt hatten. *„Das muss alles wieder runter!"* wurden sie von unserer Mutter gebremst. *„Wenn wir alles aufladen, was wir mitnehmen möchten, dann zwingen die Pferde nicht mal den ersten Hügel nach Litzmannstadt."* Erna protestierte; die Geige war doch nun wirklich nicht schwer, und es wäre besser, so meinte sie, man würde stattdessen ein paar Einmachgläser zurücklassen. Sie stieß auf taube Ohren.

Also brachten sie diese Sachen wieder ins Haus zurück, *„aber mindestens die schöne Zuckerdose habe ich gerettet"*, triumphierte Erna und zeigte auf die mit Blumen verzierte Dose, die auf dem Tisch stand. Dann holten sie aus Vaters Schreibtisch alle wichtigen Papiere, auch die Sparbücher und das viele Bargeld, das unsere Mutter entgegen Vaters Anweisung noch nicht nach Soldau auf die Bank gebracht hatte. Es stellte sich als ausgesprochen glücklich heraus, dass sie das nicht getan hatte, denn das Bargeld half uns auf der Flucht und in den ersten Nachkriegs-Monaten über manches Problem hinweg, etwa 4000 RM werden es gewesen sein, schätzt Erich, unser Vater hatte noch bei seinem letzten Urlaub fast alle offenen Rechnungen eingetrieben. *„Das ganze schöne Geld auf der Soldauer Bank ist doch sicher weg, damit machen sich die Polen bestimmt schöne*

*Tage, das sehen wir nie wieder"*, so hatte unsere Mutter schon mehrfach gejammert und wiederholte es auch jetzt wieder.

(Sie täuschte sich: Auf der Soldauer Vereinsbank lagen auf dem Sparbuch mit der Nummer 457 VII genau 7.069,03 RM. Und gründlich wie wir Deutschen nun einmal sind, gab es nach dem Krieg und nach der Währungsreform aus Gründen der Fairness und der möglichst gleichen Verteilung der Kriegslasten die Möglichkeit für Vertriebene, einen „Währungsausgleich für Sparguthaben" zu beantragen. Unsere Mutter stellte diesen Antrag und hatte Erfolg. 461,31 DM wurden ihr ausgezahlt – das war nicht gerade ein warmer Geldregen, aber da wir alle das Geld lange als verloren angesehen hatten, konnte man zufrieden sein – zumal zu der Zeit mit ein paar hundert Mark noch einiges zu beschicken war.)

Im Dorf waren überall Wehrmachtsfahrzeuge unterwegs: Richtung Lautenburg, also Richtung Westen. Unsere Mutter wollte unbedingt Informationen über die Pläne unserer Verwandten in Przellenk haben, ob sie auch losfahren oder nicht. Sie schickte Erich und Olla los, aber beide kamen nach einer Weile zurück und sagten, die Straßen seien derart überfüllt, dass sie gar nicht nach Przellenk laufen könnten. Bei Richters Gasthof trafen sie dann den ihnen gut bekannten Soldaten Arnold Wolff; er hatte Genesungsurlaub, musste nun aber beim Nahen der Front zu seiner Truppe zurück. Von ihm hörten sie, dass der Treck aus Przellenk am frühen Morgen des 19. aufbrechen wollte. Mit dieser Nachricht konnte unsere Mutter zum Aufbruch bewegt werden.

So gegen Mitternacht war alles verstaut und man war zur Abfahrt bereit. Unsere Mutter bestand immer noch darauf, ein wenig zu warten, ob nicht doch die Wagen aus Przellenk auftauchen würden. Sie kamen nicht – so brach man gegen halb eins auf. Der alte Radtke führte das große Wort. Da er schon über 50 war, war er nicht mehr zum Volkssturm eingezogen worden, war Bürgermeister in Groß Lensk gewesen und konnte nun seine Familie auf der Flucht begleiten. Sein Wagen führte den kleinen Treck an. Aber nicht er, sondern Opa Richter, Ernas späterer Schwiegervater, war dann auf der langen Reise der eigentliche Leiter der Gruppe (wenn man von einem solchen überhaupt sprechen konnte), der stets mit Rat und auch mit Tat half – obwohl auf manchen Passagen das Militär ansagte, was wie zu geschehen habe.

Die Wagen knirschten auf dem festgefahrenen Schnee, es herrschte klirrende Kälte. Unsere polnischen Arbeiter blieben zurück, unser Schäferhund Rex riss an der Kette und bellte wie wahnsinnig. Langsam bewegte sich die Wagenkolonne westwärts – die erste Fluchtnacht von insgesamt 65 hatte begonnen.

*„Wisst ihr noch, wie wir uns gefühlt haben? Bis vor wenigen Tagen waren wir noch ziemlich sicher gewesen, dass wir unser Leben in Lensk würden weiterführen können und nun war das alles Vergangenheit."* Ja, man war plötzlich ein kleiner Teil eines Wagen-Trecks, der sich im Schein trüber Petroleumlaternen durch die Dunkelheit seinen Weg westwärts suchte.

Drei Pferde hatten wir mit: zwei Stuten und einen jungen Hengst, der noch nicht so recht im Geschirr gehen konnte. Zwei Pferde zogen jeweils den Wagen, das dritte war hinten angebunden und lief mit, konnte sich also jeden dritten Tag ausruhen, erholen.

Nach ein paar hundert Metern hörten wir freudiges Gebell hinter unserem Wagen: Rex hatte es geschafft, sich von der Kette loszureißen und uns einzuholen; er gab aber die Begleitung bald auf und trottete zu unserem Haus zurück: Wir haben nie wieder etwas über ihn gehört. *„Wie es dem armen Kerl wohl ergangen sein wird? Ob sich Janek und Chinek um ihn gekümmert haben?"*

Nach einem Kilometer kam der erste Hügel und damit das erste Problem, das unsere Mutter befürchtet hatte: Die Pferde konnten den Wagen nicht hochziehen. Das lag aber nicht an der zu schweren Ladung, sondern an einer Schlampigkeit von Chinek: Unsere beiden Pferde waren Weihnachten mit Spezial-Hufeisen beschlagen worden, die Gewinde zum Eindrehen von Stollen hatten, und Chinek hatte den Auftrag gehabt, die Stollen vor dem Losfahren einzuschrauben, hatte das aber vergessen. Nun rutschten die Pferde auf dem Eis der Straße aus und kamen nicht vorwärts. Erna und Erich wurden losgeschickt, zurückzulaufen und Chinek und Janek zu holen, damit das Stollen-Einschrauben nachgeholt werden konnte.

Sie rannten zurück und erlebten eine böse Überraschung: *„Weißt du noch, Erna, was die beiden für ein verlegenes Gesicht machten, als wir sie in unserem Wohnzimmer sitzen sahen?"* Sie hatten sich bereits an Vaters Zigaretten (seine Rationen, die er als Volkssturmmann erhalten und als Nichtraucher in den Schrank gelegt hatte) und seinem Likör gütlich getan. Sie wussten nicht recht, wie sie reagieren sollten, aber Chinek, der gelernte Schmied, kam doch freundlich mit, drehte den Pferden die Stollen ein, und die Fahrt konnte weitergehen.

Das kleine Stück bis nach Lautenburg dauerte mehrere Stunden; auf dem Marktplatz wartete man lange, ob nicht doch die Przellenker mit ihrem Treck dazu stoßen würden - sie kamen nicht.

Es war spät geworden an diesem ersten Jahrestag unserer Flucht. Alle gingen zu ihren Betten, holten das dicke Nachtzeug heraus und hielten es eine Weile vor dem Körper der Wärme entgegen, die der Ofen abstrahlte und die sich auf die Kleidung übertrug. Dann sprach unsere Mutter noch ein Nachtgebet wie jeden Abend, wir sangen gemeinsam „Nun danket alle Gott, mit Herzen Mund und Händen", kehrten zu unseren Betten zurück, schlüpften in die warme Kleidung und legten uns in die kalten Betten. Niemand bewegte sich, bis die Daunendecken sich endlich ein wenig erwärmt hatten und man einschlafen konnte.

1946 sollte Irmgard eingeschult werden, in die erste Klasse, weil das bisschen Unterricht in Groß Lensk nicht zählte. Ich war für den Kindergarten vorgesehen, der ganz in der Nähe der Schule auf der anderen Seite der heutigen Schulstraße auf der Höhe unserer Baracken lag. Als ich dort aufgenommen wurde, hatten die Kindergärtnerinnen ein Auge zugedrückt und erlaubt, dass auch Edith gleich mitkommen könne, obgleich sie noch zu jung war. Wir hatten unser Kindermädchen Hella ja nicht mehr – sie bekam eine gute Stellung im nahen Dünsen im Haushalt des Bremer Geschäftsmannes Hollweg ( Haupteigentümer der Firma Cordes & Graefe, Sanitärgroßhandel) – und daher war es praktisch, dass durch Irmgards Einschulung und unseren Kindergartenbesuch kein Kind mehr am Vormittag zu Hause war: Unsere Mutter konnte ungehindert arbeiten gehen und Geld verdienen.

Mein Schwesterchen Edith war offenbar in der Lage, sich in den Kindergartenbetrieb gut einzufügen, sie war ja auch noch sehr jung und sowieso sehr viel friedlicher und stiller als ich. Sie war überrascht davon, wie viele und wie schöne Puppen es gab, mit denen die kleinen Harpstedter Mädchen spielten, die die Neue kurz neugierig betrachtet hatten, dann aber ignorierten. Mädchen aus der Baracke, die Edith gekannt hätte, waren nicht dabei.

Ich hatte da meine Probleme; mir gefiel das Stillsitzen, das erzwungene Im-Raum-Spielen und das Reagieren auf Anordnungen anderer gar nicht. Auch die beiden „Tanten", Rosemarie und Schwester Inge, imponierten mir wenig, zumal sie mit uns Jungen ziemlich viel herumschimpften und nur freundlich waren, wenn sie zu den Mädchen hinübergingen.

Schon am ersten Tag riss ich aus. Die Tanten merkten es nicht gleich, liefen dann aber nach der Entdeckung meiner Abwesenheit aufgeregt in der ganzen Umgebung herum, suchten, fragten, fanden mich natürlich nicht, denn ich war nach Hause gelaufen, war in die Küche gegangen und spielte dort mit meinem Holz-Lastwagen. Dort fanden mich denn auch Tante Rosemarie und Edith, die sie mitgenommen hatte, damit sie ihr zeige, wo wir in der Baracke wohnten. Ich habe mich ziemlich heftig gesträubt, habe mich auch körperlich gewehrt, aber Tante Rosemarie war stärker und ich musste wieder in den Kindergarten zurück.

Als ich dann am zweiten Tag wieder ausbüxte, nahm ich den Spielkameraden Günter Kappelt aus der Baracke mit. Die fantasielosen Tanten suchte uns wieder in der Baracke, wo man uns nicht finden konnte, denn wir hatten gleich Nägel mit Köpfen gemacht und waren zum Schwarzen Berg gelaufen, wo man eine Kompanie Polizisten gebraucht hätte, um uns zu finden.

Am dritten Tag behielt Edith mich dann von Anfang an fest unter Blickkontrolle, und als ich wieder einen Moment der Unaufmerksamkeit der Tanten nutzte, sah Edith das und schlüpfte mit mir durch die Tür. Ich sah mein kleines Schwesterchen bei aller Sympathie aber als ernstes 'handicap' für meine Unternehmung an, rannte ihr unfreundlich davon und sie kehrte mit hängendem Kopf in den Kindergarten zurück, wo sie sich eine ordentliche Predigt anhören musste.

Ich versteckte mich in unserem Schuppen, in dem unser Ferkel zwar übel roch, aber das schien mir im Vergleich mit dem Kindergarten dennoch der bessere Aufenthaltsort. Derweil suchten meine Geschwister in Unterschätzung meiner Fantasie zuerst in unserer Wohnung, dann hörte ich sie um die Baracke herum nach mir rufen, dann durchkämmten sie den Schwarzen Berg – da war ich doch gestern gewesen, da konnte ich doch heute nicht wieder hin! – fragten überall nach einem kleinen Jungen mit auffällig lockigen hellblonden Haaren. Als sie nach einer Stunde frustriert zur Baracke zurückkamen, sahen sie mich friedlich mit den anderen Kindern auf dem Platz vor unserem Eingang spielen, die Schweinebehausung hatte mir denn doch zu sehr gestunken.

Nach Ende des Kindergartens kam Tante Rosemarie zu uns in die Küche – den Weg kannte sie ja schon. Unsere Mutter war inzwischen zuhause, um das Mittagessen zuzubereiten, und sie erfuhr nun, was für einen unmöglichen Sohn sie habe. Man könne und wolle die Verantwortung für einen solchen Dauer-Ausreißer nicht übernehmen, und es sei wohl besser, ihn und auch Edith, die sich ohne Bruder dort nicht wohl fühle, zu Hause zu behalten.

So endete bereits nach drei Tagen der Versuch, mich im Kindergarten auf die Schule vorzubereiten...und ich hatte weiter meine Freiheit, draußen und im Haus zu spielen – was ich wollte und mit wem ich wollte.

Auch Irmgard akzeptierte nicht einfach ihre Einschulung. Sie sah nicht ein, dass sie schon zur Schule gehen sollte, während ihre Busenfreundin Natalie Krempin noch den ganzen Tag spielen konnte. Sie lief also von der Schule weg zur Delmebrücke, kletterte in einen der Bäume, wartete, bis die Schule aus war, Kinder bei ihr vorbeikamen, und dann ging sie nach Hause. Da unsere Mutter ja in Sachen Arbeit unterwegs war, bekam sie nichts mit – bis nach ein paar Tagen Rektor Grimsehl in der Baracke erschien und mir ihr redete. Man kam zu dem Schluss – wie bei mir – es habe keinen Sinn, das Kind gegen seinen Willen in die Schule zu zwingen - man ließ sie nun wieder spielen und sie wurde erst im Herbst eingeschult. Damit hatte sie ihr angestrebtes Ziel, zusammen mit Thale zur Schule zu kommen und bis dahin mit ihr spielen zu können, erreicht.

Das Weglaufen bekam eine gewisse Tradition. Eines Tages im Sommer war unsere Mutter morgens mit dem Zug nach Delmenhorst gefahren, um einige dringende Einkäufe zu erledigen, und Frau Reich und Frau Butzin hatten uns mit in die Blaubeeren im Brammer Moor genommen. Edith war es gewohnt, den Blaubeertag in der Nähe von unserer Mutter zu verbringen, nun fehlte ihr dieser Schutz und die Bäume rauschten plötzlich gefährlich und der Vogelgesang klang bedrohlich. „Ich will nach Hause!" sagte sie mir – und als „großer" Bruder nahm ich sie an die Hand und wir marschierten los, natürlich ohne den anderen etwas zu sagen, die hätten uns ja vielleicht nicht gehen lassen. Zur Schwarzen Brücke wollten wir, und von da aus war es dann ja ganz leicht zur Baracke…aber die Schwarze Brücke war nicht zu sehen, als wir endlich den Waldrand erreicht hatten. Waren wir in die falsche Richtung gelaufen? Wir kehrten um und liefen wieder in den Wald zurück.

Ich hatte keine Angst vor den Vogelrufen, und auch die Gefahr, von einem der wandlungsfähigen Teufel behelligt zu werden, schätzte ich nur gering ein. Und auch an die Roggenmuhme glaubte ich nicht – außerdem hatte die berufsmäßig nichts im Wald zu suchen. Ich hatte nur vor einem Angst: vor Wildschweinen. Wir hatten grausliche Geschichten gehört, wie die großen Keiler mit ihren gewaltigen Hauern sogar Jäger angegriffen und schwer verletzt hatten, dann würden sie uns Kinder wahrscheinlich sogar umbringen können. Besonders angriffslustig sollten die Tiere sein, wenn sie Junge hatten, Frischlinge hießen die, gestreift und niedlich sahen sie aus, und nach unserem Wissen war es genau die Zeit, in der ganze Wildschweinfamilien im Unterholz umherspazierten, besonders wenn es dunkelte, und das musste bald so weit sein. Auch Edith kannte diese Geschichten und teilte meine Angst. Wir beratschlagten, was wir tun würden, wenn so ein Schwarzkittel plötzlich durchs Gebüsch brechen und auf uns zu rennen sollte. Wir wurden uns schnell einig, dass es nur eine Möglichkeit des Entrinnens gab: rauf auf einen Baum. Wir bewegten uns so vorwärts, dass wir möglichst immer einen passenden Baum im Blick hatten; er durfte nicht zu dick sein, dann kamen wir nicht hinauf, und er durfte nicht zu dünn sein, dann konnte der Keiler so lange an den Wurzeln herumwühlen, bis das Bäumchen umfiel und wir ihm ausgeliefert waren. Ja, dazu war ein großes Wildschwein in der Lage, das hatte man uns erzählt, groß genug musste der Baum also schon sein.

Es kam kein Wildschwein, dafür aber ein neuer Waldrand mit einer Teerstraße. Und auf dieser Straße kam ein Radfahrer, ein Mann, der neben den beiden kleinen Kindern anhielt und fragte, was sie denn hier so allein täten. Ich konnte ihm erklären, wer wir sind und wo wir wohnen und warum wir…und er nahm Edith vorn auf die Stange und mich hinten auf den Gepäckträger, erreichte in wenigen Minuten die Schwarze Brücke, brachte uns noch hinüber bis zu den Häusern des Fleckens.

Als wir in unsere Küche kamen, war noch niemand da – als die Blaubeertruppe nach einer Stunde eintraf, mussten wir uns eine gehörige Standpauke von den beiden Müttern anhören und auch unsere Geschwister schärften uns ein, so etwas nie wieder zu tun.

[29] Barackenbewohner – fast ein Suchbild, nicht alle Personen sind zu identifizieren: von links: Herr Wesner, Erna, Oma Richter, Paul, Anni Richter, ihr Mann Erich Frey, dahinter halb versteckt Opa Richter, Hella Richter, Gustav im Hintergrund, davor Irmgard, Frau Wesner, vorn Inge Wesner, Horst, breit mit weißem Hemd: Artur, davor Irmchen Streck, daneben – etwas zurückgesetzt: Renate Schubert, darüber Rudi, daneben Edith, darüber Herta Streck, darüber Frau Streck, Herr Streck, daneben Agathe ?, ganz rechts Tante Anna

Im September hielt der amerikanische Außenminister Byrnes in Stuttgart eine Rede, in der er einen Wandel der Besatzungspolitik ankündigte. Deutschland solle wieder einen „ehrenvollen Platz unter den freien und friedliebenden Nationen der Welt" erhalten. Das klang gut in unseren Ohren – wenn wir es denn gehört haben – ebenso wie die (wiederholte) Zusage, über den Umfang der an Polen abzutretenden Gebiete werde endgültig erst auf einer Friedenskonferenz verhandelt und abgestimmt.

Hier zeigte sich dann leider schnell, dass die Verabredung, über Fragen, die Deutschland als Ganzes betreffen, würden die vier Sieger gemeinsam beraten und beschließen, bereits nach einem Jahr nichts mehr wert war: Der sowjetische Außenminister Molotow antwortete auf Byrnes Erklärung, die Oder-Neiße-Linie sei die endgültige deutsch-polnische Grenze, an der es nichts mehr zu deuten gebe. Die Entfremdung zwischen den drei Westmächten und dem Osten hatte schon lange begonnen und mündete in den uns allen hinlänglich bekannten kalten Krieg, der – toitoitoi – bisher nicht zu einem heißen geworden ist, obwohl wir mehrfach nahe daran waren.

Nach einem schönen Herbst folgte ein sehr kalter Winter. Schon Mitte Dezember stiegen die Temperaturen tagsüber nie auch nur in die Nähe der Null-Grad-Grenze, drei, sechs, acht Grad Kälte hatten wir immer. Unser Ofen in der Küche ging fast nie aus. Wenn das einmal aus Unachtsamkeit geschah, weil zum Beispiel längere Zeit niemand in der Küche war, dann lief man schnell mit der kleinen Eisenschaufel in der Hand zu Strecks hinüber, holte eine gute Portion roter Glut aus deren Herd, balancierte sie vorsichtig zu uns herüber, schob sie ins Ofenloch, ein paar Kienspäne kamen hinauf und in Nu flackerte ein Feuer, das man dann wieder mit dickem Holz und Torf versorgen konnte. Wir waren glücklich, den Keller voll mit Holz und Torf zu haben – wer nicht so fleißig vorgesorgt hatte, fror. Wir hatten auch reichlich Kartoffeln im Keller, wieder ein Schwein von Wittgräfes bekommen und wurden dank der zugedrückten Augen der Bäckersfrau Ranke auch gut mit Brot versorgt, nein wir hungerten nicht wie Millionen Stadtbewohner.

Viele von ihnen fuhren per Zug oder Bus in die umliegenden Dörfer, um bei den Bauern Wertsachen gegen Essbares zu tauschen. Von Hamstereinkäufen sprachen wir auch in Harpstedt, wo täglich viele Delmenhorster aus dem Zug stiegen und in den Flecken und in die Nachbardörfer ausschwärmten. Böse Zungen erzählten, in manchen Bauernhäusern lägen nicht nur in den Wohnzimmern die Perserteppiche doppelt, auch in den Kuhställen habe man die Gänge damit ausgelegt...

[30] Geburtstagsfeier von Inge Wesner. Vorn links Erika Nolte, Inge Wesner, ein fremder Gast, Irmgard: zweite Reihe Wilma Nolte, Christel Wesner, ein fremder Gast (der Bruder), Werner Wesner, Inge Wilms, hinten Gertrud Radtke

In Berlin verhungerten und erfroren in diesem „Jahrhundertwinter" über tausend Menschen.

Wir zogen natürlich die dicken langen Wollstrümpfe unter unsere langen Hosen, wenn wir draußen zum Spielen gingen – und wir hatten unseren Spaß, ließen uns von der Kälte nicht das Vergnügen verderben. Der Burggraben war zugefroren, dort konnte man sich herrlich amüsieren, den Harpstedter Kindern zuschauen, von denen einige Schlittschuhe besaßen – meistens die sogenannten Holländer, die unter einer Holzkonstruktion nur eine schmale Eisenschiene hatten, mit Lederriemen an den Schuhen festgeschnallt wurden und sich nur zu gleichmäßigem Langlaufen geradeaus eigneten: Dennoch sahen wir voller Neid zu, wie sie ihre Bahnen zogen, hinter dem Amtsgebäude verschwanden und innerhalb unglaublich kurzer Zeit auf der anderen Seite wieder auftauchten. Ach, wenn man sich solche Flitzer doch auch leisten könnte!

Wir mussten uns damit begnügen, Glitschbahnen vom Schnee freizumachen, auf denen wir dann mit großem Anlauf entlangschlidderten. Das machte einen Heidenspaß, stundenlang konnten wir immer wieder zum Anlaufspunkt zurückgehen, losrennen, glitschen, schliddern, rutschen, bis wir müde wurden. Solche Rutschbahnen hatten wir auch direkt neben der Baracke, mehrere. Auf zwei Arten konnte man sie herstellen: Wenn es trocken und frostig war, gossen wir abends Wasser aus und hatten dann morgens eine Eisbahn. Oder wenn Schnee lag, trampelten wir den Schnee fest und rutschten dann solange auf der Bahn herum, bis die Oberfläche zu Eis geworden war und damit wünschenswert glatt.

Nein, einen Schlitten hatte in den ersten Jahren auch niemand in der Baracke.

[31] Der Burggraben hinter dem Amtshof – zugefroren und verschneit

Es schneite. Die große Fläche neben unseren Baracken war eine einzige weiße Pracht, wir machten Schneeballschlachten, bis uns die Finger blau gefroren waren, nein, mit Handschuhen konnte man keine guten Bälle formen und auch nicht gut werfen. Die Handrücken rissen bei dem Wechsel von Kälte und Nässe, manchmal so tief, dass sie bluteten. Creme gab es nicht – aber unsere Mutter kannte auch hier wieder ein altes ostpreußisches Hausmittel: Urin. Man musste einfach auf die Hände pinkeln, dann verheilten die Risse. Das klappte tatsächlich – über die hygienische Seite dieser Behandlungsmethode sollte man nicht zu kritisch denken – auch heute gibt es Heilpraktiker, die auf die Behandlung verschiedener Krankheiten mit Eigen-Urin schwören.

Und wir bauten Schneemänner, überall vor den Barackeneingängen standen welche, man wetteiferte, wer den größten schaffte und wer mit Holzkohle und Mohrrübe und altem Topf die schönsten Köpfe hinbekam.

Und dann kam jemand auf die Idee, Schneehöhlen zu bauen. Schneehöhlen kannten die Großen aus der Schule, die Eskimos hatten so etwas, die wohnten sogar darin. Und also fingen wir an, große Schneebälle zusammenzurollen und sie im Kreis aufzustellen. Die Kleinsten bekamen den Auftrag, die Fugen zwischen den Rollen dick mit Schnee zuzustopfen. Auf die unterste Schicht kam eine zweite – die halbe Baracke arbeitete mit, meine und andere große Brüder hoben die neuen Schnee-Ballen hoch und setzten sie auf die unterste Reihe, ein bisschen nach innen versetzt. Nach vier Reihen ergab sich oben eine richtige Kuppel, die dann mit viel pappigem Schnee verschlossen und glattgestrichen wurde. Einen niedrigen Eingang hatte man gelassen, nun schnitt man noch mit einem langen Küchenmesser zwei schmale Fenster in die Wände: Fertig war unser Iglu. Ich meine mich zu erinnern, dass wir – alle Barackenkinder – bestimmt ein halbes Dutzend davon bauten und ich habe sie als gewiss drei Meter hoch in Erinnerung, aber das ist sicher Unsinn: Wie mit Entfernungen hatte man als Kind auch mit Höhen sehr übertriebene Vorstellungen. Wir konnten lange in diesen Iglus spielen, erst zu Weihnachten ließ der Frost für eine Weile nach und unsere Kuppeln stürzten ein, die Schneemänner schmolzen weg.

Es gab auch weniger schöne Seiten der Kälte. Wenn die Temperaturen nachts weit unter zehn Minusgrade sanken, dann zeigte sich eben doch, dass die Baracke ein schlecht isoliertes Holzgebäude war. Solange der Herd in der Küche brannte – und wir legten auch schon mal mitten in der Nacht in nasses Zeitungspapier gewickelten Torf nach, ging es, dann kam ein bisschen Wärme durch die offenen Türen in die beiden Schlafzimmer, aber sobald der Ofen aus war, wurde es ungemütlich: Alles, was man nicht komplett unter der dicken Daunendecke versteckt hatte, wurde kalt. Die Fenster froren trotz der geschlossenen Fensterläden komplett zu: Morgens bewunderten wir jeden Tag wieder, wie viel Mühe sich Väterchen Frost gegeben hatte, unsere Scheiben dick mit den schönsten Blumenmustern zu überziehen.

## 1947

Der Januar 1947 wurde noch kälter als der Dezember 1946 es schon gewesen war. Die Delme fror zu und wir Kinder machten uns einen Spaß daraus, vom Burggraben bis zur Schwarzen Brücke über das Eis zu laufen.

Mitte Januar kam Frau Kürbis abends zum Schwatzen zu uns herüber. Nach dem Abendessen saßen mal wieder alle in der Ecke nahe am Herd. Thema war natürlich das Wetter. „Ich hab im Radio gehört, wir kriegen nachts zwanzig Grad", erzählte Frau Kürbis. „Die Weser und die Elbe sollen schon ganz zugefroren sein: Im Hafen von Bremen und Hamburg geht nichts mehr, kein Schiff, keine Fähre." „Das ist ja schlimm", meinte unsere Mutter, „gerade jetzt bei der Kälte brauchte man doch die Schiffe für die Kohlen." „Ja, so ein Eis macht schon ganz schön Probleme." Erna widersprach: „Das kann man nicht so grundsätzlich sagen. Wenn vor zwei Jahren nicht die Nehrungen zugefroren wären, dann hätten viele Ostpreußen nicht flüchten können. Und wir haben den

Frost und das Eis auf der Weichsel ja auch gebraucht, hätten wir das nicht gehabt, dann wären wir jetzt alle nicht hier."

Und wieder einmal entstand im Gespräch eine Episode von „unterwegs", eine bittere Geschichte, bei der Erna und Frau Kürbis die Hauptrollen gespielt hatten.

„Graudenz? Wisst ihr noch, was für eine Angst wir da ausgestanden haben?"

Natürlich erinnerten sich außer Edith und mir alle, es war wohl der absolute Schreckens-Höhepunkt unserer Flucht gewesen. Bis zur Weichsel hatten wir acht oder zehn Tage gebraucht. Geplant war, dass wir bei Graudenz den Fluss überqueren sollten, aber dann hieß es, die Brücke werde gesprengt, und wir mussten umkehren und fuhren nun an dem Weichseldeich nach Süden, was sehr schwierig war, weil man mal unten am Deich, dann wieder oben auf dem Deich fahren musste, bis wir etwas nördlich von Schwetz eine Notbrücke erreichten, die aus Pontons bestand. Hier hatte sich inzwischen eine dicke Eisschicht gebildet, die die Pontonelemente hochgedrückt hatte, man hatte sie mit Strohballen belegt, die Ballen nass gemacht, sie waren steinhart gefroren und bildeten eine relativ feste Unterlagen, aber sie waren rutschig und unberechenbar.

Auf diesem Provisorium aus Stahl, Stroh und Eis überquerten wir bei dunkler Nacht die Weichsel. Es war sehr schwierig, den Wagen auf der glatten, steilen, provisorischen Zufahrt zur Notbrücke hinunterzulenken. Der Geschützdonner bei Graudenz machte die Pferde nervös, sie scheuten und ließen sich nur schwer dirigieren. Und noch schwieriger war die Brücken-Abfahrt auf der westlichen Seite des Flusses. Unsere Olla, die die Zügel führte, hatte große Sorgen und traute sich dieses Manöver nicht so recht zu. Ein Teil der Lensker Wagen fuhr vor uns, sie hatten die Abfahrt von der Brücke geschafft und fuhren bereits den Deich auf der Außenseite hinunter. Irgendetwas bei unserem Wagen verkeilte sich, zwei fremde Fuhrwerke setzten sich zwischen uns und die anderen Lensker. *„Da bin ich nervös geworden",* erzählte unsere Mutter, *„ich hatte Angst, dass wir unsere verlieren. Dann finden wir sie nicht mehr und dann sind wir alleine. Jetzt lauf ich und hol den Spitz und den Radtke",* hatte sie gesagt. *„Aber dann hab ich das übernommen",* sagte Erna, *„damit Mutti auf dem Wagen bleiben konnte."* Sie lief los und fand Adolf Spitz und auch Adolf Radtke bereit, uns zu helfen. Es dauerte aber eine Weile, bis sie ihre Wagen von der Straße runter in eine Hofeinfahrt lenken und dort abstellen konnten. Dann kamen sie mit. Inzwischen war man auf den Fuhrwerken hinter uns ungeduldig geworden: Ein Mann vom Volkssturm übernahm die Zügel unseres Wagens und sorgte dafür, dass es wieder weiterging. Unglücklicherweise schob sich hinter den Wagen der Frau Rossol, die direkt hinter uns fuhr, ein fremder Wagen, der damit die Gruppe der Lensker noch einmal auseinander riss, was an sich noch kein Problem gewesen wäre, aber leider blieb dieser Wagen stecken und der hintere Teil der Lensker kam nicht voran. Was die Sache dann richtig schlimm machte, war, dass der Volkssturmmann für unseren und Rossols Wagen einen anderen Weg wählte, als die Lensker vor uns, weil der Weg nach links voller Wagen stand und man dort – erst einmal – nicht hineinfahren konnte. Wir fuhren also geradeaus weiter, während der restliche Teil der Lensker hinter uns dann eine Weile später wieder den linken Weg nutzen konnte: So kam es zu einer echten und langdauernden Trennung der Lensker. Wir mussten in dieser Nacht weiterfahren, nur die Familie Rossol *(„Nein, die Anni Quast auch!"* warf Erich ein) fuhren noch mit uns zusammen. Und als Erna mit den beiden Helfern dorthin zurückkam, wo sie uns verlassen hatte, fand sie uns nicht mehr. *„Ihr wart wie vom Erdboden verschwunden. Mein Gott, was war ich verzweifelt und wie habe ich geweint! Frau Radtke sagte mir, ich soll erst einmal auf ihren Wagen kommen, um wenigstens bei den Lenskern zu bleiben."*

Erna war noch immer nicht frei von Wut und Vorwürfen: *„Wie konntet ihr weiterfahren, statt auf mich zu warten!?"* Erich versuchte zu erklären, wie immer, wenn die Rede darauf kam: *„Wir hatten keine Wahl, die Soldaten haben das Kommando übernommen, da hat kein Protest und kein Bitten geholfen."*

Andere Trecks nach uns hatten nicht das Glück, diese Ponton-Brücke zu finden. Sie fuhren über das blanke Eis und nicht wenige brachen ein und ertranken.

*„Am nächsten Morgen war von euch immer noch nichts zu sehen und da sagte ich mir: >Ich gehe zu Tante Zellmer!<"* Diese Frau Zellmer war die beste Freundin unserer Eltern in Lensk und sie hatte noch einen Vorteil: Sie war mit zwei Wagen unterwegs. Den einen fuhr ihr Sohn, der taubstumm war und deshalb nicht hatte Soldat werden müssen, den zweiten lenkte die Tochter Martha, zwei Jahre älter als Erna. Außerdem hatten sie ‚ihren' Polen mit dabei. *„Die waren für die Flucht bestens gerüstet und ich war völlig entsetzt, als sie einfach Nein sagte, als ich sie fragte. Für eine Nacht könnte ich bei ihrer Familie bleiben, länger nicht."* Und dann ordnete sie an, dass die beiden Mädchen in der Nacht auf dem Wagen zu bleiben hatten, während alle anderen in einem der leeren Häuser schlafen gingen. Die beiden fühlten sich gar nicht wohl, weil sie Angst hatten und in dieser Nacht jämmerlich froren.

Am nächsten Morgen erlebte Erna schon wieder eine böse Überraschung. Sie hatte schwarze hohe Lederstiefel von unserem Vater getragen – mit einigen Paar Socken ‚passten' sie – und diese Stiefel waren nun fort. Der taubstumme Sohn hatte sie sich angeeignet. *„Frau Radtke hatte dann Mitleid und gab mir ein Paar Schuhe von ihrem Sohnes Heinz."*

Frau Kürbis war es dann, die Erna ein Angebot machte. Sie fuhr ihren Wagen selbst, hatte weder ein Dienstmädchen noch einen Polen als Helfer, und sie konnte sich deshalb kaum um die Kinder kümmern. *„Da hab ich der Erna vorgeschlagen, doch auf meinen Wagen zu kommen, sie könnte ja den Kindern was erzählen und sich auch sonst nützlich machen."* *„Das habe ich denn ja auch angenommen. Ich bin dir heute noch dankbar, Frau Kürbis, du warst sehr gut zu mir, fast wie eine Mutter."* *„Es hat mir nur so leidgetan, Erna, dass wir so schlecht mit Lebensmitteln ausgerüstet waren. Weißt du noch, wie oft wir alle Hunger hatten, wenn wir abends keine Unterkunft mit vollen Speisekammern fanden?"* *„Ja, da hab ich die Lensker kennengelernt! Not kennt kein Gebot, und schon gar kein Mitleid! Außer Radtkes und Richters gab uns niemand etwas ab! Hartherzig waren sie"*, schimpfte Erna, und noch heute merkte man ihr die Verbitterung an.

Volle zwei Wochen fuhr sie nun auf dem Wagen der Familie Kürbis mit, quer durch die Tucheler Heide, hinein nach Pommern, bis sie in den Ort Gütow kamen. Man beschloss, dort auf dem Marktplatz zwei Tage Rast zu machen. Zum Glück fuhren wir – Kleins und Rossols - mit unseren Wagen inzwischen auf derselben Straße westwärts wie der große Rest des Lensker Trecks vor uns (was wir aber natürlich nicht wussten). Und wie der Zufall will, beschloss unsere Wagengruppe, in einem Ort etwa drei Kilometer vor Gütow eine Rast einzulegen. Wie üblich schwärmte man aus, um bei allen Wagen und Menschen zu fragen, ob sie nicht zufällig die anderen Lensker gesehen hatten: Jeder Wagen trug ein kleines Schild mit dem Besitzer und dem Herkunftsort, so dass durchaus eine Chance bestand, eine positive Antwort zu bekommen. Und siehe da, an diesem Tag hatten wir Glück: Ein Mann sagte, er habe am Vorabend, schon spät, Wagen mit Lensker Schildern gesehen, die könnten wohl kaum noch weit gefahren sein.

Am frühen Morgen des nächsten Tages machten sich unsere Mutter mit Erich und Artur auf den Weg. „Nein, nicht Artur, ich ging mit", korrigierte Rudi. Als sie nach Gütow kamen, sahen sie denn auch gleich einen Wagen mit dem Schild „Adolf Radtke, Gr. Lensk, Kreis Neidenburg" – sie hatten den Rest des Trecks gefunden. *„Und dann kam Frau Radtke gleich zu unserem Wagen gelaufen und fragte mich: >Was meinst du, wer draußen ist? < Und ich wusste sofort: die Mutti!"* erzählte Erna strahlend.

Nach siebzehn Tagen hatte man sich wieder! *„Ich weiß gar nicht, wie es mir ergangen wäre"*, schloss Erna die Geschichte ab, *„wenn du mich nicht mitgenommen hättest, Frau Kürbis. Ich werde dir das mein Leben lang nicht vergessen."*

Im Jahre 2013 fuhren meine Tochter Katja und ich nach Polen, besuchten meinen Geburtsort und die von uns damals oft besuchten Kleinstädte - und fuhren dann (nicht per Pferdewagen, sondern mit dem Auto) unseren Fluchtweg ab, so gut das möglich war. Natürlich gab es nun breite „Bundesstraßen", wo wir damals auf Feldwegen und Dorfstraßen mühsam durch den Schnee nach Westen gezogen waren. Wir besuchten auch die Festung Graudenz und gaben uns sehr viel Mühe, den Weichselübergang zu finden, wo es zum Verlust von Erna gekommen war. Erna und auch Erich bestätigten uns beim Ansehen der Bilder, dass wir die richtige Stelle gefunden hatten – nach mehr als einem halben Jahrhundert.

[32] An der Weichsel
Bild A zeigt den Weichseldeich, den wir abwechselnd oben und unten befahren hatten.
Bild B zeigt die Pontonbrücke, bevor die Weichsel zufror
Bild C zeigt die Zufahrt zur Weichsel
Bild D zeigt die Auffahrt zum Deich auf der Westseite des Flusses, (Katja füllt Sand ein)

Im Jahr 1947 waren es drei Räume, die für den Unterricht verwendet werden konnten. Die Engländer machten bei den Entnazifizierungsaktionen (die anfangs fast nur von den Amerikanern vorangetrieben wurden, später dann in deutsche Hände kamen und versandeten) mit; die alten Lehrer wurden erst einmal alle entlassen, ehemalige Ortsbauernführer und andere Parteimitglieder gerieten im öffentlichen Leben ins Abseits.

Dennoch gab es im Laufe des Jahres wieder zwei Lehrerinnen und vier Lehrer, die jetzt in sechs Klassenräumen unterrichteten.

Im Sommer dieses Jahres wurde der Marschallplan ins Leben gerufen, ein amerikanisches Hilfs- und Wiederaufbau-Programm für Europa, an dem auch Deutschland teilnehmen sollte. Auch wenn dieser Plan durchaus nicht (nur) aus altruistischen, also menschenfreundlichen Gründen entstand – die amerikanische Wirtschaft sicherte sich auf diese Weise allerbeste Absatzmärkte – profitierte Deutschland enorm davon. Leider nur die drei Westzonen: Die Ost-West-Spannungen waren inzwischen so angewachsen, dass die Sowjetunion ihrer Besatzungszone nicht erlaubte, am Marshallplan teilzuhaben.

Die Londoner Konferenz im Spätherbst, auf der man noch einmal versuchte, die vielen offenen Fragen für Deutschland „als Ganzes" zu regeln, wurde ergebnislos abgebrochen, das Tischtuch zwischen den Siegermächten war zerschnitten.

Onkel Jakob, der jüngere Bruder unseres Vaters, hatte in Polen eine Freundin gehabt, mit der er zwei Kinder zeugte, ohne aber verheiratet zu sein. Als er zusammen mit seinem Bruder Georg im Jahre 1943 Soldat wurde, war ans Heiraten nicht mehr zu denken. Nachdem er sich in Russland ein Sumpffieber zugezogen hatte und dann in Polen in der Festung Modlin auskuriert worden war, kommandierte man ihn nach Frankreich ab. Dort geriet er im Februar/März 1945 in Gefangenschaft, aber unter amerikanischer Hoheit. Aus dieser Zeit hat er in der Baracke oft und gern erzählt, vor allem ist mir in Erinnerung geblieben, wie sie immer mit dem Wasser und dem Schlamm zu kämpfen hatten. Bis zum Knie habe man oft im Dreck gestanden und entsetzlich gelitten und gefroren.

Erich erinnert sich an Erzählungen, dass man sie beim Durchmarsch durch Cherbourg mit dem Inhalt von Nachttöpfen begossen und fürchterlich beschimpft habe. Edith weiß zu erzählen, dass er sich auf dem Russlandfeldzug in der Ukraine, ganz in der Nähe des Geburtsortes unserer Mutter, geweigert hatte, auf Frauen und Kinder zu schießen. Nein, er war dafür nicht an die Wand gestellt worden, man hatte einfach einen anderen Soldaten an seinen Platz beordert. Unsere Mutter sei sehr stolz gewesen, als er das erzählte, weil es ein Papa-Bruder gewagt hatte, einen verbrecherischen Befehl zu verweigern.

Die Behandlung durch Amerikaner und Franzosen sei schlimm gewesen, die ersten 14 Tage habe man auf freiem Feld in Erdlöchern verbracht, wegen der schlechten Verpflegung seien alle permanent unterernährt gewesen und viele krank geworden. Im Lager dort traf er Paul Witzke, Sohn des Emil Witzke, der nach dem Ersten Weltkrieg unsere Mutter aus Wolhynien nach Ostpreußen geholt hatte.

Nach der Entlassung landete er dann in Augsburg, wo er als Schneider arbeitete. Über das Rote Kreuz fand er unsere Anschrift und kam zu uns nach Harpstedt und schlief in der ersten Zeit auf dem Sofa in der Küche. Als Erna dann auszog, bekam er ein Bett im rechten Zimmer, dem Jungenzimmer, gleich neben der Tür.

Herr Sonneck, ein Kaufmann aus Oberschlesien, fabrizierte in Harpstedt Kleidung, und Onkel Jakob war der einzige bei ihm, der wirklich etwas von Kleiderherstellung verstand. Er hatte nämlich in Hannover einen Kurs in Sachen Zuschneiden gemacht – als Teil der Vorbereitung zur Meisterprüfung. Erich erinnert sich an seine schlechten Zeichenqualitäten, so dass oft er, also Erich, einsprang und ihm beim Zeichnen der Schnittbogen half. Seine zweite Anstellung war bei Schneidermeister Schriever.

Onkel Jakob hatte sich schon in Augsburg eine Nähmaschine besorgt, eine unverwüstliche Singer, auf der er für die Barackenbewohner, später aber auch für die Einheimischen, Reparaturen durchführte. Er nähte aber auch komplette Kleider, Hosen und ganze Anzüge. Der Hit war damals, alte Mäntel etc. auseinanderzutrennen, zu wenden und dann zu „neuen" Kleidungsstücken zu verarbeiten. Die Maschine stand in der Küche an der Wand zum Jungenzimmer. Noch heute können wohl wir Kinder alle mit einer solchen Maschine umgehen, ich jedenfalls brachte schon mehrfach Frauen zum Staunen, wenn ich mit großer Selbstverständlichkeit eine Nähmaschine benutzte, die leer gewordene Spule auswechselte, eine abgebrochene Nadel ersetzte...

Onkel Jakob war ein großer Erzähler. Wenn abends das Licht abgeschaltet wurde und sich die Familie vor dem Ofen versammelte, dann kam Onkel Jakobs große Stunde. Er erzählte nicht nur aus dem Soldatenleben in Frankreich, sondern auch frei erfundene Geschichten. Oft saßen viele Kinder aus den anderen Familien des Eingangs um ihn herum und hörten zu – schließlich gab es damals kein Fernsehen, niemand hatte Bücher, und Radios waren in der ersten Zeit auch noch den Begüterten vorbehalten und dazu zählten die Barackenbewohner alle nicht.

Für lebenswichtig hielt Onkel Jakob das Kopfrechnen – davon erzählt Irmgard, ich hatte das ganz vergessen. Sobald man in das Zimmer kam, in dem er an seiner Nähmaschine saß, stellte er einem Aufgaben im Rahmen des Einmaleins und des Addierens und Subtrahierens, und man musste die Antworten wie aus der Pistole geschossen geben, sonst war er nicht zufrieden.

Das Wettlaufen gehörte ebenfalls zu seinen Hobbys. Wir Kinder waren ja flink wie die Windhunde und hielten uns für unschlagbar, zumal durch einen alten Mann, wofür wir alle Männer hielten, die über dreißig waren. Er sah das anders und forderte uns oft heraus und siehe da: Unbegreiflicherweise war er uns auf kurzen Strecken eindeutig überlegen, war immer als erster am Ziel. Wir konnten das kaum begreifen, aber einleuchtend ist es schon. Schließlich waren wir noch kleine Kinder, lange nicht im Vollbesitz der Kräfte, und er war ein Mann im besten Alter, durchaus kein Opa, und er hatte als Soldat das Laufen reichlich trainieren müssen...

Eine sehr unangenehme Gewohnheit ist mir in schlechter Erinnerung. Edith oder ich mussten manchmal mit in seinem Bett schlafen, wenn anderswo gar kein Platz mehr war, und da das Zimmer natürlich immer ungeheizt war, hatte er eine besondere Methode, Wärme zu produzieren. Er war darauf sogar stolz und kündigte die Aktion auch stets an: „Erst mal einheizen..." Aber so etwas gehörte in der Baracke durchaus zu den normalen Umgangsformen, niemand störte sich daran, wenn jemand laut pupste, nein, man sagte natürlich ungeniert: „furzte", schließlich hat Luther in seinen Tischgesprächen doch auch seine Gäste gefragt: „Warum rülpset und forzet ihr nicht, hat es euch nicht geschmecket?"

Als Tante Anna 1950 in den Westen kam, zog er zu ihr, seiner Schwester, und bei uns war endlich ein bisschen mehr Platz in dem Schlafzimmer und am Tisch.

Als dann sein Vater (also unser Großvater) und seine zweite Schwester Ella (also eine weitere Tante von uns) aus Polen wegkonnten (sie gehörten zu den Verwandten aus Przellenk, auf die unsere Mutter in der Fluchtnacht so hartnäckig und verzweifelt gewartet hatte) und in den Schwarzwald zogen (man teilte die späten Umsiedler nach einem ausgeklügelten Schlüssel den Bundesländern zu), ging er mit. Er wohnte bei seiner Schwester im Haus, arbeitete dort auch in einer Schneiderei. Nein, sich auf eigene Füße zu stellen und eventuell sogar eine eigene Familie zu gründen oder seine Kinder aus Polen nachzuholen, das kam ihm nicht in den Sinn.

Gegenüber der Baracke gab es einen alten funktionsfähigen Bauernhof, der dem Schlachter Horstmann gehörte und wo wir anfangs unsere Milch kauften. Daneben baute man Siedlungshäuser für damals 12.000 DM. Barlage, Köhler, Westermann hießen die Leute, die dort ihr kleines Eigenheim errichteten. Sie fanden ihre direkte Nachbarschaft – ihr Gegenüber genauer gesagt – wohl nicht sehr begeisternd. Ich kann mich noch gut an die Zeit der Baustellen erinnern, als man uns Kinder heftig davor warnte, an die offenen Kalkgruben, die nur schlecht mit einem Balkenzaun gesichert waren, heranzugehen. Man sei sofort ein Skelett, wenn man in diesen ungelöschten und daher chemisch sehr aggressiven Kalk hineinfalle. Wir hatten großen Respekt.

Interessant war die Arbeit der Maurer. Manchmal halfen wir, Ziegelsteine nach oben zu transportieren. Die geschickteste Methode war, einen Stein auf die zweizinkige Heugabel zu legen und dann mit dosiertem Schwung nach oben zu befördern, wo ein geschickter Fänger die Kalksandsteine stapelte. Der frisch angemischte Mörtel – dazu brauchte man den Kalk – wurde in Kübeln auf der Schulter nach oben getragen; damit wären auch die Stärksten unter uns Kindern zusammengebrochen, das war Sache der „Handlanger", ungelernter Arbeiter.

Als Richtfest gefeiert wurde, marschierten wir Kinder in einer großen Anzahl vor dem Haus auf und ab und sangen: „Wir haben Hunger, wir haben Hunger, wir hab´n den ganzen Tag noch nichts gehabt…" Sicher wird das die feiernden Bauherren und die Handwerker sehr genervt haben, aber wir Kinder hatten kein Gespür für solche Situationen, hielten es für unser gutes Recht, auf diese halbaggressive Art und Weise um ein Stück Kuchen zu betteln. Sie blieben stur, wir bekamen nichts, was die Leute in unseren Augen als geizig und arrogant erscheinen ließ und unmöglich machte.

Bei einer Hochzeit spielte sich das gleiche Ritual ab. Ich kann mir heute leicht ausmalen, wie sehr diese Leute darunter gelitten haben, jahrelang vor ihrer Haustür eine solche Kinderbande dulden zu müssen – Kontakte sind meines Wissens nie entstanden, auch die Erwachsenen sind nicht über ein Nebeneinander hinausgekommen.

Heute sind diese Häuser umgebaut, aus den Ställen, die damals Vorschrift waren, weil man ja Siedlerstellen schaffte, sind Garagen entstanden...

Bei meinem Besuch 2012 fotografierte ich eines dieser Häuser. Die junge Besitzerin kam heraus und wollte – leicht misstrauisch – wissen, warum ich das tue. Ich ging zu ihr hinüber, erzählte freundlich „aus der Steinzeit", in der gegenüber die Baracken gestanden hatten, in denen ich gewohnt hatte – sie wusste davon nichts, kannte nur die Schule und die Spielplätze an der Stelle...ich durfte fotografieren, ihre Söhnen bekamen sogar eine Porträtaufnahme.

[33] Eines der umgebauten „Siedlungshäuser"

Edith erinnert sich an eine Spielgefährtin namens Genia. Sie wohnte in dem ersten Eingang der Nachbarbaracke – von uns aus gesehen. Sie spielte oft mit diesem kleinen blassen Mädchen, besonders gern „Sterben". Unsere Mutter hatte das strikt verboten, nachdem sie die beiden einmal ertappt hatte, aber Edith und Genia hatten weitergespielt.

Unsere Mutter hatte da wohl eine von Aberglauben gespeiste Erinnerung und böse Ahnungen im Kopf: Als Edith zum ersten Geburtstag im Rahmen des „Zukunftsspieles" ein paar Dinge vorgelegt bekommen hatte, wie das in den Dörfern in Ostpreußen Sitte gewesen war, hatte sie nicht nach dem Glas, nicht nach dem Geld gegriffen, sondern zuerst nach dem Sand, was einen frühen Tod voraussagte, dann nach dem Buch, was auf Klugheit und einen Beruf im Bereich des Geistigen, Kulturellen hindeutete.

Nachdem sie Genia eine längere Zeit nicht gesehen hatte, weil sie unter einer ansteckenden Krankheit litt, kam unsere Mutter eines Morgens und sagte, wir müssten uns von Genia verabschieden, sie sei gestorben. In der Nachbarbaracke lag sie in einem winzig kleinen Sarg – das war das erste Mal, dass wir eine Tote sahen.

Das Schicksalsjahr 1948

In diesem Jahr wurden die Weichen für die Teilung Deutschlands gestellt. Es ist müßig, darüber zu streiten, welche Seite mehr Schuld daran hatte, die kommunistisch-östliche oder die kapitalistisch-demokratisch westliche. Die Interessen waren auf allen Gebieten so konträr und das Misstrauen so groß, dass der gemeinsame Kontrollrat nicht mehr arbeiten konnte. Schon im Frühjahr hatten sich die Westmächte in London getroffen und beschlossen, die (west)deutschen Ministerpräsidenten, die es inzwischen in den Bundesländern gab, sollten eine Verfassungsgebende Versammlung einberufen. Die Sowjets hatten natürlich begriffen, dass man damit einen großen Schritt auf einen deutschen Weststaat hin gemacht hatte: Der Kontrollrat trat nie wieder zusammen, alles lief nun auf zwei deutsche Staaten hinaus.

Ich glaube kaum, dass diese vielen Verhandlungsdetails in der Baracke oder im Schulunterricht wahrgenommen und diskutiert wurden.

Im Frühjahr 1948 erlebte die am Anfang mehrfach erwähnte Familie Wesner die freudige Überraschung, auf die tausende alleinstehende Frauen – natürlich auch meine Mutter – und noch mehr vaterlose Kinder Tag für Tag hofften: Herr Wesner, der Ehemann bzw. Vater stand bei Grotes vor der Tür. Er war aus russischer Kriegsgefangenschaft entlassen worden und hatte über die Rote-Kreuz-Stelle erfahren, wo sich seine Lieben aufhielten. Man kann sich vorstellen, wie groß die Freude war, als er – unangekündigt und gesund – auf dem Hof der Grotes erschien.

Auch für uns war das Erscheinen des Herrn Wesner ein wichtiges Ereignis, das die ganze Familie elektrisierte. Er war mit unserem Vater zusammen in Ostpreußen zum Volkssturm eingezogen worden, hatte im selben Regiment Dienst getan und wusste daher möglicherweise etwas über den Verbleib unseres Vaters, von dem und über den wir seit seinem Weihnachtsurlaub 1944 nichts mehr gehört hatten. Unsere Mutter ließ deshalb alles stehen und liegen, sagte ihre Arbeit ab und besuchte die Wesners gleich am nächsten Tag - und hörte von dem Heimkehrer tatsächlich, wie es unserem Vater ergangen war.

Ich verbinde in der folgenden Information die Aussagen des Herrn Wesner mit dem, was ich aus anderen Quellen erfahren habe.

Der Marktflecken Heiligenbeil, im heutigen Russland gelegen, nur wenige Kilometer nördlich der Grenze, die man quer durch Ostpreußen gezogen hat (der südliche Teil kam unter polnische Verwaltung, der Norden mit Königsberg an Russland) wurde am Ende des Krieges für viele Soldaten und Flüchtlinge zum Schicksalsort – auch für unseren Vater. Wie er in den ersten Wochen des Jahres 1945 von seinem bisherigen Einsatzort Grabnik dort hingekommen ist, wissen wir nicht.

Überall auf den großen ostpreußischen Gütern waren die Erntemaschinen defekt und vor allem Dreschmaschinen kaum noch zum Einsatz bereit. Mehl aus der „Kornkammer Deutschlands" wurde allenthalben knapp. In dieser Notsituation bekam Heiligenbeil plötzlich eine zentrale Rolle: Dort stand am Stadtrand eine bekannte Maschinenfabrik, in der man Dreschmaschinen und Selbstbinder etc. herstellte. Diese Fabrik gehörte Rudolf Wermke, dem „Heiligenbeiler Krupp".

Im Februar 1945 hatten sich die Russen bereits bis zur Oder durchgekämpft, fast ganz Ostpreußen war fest in ihrer Hand. Lediglich um den Flecken Heiligenbeil herum gab es noch einen Brückenkopf, der mit äußerster Zähigkeit verteidigt wurde. Hier kann man sogar von einem sinnvollen „Opferkampf" sprechen, denn so lange dieser Brückenkopf gehalten wurde, konnten von hier aus Verwundete und Flüchtlinge mit Flugzeugen und Schiffen in Sicherheit gebracht werden.

Mitte Februar flogen die letzten Flugzeuge nach Berlin, beladen mit Schwerverwundeten und werdenden Müttern, denen ein Transport mit dem Schiff oder gar mit Pferdewagen über das Eis des Frischen Haffs nicht zugemutet werden konnte. In den Winterwochen flüchteten dann Hunderttausende von Ostpreußen über das Eis und von dort auf die rettenden Schiffe in Pillau oder zur anderen Seite über die Nehrung nach Danzig, von wo aus noch Schiffe nach Schleswig-Holstein und Dänemark und Schweden ablegten – ich habe darüber im Rahmen der Kapitulation unter Dönitz bereits berichtet

Im Februar und März 1945 war der Kessel um Heiligenbeil Schauplatz heftigster Kämpfe. In den letzten Tagen des März erfolgte dann der endgültige Untergang der 5. Armee in Heiligenbeil. Am 24. musste der Marktflecken nach heftigem Bombardement und Beschuss aufgegeben werden, im Morgengrauen des 29. März 1945 schifften sich die letzten Deutschen in Richtung Pillau ein.

In Heiligenbeil gab es also Maschinen, die den Gütern helfen konnten, das dringend benötigte Mehl herzustellen. Man brachte daher das Korn aus der gesamten Umgebung auf den Marktplatz, stellte dort große - zum Teil noch über Dampfmaschinen angetriebene - Dreschkästen auf, um das Korn auszudreschen. Diese Maschinen liefen Tag und Nacht und gingen daher oft kaputt. Man brauchte also sachkundige Leute für deren Reparatur. Da fragte man beim Volkssturm herum, ob Schlosser dabei seien. Das wusste Herr Wesner zu erzählen, der zusammen mit Herrn Rossol und unserem Vater in ihrer gemeinsamen Einheit in der Nähe lag. Dort war auch ein Schmied namens Wolf aus unserem Nachbardorf Klein Lensk. Herr Wesner berichtete, dass dieser Wolf zusammen mit unserem Vater nach Heiligenbeil zu Reparaturarbeiten abkommandiert worden waren. Als dann Wolf verwundet zur Volkssturm-Einheit zurückkam, fragte man ihn nach dem Nachbarn, dem Rudolf Klein. Der sei, so sagte Wolf, schwer verwundet worden, sei ins Lazarett gekommen, nach Pillau hinüber, man habe erzählt, er habe durch Bombensplitter ein Bein verloren. Von der Anlegestelle in Heiligenbeil seien viele Schiffe mit Verwundeten übers Haff nach Pillau gefahren. Die Verwundung geschah am 23. oder 24. März, das konnte er nicht genau sagen, als die Russen durch ihre Fliegerangriffe die Deutschen zur Aufgabe Heiligenbeils zwangen: Tiefflieger hatten den Markplatz, auf dem die Dreschmaschinen standen, angegriffen.

Was mit dem verwundeten Rudolf Klein in Pillau geschehen war, darüber konnte Herr Wolf und damit auch Herr Wesner, keine Auskunft geben.

Der große Marktplatz in Heiligenbeil trägt heute zahlreiche russische Kriegerdenkmäler, an die Tragödie für die Familie Klein erinnert – natürlich – nichts.

Unsere Mutter – und mit ihr die ganze Familie – war tief betroffen, aber noch lange nicht ohne Hoffnung. Einen Mann mit nur einem Bein zurückzubekommen, war bitter, aber das konnte man verschmerzen. Die Amputation eines Beines war gegen Kriegsende in einem deutschen Lazarett eine Routine-Operation, warum sollte sie bei unserem Vater nicht gutgegangen sein? Sicher war er, wie Herr Wesner auch, von den Russen in Kriegsgefangenschaft genommen worden, und sicher war für ihn die Gefangenschaft nicht auf sehr viele Jahre festgelegt worden – wie man ja in Parallele an der relativ schnellen Freilassung des Herrn Wesner sehen konnte. Also saß unsere Mutter oder saßen einige von uns Kindern oder wir alle zusammen mit unserer Mutter jeden frühen Abend an unserem frisch erworbenen Radio, einem Löwe Opta mit einem magischen Auge, das einem anzeigte, ob man den Sender optimal fein eingestellt hatte, und hörten die Suchmeldungen aus dem Lager Friedland, in dem Heimkehrer aller Art zusammengezogen und registriert wurden. „Friedrich Maurer aus Kleinflottbeck sucht seine Frau Hermine mit ihren drei Kindern. Sie haben zuletzt in Hamburg-Wandsbek gewohnt." Wir hofften und beteten täglich, es könnte einmal verlesen werden: „Rudolf Klein aus Groß Lensk, Ostpreußen, sucht seine Frau Leokadia mit ihren sieben Kindern…"

Mitte Mai, nicht lange nach der Rückkehr des Herrn Wesner, kam ich eines Tages aus der Schule nach Hause, mittags so gegen halb eins, wie üblich. Aber ganz gegen die Gewohnheit roch es heute nicht nach Essen, obwohl meine

Mutter zu Hause sein musste – ich hatte ihr altes Fahrrad, mit dem sie zu den verschiedenen Arbeitsstellen zu fahren pflegte, angelehnt vor der Tür stehen sehen. In der Küche war sie nicht, wie ich mit einem schnellen Rundblick feststellte. Da hörte ich aus dem Schlafzimmer ein lautes Schluchzen – meine Mutter weinte! Ich lief hinüber und sah sie auf dem Bett sitzen. „Ist was passiert?!" Sie brachte nur ein Kopfnicken zustande und reichte mir einen Zettel, eine gewöhnliche Postkarte herüber: „Hier, lesen kannst ja schon." Die Karte war an „Frau Klein in Gr. Lensk, Kr. Neidenburg" gerichtet. Ich verstand nicht. Dort wohnten wir doch schon lange nicht mehr. Dann schaute ich nach links auf den Absender: „Abwicklungsstelle", las ich dort, „Deutsche Dienststelle für die Benachrichtigung der nächsten Angehörigen von Gefallenen der ehemaligen deutschen Wehrmacht." Von Gefallenen? Sollte etwa unser Vater…? Ich drehte die Karte um und dann hatte ich es klar schwarz auf weiß: „Nach einer hier vorliegenden dienstlichen Meldung ist Ihr *Angehöriger Rudolf Klein* geb.7.4.05 in *unbek.* am *4.4.1945* verstorben. Todesort: *Pillau.*" Den Rest konnte ich nicht mehr lesen, weil mir die Tränen in die Augen schossen. Unsere Mutter drückte mich an sich und wir weinten eine Weile gemeinsam still in uns hinein: Nun waren all die Hoffnungen, die wir seit drei Jahren hochgehalten hatten und die nach dem Bericht von Herrn Wesner noch einmal zusätzlichen Auftrieb bekommen hatten, vorbei. Nun war unsere Mutter Witwe, wir würden weiter ohne Vater aufwachsen.

In den nächsten Tagen und Wochen bekamen wir dann eine offizielle Sterbeurkunde, seinen Wehrpass, Familienfotos und die beschädigte Taschenuhr mit einer Delle (sie hatte wohl einen Splitter abbekommen) zugeschickt.

Wir erfuhren, dass die Fliegerbombe unserem Vater nicht nur ein Bein abgerissen hatte, die Splitter hatten zusätzliche Verletzungen im ganzen Körper verursacht, und der starke Blutverlust hatte dafür gesorgt, dass er keine Überlebenschance hatte - Blutkonserven gab es in diesen letzten Kriegstagen kaum noch. Er hat im Lazarett noch zehn Tage gelebt, gestorben ist er am 4. April 1945, drei Tage vor seinem vierzigsten Geburtstag, in der Zeit, als wir friedlich in der Funkerbaracke wohnten und an dem Tag, an dem in Harpstedt der Volkssturm durch Befehlsverweigerung jedes Blutvergießen vermied.

Wenn ich an den Tod meines Vaters denke, ist mir eines ein wenig trostreich: Er starb nicht bei einer der unsäglichen Eroberungsschlachten, die Hitler seinen Soldaten befohlen hatte und die die meisten ohne Protest durchführten, er lag auch nicht hinter einem Maschinengewehr und verteidigte eine der völlig sinnlosen Stellungen, die nur gehalten wurden, weil Wehrmachts-Betonköpfe keinen Meter Boden aufgeben wollten (Stalingrad lässt grüßen), sondern er starb bei der Ausübung seines Berufes: Landmaschinen zu reparieren, damit Korn gedroschen werden konnte, damit die Leute in dem Kessel von Heiligenbeil etwas zu essen hatten. Das mag ein wenig pathetisch klingen, aber so sehe ich das und mit dieser Sicht kann ich leben.

Wie reagierte unsere Familie auf diese lange befürchtete Nachricht? Ich war nach der ersten spontanen Trauer nicht besonders erschüttert: Ich hatte keinerlei Erinnerung an meinen Vater, er war mir ein gänzlich Unbekannter - und deshalb war ich auch nicht in der Lage, heftig um ihn zu trauern. Edith mag es ähnlich gegangen sein, den älteren Geschwistern ging der Tod natürlich wesentlich näher, schließlich handelte es sich bei ihnen nicht um „den Vater", sondern um ihren Papa, einen Menschen aus Fleisch und Blut, mit dem sie Jahre zusammen gelebt hatten, der sie erzogen hatte, mit ihnen gespielt hatte…

Besonders schlimm war es für meine Mutter – wie auch anders? Sie hatte immer noch gehofft, ihren Mann zurückzubekommen, wenn auch als Kriegsversehrten. Sie war durch die Todesnachricht so verzweifelt, dass sie ernsthaft daran dachte, ihrem Leben in der Delme ein Ende zu setzen. Aber der Gedanke an die Kinder und das Wissen, dass Selbstmord in der christlichen Lehre als unverzeihliche Sünde galt, hielten sie von diesem Schritt ab.

Einige Zeit nach der Zusendung der Dokumente nahm sie das Abhören der Suchmeldungen wieder auf. Sie hoffte nicht auf ein Wunder – oder doch? – sie sah es gegen alle Wahrscheinlichkeit aber als möglich an, dass man im Chaos der letzten Kriegstage Personen und Namen verwechselt hatte und doch noch eines Tages die kühle Nachrichtenstimme im Radio verkünden könnte: „Rudolf Klein sucht…"

Die Hoffnung stirbt bekanntlich zuletzt.

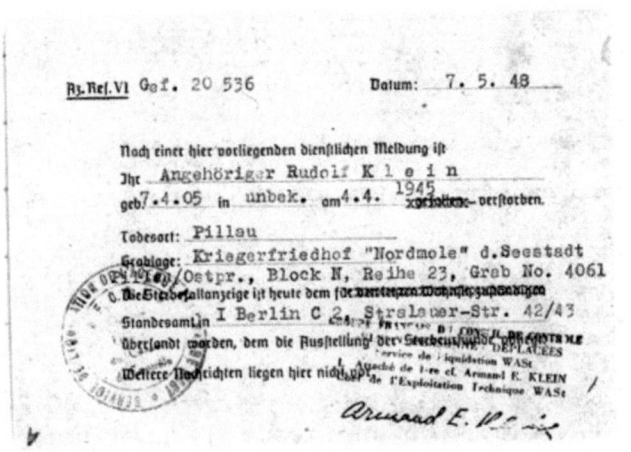

[34] Die Todesnachricht

Jedes Mal, wenn sich in der Baracke die Nachricht oder das Gerücht verbreitete, im Ort sei ein Mann in abgerissener Uniform gesehen worden, liefen einige Kinder hin, um einen solchen Heimkehrer zu bestaunen. Irmgard, die laut unserer Mutter als Vaterkind galt, erzählt, sie sei manchmal lange Zeit hinter einer solchen Gestalt her gegangen, in der Hoffnung, es könnte unser Vater sein. Solange sie sein Gesicht nicht sah, konnte sie die Illusion aufrechterhalten. Sie überholte ihn nicht, aber wenn er sich dann zufällig umdrehte, kam jedes Mal die Enttäuschung...

Edith erinnert sich daran, in der Nachbarbaracke einmal die überraschende Rückkehr eines Vaters miterlebt zu haben, die so gar nicht den Träumen der

Kriegsgefangenen entsprach. Die Ehefrau habe ihn angeschrien, sie brauche ihn nicht, sie sei bisher gut mit den Kindern zurechtgekommen, er habe sie immer nur ausgenutzt, sie hasse ihn, er könne wieder gehen.
So etwas kam leider nicht ganz selten vor. Viele trafen bei ihrer Frau einen neuen Mann an. Sie hatten – das war möglich – den lange Vermissten für tot erklären lassen und neu geheiratet, oder sie hatten sich einfach einen Freund zugelegt – nicht alle hielten so kompromisslos an ihrem Partner und ihrer Ehe fest wie unsere Mutter.

Erich hat sich intensiv um das Grab unseres Vaters gekümmert. Im August 2000 konnte er an der Einweihung der weitgehend fertig gestellten Gedenkstätte für die bei Pillau Gefallenen teilnehmen. 7452 in der Umgebung Gestorbene hat man dort bestattet, die meisten in den letzten Kriegsmonaten; 1997 brachte man noch 1300 Tote aus anderen Bereichen Ostpreußens dazu und auch 204 Ertrunkene der „Wilhelm Gustloff", dem Flüchtlingsschiff, das noch in den letzten Tagen des Krieges mit etwa 5000 Flüchtlingen an Bord von einem russischen U-Boot versenkt worden war. Erich machte Fotos von dem Gedenkstein, der auch den Namen unseres Vaters trägt. Die Gebeine unseres Vaters liegen im Block N in der Reihe 23 unter der Nummer 4061. So hat man wenigstens in gewisser Weise einen Ort vor Augen, an dem man seine Trauer lokalisieren kann, wenn man an den Vater denkt.

Eines Tages klopfte es bei uns an der Tür, Herr Wrede, ein Bekannter aus Groß Lensk stand vor der Tür. Seine Familie war nicht mit uns zusammen auf die Flucht gegangen. Wie es ihm nun gelungen war, in den Westen zu kommen, weiß ich nicht. Irmgard ließ ihn ein. Unsere Mutter war noch nicht von der Arbeit zurück.
Zu diesem Herrn Wrede muss man wissen, dass er bei uns in Lensk Ortsbauernführer gewesen war. In dieser Funktion hatte er dafür zu sorgen gehabt, dass die Bauern im Ort die vorgeschriebenen Mengen an Getreide, Kartoffeln, Fleisch usw. abzuliefern hatten. In der Bezirksverwaltung in Soldau hatte man bemerkt, dass die Lensker Bauern mit den Lieferungen stark in Verzug geraten waren. Als sich das wiederholte und man den Verdacht bekam, Wrede gehe nicht scharf genug gegen die Verzögerungen vor oder lasse sich sogar schmieren, setzte ihn die Parteileitung ab. Sein Nachfolger wurde für ein halbes Jahr unser Vater.
Als die Untersuchungen gegen Wrede ergaben, dass er unschuldig war, setzte man ihn wieder in sein Amt ein – und er entwickelte die (falsche) Idee, unser Vater habe ihn denunziert, um selbst die Parteifunktion übernehmen zu können.
Es dauerte nicht lange und es kam die Stunde, in der er sich rächen konnte. Als die Russen auf Ostpreußen zumarschierten und die Front nicht mehr von regulären Soldaten gehalten werden konnte, stellte man auch in unserem Bereich einen Volkssturm auf. In den Orten hatten der Bürgermeister, der Ortsgruppenleiter und – wenn es um Belange des Bauernstandes ging – auch der Ortsbauernführer darüber zu entscheiden, wer zum Volkstum antreten musste. Da unser Vater bisher als „unabkömmlich" galt, weil er im ganzen Bezirk die Landmaschinen in Stand hielt, damit die Bauern – nun meistens die Frauen mit polnischen Knechten – die Äcker bestellen und abernten konnten,

wurde also auch der Ortsbauernführer Wrede in die Entscheidung, ob Rudolf Klein zum Volkssturm antreten sollte, einbezogen. Und er machte sich offenbar erfolgreich stark dafür, dass unser Vater anzutreten hatte. Mehrfach habe ich in späten Jahren Erna die Geschichte erzählen hören – sie hob dazu immer demonstrativ die rechte Hand hoch und ahmte den Triumph in der Wrede-Stimme nach: „Diese Hand hat dafür gesorgt, dass der Rudolf zum Volkssturm eingezogen wurde." – Bei welcher Gelegenheit er diesen grauslichen Triumph formulierte, weiß ich nicht. Die Kausalkette kann sich jetzt jeder selbst ausmalen: Ohne die Racheaktion des Herrn Wrede hätte es keine Einberufung unseres Vaters zum Volkssturm, ohne Volkssturm wäre es zu keinem Einsatz in Heiligenbeil gekommen, zu keiner Verwundung, nicht zu seinem Tod im Lazarett. Einfach ausgedrückt: Besagter Herr Wrede war für den Tod unseres Vater erheblich mitverantwortlich, er hatte den ersten Schritt dazu initiiert.

Und nun saß er also bei uns in der Wohnküche und wartete auf unsere Mutter.
Als sie ins Zimmer trat, sprang er auf und ging ihr mit ausgestreckter Hand entgegen. Unsere Mutter wurde blass und versteckte die Rechte hinter ihrem Rücken. „Leokadia, ich bin gekommen, um dich um Verzeihung zu bitten. Ich habe gehört, dass du gerade die Nachricht bekommen hast, dass dein Rudolf…" Unserer Mutter schoss das Blut ins Gesicht, sie ließ ihn nicht zu Ende reden, ging nur zwei Schritte zurück, machte die Tür weit auf und sagte: „Raus! Verschwinde aus meiner Wohnung!" „Aber Leokadia, im Vaterunser steht doch, wir sollen unsern Schuldigern…" „Raus, und wenn ich mich versündige, dir kann und will ich nicht vergeben. Niemals."

Die ersten Jahre der Schulzeit verliefen ein wenig ‚flott': Da alle Kinder bereits älter waren als es für Schulanfänger normal war, verkürzte man einige Schuljahre auf wenige Monate, so dass Irmgard in dem Jahr, als ich zur Schule kam, bereits in der vierten Klasse war. Ich wurde 1948 eingeschult, bereits ganz regulär mit sechseinhalb Jahren – im August war ich sechs geworden, im nächsten Jahr Ostern begann die Schule. Zu meiner Zeit waren es dann bereits komplette acht Räume, die sich rechts und links neben dem langen Flur der alten flachen Baracke erstreckten, auf dem zum Klingeln immer jemand mit einer großen Glocke entlang rannte. Wenn man selbst diese Aufgabe zugeteilt bekam, war man für den ganzen Tag glücklich: Schließlich durfte man etwas tun, worauf hunderte von Schülern und sogar die Lehrer hörten und reagierten

Bei mir in der Klasse war auch Silke Maier, die Tochter von Dr. Maier, einem der drei Harpstedter Ärzte. Eines Tages bemerkte sie bei einem Spiel, bei dem sich immer ein Junge und ein Mädchen an die Hände fassen mussten, um sich dann nach Musik gemeinsam im Kreis zu drehen, dass mit meiner linken Hand etwas nicht stimmte. „Was ist denn mit deiner Hand los?" fragte sie neugierig, und ich hielt ihr die Hand hin, die offene Handfläche nach oben. „Wieso ist denn der kleine Finger so krumm?" fragte sie nun weiter, „und woher kommt die lange Narbe? Das sieht ja schlimm aus, das wusste ich bisher gar nicht." „Das wundert mich nicht", gab ich zur Antwort, „das wissen die meisten nicht. Man sieht es ja auch kaum, weil man nicht immer mit ausgestreckten Fingern herumläuft." „Ja und wie ist das denn passiert?"

Ich erzählte ihr die Geschichte dieses kleinen Unfalles, soweit ich sie aus Erzählungen kannte, erinnern konnte ich mich nicht daran. Wir waren in Przellenk auf dem Hof von Verwandten, den Witzkes, zu Besuch. Anfang 1944 war das, ich war also noch nicht einmal drei Jahre alt. Ich war aus dem Wohnhaus in die Ölmühle gegenüber gegangen und hatte dort ein Weckglas gefunden. Damit war ich zum Haus zurück gelaufen, um es meiner Mutter zu zeigen. Dabei stolperte ich, stürzte und schnitt mir die Hand auf, schräg durch den Handballen und den kleinen Finger. Die Wunde blutete sehr stark und musste professionell versorgt werden. Einen Arzt hatte man nicht in der Nähe und so ging man mit mir nach Lensk zum Sanitäter der Versorgungskompanie. Der legte an dem kleinen Finger eine Schiene an und verband das Ganze fachmännisch, nähte aber nicht die durchtrennte Sehne zusammen, weil er diesen Schaden sicher auch gar nicht bemerkt hatte.

Solange die Schiene da war, heilte der Finger nicht. Also nahm man sie ab und danach verheilte die Wunde, bildete aber ein so umfangreiches Narbengewebe, dass der Finger im zweiten Gelenk krumm wurde und auch ziemlich steif. Das Narbengewebe zog sich bis in die Mitte der Handfläche, war jahrelang rot und hässlich.

„Mein Vater ist doch Arzt", sagte Silke, „ich frag den mal. Der kann dir den Finger sicher wieder heil machen." Am nächsten Morgen kam sie mir freudestrahlend entgegen. „Mein Vater hat gesagt, das kriegt er hin, du sollst morgen nach der Schule zu ihm kommen."

Dr. Maier war als ein ziemliches Raubein von einem Arzt bekannt, dem die Entnazifizierung nicht voll gelungen war, der deshalb von den Engländern keine Genehmigung zur Nutzung eines Autos bekam wie die beiden anderen Doktoren, und deshalb in den ersten Jahren mit dem Rad, später mit einem schweren alten Motorrad zu seinen Patienten außerhalb des Ortes fuhr. Dr. Maier sah sich die Hand an, tastete das Narbengewebe ab, bog die Gelenke, die noch nicht völlig versteift waren, und wiederholte dann, was Silke schon nach seiner Ferndiagnose gesagt hatte: „Das kriegen wir wieder hin."

Der Finger wurde unter örtlicher Betäubung aufgeschnitten, die verknorpelt zusammen-gewachsene Sehne durchtrennt, der Finger geradegebogen, geschient und zugewickelt. Nein, auch Dr. Maier machte nicht den Versuch, die Sehne zusammen-zunähen – Fachleute, professionelle Handchirurgen, sagten mir Jahrzehnte später, man hätte die verkürzte Sehne, die beim Zusammenwachsen den Finger in diese krumme Haltung gezwungen hatte, durch Einsetzen eines körpereigenen Sehnenstückchens - etwa aus dem Bein - verlängern müssen, aber eine solche chirurgische Großtat war von einem Landarzt nicht zu erwarten.

Die Hand tat weh, klar, schließlich gab es eine ziemlich große Wunde, die verheilen musste. Sie tat aber nach einer Woche immer noch weh, mehr sogar als am Anfang, das machte keinen guten Eindruck. Als ich es nicht mehr aushielt und der Doktor nach vielen Tagen des Vertröstens den Verband abnahm, spritzte uns in hohem Bogen der Eiter entgegen und ich verabschiedete mich in eine kurze Ohnmacht. Nichts war geheilt, die ganze Außenseite der Hand und der Finger waren rot geschwollen und vereitert. Nun wiederholte sich der Vorgang aus Lensk: Man ließ die Hand ohne die dicke Schiene heilen, und siehe da, das funktionierte ziemlich problemlos. Der aufgeschnittene Finger wuchs also wieder zu, die beiden Sehnen-Enden verwuchsen wieder und zogen den kleinen Finger erneut krumm zusammen - noch krummer, als es vorher der Fall gewesen war.

Mit dem „Erfolg" dieser Operation lebe ich heute noch; der krumme kleine Finger hat mir das Leben nicht besonders erschwert, ich habe trotzdem eine Frau gefunden, ich konnte trotzdem fast alle Sportarten betreiben, allerdings habe ich nie den Mut gefunden, etwa Gitarre spielen zu lernen, wie unsere Mutter es sich immer gewünscht hatte, weil ich nie perfekt hätte die Seiten greifen können, und auch an das Zehnfinger-Maschineschreiben bin ich nie herangegangen. Ich schreibe immer noch mit beiden Zeigefingern, auch diese Geschichte ist in dieser Technik in den Computer getippt worden.

Ein kleines kurioses Ereignis sollte ich vielleicht noch anfügen. Bei der Bundeswehr trainierten wir eines Tages im Rahmen eines Lehrganges das „Grüßen durch Anlegen der rechten Hand an den Mützenschirm", wie das korrekt hieß. Mein Flieger-Kamerad Müller war dran, die dazu nötigen Kommandos zu geben und das korrekte Handanlegen bei seinen Gruppen-Kameraden zu überprüfen. Ich hatte lange gelernt, den kleinen Finger der rechten Hand krumm zu machen, ohne dass sich die anderen Finger mitbewegten (Versuchen Sie das mal!) und grüßte also mit diesem krummen Finger – sonst aber korrekt. Müller sah das natürlich sofort und pflaumte mich an: „Flieger Klein, sind Sie denn verrückt geworden, Sie wollen mich wohl auf den Arm nehmen, was?" Ich legte die beiden Hände ineinander, trat auf ihn zu, sagte: „Entschuldigung, aber mein kleiner Finger ist krumm und steif, ich kann ihn nicht gerade machen" – und ich zeigte meine linke Hand vor. „Oh, Entschuldigung", stammelte er, „das habe ich nicht gewusst."
Am Ende der Übung kam der Unteroffizier zu mir und fragte, ob tatsächlich...Ich demonstrierte ihm meinen kleinen Vertauschungs-Scherz, wir zeigten ihn auch dem Kameraden Müller, niemand nahm übel, wir lachten gemeinsam.

Sehr viele Schüler kamen in Holzschuhen zum Unterricht, was auf dem Bretterfußboden einen ziemlichen Krach machte. Hefte oder sonstiges Papier gab es anfangs nicht. Alle Kinder – auch die in den höheren Klassen – benutzten Schiefertafeln. Wie ärgerlich war es immer, wenn man die Hausaufgaben besonders sorgfältig gemacht hatte und dann irgendein dummer Zufall oder ein böser Mitschüler sie einem verwischt hatte. Wie problematisch waren diese dünnen Schieferplatten mit ihrem schmalen Holzrahmen, wie schnell zerbrachen sie, wenn man mit seinem Schulranzen nicht vorsichtig genug umging, wie aufwendig war es, immer einen feuchten Schwamm und ein trockenes Tuch parat zu haben, um die Tafel sauber zu machen – bei den meisten hingen diese beiden Utensilien oben seitwärts aus dem Tornister heraus – wie oft spitzte man zu Haus den Griffel mit einem Messer oder auf so einem kleinen Bänkchen an, das mit feinen Zacken versehen war!

Bereits etwa ein Jahr nach Kriegsende hatten die Amerikaner mit dem Umdenken begonnen: Aus den bekämpften Nazi-Deutschen war im Bewusstsein vieler – auch vieler Politiker – ein Volk von Hungernden und Frierenden geworden, dem man helfen musste. Der frühere Präsident Herbert C. Hoover war es vor allem, der sich für die Idee stark machte, sogenannte Care-Pakete nach Deutschland zu schicken, was vielen Familien zu erfreulichen Überraschungen verhalf. Im Rahmen dieses Hoover-Programms wurde an unserer Schule auch die Schulspeisung eingeführt. Im Februar 1948 begann man damit, in einer Baracke gegenüber der Schule auf dem Grundstück der Sägerei Gröper das Essen zu kochen, das man dann in großen Kübeln zur Schulbaracke hinübertrug. Anfangs gab es nur für Flüchtlingskinder diese warme Mahlzeit, dann später auch für die anderen, die dafür allerdings einen kleinen Obolus zu zahlen hatten. Meistens war es eine dünne Suppe aus Wasser, Trockenmilch und Kakao - oder einem anderen Pulver -, aber immerhin. Sie schmeckte oft scheußlich, aber man konnte so die Zeit zwischen dem einfachen Frühstück und dem mageren Mittagessen überbrücken. Es soll auch einmal in der Woche eine Banane gegeben haben, aber an so etwas Exotisches kann ich mich beim besten Willen nicht erinnern.

Der Neubau der Volksschule begann kurz nach der Währungsreform 1948, am 15. Oktober wurde der Grundstein gelegt, Richtfest war am 21. Juni 1949, die Einweihung wurde am 18. April 1950 im Rahmen einer eindrucksvollen Feier vorgenommen. Unsere Familie kann sich deshalb gut an diesen Bau erinnern, weil Erich als Zimmerer-Lehrling daran teilnahm. So richtig machte er dann beim Bau der großen Turnhalle mit, als er bereits kurz vor seiner Gesellenprüfung stand. 1951 begann man mit ihrem Bau, ein gutes Jahr später flogen dort die ersten Bälle bei Handball und Korbball und Faustball.

Die Zeit des Schule-Bauens brachte uns Kindern wieder neue Spielmöglichkeiten, weil man natürlich tiefe Baugruben ausgehoben hatte, die nebenan zu hohen Sandbergen aufgetürmt waren. In die Gruben durften wir nicht hinein, am Rande der Sandberge aber konnten wir herrlich spielen. Hier wurden Sandburgen gebaut, wie wir sie aus Filmen kannten, hier entstanden Straßen, auf denen wir einfache Kartons als Autos hin und herschoben, hier kam mein berühmter Holzlastwagen zum Einsatz, jeder wollte ihn mal in der Hand gehabt und ein Stück geschoben haben. Dieses Spielen im Sand konnte man auch ganz allein durchführen, aber das blieb selten, meistens fanden sich gleich zwei oder drei Gleichgesinnte zusammen.

[35] Unsere Familie. Warum Edith so böse drein schaut, weiß ich nicht.

Mitten im Sommer, am Freitag dem 18. Juni, wurden wir von der Radio-Nachricht überrascht, es gebe eine Währungsreform, neues Geld. Ab dem 21. Juni sollte dieses Geld das einzige gültige Zahlungsmittel sein. Man hatte darüber schon länger munkeln hören. Auch wer wenig von Geld und Bankgeschäften und Währungsdingen verstand, hatte gemerkt, wie sehr das Vertrauen in die Reichsmark schwand und ihr Wert sank. Die Geschäfte hielten ihre Waren zurück, wollten nicht so viel von dem wertlos werdenden Geld ansammeln, bei vielen Gelegenheiten tauschten die Bürger Waren gegen Waren oder verwendeten Zigaretten als Ersatzwährung. Hitler hatte zu seiner Kriegsführung enorme Mengen Geld drucken lassen, gegen Ende des Krieges und nach dem Krieg fehlte es an Gegenwerten durch Waren, und es entstand ein enormer Geldüberhang: Den wollte man nun beseitigen. Auf grob gesagt weniger als zehn Prozent reduzierte man die umlaufende Geldmenge, nur runde 13 Milliarden blieben über.

Trotz der Gerüchte war die Geheimhaltung recht gut gelungen. Wir erfuhren im Radio, dass am Samstag, dem 19. keine Bankgeschäfte möglich seien, am 20. hätten sich alle Haushaltsvorstände bei der Sparkasse einzufinden, um das neue Geld in Empfang zu nehmen. Unsere Mutter und Erich gingen gleich in die Burgstraße, in der sich zwischen unseren beiden Noteinquartierungshäusern der Elvers und Johannes die Sparkasse befand. Dort drängten sich bereits viele Leute, die alle wissen wollten, wann die Kasse aufmachte und welche Dokumente man mitzubringen hatte.

Am Sonntag, dem 20. Juni, ging unsere Mutter bereits eine halbe Stunde vor der Schalteröffnung los, in der Tasche die Meldebescheinigung bei der Gemeinde, mit der sie belegen konnte, dass sie sieben Kinder hatte, also Geld für acht Personen einfordern konnte. Die Schlange der Wartenden reichte bereits bis hoch an die Kreuzung Burgstraße, Lange Straße. Gegen elf kam sie nach Hause, mit 320

Mark in ihrer Handtasche, und wir bestaunten die neuen Scheine, die Hunderter, Fünfziger, Zwanziger, Zehner, Fünfer. 40 Mark „Kopfgeld" hatte es für jedes Familienmitglied gegeben, vierzig „DM", „Deutsche Mark", so hieß die neue Währung. Das alte Kleingeld, das Hartgeld, blieb erst einmal gültig, wurde dann aber bald auch durch neue Münzen ersetzt.

Dieses Geld war – wie die ganze Reform - unter größter Geheimhaltung von amerikanischen und deutschen Fachleuten erfunden und geplant worden, man hatte es in New York gedruckt, in 23.000 Holzkisten nach Bremerhaven verschifft, Ende Mai dann mit acht Sonderzügen in die Keller der Reichsbank in Frankfurt am Main gebracht und von dort an die Banken und Sparkassen in den Städten und Gemeinden verteilt. Diese ungeheure organisatorische und logistische Anstrengung wurde von der neu gegründeten *Bank deutscher Länder* organisiert. Das wird bei allen Appellen und Verboten sicherlich nicht über die Bühne gegangen sein, ohne dass der eine oder andere Geschäftsmann – auch in Harpstedt – einen Wink bekommen hatte und daraufhin wertvolle Waren nicht mehr verkaufte. Wie in allen Städten wird es auch in Harpstedt am Samstag geschlossene Geschäfte mit dem Hinweis im Schaufenster gegeben haben: „Wegen Erkrankung geschlossen"; „Ausverkauft" war auch eine gängige Erklärung. Erinnern kann ich mich daran aber nicht.
Nach einem Monat gab es noch einmal 20 DM pro Kopf.

Die „Ostzone" war draußen gehalten worden, sie schufen ihr eigenes Geld, was wieder einen Schritt in Richtung auf zwei deutsche Staaten bedeutete.
Die Reichsmarkbestände, die man noch im Privatbesitz hatte, musste man bis zum 26. Juni auf ein Konto überwiesen haben. Die Umrechnung war recht kompliziert, das meistens genannte Tauschverhältnis von hundert RM zu zehn DM stimmt so nicht: Unterm Strich bekam man für hundert eingezahlte RM nicht mehr als 6,50 DM.
Unsere Mutter hatte etwa 4000 Reichsmark in bar aus Ostpreußen mitgenommen. Wir hatten nicht alles Geld ausgegeben, weil es wenig zu kaufen gab und unsere Mutter und auch wir Kinder bei den Bauern regelmäßig verdienten, so dass wir mit der Rente mehr schlecht als recht ausgekommen waren. Nun gehörten wir also mit dem gesparten Geld zu den Betrogenen, wenn auch bei uns der Schaden gering war: Hatte man aber wirklich gespart und Geld gehortet und geglaubt, mit ein paar tausend Reichsmark noch einige Zeit gut über die Runden zu kommen, stand man nun plötzlich mit einigen wenigen hundert DM da, war fast so mittellos wie die meisten anderen auch. Lediglich die Besitzer von Sachwerten - Häusern, Ländereien, Betrieben also - kamen gänzlich ungeschoren davon – aber all das interessierte uns ebenso wenig wie die vielen komplizierten Regelungen für Löhne, Gehälter, Pensionen, Bankguthaben, Versicherungen, privaten und öffentlichen Schulden, die in den Folgemonaten durchgeführt wurden…

Erstaunlich war, dass bereits am Tag der Reform wieder Waren in den Schaufenstern erschienen, von denen man noch Wochen und Tage vorher geschworen hatte, es gebe sie nicht: Luxus-Lebensmittel, Toilettenartikel, Parfums, Zigaretten, Schokolade.
Viel stärker als in Harpstedt hatte man in den Städten Waren gehortet, zurückgehalten, nicht verkauft, auch wenn die Kundschaft die notwendigen Bezugsscheine dafür vorlegte. Man hatte gewusst, zumindest geahnt, dass eine

Währungsreform vor der Tür stand und wollte die Waren natürlich zu neuen Preisen für neues, vollwertiges Geld verkaufen. Das klappte auch vom ersten Tag an, denn für einen Großteil der Waren wurden sofort die Bewirtschaftungs- und Rationierungsvorschriften aufgehoben, man konnte fast alles ohne Bezugsscheine erwerben, allerdings zu deutlich gestiegenen, recht hohen Preisen – Angebot und Nachfrage sorgten erst im Laufe der Zeit für Normalität.

Die letzten Bezugsscheine für bewirtschaftete Lebensmittel verschwanden dann im Jahre 1950, die letzte Ausgabe fand für den März /April statt.

Die Parteien, die recht schnell nach Kriegsende wieder gegründet worden waren, hatten fast alle (eine Ausnahme bildete nur die FDP) sozialistische oder zumindest soziale Grundsätze in ihren Programmen, der Staat sollte den Kapitalismus stark unter Kontrolle halten, einige Wirtschaftszweige sollten sogar in die Hand des Staates überführt werden – das alles schliff sich aber sehr schnell ab, was blieb, war die sogenannte *„soziale Marktwirtschaft"*, ein Kapitalismus, dem der Staat Grenzen setzte, um auch diejenigen am beginnenden *„Wirtschaftswunder"* ein bisschen zu beteiligen, die über kein Kapital verfügten: Unsere Familie gehörte dazu.

Ob wir die vielen politischen Aktivitäten, die es in diesem Jahr gab, um eine Verfassung für ein neues Deutschland vorzubereiten, das nur aus den drei westlichen Besatzungszonen bestehen würde, bewusst mitbekamen, bezweifle ich sehr. Wir werden sicher in den Nachrichten mal darüber gehört haben, aber ich glaube nicht, dass jemand in unserer Familie mit dem *„vorbereitenden Verfassungskonvent"* auf Schloss Herrenchiemsee oder dem *„Parlamentarischen Rat"* etwas anfangen konnte.

Nach dem Weggehen von Rankes war Erna einige Zeit zu Hause und arbeitete hier und da bei verschiedenen Bauern, wie unsere Mutter sich das gedacht hatte.

Dann erschien unser Cousin Gustav auf der Bildfläche Er kam zu uns nach Harpstedt in die Baracke und wünschte sich, bei uns zu wohnen und in Bremen bei Cordes & Graefe zu arbeiten, wo Hella und Paul Richter bereits erfolgreich ihr Geld verdienten. Unsere Mutter war gar nicht begeistert, wohnte doch schon Onkel Jakob bei uns. Noch ein Mann, noch ein Esser mehr, das war vom Platz und von der Arbeit her eine ernste Belastung. Gustav musste das einsehen: Er ging zum Bauern Horstmann, der ganz in der Nähe seinen Hof hatte und von wo aus er uns oft besuchen kam.

Gustav war gleich 1939 eingezogen worden und trug die schwarze Uniform der SS. Er war als SS-Mann Mitglied der Partei-"Armee", aber nicht Soldat der Wehrmacht. Nach Kriegsbeginn wurde er dann der erste Soldat in Przellenk, und da er bei der SS war, kam er zur Waffen-SS, war nun also Soldat der gefürchteten Elite-Einheit innerhalb der Wehrmacht. Zur Grundausbildung verlegte man ihn in die Tschechoslowakei, wo viele Soldaten einen heftigen Kopfausschlag bekamen, den man nicht heilen konnte. Also schickte man ihn erst einmal nach Hause - und das war sein Glück. Da er noch nicht vereidigt worden war, kam es nun zu einer neuen Einberufung, und zwar zur ganz normalen Wehrmacht, nicht wieder zur Waffen-SS.

Als normaler Soldat geriet er dann sehr schnell nach Norwegen, das man gerade erobert hatte und wo man Besatzungssoldaten brauchte. Dort wurde er Ausbilder, stand also nicht an der Front, und behielt diese Funktion auch bis zum Ende des

Krieges. Bei Kriegsende lief er dann zu Fuß von Narvik bis nach Schleswig-Holstein zurück, wo er in englische Gefangenschaft geriet.

Da er keine eigene Adresse im Westen hatte, gab er die eines Rekruten aus Westfalen an und wurde dorthin entlassen, arbeitete anfangs auf dem Hof dieses Bauern-sohnes.

Nachdem er uns 1946 über das Rote Kreuz gefunden hatte, kam er zu uns in die Baracke zu Besuch und kurz darauf ganz nach Harpstedt.

Lange allerdings mochte Gustav beim Bauern Horstmann nicht bleiben; er klagte über unfreundliche Behandlung und schlechtes Essen. Da kam aus der Gegend von Horstedt, aus Schulenburg, der Bauer Hünecke zu uns, der suchte einen neuen Knecht. Und als er Erna sah, meinte er, ein Dienstmädchen könne er eigentlich auch ganz gut gebrauchen. Gustav stellte eine Verbindung her: Wenn Erna ja sage, dann gehe er auch. Also gingen im Jahre 1948 beide zum Bauern Hünecke nach Schulenburg. Dort arbeitete Erna als Mädchen für alles, werkelte zusammen mit zwei weiteren Frauen in Haus und Küche, wurde aber auch auf dem Feld und bei den Tieren eingesetzt, lernte auch schnell und gut melken und molk oft allein die elf Kühe. Diese vielen Kühe schufen das Problem Nummer eins, weil unsere Mutter meinte, das sei zu schwer für sie, sie müsse dort weg. Das zweite Problem sah wohl niemand als Erna allein, und sie deutet es vornehm-vorsichtig an, wenn sie sagt, Gustav hatte sie bisher stets wie eine Schwester behandelt und das änderte sich nun. Ich belasse es bei dieser Andeutung, verstehe aber gut, dass sie glücklich war, das Arbeitsverhältnis bei Hüneckes aufgeben zu können.

## 1949

Im Jahre 1949 machte ganz in der Nähe der Baracke, an der Straße nach Klein Köhren, ein neuer Betrieb auf: Friedrich Beckmann, Chemische Reinigung, Färberei. Die Firma war in Bremen im Jahre 1944 ausgebombt worden, hatte dann in Harpstedt die ehemalige Schweinemästerei vom Bauern Sander gemietet, aus Bremen einige Kessel, Gerätschaften, Chemikalien, Seifen und Farben herantransportiert und mit dem Betrieb begonnen. Das Auto dazu hatte man rechtzeitig aus Bremen ausgelagert und so über den Krieg gerettet.

Anfangs musste jeder, der etwas färben lassen wollte, Brennmaterial mitbringen und möglichst mit Esswaren bezahlen – und es gab viele, die Uniformstücke und Decken aus der Wehrmacht hatten und anders einfärben wollten, zuerst vor allem in Schwarz und Blau, dann waren aber auch bald helle, kräftige Farben gefragt. Als dann Wilhelm Gröper, der spätere Chef von Erich, neben seiner Sägerei zwischen der Langen Straße und der Straße nach Klein Köhren ein Haus baute, zog der Betrieb dort ein und hatte bald sein gutes Auskommen, zumal er in Harpstedt ohne Konkurrenz war.

Warum ich diese Geschichte hier erzähle? Nein, nicht wegen der Reinigung – die nahm niemand von uns in Anspruch, unsere Kleidung wurde im Barackenkeller in dem großen Waschkessel gereinigt, auch nicht wegen der Färberei, die sich auch kaum jemand aus der Baracke leisten konnte, nein, Beckmann hatte eine geniale Geschäftsidee! Da den ganzen Tag über heißes Wasser gebraucht wurde, kam er auf den schlauen Gedanken, das heiße

Wasser abends zum Duschen anzubieten: Für einen erschwinglichen Preis konnte man also dort erscheinen und in einer Duschkabine mit heißem Wasser und Seife den alten Adam reinigen (Eva natürlich auch) – ein Luxus, den Hunderte nicht kannten, zumindest nicht in der eigenen Wohnung praktizieren konnten, in der Baracke niemand, und den daher viele nutzten. Beckmann war jahrelang „in", zumindest am Freitag oder Samstagabend gingen die Großen dort hin, bevor man zum Tanzen oder sonstigen Vergnügungen ausging.

Bei diesen Beckmanns bekam Erna eine Stelle als Hausmädchen. Nachmittags wusch sie zusätzlich Wäsche für die Kundschaft und verdiente so noch etwas dazu. Sie wohnte in dieser Zeit wieder bei uns in der Baracke, in die sie abends nach spätem Feierabend zurückkehrte – weit hatte sie ja nicht zu laufen.

Von irgendwo hatte Erna Kinderbücher, aus denen sie uns oft vorlas. Ich erinnere mich an eines, in dem ein Zwerg eine Hauptrolle spielte und ein großer Ohrenkneifer, der hier aber sehr freundlich auftrat und niemandem Böses tat.

Erna hatte ein ungeheures Talent im Stricken. Ich erinnere mich an verschiedene Westover in dunklem Blau, einer hatte einen doppelten Hirsch vorn auf der Brust. Sie konnte stundenlang am Fenster sitzen, ein Buch auf den Knien, in dem sie las, und das Strickzeug in den Händen, bei dem die Nadeln nur so klapperten. Nur selten legte sie das Buch zur Seite, wenn sie für das komplizierte Bild wieder einmal die Maschen auszählen musste.

Erich wollte nach Abschluss seiner Schulausbildung gern Elektriker werden. Leider fand sich in Harpstedt aber keine passende Lehrstelle, und als es dann ein Angebot der Zimmerei und Sägerei Gröper gab, griff er zu. Zwar war das nicht gerade sein Traumberuf, zumal abzusehen war, dass man hier oft Körperkräfte einsetzen musste, über die er anfangs nicht gerade in hohem Maße verfügte, aber da die Firma nur drei Minuten von unserer Baracke – quer über den Schulhof musste man nur gehen – entfernt lag, griff er zu, zumal es nur wenige Lehrstellen im Ort gab. Mit der Arbeit wuchsen dann auch die Kräfte – ich habe nie gehört, dass Erich mal irgendeine Arbeit nicht geschafft hat. Ich erinnere mich z.B. an eine seiner Erzählungen, als sie auf eine Baustelle im Bremen ‚ausgeliehen' worden waren und dort stundenlang mit dem schweren Zimmermannshammer über Kopf Nägel in eine Holzdecke schlagen mussten – er war stolz, das genauso durchgehalten zu haben wie seine älteren Arbeitskollegen.

Der kurze Arbeitsweg erwies sich allerdings bald als recht eingeschränkter Vorteil, denn es war nur natürlich, dass die Zimmerleute auf den Baustellen vor Ort ihre Dachkonstruktionen aufzubauen hatten, und ‚vor Ort' hieß, dass Erich manchmal früh morgens zu Arbeitsbeginn in Klein Köhren oder Beckeln oder in sonst einem Nachbardorf anwesend sein musste – mit dem Rad fuhr er dort natürlich hin, an ein motorisiertes Gefährt war damals nicht zu denken. Den grünen Grobleinen-Rucksack mit dem Werkzeug trug er dabei auf dem Rücken, der Stil des Dexel und die lange schmale Stahlseite des Winkeleisens schaute dabei oben heraus. Zwanzig Mark verdiente er im ersten Lehrjahr pro Monat, die Hälfte gab er als Kostgeld bei unserer Mutter ab. Im zweiten Lehrjahr waren es dann vierzig und im dritten sechzig DM – große Sprünge waren damit nicht zu machen.

Erich bestand im März 1952 bei Gröper seine Gesellenprüfung und blieb dann noch dreieinhalb Jahre seiner Firma treu. In dieser Zeit verdiente er natürlich wesentlich mehr Geld, das er z. T. dazu nutzte, sich fortzubilden. Der schon mehrfach genannte Herr Grimsehl, bei dem er in den letzten Jahren Unterricht gehabt hatte, war nämlich der Meinung gewesen, Erich habe das Zeug zu mehr als „nur" Zimmermann, wenn man gegen einen solchen ordentlichen Beruf auch keine Einwände hatte. Also bot Herr Grimsehl Sonderunterricht an, und Erich nahm zusammen mit ein paar weiteren Jungen an diesem Unterricht teil, der vor allem die Grundlagen in Mathematik und Physik ausbaute. Zweimal die Woche fuhr er dort hin – auch noch von Dünsen aus. Sein Traumziel war es, Architekt / Hochbauingenieur zu werden und dazu musste man (als Hauptschüler) am sogenannten Technikum in Bremen (heute würde man von einer TH, einer Technischen Hochschule, sprechen) eine Aufnahmeprüfung machen, zu der die Vorbereitung bei Lehrer Grimsehl unbedingt notwendig war.

Am 8. Mai wurde die Verfassung des neuen Deutschland beschlossen: Man nannte sie *„Grundgesetz"*, um den Vorläufigkeitscharakter zu betonen: Eine richtige Verfassung wollte man erst dann verkünden, wenn auch die Ostzone Teil der „Bundesrepublik Deutschland", so hieß nun unser Staat, geworden war. Am 23. Mai wurde das Grundgesetz verkündet, nachdem die westlichen Siegermächte es akzeptiert hatten: Da Berlin als unter den vier Siegermächten aufgeteilte Stadt, die zudem in der sowjetischen Besatzungszone lag, nicht als Hauptstadt in Frage kam, stimmte man zwischen Frankfurt am Main und dem kleinen Bonn ab: Bonn bekam die Mehrheit und wurde unsere Hauptstadt. Da diese ganze Veranstaltung gewissermaßen die Geburtsstunde unseres Staates war und entsprechend gefeiert wurde – man erklärte den 23. Mai zum Nationalfeiertag – wir natürlich schulfrei bekamen, drang diese Neuerung schon in das Bewusstsein der Familie Klein. So langsam begannen wir, uns auf Dauer in diesem westlichen Staat einzurichten, an die Rückkehr nach Ostpreußen glaubte keiner mehr, auch wenn noch ab und an darüber geredet wurde.

Dazu trug auch bei, dass in der Ostzone /Sowjetzone ein zweiter deutscher Staat gegründet wurde, die *„Deutsche Demokratische Republik"*, der die Oder-Neiße-Linie als endgültige Grenze festschrieb. Die Tatsache, dass dieser Staat und seine Erklärungen von unserer Regierung unter Adenauer nicht anerkannt wurden, änderte nichts an den Fakten.

## 1950

Im Frühjahr 1950 begann Edith ihre Schulausbildung, die sie nach unserem Umzug nach Dünsen dann in der dortigen Schule fortsetzte.

Artur wurde in diesem Jahr entlassen. Er suchte eine Lehrstelle und fand sie bei Tischler Georg Müller in der Mullstraße. Von diesem Mann las ich in einem Harpstedt-Buch, dass er mit der NSDAP nichts im Sinn gehabt habe und das auch hinreichend deutlich gesagt hatte. Als im Jahre 1936 in Dünsen die Muna gebaut werden sollte, teilte ihm ein Architekt mit, er könne nur dann einen Auftrag dabei erhalten, wenn er Parteimitglied sei. Daraufhin habe er einen Antrag auf Aufnahme in die Partei gestellt. Da man dort aber seine Einstellung kannte, verweigerte man ihm die Aufnahme. Er war sehr stolz darauf – und dieses Ablehnungsdokument war später die Basis dafür, dass er bei den Prozessen um die Entnazifizierung mancher Harpstedter Bürger ein gewichtiges Wort mitzureden hatte.

Ich weiß noch, dass wir Artur oft abholten, besonders gern am Sonnabend. Da hatte er schon mittags frei und seine letzte Arbeit vor dem Feierabend war stets, die Werkstatt aufzuräumen und auszufegen. Wir halfen ihm dabei und waren stolz, einen Bruder zu haben, der die großen Maschinen, die wir kannten und von deren Gefährlichkeit wir wussten, bedienen konnte. Er führte uns denn auch manchmal vor, wie der elektrische Hobel die Späne nur so fliegen ließ und wie man mit der großen Bandsäge wunderschön Kurven und Kreise aussägen konnte. Er sägte z. B. aus einem einfachen Holzblock eine Schweineform aus, schnitt das Stück dann in ein Zentimeter dicke Scheiben – und wir hatten für viele Jahre schöne Frühstücksbrettchen.

Auch das große Lager hinten oben im Schuppen imponierte uns. Hier holte Artur Holz, wenn ein neues Möbelstück gebaut werde sollte. Er kannte natürlich jede Holzart, wusste, welche Sorte wie hart war und wofür besonders geeignet, und er konnte auch abschätzen, wie lange das Holz schon dort gelagert worden war, um auszutrocknen, damit es später nicht Trocknungsrisse bekam oder sich verzog.

Der Juniorchef baute übrigens in den fünfziger Jahren das Wohnhaus an der Straße neu oder auch nur um – das weiß ich nicht so genau. Artur zeigte uns stolz dieses Haus und seine Spezialität: Als einziges im Flecken hatte es ein Fenster, das über Eck ging.

Irmgard erinnert sich, dass Frau Müller Artur eines Tages einen Teddy für seine kleinen Geschwister mitgegeben hat, einen halben Meter soll er groß gewesen sein. Edith, Irmgard und ich haben vor allem mit ihm gespielt, nun gab es neben Ediths Negerpüppchen und meinem Holzlastwagen ein drittes richtiges Spielzeug in unserer Wohnung. Was aus dem Teddy geworden ist, geriet in Vergessenheit, abgewetzt war er nach Jahren des Herumschleppens…

Irmgard ging während der ganzen Harpstedter Zeit zur Schule. Sie erzählt heute noch gern von ihrem Unterricht bei Herrn Lachnit. Der Mann hatte offenbar zwei Lieblingsthemen, das eine waren die „Satzgefiege", wie Irmgard ihn immer nachmachte, also wohl der Aufbau der Sätzen mit Subjekt, Prädikat, Objekt – wahrscheinlich hat er von Satzgegenstand, Satzaussage und Ergänzung geredet, vielleicht aber auch Hauptsatz, Nebensatz, Attribute? Das zweite Thema waren eine Art Hörspiele, Sprechspiele mit verteilten Rollen, zu großartigen Geräuschkulissen fehlte die Technik.

Als wir nach Dünsen umzogen, war Irmgard im letzten Schuljahr und fuhr dann noch mit dem Rad nach Harpstedt, um die Schule dort abzuschließen. Eine Umschulung wäre dumm gewesen, da die Schule in Dünsen nicht annähernd die Qualität der Harpstedter hatte – später schickte dann Dünsen grundsätzlich alle Schüler der letzten Jahrgänge nach Harpstedt.

Irmgard war – wie alle Klein-Kinder - eine gute Schülerin. Ihr Abgangszeugnis aus der Schule in Harpstedt weist nur Einsen und Zweien auf, nicht eine einzige Drei trübt das Bild. Die Klein-Kinder waren stets bei den Lehrern der Schule hoch angesehen und wegen ihrer Zuverlässigkeit beliebt. Mir schrieb ein Harpstedter, wir seien in seiner Familie immer als leuchtendes Beispiel herausgestellt worden, was unsere Beliebtheit bei den Kindern verständlicherweise nicht gerade steigerte.

Werner Podleschni war in der letzten Harpstedter Zeit ihr Schwarm. Dieser Freund von Artur ging nach Wildeshausen zum Gymnasium und sie wusste genau, wann er nach Hause kam. Dann stand sie auf der Straße seinem Wohnhaus gegenüber und wartete auf ihn. Sie war glücklich, ihn zu sehen – und dann ging sie wieder nach Hause. Ja, so schön und unschuldig kann Liebe sein! Sie war nachher auch ein bisschen mit ihm befreundet, aber in allen Ehren, wie damals üblich.

In der Freizeit war Irmgard sehr aktiv, turnte viel, spielte auch mit den Männern Faustball, war aktives Mitglied in einer Korbballmannschaft, nahm sogar an Lehrgängen teil, auch an Sportfesten wie z.B. eine Woche in Oldenburg, wurde ernsthaft trainiert, wurde sogar Niedersachsen-Meisterin mit ihrer Mannschaft, traf sehr gut den Korb, obgleich sie recht klein war, was sie aber durch hohe Sprungkraft ausglich.

Ab 1950 wurden wir alle im Neubau unterrichtet, meine Klasse war im Keller untergebracht, rechts am Ende des langen Ganges. Licht kam nur durch die tief gelegten Fensternischen herein – man sah draußen nichts, wurde daher auch nicht abgelenkt, jedenfalls nicht von dem, was draußen geschah.

Ich habe an den Unterricht nur wenige Erinnerungen, die Grundschule verlief ohne große Höhen und Tiefen. Mir ist nicht erinnerlich, dass wir Flüchtlingskinder – es waren mehr als mit mir in der Baracke wohnten – von den Mitschülern oder den Lehrern in irgendeiner Weise verachtet oder benachteiligt wurden – dennoch blieben die Welten der Einheimischen und der Barackenkinder getrennt, wir lebten in einem anderen Kosmos, nur selten gab es freundliche Verbindungen – ich habe im Kapitel über das Spielen darüber berichtet. Ein entgegengesetztes Ereignis wird noch zu erzählen sein.

Ich habe schon von dem Schlittschuhparadies auf dem Burggraben geschwärmt – wobei uns zum paradiesischen Glück allerdings die Schlittschuhe gefehlt hatten. Nach der Währungsreform kauften die Harpstedter Erwachsenen und auch die Kinder richtige Eisenschlittschuhe, die alten Holländer waren out, wir konnten sie billig kaufen oder bekamen sie sogar geschenkt. Nun war es an uns, die Rundfahrten um das Amtsgebäude zu genießen, während die Einheimischen dazu übergingen, Eishockey zu spielen, wozu die neuen Schlittschuhe gut geeignet waren, man konnte mit den eingeschliffenen Zacken vorn gut bremsen und sich auch schnell abstoßen. Es dauerte nicht lange, und es kamen die Schlittschuhe auf den Markt, die fest mit den Sohlen der hohen Schuhe verschraubt waren, nun konnten wir die alten Eisengeräte übernehmen. Inzwischen war es auch bei uns normal geworden, richtige Schuhe zu tragen statt der Holzschuhe, und richtige Schuhe waren hohe Schnürschuhe. Hier konnte man mit einem Schlüssel, den man um den Hals trug, die Schlittschuhe an den Hacken und in der Mitte vorn an der Sohle festschrauben, ein Lederriemen über dem Spann gab zusätzlichen Halt. Jetzt konnten auch wir an den Hockeyspielen teilnehmen – die Barackenkinder blieben dennoch unter sich, der Abstand blieb gewahrt, auch wenn viele nun mit den gleichen Schlittschuhen unterwegs waren.
Jetzt machte der Hockeyschläger den Unterschied. Ein Harpstedter Kind, das etwas auf sich hielt, spielte mit einem gekauften Holzschläger, der aus mehrfach verleimtem Sperrholz bestand. Wir schnitten uns aus Büschen oder Bäumen einen Schläger. Oft musste man lange suchen, bis man das geeignete Stück fand: Von einem langen geraden Stock musste schräg ein Abzweig abgehen, der dann zur Schlägerfläche wurde. Natürlich brachen diese Schläger leicht kaputt und dann hieß es neu suchen und schnitzen…Freude brachte das

Hockeyspielen dennoch. Wir versuchten auch, mit den Schlittschuhen zu springen, sogar über kleine Hindernisse, aber da entwickelten wir Kinder noch nicht viel Talent. Erst Jahre später in Dünsen auf dem Moorteich bei Wilkes schafften wir es, über vier bis sechs Schlitten zu springen und glatt weiterzufahren.

Eines Tages passierte mir beim Schlittschuhfahren ein Malheur, das - zumindest was den Anfang angeht - sicher jedem begeisterten Schlittschuhläufer schon einmal passiert ist: Ich brach ein, dicht am Rand, wo das Eis nicht so recht mit dem schilfbewachsenen Ufer verbunden war. Nein, gefährlich war das nicht, bis zum Knie nur steckte ich in dem nassen Schlamm, konnte auch mit wenigen Schritten festen Boden erreichen. Sicher wurden die Füße und Beine schnell kalt, die Hose war steif gefroren, bis ich die zwei Kilometer nach Hause marschiert war. Unsere Mutter war natürlich unterwegs, ich spülte unten im Keller unter der Pumpe den Schlamm von den Hosenbeinen, hängte oben die nasse Hose über einen Stuhl, den ich dicht an den Herd schob, klappte die Tür des Backofens auf und stellte dort die Schuhe hinauf, damit ich sie am nächsten Morgen trocken zur Schule anziehen könnte. Unsere Mutter schimpfte nicht, solche Kleinigkeiten steckte man weg, wenn man sieben Kinder durchs Leben bringen musste.

Morgens langte ich wie üblich unters Bett, um dort die Schuhe hervorzuziehen – ich griff in Leere. Ach ja, die standen ja auf der Ofenklappe. Ich ging hinüber, die Ofenklappe war zu! Da wird doch nicht – doch, der Alptraum wurde zur Realität. Einer musste bei einem nächtlichen Eimergang gegen die Klappe gestoßen sein, im Backofen waren die Schuhe zu einem Häuflein Ruß zusammengeschnurrt. Nein, gerochen hatte niemand etwas, die Torfstücke, die wir immer noch über Nacht verfeuerten, rochen so intensiv, dass verkohlendes Leder dazu keine Konkurrenz war.

Am 2. März feierten wir Ediths sechsten Geburtstag, saßen abends alle um den großen Tisch herum; auch Erna war dabei. Wir sangen gemeinsam ein Lied für sie, gratuliert hatten natürlich alle schon am frühen Morgen. Und dann erzählten unsere Mutter und Erna und Erich mal wieder über die Flucht, bei der es für die noch sehr junge Edith besondere Probleme gegeben hat – natürlich war sie nun die interessierteste Zuhörerin.

Edith war noch nicht einmal ein Jahr alt gewesen, als wir auf die Flucht gingen. *„Wisst ihr noch, wie schlecht es ihr ging? Ich habe oft nicht geglaubt, dass du das alles überlebst, Edith"*, begann unsere Mutter.

Die Kälte stellte für ihre Versorgung ein besonders schwieriges Problem dar. Es war oft unmöglich, für sie eine Flasche mit warmer Milch zu besorgen, und manch risikoreicher schneller Gang zu einem in der Nähe liegenden Haus wurde in Kauf genommen, wenn man eine Chance dazu sah. Meistens war die Milch dann doch bereits wieder kalt, wenn man von dem Haus zum Wagen zurückgelaufen war. Bei einem dieser Gänge, die Erich unternommen hatte, wäre dieser beinahe verloren gegangen, weil der Treck weiter gezogen war, als er zurückkam. Erich erzählte und Edith hörte gebannt zu, war sie doch der Mittelpunkt dieser Geschichte. *„Einmal hielten wir bei einem Haus, bei dem der Schornstein noch rauchte. Ich schnappte mir die Flasche und lief hin. Der Herd war noch an, aber das Feuer war am Ausgehen. Während die wohl fünfzigjährige Frau das Feuer wieder in Gang brachte, schaute ich zweimal aus dem Fenster, um mich zu vergewissern, dass der Treck noch stand. Die Frau meinte, man müsse das Fläschchen vorsichtig erwärmen, stellte deshalb Wasser* *auf und dann die Flasche dort hinein. Ich guckte noch zweimal aus dem Fenster: Der Treck stand still. Aber bis dann die Flasche heiß war und ich mit ihr nach draußen lief, war der Treck weg. Ich rannte in meiner dicken Winterjacke bis zum Ortsausgang. Dort gab es eine Gabelung, wo der Treck sich teilte. Weil die meisten geradeaus fuhren, rannte ich gut eine halbe Stunde auf diesem Weg an den Wagen vorbei. Von einer Anhöhe sah ich dann den anderen Teil des Trecks auf der anderen Straße. Ich meinte, das sei wohl unser und lief nun zu dieser Straße hinüber. Gut eine Stunde dauerte das. An der Straße wartete ich eine Weile, weil der Treck nicht da war und ich nicht wusste, ob er noch kommen würde oder schon vorbei war. Ich lief dann noch einmal gute zehn Minuten - und dann kamen mir unser Artur und Ewald Schmidt und Heinz Radtke entgegen - und dann hatte ich sie wieder. Ich war bestimmt zweieinhalb Stunden weg gewesen. Die Milch war inzwischen natürlich lange wieder eiskalt." „Und da habe ich gesagt, nun sei Schluss. Egal was passiert, ich lasse keinen mehr vom Wagen weg"*, schloss unsere Mutter diese Episode ab.

„Besonders schlimm wurde es", erzählte nun Erna, „als du auch noch krank wurdest, hohes Fieber bekamst und hustetest und rocheltest. Mutti hat gesagt, du würdest bei diesem hohen Fieber die Nacht nicht überleben, Gott wird dich wohl zu sich nehmen und das wäre vielleicht sogar das Beste für dich. Ich wollte das auf keinen Fall und trug dich die ganze Nacht auf dem Arm herum. Du warst zäh und überstandst die Nacht, das Fieber war gesunken, aber die Probleme blieben." Unsere Mutter fügte hinzu: „Jeden Morgen hab ich als erstes nachgesehen, ob du noch atmest. Ich hatte Angst, irgendwann dein mager gewordenes Körperchen im Schnee im Straßengraben ablegen zu müssen, wie es alle paar Tage mit Toten aus dem Treck vorkam. Man konnte aus der Fahrspur des Trecks ja nicht raus und auch nicht anhalten."

Edith setzte sich bei unserer Mutter auf den Schoß, was sie heute freundlich geschehen ließ. Sie blieb an diesem Geburtstagsabend sehr still.

Am meinem Geburtstag Mitte August 1950 erhielt Onkel Jakob einen Brief von seiner Schwester Anna, dass man in Polen endlich positiv auf seine Anträge reagiert habe: Ihre Ausreise sei genehmigt, sie treffe am 16. August in Bremen ein, ob man sie und ihre Kinder abholen könne. Man konnte. Onkel Jakob fuhr zusammen mit Edith hin und traf seine Schwester mit den Kindern Siegfried und Einhard am Hauptbahnhof. Sie kamen aus einem Übergangslager in Bremerhaven. Renate kam erst ein paar Tage später nach.

[36] Ankunft der Familie Schubert : Siegfried, Einhard, Tante Anna, Edith, Onkel Jakob

Im ehemaligen RAD-Lager am nördlichen Rand von Harpstedt, dicht an der Straße nach Wildeshausen, hatten sie bei einem Verwandten, Gustav Schmidt, eine Bleibe gefunden. Schön und bequem wohnte es sich dort nicht, aber gegen das, was sie hinter sich hatten, war es ein kleines Paradies: Vor allem unsere Mutter wollte sofort erfahren, wie es ihnen denn damals, am 18./ 19 Januar ergangen war, als unser Treck in Lensk nachts losgefahren war, und sie im benachbarten Przellenk am nächsten Morgen hatten aufbrechen wollen.

Tante Anna erzählte, sie seien tatsächlich morgens losgefahren, zusammen mit einigen Verwandten und Bekannten. Tante Anna lenkte ihren Wagen selbst, ihr Mann war bereits 1943 in Russland zu Tode gekommen. Sie fuhr zusammen mit ihren Geschwistern, unseren Onkeln Michel und Ferdinand. Als vor ihnen ein Wagen umkippte und in den Graben stürzte, fasste der Älteste, Onkel Ferdinand, den Beschluss, nicht weiterzufahren, sondern nach Hause zurückzukehren, und sie drehten um und kehrten nach Przellenk zurück. Sie waren sich einig gewesen, ihnen werde schon nichts passieren, man habe doch schon so lange friedlich mit den Polen zusammenlebt. Es sollte sich schnell zeigen, wie blauäugig dieser Denkansatz war. Zu brutal hatten Hitlers Soldaten und vor allem seine Sondereinheiten in Polen und in Russland gehaust, als dass man zu einem friedlichen Nebeneinander bereit war, jetzt, wo man auf der Seite der Sieger stand. Die Wipp-Schaukel war mal wieder gekippt, dieses Mal war der Balken unsanft unten aufgeschlagen, da war es nicht verwunderlich, dass sich nicht alle auf dem Sitz halten konnten.

In Przellenk waren schon die Russen, als sie gegen Mittag dort wieder eintrafen. Was dann genau und unter wessen Verantwortung geschah, ließ sich nicht so recht klären, Tante Anna hatte nur ungenaue Kenntnisse und Erinnerungen. Natürlich wurden die Deutschen sofort aus ihren Häusern vertrieben, enteignet – wie

Hitlers Schergen es fünf Jahre vorher umgekehrt auch gemacht hatten. Natürlich wurden die Deutschen zu Mägden und Knechten herabgewürdigt, schliefen auf Dachböden oder in Ställen – Geschichte wiederholt sich manchmal eben doch, auch wenn sich die Vorzeichen dabei manchmal ändern. Und man beließ es nicht dabei, vor allem den Männern ging es ans Leben. Offensichtlich haben die Polen vor Ort - Zivilisten natürlich – einige deutsche Männer schnell fortgebracht, „verschleppt" ist da der verwendete Ausdruck. In den ersten Tagen herrschte fast Ruhe, - das hat Erich später von anderen Zeugen vor Ort erfahren - dann aber wurden nach vorbereiteten Listen die einzelnen Männer aufgerufen und abtransportiert in die Burg in Soldau. Unser Onkel Michel wurde geschlagen und dann erschossen, Ferdinand überlebte das Lager, wurde dann nach Russland deportiert, er überlebte auch das und kam 1950 im Rahmen der Familienzusammenführung in den Westen, in den Schwarzwald. Den Deutschen, die in Lensk geblieben waren, erging es auch nicht besser. (Erich erzählte, er habe mal unsere beiden Polen, Chinek und Jusef, lachend darüber reden hören, welchen Deutschen sie an welchem Scheunenbalken zuerst aufhängen würden. Ob unser Vater dazu gehörte?)

Dann ging das große Stehlen und Plündern los. Jeder holte sich aus den Höfen und Häusern, was er wollte, Getreide, die Tiere... Manchmal stahl, so Tante Anna, der eine dem anderen das weg, was der sich gerade angeeignet hatte. Übersicht hatte keiner, Moral gab es nicht. Die russischen Soldaten hielten sich nach Tante Annas Erinnerung in den ersten Tagen zurück, aber dann machten sie durchaus mit. Auch die Russen haben gezielt einige deutsche Männer erschossen; wahrscheinlich verfügten auch sie über schwarze Listen, in denen die Männer standen, die sich als „Herrenmenschen" hervorgetan und die polnischen Arbeiter besonders schlecht behandelt hatten.

Ein Bekannter, Gustav Neumann, hatte das Pech, gerade auf Urlaub zu sein, als die Russen einmarschierten. Da er sehr müde war, legte er sich in seiner SS-Uniform aufs Bett, und als die Russen reinkamen und ihn sahen, wurde er sofort per Kopfschuss exekutiert.

Auf einem Familientreffen 2003 versuchte ich dann von Tante Anna zu erfahren, wie sie in den Jahren 1945 bis 1950 in unserer alten Heimat gelebt haben und wie es dazu kam, dass sie 1950 in den Westen übersiedeln konnten. Aber wer das hier protokollierte Gespräch liest – es zeigt zum Teil deutlich typische Elemente unseres Ostpreußischen - wird sehen, dass keine so ganz große Klarheit über ihre Umsiedlung in den Westen zu gewinnen war. Offensichtlich hat es ein Zusammenspiel aus Anforderung aus dem Westen - hier ihr Bruder Jakob - der Hilfe eines Pfarrers und der Akzeptanz durch Polen gegeben, die irgendwann froh waren, die Deutschen los zu sein. Erich war bei dem Gespräch dabei; er ist der, der sich in der Familie am intensivsten um unsere Geschichte gekümmert hat, bis ich dann unsere Familienchronik schrieb, die er auch mit vielen Informationen gefördert hat. – Ich bringe einen kleinen Ausschnitt aus dem Gespräch.

Frage: Wann seid ihr denn in den Westen herübergekommen?
Erich: Tante Anna bekam - anders als die „Schwarzwälder" - eine Zuzugsgenehmigung nach Harpstedt.

Frage: Warum? Weil wir dort waren?

T.A: Nein, der Jakob.

Frage: Da wohnte Onkel Jakob schon bei uns in der Baracke?

T.A: Ja, da sind sie zu ihm gekommen und haben ihn gefragt, ob noch Verwandte in Polen sind. Und da hat er gesagt, ja da sind. Da sollte er uns aufschreiben, aber er hat gesagt, das ist doch schade (gemeint ist: 'sinnlos'), dass er das macht, die kriegen doch sowieso keine (Genehmigung zur Ausreise). Aber der (unklar, wer das war, wohl jemand vom Roten Kreuz) ist immer wieder gekommen und hat gesagt, er soll es versuchen. Und dann haben wir das gekriegt (unklar, ob nur eine Information oder schon eine Art Ausreisegenehmigung). Zum ersten Mal, wo sie uns da haben aufgefordert...

Frage: Da wart ihr noch in Polen?

T.A: Ja, noch in Przellenk. Und der Ferdinand war in...(Ort nicht zu verstehen) und da kam er und sagte, die werden hier uns noch die Kinder..., denn sie haben gesagt, die Kinder können auswandern, aber die Mütter und Väter müssen hier bleiben. Dann sind wir beide, ich mit der Lydia Rapp gegangen zur Gemeinde und die haben uns aufs Gut gejagt, zum Arbeiten, und weil meine Schwester, was gestorben ist (aber erst viel später im Schwarzwald), die war bei einem großen Bauer, wie hieß er jetzt, ich hab vergessen, und denn hat sie so sehr geweint und sie sagte zu ihm, ich muss nach Hause, meine Mutter ist im Gefängnis. Wir haben da ja nicht viel gemacht, Garben gebunden auf dem Feld. Das war groß, da ist der Bauer ja nur zweimal am Tag rumgekommen (mit der Mähmaschine), da haben wir dann drei oder vier Garben gebunden, wir mussten ja was machen. Und dann kam ein Deutscher, der ist von Frau zu Frau gegangen in der Nacht (wohl um sie zum Fortgang zu überreden). Und am Morgen hab ich mir dann gewaschen und bin rausgegangen und hab die Lydia gefragt, was soll ich machen. Und sie sagte, ich geh nicht weg, ich hab Angst, die schießen uns dann tot. Ich hab mich gekämmt und bin dann mit dem Wagen mit Milch gefahren. Der konnte gut Deutsch und ich hab ihn gefragt, ob er mich könnt mitnehmen, und er hat gesagt, er darf nicht, aber wenn er losfährt und ich spring hinten drauf, dann wirft er mich nicht runter.

Und so bin ich denn da hin, wo die Schwester war und wo ich hinkam, da hat sie dann so sehr geweint und (dem Bauern) gesagt, ich muss jetzt bei die Anna ihre Kinder, die sind ganz allein und dann hab ich ihm erklärt, wie das war. Da hat er auf dem Hof angerufen und gesagt, sofort sollen sie mir entlassen. Ich war da ja auf dem Feld, barfuß, wir hatten keine Schuhe, wir haben ja gar nichts besessen. Und dann hat der Besitzer gesagt, nun mal schnell weg. Die Kinder waren beim Dreschen. Renate hat die Pferde getrieben, und Einhard und Siegfried haben gedroschen, also die Garben angereicht und so. (Die Kinder waren um die zehn Jahre alt). Und wo ich hinkam, da haben sie geschrien: Mutti, Mutti, bist du da? Und da hat die Bäuerin gesagt, ich soll mich nicht so kümmern um die Kinder, die haben was anderes zu tun. Frau Mollitzki, sag ich, ich muss doch da hin, die Kinder, sag ich, die werden sich noch die Hände abreißen. Und denn hat sie uns das erlaubt, nich? Denn sagte sie, ja denn werden wir aufhören und dann morgen weiter. Aber da kam schon der Eigentümer, der hat uns geholfen. So war das. Und geschlafen haben wir alle in einem Bett.

Frage: Und dann habt ihr von der Behörde eine Genehmigung bekommen...?

T.A: Nein, dann haben wir uns gemeldet, in Soldau, also da war einer, der war Pastor. Und der hat immer gesagt, ich kann nichts machen, aber er hat ja das *angewofft* (wohl angeregt, in Bewegung gebracht), dass wir rauskommen. Er wollte ja, dass die Leute das nicht sollten wissen, das sollte heimlich sein. Und dann sind wir da hin auf die Miliz, da haben sie uns so gefragt, wie's uns so - und warum wir sind hergekommen, ob wir nicht haben zu essen und warum wir nicht arbeiten. Ja, denn haben wir erzählt und dann haben sie mir wieder aufs Gut genommen und dann habe ich gesagt, dass ich habe drei Kinder, die verhungern mir da; und dann hat wieder mir der Pole nach Hause geschickt. Und so bin ich hier geblieben, und dann war ich zweieinhalb Jahre bei die Polin und dann hat sich mein Ferdinand bemüht und dann sind wir nach Soldau gekomen, drei oder vier Mal sind wir hingegangen, aber heimlich, wenn die Kirche zu Ende ist - er hat polnisch gesprochen - dann sollen wir um die Kirche rumgehen, und dann hat er uns alles erklärt, wie wir das machen sollen.

Und er hat uns dazu geholfen, dass wir sind rausgekommen.

Frage: Und dann bist du gleich nach Harpstedt gekommen?

T.A. Ja, ich bin nach Harpstedt gekommen. Im April bin ich da los, am 5. April, und wir kamen hier an am 16. August. (Nach Erichs Kenntnis kam sie durchaus nicht gleich nach Harpstedt, sondern musste längere Zeit im Lager in Bremerhaven zubringen. Offensichtlich hatte es Formfehler gegeben, die dann aber durch Onkel Jakob ausgeräumt werden konnten, zu dem sie dann nach Harpstedt durfte – anders als die übrigen Przellenker.)

Frage: Mit dem Zug, oder wie wart ihr unterwegs?

T.A: Ja, immer gefahren und wenn ein ...(?)

Frage: Und wann war das, in welchem Jahr?

T.A. 60, nee, 80.

Einwand: Nein, das kann nicht sein, ich kenne doch deine Kinder noch als sehr jung. 50?

T.A: Ja natürlich, 50. 50!

Ich erinnere mich noch gut, dass wir, Edith und ich vor allem - oft über die Felder am Flecken vorbei zu dem ehemaligen RAD-Lager hin gelaufen, manchmal auch mit dem Rad gefahren sind, um mit den ziemlich gleichaltrigen Cousins und der Cousine zu spielen. Am lebhaftesten ist mir die wunderbare, recht hohe Schaukel in Erinnerung, die an einem Baum auf einem Sandhügel angebracht war und auf der man sehr hohe Schwünge zustande brachte. Diese Schaukel wurde von uns gern benutzt, und als wir mit ihr vertraut waren, gab es Wettkämpfe im Weitspringen: Man musste sich im genau richtigen Moment des Vorwärtsschwingens loslassen, den Hintern von dem Holzbrett lösen und dann flog man in einer richtigen Flugparabel (nein, das Wort kannten wir damals noch nicht) fünf, acht Meter durch die Luft. Nur wenn man wirklich den richtigen Moment erwischt hatte (aber das ist ja oft so im Leben), kam man mit den

Füßen auf, oft landete man unsanft auf dem Hintern (aber auch das ist ja oft so im Leben).

Umgekehrt waren die drei Schubert-Kinder auch gern gesehene und häufige Gäste in der Baracke. Wie wir, wurden auch sie von ihrer einheimischen Nachbarschaft „geschnitten", bei uns fühlten sie sich unter ihresgleichen, also wohl.

[37] Familie Schubert und Barackenbewohner: vorn als zweiter Einhard, dann Siegfried, Renate, Edith, Horst, neben mir unsere Mutter, über Renate Mutter Schubert=Tante Anna, hinten rechts ihr Lebensgefährte Ewald. Der Junge neben unserer Mutter trägt einen typischen selbstgestrickten Westover

Bei dem schon erwähnten Familientreffen in Dünsen, im Hotel Waldfrieden, waren auch Tante Anna und Einhard dabei. Der war zwar nach Kanada ausgewandert, befand sich aber seit Jahren wieder im Haus seiner Mutter in Seckenhausen, weil es in Kanada zwischenzeitlich Probleme gegeben hatte. Der stille Einhard stand nach der Vorspeise auf und hielt aus dem Stegreif eine Rede, die uns alle verblüffte durch den Inhalt und die erstaunlich geschliffene Sprache, die ihm keiner zugetraut hatte. „Hoschi", also ich, stand im Zentrum; er machte sehr deutlich, wie sehr es ihm gut getan hatte, von uns Kindern in der Baracke voll akzeptiert und freundlichst behandelt worden zu sein. In Polen hatte er ganz unten gestanden, da war die Gleich-Behandlung durch uns eine Wohltat und eine hohe Aufwertung gewesen.

Für uns bedeutete der Zuzug von Tante Anna einen wichtigen Einschnitt (ich habe das schon weiter vorn erwähnt): Onkel Jakob verließ uns und zog zu ihr.

Nicht dass Onkel Jakob ein unangenehmer Mitbewohner gewesen war, wir mochten ihn durchaus und wir haben auch von seinem Nähen sehr profitiert, aber wir hatten nun mehr Platz, ein Bett mehr stand jetzt für uns und für Gäste bereit, und am Tisch gab es einen Esser weniger.

Am „Haus" des Gustav Schmidt fehlte ein Schuppen für die Unterbringung von Holz und Gerät, und diesen Schuppen baute ihnen dann Erich, Onkel Jakob bezahlte das Material und nähte Erich zum Dank für die Arbeit einen Anzug:

Onkel Jakob bemühte sich dann um eine eigenständige Bleibe und fand eine solche in Kirchseelte. Erich nahm die ehemalige Wehrmachts-Baracke, die Onkel Jakob kaufte, auseinander und konnte sie dann zusammen mit Nachbarn dicht an der Eisenbahnstrecke Harpstedt-Delmenhorst aufbauen Auch dort besuchten wir Tante Anna - mehr die Kinder - recht häufig.

Am 28. November kam Hannes Lamprecht mal wieder zu spät in den Unterricht. „Na, Hannes, was hast du dir heute als Entschuldigung ausgedacht? Der lange Schulweg kann es ja nicht sein, der ist ja jeden Tag gleich", empfing ihn Herr Stolze. Anders als sonst, wenn Herr Stolze ihn anfrotzelte, reagierte Hannes gar nicht mit einem Grinsen, er war blass um die Nase und setzte sich erst einmal auf seinen Platz neben mich. „Es ist wegen der Explosion, wegen dem Unglück." „Von was für einer Explosion redest du?" „Von der auf dem Burggraben." „Auf dem Burggraben hat es ein Unglück gegeben?" „Ja, da baggern sie doch den Schlamm raus. Mit so einem Eimerbagger." „Und was hast du damit zu tun?" „Gerade als ich über die Delmebrücke ging, hat es ganz fürchterlich gekracht und dicht an meinem Kopf flog etwas vorbei gegen die Wand der Wassermühle. Da habe ich mich natürlich fürchterlich erschrocken und mich erst einmal auf die Bank draußen gesetzt." „Und dann?" „Dann kam Frau Reese aus dem Haus gelaufen und sah neben mir einen großen Blutfleck an der Wand. Der kam von einem Arm, der lag unten auf den Steinen." „Das ist ja schrecklich, was hast du dann gemacht?" „Ich bin gleich wieder nach Hause gelaufen, aber meine Eltern waren nicht mehr da. Also ging ich in die Schule, hier bin ich." „Wenn das stimmt, Hannes, dann gibt es diesmal keine Strafe für das Zuspätkommen."

Es stimmte. Am nächsten Tag und noch die ganze folgende Woche war das Unglück *das* Gesprächsthema im Flecken. Zwei alte Oderschiffer hatten auf dem Bagger gearbeitet, Vater und Onkel von Artur Schlensog, einem Bekannten von Erich. Diese Brüder Schlensog waren zu Tode gekommen, als der Bagger eine Mine, die bei Kriegsende im April 1945 im Burggraben versenkt worden war, erwischte, der dritte Arbeiter, Viktor Kopacz, wurde verletzt.

## 1951

Ich war, wie alle Klein-Kinder, die von den Lehrern als Lichtblicke in ihren Klassen angesehen und oft den Einheimischen als Vorbilder angepriesen wurden, ein fleißiger und ausgesprochen ehrgeiziger Schüler, ich denke, man würde mich heute einen Streber nennen. Tat man das damals heimlich auch? Oder kannten wir das Wort gar nicht?

Gleich wenn ich von der Schule nach Hause kam, setzte ich mich hin und machte meine Schularbeiten. Hatte meine Mutter gerade gewischt oder war der Tisch aus irgendwelchen Gründen nicht frei, war ich sehr verärgert, Hausaufgaben wollte ich gleich machen. Das war aber nicht nur der Liebe zur Schule und dem Ehrgeiz geschuldet, ich wollte das auch, damit ich dann den ganzen Nachmittag über den Rücken frei hatte für das Herumtoben, das ich noch mehr liebte als die Schule.

Meine Noten waren von Anfang an gut und sehr gut, lediglich in Musik schlich sich eine Drei ein – warum auch immer, singen konnte ich doch! - die von Klasse 2 bis Klasse vier durchgehalten wurde. Mein Lehrer Garbe, den ich bis zur Mitte der Klasse drei hatte, war der Ansicht, ich habe Talent genug, um an dem probeweise neu eingeführten Englisch-Unterricht teilzunehmen, den wir dann in kleinem Kreis das halbe Jahr in Klasse drei hatten. Danach wurde dieser Versuch – mit dem Weggang Herrn Garbes – abgebrochen und die wenigen erworbenen Kenntnisse gingen (fast) vollständig verloren. Erst als in Klasse 5 in Delmenhorst richtig mit Englisch begonnen wurde, erinnerte ich mich plötzlich, die Konjugationsreihe „I am, you are, he/ she/ it is, we are, you are, they are" schon einmal gelernt zu haben – sie war plötzlich wieder parat: mehr aber auch nicht!

Die Prügelstrafe war zu unserer Zeit noch gang und gäbe. Einer von uns hatte oftmals den Auftrag, einen guten Stock aus einem Haselstrauch zu schneiden, der als Zeigestock diente, wenn auf der Landkarte etwa Norwegen gezeigt werden sollte, wo man mit ausgestrecktem Arm und Zeigefinger nicht hinkam. Leider wurde dieses Instrument dann auch schon mal dazu missbraucht, uns Kinder – die Jungen – zu schlagen. Dazu reichte es, den Unterricht durch wiederholtes Schwatzen gestört zu haben. Man musste dann nach vorne kommen, sich tief bücken, meistens über eine Bank, damit die Hose über dem Gesäß schön stramm saß, und dann sauste der Stock auf dieses edle Körperteil herunter, einmal oder auch dreimal, oder bei schlimmen Vergehen – der Lehrer war Richter und Vollstrecker in einem, er setzte nach Lust und Laune die Höhe der Strafe fest - musste der Geprügelte auch schon mal laut bis fünf zählen, ja, das laute Zählen diente der Verstärkung der Demütigung, die stets beim Geprügelt-Werden mit beabsichtigt war. Wir stritten uns in der Baracke oft, ob es mehr schmerzte, wenn man eine Lederhose anhatte oder eine Hose aus Stoff – diese wichtige Frage blieb letztlich offen.

Bei kleinen Vergehen begnügte man sich damit, die Hand und nicht den Hintern zu malträtieren: Man musste die Hand vorstrecken, Handfläche nach oben, und dann kam das normale Lineal, Holz, 30 cm Länge, zu schnellem Einsatz. Bei dieser Strafe herrschte Gleichberechtigung, die Mädchen erwischte es genauso wie uns Jungen. Und wehe, es wagte jemand, die Hand im letzten Moment wegzuziehen: Dann wurde die Zahl der Hiebe automatisch verdoppelt. Oh ja, nach diesen Linealschlägen waren die Finger schon feuerrot und brannten eine halbe Stunde lang.

Auch Ohrfeigen gab es schon mal, bei Mädchen und Jungen. Das waren aber keine angekündigten Strafen, das waren spontane Aktionen, Reaktionen. Hatte jemand nicht bemerkt, dass der Lehrer hinter ihm stand, hatte sich zu seinem Nachbarn gedreht und ihm etwas zugeflüstert, klatsch, hatte er die Lehrerhand im Gesicht, meistens nur einmal. Das war blamabel, tat aber nicht annähernd so weh wie die anderen Prügel-Strafen:

Neben dem Stören des Unterrichtes – jeder Schüler weiß, welch vielfältige Möglichkeiten es dazu gibt – waren fehlende Hausaufgaben der wichtigste Grund, über die Bank gelegt zu werden. Dazu reichte es schon, wenn einem durch ein Unglück die Rechenaufgaben oder der kleine Aufsatz auf der Schiefertafel verwischt worden war und man nicht vorlesen konnte, wenn man dazu aufgefordert wurde. Ich erinnere mich an einen großen Stockeinsatz, bei dem ich zu den Opfern gehörte. Auf die Frage, wer die Rechenhausaufgaben nicht oder nicht komplett habe, meldete ich mich auch. Ich hatte die Hausaufgaben nicht etwa vergessen oder aus Faulheit nicht gemacht – das wäre einem kleinen Strebers nie passiert – ich hatte aber irgendetwas einfach nicht hinbekommen, hatte Erich gefragt und der hatte mit einer Aufgabe auch keinen Erfolg gehabt, möglicherweise hatte etwas in der Aufgabenstellung nicht gestimmt, ich hatte vielleicht falsch von der Wandtafel abgeschrieben, egal. Acht Schüler meldeten sich, zwei Mädchen waren dabei, die waren ja aber automatisch begnadigt. Weder Herr Garbe noch Herr Stolze gehörten zu den – damals nicht gerade seltenen - leicht sadistisch veranlagten Lehrern, die Spaß am Prügeln hatten. Sechs Schüler verhauen – nein, das artete ja schon in Arbeit aus, das wollte Herr Stolze nicht: Also kam er auf die Idee, diese Aufgabe zu delegieren: nach oben, zum Schulleiter. Also traten wir bei Herrn Grimsehl an, sechsmal ließ er den Stock sausen und laut bis fünf zählen, nein, man konnte nicht sagen, dass er besonders heftig zuschlug, aber von Zurückhaltung spürte man auch nichts. Selbstverständlich sagte keiner von uns einen Mucks – hätte jemand geweint, der wäre bis zurück in die Steinzeit erledigt gewesen, zumindest bei uns in der Baracke. Ein Indianer kennt keinen Schmerz. Gegen das, was die am Marterpfahl klaglos erduldet hatten, waren doch die paar Stockschläge ein Windhauch.

Erich schimpfte übrigens hinterher mit mir, als ich ihm erzählte, dass ich Prügel bezogen hatte. Ich hätte doch erklären können, dass ich sehr wohl die Hausaufgaben gemacht hatte, aber eben die eine Aufgabe nicht hinbekommen hätte…aber nach solchen Details hatte Herr Stolze nicht gefragt.

Und ich kann die heute immer noch nicht ausgestorbenen Befürworter der Prügelstrafe beruhigen, wenn auch nicht unterstützen: Mir haben die Schläge tatsächlich keinen seelischen oder körperlichen Schaden zugefügt. Dass sie eine große Bedeutung hatten, zeigt die Tatsache, dass ich mich an alle Einzelheiten erinnere, auch wenn sie nun runde 66 Jahre zurückliegen.

Bei Beckmanns blieb Erna, bis sie im Juni 1951 Paul heiratete.

Diesem Paul war sie zugetan geblieben, auch als er in Harpstedt nach schwerer Tuberkulose-Krankheit seine schlanke Figur und einen Teil seines guten Aussehens verlor. Nicht einmal zwanzig Jahre alt war sie, als sie ihm das Ja-Wort gab, und viele waren der Meinung, sie hätte ruhig ein wenig warten und sich umschauen können, sie sei doch bildhübsch gewesen und viele junge Männer, sogar der neue Zahnarzt im Flecken, hätten ihr nicht nur nachgeschaut. Aber wer so etwas sagt, weiß wohl nicht, was Liebe ist und bewirkt.

Es war Ende Mai, schönstes Wetter. Das Gras an dem Weg zum Schwarzen Berg stand schon in Saft und Kraft, die ersten Blumen und der Löwenzahn brachten Farbkleckse hinein: Es war eine Lust, beim Kriegenspielen das Gras unter den nackten Fußsohlen und zwischen den Zehen zu spüren. Genauso schön war es, hinterher im Gras zu liegen, wenn man sich „abgejachtert", also ausgetobt hatte, und die Luft, die nach dem frischen Gras und den Blüten roch, tief in die Lungen zu saugen. Die Sonne schien einem warm auf den Bauch – da brauchte es nichts weiter zum Glücklichsein. Dennoch gab es etwas, was dieses Glück noch zu steigern versprach, über das seit Wochen geredet wurde und auf das sich die ganze Baracke, beide Baracken sogar, und besonders unsere Familie freute: Erna würde heiraten. Es würde ein Fest geben, wie es die Baracke noch nie gesehen hatte, bei uns, in unserer Küche und vor unserem Eingang!

Wie ich so den wenigen Wolken nachschaute, die ganz von allein die Formen von Torten und Hühnerbeinen annahmen, hatte ich auf einmal ein unangenehmes Gefühl im rechten Knie. Na, dachte ich, biste mal wieder zu viel gerannt, das vergeht schon wieder. Und wirklich: Auf dem Weg nach Hause war von dem leichten Schmerz schon nichts mehr zu spüren.

Ein paar Tage später erwischte es mich mitten im Fußballspielen: Das Knie schmerzte so, dass ich aufhören muss, was ganz bitter war, weil meine Mannschaft am Gewinnen war und ich als Verteidiger bereits zwei fast klare Tore verhindert hatte. Nach zehn Minuten Ruhe konnte ich weiterspielen, wir gewannen mit vier zu zwei – und zu Hause war der Schmerz wieder da.

Am nächsten Morgen hatte ich ein ungutes Gefühl im Knie, tastete es ab und war sicher, dass es dick geworden war, geschwollen. Ich sagte aber nichts und ging ganz normal zur Schule. Mittags war der Schmerz so, dass ich nach den Hausaufgaben nicht nach draußen ging, obwohl zuerst Erich Rossol, dann Rudi Krempin, dann Oskar Streck in die Küche kamen und fragten, warum ich denn nicht rauskomme, sie brauchten mich zum Fußballspielen.

Als unsere Mutter von der Arbeit kam, hatte ich mich schon hingelegt, freiwillig, was eigentlich nie vorkam. Sie schaute sich das Knie an, befühlte es, konnte nichts Rechtes finden, sagte, ich solle mich nicht so anstellen – und schickte mich am nächsten Tag natürlich in die Schule. So ging das eine ganze Woche, in der zweierlei zunahm: der Umfang des Knies und der Schmerz. Da unsere Mutter mich nicht als Jammerlappen – heute würde man sagen: Weichei – kannte, wurde ein Besuch bei Dr. Schäfer ins Auge gefasst. Ich wehrte mich dagegen mit Händen und Füßen: Der fände vielleicht etwas Ernstes und schnitt das Knie auf und ich läge dann während der Hochzeit im Bett, wenn alle draußen Torte und Hühnchen verspeisten. Nicht auszudenken!

Dr. Schäfer untersuchte, drückte, fragte, wo und wann es wehtat und war sich schnell sicher: „Es handelt sich um eine eitrige Entzündung, ziemlich schlimm, weit fortgeschritten, da traue ich mich nicht mehr ran. Der Junge muss nach Bassum ins Krankenhaus, morgen schon. Ich melde ihn sofort an." Das war der GAU für mich, das „größte ausdenkbare Unglück". Unsere Mutter protestierte: „Morgen kann ich unmöglich, ich habe eine Arbeit beim Heuen angenommen, die rechnen fest mit mir." „Na, Frau Klein, die Gesundheit Ihres Sohnes wird Ihnen doch wohl wichtiger sein?!"

Für mich war die Diskussion über das Hinbringen drittrangig, ich wollte auf keinen Fall ins Krankenhaus, bis zur Hochzeit war es nicht einmal mehr eine Woche und wer garantierte mir, dass ich rechtzeitig entlassen würde? Mein Protest nützte nichts: Unsere Mutter beauftragte Erna und Artur, mich gleich nach der Schule im Bus ins Krankenhaus zu bringen.

Dort konnte man mit der eitrigen Entzündung nicht recht etwas anfangen, wollte erst operieren – schrecklicher Gedanke! - dann punktieren: Ich schöpfte Hoffnung, Punktieren gehe schnell, mache nur ein kleines Loch, so erklärte man mir, in ein paar Tagen könne ich wieder laufen. Das könnte gerade noch reichen… Dann aber tat man beides nicht, sondern machte Umschläge mit Essigsauertonerde, Tag um Tag, ohne dass man einen Erfolg sehen konnte. Jeden Morgen wanderte mein erster Blick zum Kalender, noch drei Tage, noch zwei... „Nein, mein Junge, wir können dich mit *dem* Knie unmöglich entlassen." „Aber meine Schwester heiratet doch übermorgen!" „Und wenn auch noch zwei Brüder heiraten würden, es geht nicht!"

Mein Alptraum wurde wahr: Der große Tag, dieses Jahrhundertereignis, war da und ich lag im Krankenbett in Bassum! Ich musste mich anstrengen, nicht schon beim Frühstück zu weinen. Dicht vor meinem Fenster führte eine Bahnlinie vorbei: Ich zähle jeden Zug, die Personenzüge brachten nur sechs sieben acht Sekunden Ablenkung, aber es gab auch Güterzüge, da konnte man bis achtzig zählen – aber ich machte zum ersten Mal die erstaunliche Entdeckung, dass das Gehirn zweierlei schafft: Meine Gedanken waren in der Baracke und ich konnte dennoch die vorbeiratternden Waggons korrekt zählen.

Beim Mittagessen hatte ich die langen Tafeln vor unserem Barackeneingang vor Augen: Die wollte man aufstellen, falls das Wetter mitspielte – und es spielte: Zum Jahrhundertereignis passte das Jahrhundertwetter, die Sonne schien von einem wolkenlosen Himmel – zumindest in Bassum, aber das würde ja zwölf Kilometer entfernt in Harpstedt nicht anders sein. Was sie wohl auf den langen Tischen stehen hatten? Oder gab es gar kein Mittagessen? Wenn ja, dann bestimmt Besseres als die Kartoffeln und das blasse Gemüse und das Bratwürstchen, das sie mir hier auf den kleinen Beistelltisch über das Bett geschoben hatten. Und wer von den Barackenkindern würde mit am Tisch sitzen dürfen?

Am Nachmittag nahm ich mir das spannende Buch über eine Jungen-Fußball-Mannschaft vor, das Erna mir besorgt und dagelassen hatte. Und nun stellte ich fest, dass das Gehirn eben doch seine engen Grenzen hat: Jedes Mal, wenn ich ein paar Seiten gelesen hatte, merkte ich, dass ich nichts verstanden oder gar behalten hatte: Meine Gedanken kreisten immer um ganz einfache Vorstellungen von Essen und Trinken und Singen und Tanzen: Ich war gar nicht in der Lage, mir eine Hochzeit in den Einzelheiten des Ablaufs vorzustellen.

Während ich also frustriert in Bassum aus dem Fenster oder in mein Buch schaute, lief in Harpstedt die erste Hochzeit in der Baracke ab, in *den Baracken* sogar, denn da die Bräutigam-Familie, am anderen Ende der zweiten Baracke wohnte, nahmen Gäste aus beiden Baracken an den Feierlichkeiten teil.

Am Morgen dieses Tages hatte man draußen vor unserem Eingang lange Holzbretter auf Böcke gelegt und mit weißen Tüchern bedeckt. Aus allen Wohnungen waren alle entbehrlichen Stühle herbeigeschleppt worden, um den vielen Geladenen die nötige Bequemlichkeit zu verschaffen. Der Eingang trug eine grüne Girlande mit entsprechenden Wünschen zur Vermählung. Am Nachmittag stellte man dann Vasen mit Feldblumen auf die Damastdecken, die man aus Ostpreußen herübergerettet hatte.

Viele hilfreiche Frauen hatten seit Tagen gebacken und vorgekocht.

Erna trug standesgemäß ein langes weißes Kleid und einen Blumenkranz im Haar. Den Schleier hatte Edith zu tragen, die in ein cremefarbenes Kleidchen mit blauen Blumen gesteckt worden war. Sie hielt ihn ordentlich hoch, denn der Weg, den der lange Hochzeitszug am Nachmittag bei strahlender Sonne von der Baracke zur Kirche zu gehen hatte, war nicht überall gepflastert, wohl aber überall mit Staub bedeckt.

[38] Ernas Hochzeit. Die Festgemeinde vor dem Barackeneingang.

Als sie zurückkamen, warteten schon ein paar der Barackenfrauen, die sich zum Servieren bereit erklärt hatten, in ihren weißen Schürzen und mit Kannen voller Kaffee auf die Hochzeitsgesellschaft.

[39] Die aktiven Helferinnen  Frau Rossol, Frau Kürbis, (unsere Mutter), Frau Streck, Frau Quast.

Cremetorten, Käsekuchen, Blaubeerkuchen, Rosinenkuchen, Butterkuchen standen auf den Tischen und verwöhnten nicht nur die geladenen Gäste, sondern auch die vielen Barackenkinder, die bei einer solchen Gelegenheit natürlich Anspruch auf ihren Anteil hatten. In der Küche wurden die großen Kuchen auf den riesigen Blechen, die man bei Bäcker Ranke im professionellen Backofen hatte backen lassen, zerschnitten, und so manches gut bemessene Kantenstück wanderte durch das Küchenfenster in Kinderhände.

Es gab Wein, was unserer Mutter gar nicht gefiel. Wein war Alkohol, kam somit wenn nicht direkt vom Teufel, so doch ganz aus seiner Nähe, aber der alte Richter, der in Groß Lensk Besitzer der Gaststätte gewesen war, hatte sich eine Feier ohne Wein und Schnaps nicht vorstellen können – und unsere Mutter hatte nachgegeben. Hatte nicht Jesus auf der Hochzeit zu Kanaan…man kennt diese Entschuldigung. Dann durfte man auf der Hochzeit zu Harpstedt gewiss auch einmal beide Augen zudrücken – aber nur kurz. Unsere Mutter hatte schon beim Einkauf auf bescheidene Mengen geachtet, um möglichst jedem Problem von vornherein aus dem Wege zu gehen. Das war ihr denn aber doch nicht ganz gelungen. Der halbwüchsige Günter Kappelt war durch das Fenster in die Küche gestiegen und hatte sich aus allen Wein-, Schnaps- und Likörresten einen Cocktail zusammengepanscht, der ihn um das Gleichgewicht beim Laufen brachte, was einem Schwarm von Kindern allergrößte Freude bereitete.

Nach dem Kaffeetrinken erging sich die illustre Gesellschaft auf dem Feldweg in Richtung Schwarzer Berg.

Vor der Baracke ging dann die Feier weiter, es wurde bis in den späten Abend hinein gegessen und getrunken, nein, getanzt wurde nicht.

Das junge Paar zog nach Dünsen, wo Hollwegs ihnen die kleine Baracke neben dem Hotel Waldfrieden zur Verfügung stellten, in die später unsere ganze Familie einzog. Dort hatte nach Hollwegs Auszug die alte Richterfamilie gewohnt, von der nun nur noch Oma Richter am Leben war, eine beleibte, wenig bewegliche Frau polnischer Abstammung, die ein sehr eingefärbtes Deutsch sprach und mit der niemand von uns so richtig warm geworden war – im Gegensatz zu Opa Richter, zu dem wir ein gutes Verhältnis hatten, den wir mochten. Erna pflegte sie viele Jahre – auch noch nach ihrem Umzug nach Bremen.

Nachdem ich aus dem Krankenhaus entlassen worden war – unsere Mutter war auch aus diesem Anlass nicht von ihrer Arbeit weggeblieben, ein Bekannter hatte mich im Bus mitgenommen - zeigte sich schnell, dass die „Heilung" dort ein Pseudo-Erfolg war. Die Entzündung im Knie, der angesammelte Eiter, war durch die Umschläge nur verteilt, nicht wirklich beseitigt worden. Nach wenigen Tagen bekam ich an den Beinen Geschwüre, nicht besonders große, dafür aber viele. Ich lag in der Küche auf dem Sofa, Handtücher unter den Knien, weil dauernd irgendeine Stelle aufging und nässte. Allein im Bereich des linken Knies zählte ich mit Edith zusammen, die zu meiner Pflege abkommandiert worden war, vierzig. Insgesamt waren es mehr als hundert, die über Wochen meine Beine überzogen, mir in verschiedenen Reifegraden große Pein bereiteten, mich am Schulbesuch hinderten und die Spielkameraden draußen hielt. Der wieder zur Hilfe gerufene Dr. Schäfer konnte auch nicht viel tun, gab eine Spritze, verschrieb eine Salbe, wünschte gute Besserung. Es dauerte lange, bis die letzten Geschwüre abgeheilt waren, noch heute zeugen viele blasse Punkte an den Beinen von dieser unerfreulichen Episode.

Wir hatten alle unter Geschwüren / Furunkeln zu leiden, die an den unterschiedlichsten Stellen auftauchten und enorm lästig waren. Wenn wir auch nicht zu den Schmuddelkindern gehörten, sondern unsere Mutter im Rahmen des Möglichen sehr dafür sorgte, dass wir stets sauber waren – gewaschen und auch angezogen – so muss man doch gestehen, dass die übliche Katzenwäsche mit kaltem Wasser und das wöchentliche Baden in der Zinkwanne nicht annähernd dem heutigen Standard entsprachen, wo tägliches Duschen als normal gilt. Ich will andeuten, dass ich überzeugt bin, dass die vielen Geschwüre zumindest auch mit der sehr bescheidenen Hygiene zu tun hatten, zu der natürlich auch die schon beschriebenen Toilettenverhältnisse beitrugen. Ein gewisser Beleg dafür ist die Tatsache, dass ich heute kaum einmal davon höre, dass jemand ein Furunkel hat, auch nicht in unserer Familie.

Wenn normalerweise ein solches Furunkel auftauchte, gingen wir nach draußen und suchten und fanden auch immer (im Winter natürlich nicht) ein paar Blätter vom Breitwegerich. Diese Blätter wurden gewaschen und auf die entzündete Stelle gelegt und festgewickelt: Sie sorgten dafür, dass die Entzündung sich sehr schnell zusammenzog zu einem gelben Eiterkopf, der dann ausgedrückt werden konnte. Das war kein schöner, appetitlicher Vorgang, der auch noch enorm schmerzte, aber dann war man das lästige Furunkel wenigstens los, das einen meistens schon eine gute Woche behelligt hatte. Später griffen wir, wie die meisten Leute, zu der schwarzen übelriechenden Ichtholan-Salbe, die dieselbe Wirkung hatte, aber noch heute suche ich mir Breitwegerich, wenn sich einmal eine kleine Wunde, von der Gartenarbeit etwa, entzündet hat. Zum Glück habe ich Breitwegerich sogar am Hang neben unserem Haus in Südspanien.

Auch Edith machte Bekanntschaft mit dem Krankenhaus in Bassum. Man sollte ihr dort eine Geschwulst aus der Kniekehle entfernen – das hatte man auch schon bei Artur getan. Wie bei meiner Einlieferung hatte unsere Mutter auch jetzt wieder keine Zeit, mit nach Bassum zu fahren, sie brachte Edith nur bis an den Bus und übergab sie dann in die Obhut von Herrn Schneider, der links über uns wohnte. Der nahm sie mit, als er wegen seines ewigen Hustens zu einer Lungenuntersuchung vorstellig werden sollte.

Nach der Rückkehr aus dem Krankenhaus erzählte uns Edith ihre Erlebnisse. Besonders wütend hatte sie es gemacht, dass die Krankenschwester sie gleich in eine große Badewanne gesteckt hatte, die aus einem Rohr in der Wand mit warmem Wasser gefüllt worden war. Wie die Schwester missbilligend auf die roten Flecken der Wanzenbisse gestippt hatte, wie sie sich aufgeregt hatte, dass Edith so schmutzig war, (dabei hatte unsere Mutter sie doch am Abend vorher in der Zinkwanne abgeseift, sogar ihre langen Haare gewaschen), wie sie die Kleidungsstücke auf einen Haufen warf und dann mit spitzen Fingern zum Waschen wegtrug. Wie dann die Ärzte ihr Knie abgetastet hatten und die OP gleich auf den nächsten Tag gelegt hatten, wie ihr durch die Narkose übel geworden war, wie lang ihr die Zeit geworden war, bis sich die Wunde langsam, viel zu langsam, schloss, wie die Sehnsucht nach der Baracke und das Heimweh nach unserer Mutter und den Geschwistern und den Spielkameraden von Tag zu Tag wuchs, und wie sie dann nach drei Wochen in Harpstedt allein aus dem Bus stieg und nach Hause humpelte, wie die Kinder draußen nur drei Minuten Interesse für ihren großen Verband und ihre Schmerzen zeigten, wie sie dann in unserer leeren Küche saß und wartete, wartete wie so oft, dass endlich jemand, am besten unsere Mutter, nach Hause käme.

Warzen gehörten damals nach dem Krieg zu den üblichen lästigen Erscheinungen. Fast jeder hatte sie an den Händen, der eine mehr, der andere weniger. Man störte sich daran, der eine mehr, der andere weniger. Man unternahm auch manchmal etwas dagegen, der eine mehr, der andere weniger. Ich hatte immer geglaubt, Warzen seien auch eine Folge mangelhafter Hygiene, aber heute verlässt man sich als Autor ja nicht mehr auf seinen Glauben, sondern schaltet den PC ein und sucht im Internet nach kompetenten Informationen. Die Warzen verursachenden Viren sind zwar ansteckend und man liest etwas von „Schmierinfektion", aber das Basisproblem ist nicht die Sauberkeit, sondern der Zustand des Immunsystems. Und da darf man sich nicht wundern, dass wir Barackenkinder, geschwächt durch Flucht und Mangelernährung, eine Zeit lang alle die Hände voller Warzen hatten. Die „vulgäre Warze", auch „Stachelwarze" genannt, war es, die unsere Hände verunstaltete. 70% der Kinder sollen damals darunter gelitten haben.

Da es Edith auf der Flucht am schlechtesten gegangen war, sie jahrelang schwächelte, ist es nicht erstaunlich, dass sie in der Familie die meisten Warzen hatte. Sie empfand diese grauen, hornigen Hautausstülpungen als besonders lästig, kratzte daran herum, das Blut, voller Viren, sorgte nur für eine noch weitere Ausbreitung. Heute gibt es eine Reihe von Methoden, diese Auswüchse loszuwerden, das Lasern mag wohl die neueste und effektivste sein. Aber auch heute noch gibt es bei Naturheilpraktikern alternative Methoden, wie sie damals in der Baracke vor allem von Frau Butzin propagiert wurde, die mit Hexen und Teufeln und allen guten und bösen Geistern gewissermaßen per Du war. Bei Edith wurde also das Beschmieren mit dem Blut eines Frischgeborenen versucht, dann warf sie pro Warze nach einem bestimmten Ritual eine Erbse in das Bassin – Hilfe brachte dann nach mehrfachem Anwenden eine Tinktur von Dr. Schäfer. Edith hatte noch vor Schulbeginn warzenfreie Hände – aber Frau Butzin und auch andere Spökenkieker blieben bei ihrer Überzeugung, ihre Methoden hätten die Heilung bewirkt.

Ich versuchte es mit einem anderen Hausmittel: Die erste Spucke morgens musste jeweils auf die Warzen gestrichen werden. Rudi versuchte es mit Höllenstein - irgendwie haben wir es alle geschafft, denn keiner von uns hat eine Warze übrig behalten.

Edith war nach dem Verschwinden der Warzen sehr glücklich, nun fast schöne Hände zu haben, die man nicht immer zu verstecken brauchte. „Fast" muss einschränkend gesagt werden, denn sie hatte immer noch die abgekauten Fingernägel, unter denen sie sehr litt und die nicht wegzubekommen waren. Erst in Bremen gelang es ihr mit meiner Hilfe, diesem Übel beizukommen, und zwar ohne jede Tiefen- oder sonstige Psychologie, einfach mit zäher Geduld. Etwa drei Wochen lang mahnte ich Edith zehn Mal am Tag (oder mehr), wenn sie die Finger zum Mund führte, um zu beißen: „Finger aus dem Mund!" Und siehe da, nach zwei Wochen dachte sie schon mal selbst daran, hielt mitten in der Bewegung des Hand-zum-Mund-Führens inne und ließ die Hand sinken. Nach gut einem Monat wuchsen die Fingernägel nach und schon bald hatte sie wirkliche schöne Hände.

Wenn hier schon von Kuren und Heilmitteln die Rede ist, will ich doch noch zwei, drei ostpreußische Hausmittel erwähnen.

Bei Erkältungen schwor unsere Mutter auf ‚Füße brühen'. Der Betroffene musste seine Füße in möglichst heißes Wasser stecken und diesem Wasser war – und das erst macht das ostpreußische Hausmittel aus – Rinde zugesetzt worden, Rinde von einer Eiche. Natürlich war Eichenrinde nicht beim Krämer zu kaufen, aber da wir immer Holz aus dem Wald holten und am Hause liegen hatten, war es für uns meistens kein Problem, ein paar Stücke zur Hand zu haben, wenn einen mal wieder eine Erkältung gepackt hatte. Ich weiß nicht, welcher Wirkstoff in der Eichenrinde aktiv war, aber dass Eiche viel Gerbsäure enthält und auch viel Tannin, das ist bekannt. Noch heute wird in Spanien, in Frankreich, in Kalifornien Rotwein in Eichenfässern gelagert, damit bestimmte

Stoffe in den Wein ziehen und ihm einen unverwechselbaren Geschmack verleihen, Tannin gehört dazu.

Auf die Brust kam bei schweren Erkältungen – wenn man nicht mehr herumlaufen konnte, sondern im Bett blieb - ein Schmalzlappen, der sollte den Husten lösen. Ob er wirklich half? Man weiß ja heute so allerlei über die Wirkung von Placebos - Glaube soll bekanntlich sogar Berge versetzen und da soll er nicht auch Husten lösen können?

Gegen diese schmierig-fettigen Schmalzlappen wehrte ich mich nicht, wohl aber gegen das noch wirksamere Mittel, auf das unsere Mutter schwor: Zwiebeln wurden mit Honig zu einem sämigen Brei verkocht und der musste heiß hinuntergeschluckt werden. Einmal ließ ich – ein absoluter Zwiebelfeind und sogar Allergiker - mich dazu überreden und nahm einen Schluck – ich wurde den ekelerregenden Geschmack stundenlang nicht los – und kann ihn noch heute, nach über 60 Jahren auf der Zunge abrufen.

Der Garbe-Nachfolger Stolze meinte, meine Fähigkeiten seien hinreichend, um die Oberschule zu besuchen, und meldete mich mit sieben weiteren Schüler/Innen zur Prüfung in der Oberschule an der Wilmstraße in Delmenhorst an.

Die Harpstedter Schule genoss einen guten Ruf und war wohl auch objektiv gut: 1947 hatten elf Schüler und 1948 sogar sechzehn die Aufnahmeprüfung zur Oberschule bestanden.

Die Prüfung dauerte eine ganze Woche und bestand aus sehr unterschiedlichen Teilen. Es gab schriftliche Aufgaben in Deutsch und in Mathematik (vielleicht auch noch in weiteren Fächern, das ist mir inzwischen entfallen), es gab mündliche Prüfungsteile im Rahmen einer Gruppe und auch Einzelabfragungen in den Sachfächern wie Heimatkunde, Naturkunde, Geschichte, es gab Wettkämpfe und Sportspiele, bei denen jeder Einzelne eine Zeit lang beobachtet wurde – Einsatz, Fairness, Sozialverhalten… und es gab die Aufgabe, etwas aus dem Leben zu erzählen, woran ich mich merkwürdigerweise am besten erinnere: Ich erzählte über die Flucht aus Ostpreußen, und zwar darüber, dass Not offenbar kein Gebot kennt, denn unterwegs wurde durchaus gestohlen – es gab immer noch Leute, denen es schlechter ging als uns, die immerhin über einen gut bestückten Wagen mit Pferden davor verfügten. Eine Wanne hatte man uns eines Tages gestohlen, dass wusste ich damals aus Erzählungen, heute erinnere ich mich nur an meinen Bericht darüber und zwar wegen folgender Einzelheit: Ich erzählte, man habe uns dies und das und auch eine Wanne „geklaut". Nach Beendigung der Erzählung, die ein paar Minuten gedauert hatte, sagte der Lehrer, es habe ihm gefallen, wie ich erzählt habe, aber das Wort „klauen" sei nicht angemessen, dafür hätte ich ein anderes wählen sollen, nämlich:….? Er schaute mich an und ich wusste gar nicht, was er von mir wollte. „Klauen" war für uns in der Baracke das normalste Deutsch der Welt, mir fiel also das vornehme „Stehlen" beim besten Willen nicht ein, und das wohl nicht aus Nervosität, sondern einfach weil es nur in meinem passiven Wortschatz existierte, d.h. ich verstand es natürlich, benutzte es aber nie selbst.

Anscheinend hatte dieser kleine Patzer zwar Verwunderung hervorgerufen, aber nicht für eine Katastrophe gesorgt: Nach einer Woche kam die Nachricht, dass ich die Prüfung bestanden hatte und aufgenommen werden könne. Insgesamt vier hatten bestanden, alle vier aus der Gruppe der Flüchtlinge. Die andere Hälfte, also auch vier, und zwar alle Honoratioren-Kinder, waren durchgefallen. Dazu gehörten leider der Oberförstersohn Hannes Lamprecht, mein bester Freund, und auch die Arzttochter Silke Maier und die Lehrertochter Karin Meinelt.

Dieses Ergebnis erschütterte den Marktflecken. Als meine Mutter aus der Elternversammlung nach Hause kam, in der über dieses Resultat debattiert worden war, stand ihr der Ärger ins Gesicht geschrieben, sie weinte fast vor Empörung: „Stellt euch vor, was diese eingebildeten Frauen gesagt haben. Was man sich denn dabei denkt, was denen da in Delmenhorst eingefallen ist, es ist doch gar nicht möglich, dass die Kinder dieser hergelaufenen Flüchtlinge schlauer oder besser sind als ihre, diese Hungerleider können doch das Schulgeld und die Bahnfahrt gar nicht bezahlen. Ha! Unsere Kinder haben es ihnen mal so richtig gezeigt. Ich weiß nicht, ob sie schlauer sind, aber sicher sind sie fleißiger als ihre verwöhnten Gören, und das wird sich bei der Prüfung gezeigt haben. So eine Frechheit, so deutlich hat mir noch keiner ins Gesicht gesagt, dass wir Menschen zweiter Klasse sind…" Sie war am Boden zerstört, so grob war ihr noch nie klar gemacht worden, wohin sie gehörte – zu den Unterprivilegierten, die es nicht verdienten, dass ihre Kinder Zugang zu einer höheren Bildung und damit auch höheren Berufs- und Lebenschancen erhielten.

## 1952

Rudi war im März 1952 am Ende von Klasse neun aus der Schule entlassen worden und wurde Lehrling bei Cordes und Graefe in Bremen. Hella Richter hatte mit Herrn Hollweg über seine Probleme bei der Arbeitsfindung gesprochen. Bei der Post hätte er anfangen können, aber nur in Twistringen, bei der Spar- und Darlehnskasse in der Burgstraße hatten sich drei Leute beworben und die Bauern hatten durchgesetzt, dass ein Einheimischer die Stelle bekam, obwohl der viel schlechtere Noten mitbrachte. Ja, die Spaltung in Einheimische und Flüchtlinge war noch lange nicht beendet, lebte in den Köpfen vieler – der meisten? – Harpstedter noch Jahre weiter. Beim Schneider, beim Schuster, überall hatte er nachgefragt und Absagen bekommen. Nun wurde er nach Hella und Paul Richter der dritte Nutznießer Hollwegscher sozialer Einstellung und fing am 1. 4. 1952 in Bremen an.

Er zog zwar noch mit uns nach Dünsen und fuhr eine (kleine) Weile frühmorgens mit dem Bus nach Bremen, aber dann gaben ihm Erna und Paul in ihrem Reihenhaus in Bremen-Finndorf eine Bleibe und er verbrachte die Woche dort, kam nur am Wochenende nach Hause nach Dünsen. Herr Hollweg hatte auf dieser Regelung bestanden, um seinem jungen Lehrling zu große Belastungen zu ersparen.

Als die Osterzeit 1952 näher kam, musste entschieden werden, ob ich denn nun nach Delmenhorst gehen sollte oder nicht. Meine Mutter wollte eigentlich schon, denn sie wusste genau, dass unser Vater sich nichts mehr gewünscht hatte, als dass alle Kinder eine gute Ausbildung bekamen – Ernas Start am Gymnasium in Ostpreußen und die Anmeldung Erichs zeigten das auch in der Realität. Dennoch kam meine Mutter zu dem Beschluss, es sei unmöglich, leider hätten die Harpstedter Eltern ja Recht, wir könnten uns die Schule tatsächlich nicht leisten. Um das zu verstehen, muss man sich klarmachen, dass alle Schulmittel, also Bücher, Hefte, Zeichenmaterial etc., gekauft werden mussten und dass zusätzlich 15 DM Schulgeld pro Monat fällig waren. Hinzu kamen weitere 15 DM für die Zugfahrt nach Delmenhorst: Das machte in der

Summe genau 10% von den 320 DM aus, die wir als Rente bekamen – es war die Höchstsumme, die einer Familie ausgezahlt wurde. Es war einzusehen, dass ein solch hoher Anteil nicht für die Ausbildung eines einzigen Kindes ausgegeben werden konnte.

Ich war bei aller Einsicht frustriert und mochte mich nicht in die Gegebenheiten fügen. Ich fuhr also allein mit dem Zug nach Delmenhorst und meldete mich dort in der Oberschule an der Wilmsstraße an. Wie das ohne die Unterschrift der Mutter funktionierte, weiß ich heute auch nicht mehr, ich hatte sicherlich eine sehr plausible Erklärung für das Nicht-Erscheinen-Können meiner Mutter vorgetragen – ihre tägliche Arbeit. Es klappte jedenfalls, man nahm meine Anmeldung entgegen. Die Bezahlung regelte ich auch: Ich hatte beim Schrottsammeln so viel Geld verdient, dass ich Schule und Bahn bezahlen konnte! Um nicht zu stark anzugeben: Natürlich hätte ich diese Selbstfinanzierung nicht einmal den zweiten Monat durchhalten können – aber es fand sich ein rettender Engel in der Gestalt des Herrn Hollweg. Herr Hollweg unterhielt sich mit seiner „Hausdame" (schon damals bestand die Neigung zu verbaler Aufwertung) Hella Richter häufig über ihre Familie und Verwandtschaft, war offenkundig mit dem Lehrling Rudi Klein sehr zufrieden, und als Hella ihm erzählte, der kleine Bruder habe die Aufnahmeprüfung zur Oberschule in Delmenhorst bestanden, sei auch eingeschult worden, könne aber wohl kaum dort bleiben, da das Geld für Zugfahrt und Unterricht von der Mutter nicht aufzubringen sei, da sagte Herr Hollweg zu Rudi, er bekomme ab sofort nicht das Geld für einen Lehrling im ersten Jahr, sondern gleich das um 65 DM höhere für den im dritten Lehrjahr. Diese 65 Mark (im zweiten Jahr war der Unterschied dann nur noch 35 DM) konnte unsere Mutter jetzt zusätzlich ausgeben: Meine - und später dann auch Ediths - Schulbildung war damit gesichert, zumindest finanziert.
Und gute Leistungen sorgten dafür, dass das Schulgeld bereits nach kurzer Zeit gestrichen wurde, ein Freiplatz für mich existierte – bei Edith war es dann später ebenso.

Der Schulweg war aufwendig. Bereits kurz nach sechs am Morgen machte ich mich bei Sonne, Regen und Schnee zu Fuß auf den Weg, lief durch die Gärten, die Wiesen, über die Schwarze Brücke, bei Lamprechts vorbei und dann die Bahnhofstraße hoch. Um zehn vor sieben bereits fuhr der Zug ab. Um kurz nach halb acht lief er dann auf einem Nebengleis, reserviert nur für den „Jan Harpstedt", im Delmenhorster Bahnhof ein, eine Viertelstunde später waren wir in der nahen Schule, um acht begann der Unterricht.
Mittags fuhr er um kurz vor zwei Uhr zurück. Egal wie viele Stunden man hatte, man musste auf diesen Zug warten. Es gab für uns Auswärtige einen Warteraum, zwei sogar, einen für die jungen Schüler/Innen, einen für die älteren. Um zwanzig vor drei war der Zug in Harpstedt, erst nach drei war ich zum Mittagessen in der Baracke – die Hausaufgaben schlossen sich immer sofort an. Mit dem Arbeiten beim Bauern war es nun weitgehend vorbei – nur in den Ferien war es möglich, rechtzeitig mittags zum üblichen Arbeitsbeginn aufzulaufen.

[40] Unsere Kleinbahn – als Museumsbahn 1993. Die kleine Lok hat uns jahrelang gezogen – wir hatten damals aber mehr grüne Personenanhänger

In der Bahn gab es einiges, was uns fürs Leben erzogen hat. Zwei oder drei Dinge will ich erzählen.

Es gab unterschiedliche Waggons in diesem Zug, einer war für die Erwachsenen reserviert, der Rest wurde von uns Schülern beherrscht. Die meisten Waggons hatten einen Mittelgang und rechts und links je vier Sitze, Gepäcknetze oben. In einem Spezial-Waggon zweiter Klasse (man sprach zu dieser Zeit nur von zweiter und dritter Klasse) gab es an der Seite einen Gang und der Rest des Wagens wurde von Abteilen eingenommen, die man mit einer Schiebetür verschließen konnte. Selbstverständlich waren diese Abteile für bestimmte Gruppen „reserviert", kein anderer hatte eine Chance, sich hier einen Platz zu verschaffen. Das ging streng nach Alter – und nach Sympathie. In „meinem" Abteil saßen z.B. Hermann Alms und einige andere Harpstedter Jungen (später auch Hannes Lamprecht, als er den Übergang auf die Realschule geschafft hatte), in Kirchseelte stieg jemand dazu, in Heiligenrode dann Cord Ernstson und in Groß Mackenstedt die hübsche dunkle Hille Buschmann, Tochter des dortigen Tierarztes – ich habe nicht mehr alle Namen parat.

In diesem Abteil ergaben sich oft Wortgefechte, die ein hohes Niveau erreichten und bei denen wir alle lernten, Argumente auszutauschen und andere auszustechen. Beliebtestes Thema, das man unendlich variieren und ausbauen konnte, war die Qualität des eigenen Herkunftsortes. Harpstedt war der größte schönste beste Wohnort, was die Heiligenroder natürlich von *ihrem* Dorf behaupteten. Sie bekamen Unterstützung von den Schülern aus Mackenstedt, dem kleinen Nachbarort. Ich stützte natürlich unseren „Flecken", auch als ich bereits Dünsener war. Wir entwickelten in diesem Wettstreit eine höchst kreative Fantasie und ich denke, wir haben dabei alle gelernt, Argumente anzuhören, fremde kleinzureden und eigene wirkungsvoll aufzubauen und dagegen zu stellen.

Auf der Hinfahrt nutzten wir natürlich die Dreiviertelstunde manchmal auch dazu, die noch nicht fertigen Hausaufgaben zu komplettieren. Abschreiben zu lassen war Ehrensache, hätte das jemand verweigert, er wäre nie wieder in unser Abteil gekommen. Wir fragten uns natürlich auch gegenseitig die Vokabeln ab, die mussten perfekt „sitzen", wenn man in Delmenhorst über die Runden kommen wollte.

Einen festen Ehrenkodex gab es auch bei den häufigen Raufereien im Zug, die zum Teil ernsthafte Auseinandersetzungen waren, zum Teil aber sportliches Kräftemessen darstellten. In beiden Fällen gab es klare Grenzen: Geboxt werden durfte – durchaus mit aller Kraft - auf die Brust und auf die Oberarme, Schläge in den Bauch und ins Gesicht waren verboten. Wer sich nicht daran hielt, wurde sofort von Größeren, die ja immer auch anwesend waren, gebremst und aus dem Verkehr gezogen.

Gab es Ringkampfeinlagen - das In-den-Schwitzkasten-Nehmen war sehr beliebt, dabei durfte man zudrücken, bis dem Opfer die Luft ausging – dann war klar, dass man den Griff löste, sobald der Besiegte seine Niederlage durch Klopfen zugab. Damit wartete man natürlich, solange man noch Hoffnung hatte, sich aus dem Klammergriff befreien zu können. Wir gaben allesamt ungern auf, wurden zähe Kämpfer, konnten Schmerzen gut ertragen, Indianer...ich schrieb das schon. Schaffte man es, den Gegner auf den Boden zu zwingen, durfte man sich mit den Knien auf seine Oberarm-Muskeln hocken – „Muskelreiten" nannten wir das – schlagen durfte man den unten Liegenden nicht. Auch hier konnte man das Aufgeben ansagen, galt dann natürlich als Verlierer – aber das konnte man ein paar Tage später ja vielleicht schon wieder ausbügeln, wettmachen.

[41] „Muskelreiten" gab es nicht nur bei uns. Man schaut in Ruhe zu.

Und Solidarität übten wir ein. Es gab häufig Konflikte mit Erwachsenen. Einige hielten sich nicht an das ungeschriebene Gesetz, nur in den Erwachsenenwaggon einzusteigen, und saßen dann zwischen uns Schülern. Dabei gab oft ein Wort das andere, es kam auch schon mal zu Unfreundlichkeiten so nach dem Motto: „Dann gehen Sie doch in den Erwachsenenwagen, wenn es Ihnen nicht passt, dass wir so laut sind oder Witze erzählen!" Auch Frechheiten in der Form „Dann steig doch aus, Opa!" gab es schon mal, wir waren schließlich keine Engel, nicht einmal wohlerzogene Kinder. Es kam dann vor, dass ein so Geschmähter in der Schule erschien und beim Direktor vorstellig wurde. Da er üblicherweise den Namen des Bösewichtes nicht kannte, aber in etwa das Alter ansagen konnte, wurden wir Harpstedter schon mal aus dem Unterricht der ersten Stunde zum „Direx" gerufen, standen dann vor dem Ankläger und wurden aufgefordert, den Namen des Übeltäters zu nennen. Sich rauszureden, man sei nicht dabei gewesen, nützte meistens nichts, wenn der Ankläger wusste und auch schwor, man habe doch direkt dabei gesessen, er könne sich genau an das freche Grinsen erinnern. Dann hieß es, Standfestigkeit und Solidarität zu zeigen. „Ja, ich weiß, wer das gesagt hat, aber in verrate ihn nicht. Ich finde, der Mann hätte wirklich in den Erwachsenenwagen gehen können, wir haben ein Recht auf unsere Freiheit." Meistens gab es dann eine Predigt über falsche Solidarität, manchmal auch Drohungen mit Nachsitzen und anderen Strafen, aber nur die wenigsten von uns ließen sich davon beeindrucken. Wer es tat und den Namen herausrückte, war ein Petzer und Verräter, hatte bis in die Steinzeit zurück „verspielt" (die meisten verwendeten ein gröberes Wort, das aber in unserer Familie auf dem Index stand und von mir deshalb auch nicht benutzt wurde – bis heute zucke ich zusammen, wenn im Fernsehen Fäkalausdrücke auftauchen, was als „cool" zu gelten scheint), wer das tat, war bei allen unterdurch und brauchte lange, bis er sich wieder ein Stück Ansehen zurückerobert hatte.

Eine kleine Episode muss ich noch erzählen. Es gab den Wettbewerb, sich im Gang oben an die Querstange zu hängen; mit der Uhr wurde dann sekundengenau gemessen, wer am längsten durchhielt. Als ich einmal dort hing, kam jemand, der aus einem vergessenen Grund wütend auf mich war, auf die böse Idee, meine Beine zu fassen und sie seitwärts wegzuhalten: Loslassen war nun nicht möglich. Die anderen schauten gelassen zu, ich würde ja höchstens unsanft auf den Boden fallen, das konnte man hinnehmen. Es kam aber anders: Als ein älteres Mädchen das Abteil wechseln wollte und relativ dicht bei mir vorbeiging, warf ich mich diesem Mädchen buchstäblich an den Hals und kletterte mit den Armen an ihr herunter auf den Boden. Ob sie das als plumpen Annäherungsversuch gewertet hat oder meine Notsituation verstand, weiß ich nicht mehr.

Delmenhorst: Kleinstadt, kleinbürgerlich, aber für einen Jungen aus der Baracke in Harpstedt war das schon ein Stück große Welt, in der man sehr schnell merkte, woher man kam. Zwei Erlebnisse sollen das illustrieren.

Aus irgendeinem Grunde war ich am ersten Schultag nicht dabei gewesen, kam erst am zweiten in meine Klasse, die in einem Barackenanbau zwischen der Turnhalle und alten Betonbunkern untergebracht war. 56 Schülerinnen und Schüler saßen hier in vier Doppel-Bankreihen nebeneinander, sieben also hintereinander. Ich setzte mich einfach vorn in eine Bank neben einen Jungen, der mir sympathisch erschien, aber zwei Minuten später kam ein anderer Junge, der am Vortag schon dort gesessen hatte. Mit einem „Was willst du denn hier?" und „Verschwinde!" jagte er mich weg – ich versuchte gar nicht, um meinen Wunschplatz zu kämpfen, sondern setzte mich nach ganz hinten auf einen leeren Platz, auf den offensichtlich niemand Anspruch erhob.

Nach einiger Zeit hatte ich mir in der Klasse ein gewisses Ansehen erworben, wenn ich dort auch nie den Platz einnahm, der mir unter den Barackenkindern zugestanden wurde: Der Sohn des Stadtwerke-Direktors (das war, als wir gerade nach Dünsen umgezogen waren; ich erzähle die Geschichte dennoch hier, weil sie sehr Typisches zeigt) lud mich zu seinem Geburtstag ein, gleich nach der Schule sollte ich mit in deren Haus kommen. Es war ja gänzlich unmöglich, nach der Schule mit dem Zug nach Harpstedt zu fahren und dann mit einem späteren wieder nach Delmenhorst zurückzukehren. Meine Mutter hatte schweren Herzens Geld für ein Geschenk herausgerückt: Eine Tafel Schokolade, eine ganze Tafel hatte ich in meinem Tornister!

Beim Mittagessen wäre ich beinahe vor Scham in den Boden versunken, weil ich nicht wusste, wie ich mit Messer und Gabel umgehen sollte, die die Familienmitglieder natürlich mit großer Selbstverständlichkeit handhabten. Bei der Geschenk-Übergabe kam dann die zweite Demütigung, als die anderen Geburtstagsgäste Sachen überreichten, bei denen mir die Augen übergingen: Spielzeuge und Spiele, die gewiss zehn oder zwölf Mark gekostet hatten – und ich dann nun mit meiner Tafel Schokolade!

Und die dritte Katastrophe, die ich heute noch in allen Details im Kopf habe, hing damit zusammen, dass die freundliche Gastgeber-Mutter vorschlug, ich solle doch bei ihnen übernachten, da der letzte Zug bereits vor sieben fahre und ich dann mitten aus der Geburtstagsfeier herausgerissen werden würde. Ich gab zu bedenken, dass meine Mutter doch nicht informiert sei. Na, dann solle ich eben schnell anrufen. Anrufen? Wir hatten doch kein Telefon! Ob nicht in der Nachbarschaft...? Ja, natürlich, im Hotel Waldfrieden gab es ein Telefon! Die Nummer? Nein, die wisse ich nicht! Man suchte sie aus dem Telefonbuch heraus, wählte die Nummer und reichte mir den Hörer herüber – nie hatte ich so ein Ding in der Hand gehabt – und entsprechend schlau stellte ich mich denn auch an. Es meldete sich die Chefin des Hotels und ich begann: „Können Sie bitte meiner Mutter sagen, dass ich heute Nacht nicht nach Hause komme..." ‚Frau Direktor' schaltete sofort und nahm mir den Hörer aus der Hand. „Hier spricht Frau Semmler aus Delmenhorst. Der Schüler Horst Klein ist bei meinem Sohn auf der Geburtstagsfeier, können Sie wohl bitte seiner Mutter etwas ausrichten..." Sie konnte – unsere Mutter wurde informiert und ich blieb über Nacht in Delmenhorst.

Auch das Frühstück war wieder eine Überraschung, schien aus der näheren Umgebung des Schlaraffenlandes zu stammen. Das Hausmädchen – ja, so etwas hatte man hier tatsächlich (aber in Ostpreußen hatten wir natürlich auch Personal gehabt, nur jetzt...?) – das Hausmädchen also hatte den Tisch für sechs Personen gedeckt, zwei Gedecke waren schon benutzt, als wir beiden Schüler am Tisch Platz nahmen, die Mutter und wer auch sonst noch frühstücken wollte, kam wohl zu späterer Zeit. Es war alles da, was man sich nur wünschen konnte – und was heute auch bei jedem von uns auf dem Tisch steht, aber damals für uns – für mich – exotisch war: Wurst in verschiedenen Sorten, Käse unterschiedlicher Art, Marmeladen, Schinkenscheiben, Kekse, Säfte, Tee, Kaffee - und Schokolade, *Schokoladen* sogar, in dunkler und in heller Variante. Noch einmal wurde mir die Demütigung bewusst, die in meinem Geschenk lag – aber niemand hatte mich das am Nachmittag der Geschenk-Übergabe spüren lassen...

Unsere Schulbaracke, in der ich die beiden ersten Jahre unterrichtet wurde, war nicht an die Zentralheizung angeschlossen, in der Ecke hinten stand ein hoher runder Eisenofen, den der Hausmeister schon lange vor Unterrichtsbeginn angeheizt und mit Kohlen bestückt hatte. Wenn man die Luftzufuhrklappe ein wenig zu weit öffnete, konnte man den Ofen zum Glühen bringen, was für die in der Nähe Sitzenden schnell unerträglich wurde. Der Ausgleich zwischen dem Wärmewunsch der weit vom Ofen weg Sitzenden und der Ofen-Nachbarn war den ganzen Winter über ein Streitpunkt.

[42] Das ist kein Foto aus *unserer* Schulbaracke, aber die Ähnlichkeit der Einrichtung ist sehr groß

Einmal war jemand auf die geniale Idee gekommen, die ungeliebte Englischstunde bei dem ungeliebten Englischlehrer unmöglich zu machen oder zumindest heftig zu stören. Er hatte einen Gummiring auf den Ofen gelegt, der einen fürchterlichen Gestank verbreitete. Einigen wurde es zu schlimm und sie rissen alle Fenster auf. Der eintretende Englischlehrer erkannte sofort die Situation und die Absicht, ließ alle Fenster schließen, das Gummi durfte nicht vom Ofen genommen werden, er führte unbeeindruckt seinen Unterricht durch. Als es zur Pause klingelte, stellte er sich so an die Ecke unseres Raumes, dass er die Tür und die Fenster überblicken konnte, niemand durfte raus oder ein Fenster öffnen, er genoss die frische Luft, wir litten. Erst der nachfolgende Lehrer ließ den Gummirest herunterkratzen und alle Fenster weit aufreißen: Normalität kehrte ein. Der Gummileger musste sich in der nächsten Pause einiges von uns anhören.

Unsere Schulbaracke war ein Anbau an das zentrale hohe Stein-Gebäude, reichte fast an die Delme heran. Gegenüber, direkt an der Delme, die mit einem niedrigen Zaun abgesichert war, gab es eine Sprunggrube, die die einzige Sporteinrichtung im Freien war – eine Turnhalle gab es natürlich, unter der Aula, über der dann der Zeichensaal untergebracht war. Der Sportunterricht fand einfach auf dem Sand-Schulhof statt. Diese Sprunggrube wurde von uns in den Pausen zum Köppen genutzt. Wenn es geklingelt hatte, sausten wir Flüchtlingskinder sofort los, und da wir den kürzesten Weg hatten, konnten wir fast immer den Platz belegen: Wer zuerst kommt, mahlt zuerst. Wir köppten, bis es zum Pausenende klingelte und rannten dann in die Klasse. Wir müssen manchmal schlimm ausgesehen haben, verschwitzt und mit Sand an der Stirn und den Händen: Oft genug hatten wir nicht die Zeit gefunden, uns schnell noch zu waschen. Ich kann mich aber nicht daran erinnern, dass ein Lehrer Anstoß nahm: Bei 56 Kindern, alles Jungen, hatte er sicher andere Probleme.

Die normalen Schüler – wir können schwerlich dazu gerechnet werden, zumindest nicht in den ersten beiden Jahren - verbrachten ihre Pausen anders. Es gab ein ziemlich fest geregeltes Ritual, nach dem Gruppen von Jungen und Mädchen – natürlich getrennt – in Dreier- oder auch Sechserreihen nebeneinander vom Haupteingang bis vor die Delme marschierten, dort umdrehten, zurückmarschierten, vor dem Haupteingang umdrehten, zurückmarschierten – bis es klingelte. Spannend dabei war nicht das Laufen an sich, sondern es kam auf die Gruppierungen an: In welche kleine Reihe wurde man aufgenommen, wer wurde beim Vorbeimarsch angesehen, angelacht.

Meine Leistungen waren in den beiden ersten Jahren ordentlich, die Noten waren stets eine Zwei oder eine Drei. Den Standard aus Harpstedt konnte ich natürlich nicht halten, schließlich hatten sich hier alle schlauen Schüler aus Delmenhorst und den umliegenden Ortschaften versammelt, und ehrgeizig waren sie auch fast alle so wie ich. Verhalten und Betragen waren mit „sehr gut" angegeben, worauf meine Mutter stets besonderen Wert legte. Ich weiß noch, wie sie von dem ersten Besuch bei meinem Klassenlehrer zurückkam und mir berichtete, dass der mein Sozialverhalten, meinen Fleiß und meine Leistungen gelobt hatte. Ich weiß nicht, wer von uns beiden stolzer war – meine Mutter oder ich.

In den Klassen sieben und acht gab es dann einen Einbruch, wohl unter dem Einfluss der Pubertät (aber das Wort kannte niemand, es wäre eine bequeme Entschuldigung gewesen), denn ich erinnere mich noch gut daran, welche idiotischen Fehler ich in mancher Klassenarbeit gemacht hatte – Dinge, von denen ich genau wusste, wie sie geschrieben oder gerechnet werden mussten, gerieten falsch, Konzentration fehlte allenthalben. So schrieb ich z.B. in einer Französischarbeit eine glatte Sechs, weil ich alle „-s" in der Mehrzahl, die man im Französischen schreibt, aber nicht spricht (le pied, les pieds – der Fuß, die Füße) vergessen hatte und die der gestrenge Dr. Bergen allesamt als neuen Fehler gerechnet hatte („Klein, wenn du mein Sohn wärest, dann hätten die Nachbarn gestern aber was zu hören bekommen", war sein Kommentar ). Entsprechend gab es in den Hauptfächern Englisch, Französisch, Mathematik und auch noch in Musik eine Vier und zu Weihnachten einen blauen Brief: Meine Mutter war fassungslos und weinte.

Als ich in Klasse 9 nach Bremen wechselte - von den 56 Schülern, die in Klasse 5 begonnen hatten, war nur noch ein Dutzend übrig, der Rest war sitzengeblieben oder hatte sogar abgehen müssen - war ich schnell wieder unter den Klassenbesten – das Niveau im Bremer Gymnasium lag meilenweit unter dem in Delmenhorst.

Von unseren Lehrern möchte ich vier erwähnen, die meisten waren nach unserem damaligen Urteil normal, wurden akzeptiert, weder besonders geliebt, aber auch nicht gefürchtet oder gar gehasst.

Der Sportlehrer im ersten Schuljahr, also in Klasse 5, gehörte erkennbar zu denen, die sich direkt aus dem Schuldienst des tausendjährigen Reiches in die demokratische Neuzeit herübergerettet hatten. Zwar versuchte er nicht, uns hart wie Kruppstahl zu machen, aber zäh wie Leder und vor allem flink wie die Windhunde sollten wir schon werden. Er jagte uns über den Schulhof, bis die ersten kurz vor dem Zusammenbruch waren – mir machte das nichts aus, weil ich bereits durch das Barackenleben hinreichend zäh und flink war. Aber wenn es an die Geräte in der Halle ging, dann kam auch ich schnell an meine Grenzen – und Grenzen auszutesten, einen an die Leistungsgrenzen heranzuführen, das gehörte zu seinen pädagogischen Lieblingsansätzen. Das Klettern am Seil machte ich mit links (nein, nein, ich nahm schon auch die rechte Hand dazu), das Bockspringen klappte ohne Probleme, aber ein Reck hatte ich noch nie gesehen, lediglich Klimmzüge an Stangen oder Baumästen kannte ich, und hier sollte man nun allerlei Übungen vollbringen…Noch schlimmer war der Barren, den man perfekt als Folterinstrument einsetzen konnte – ich kann mich gut an die Blutergüsse an den Unterarmen erinnern. Bis zum Abitur hasste ich dieses Gerät.

Es gab dann Elternbeschwerden, und im nächsten Jahr hatten wir einen anderen Sportlehrer, bei dem Freude an der Bewegung und am gemeinsamen Spiel, bei Fußball, Handball, Korbball, Faustball, Völkerball im Vordergrund standen. Natürlich trainierten wir auch Leichtathletik, aber das war dann nur ein Schwerpunkt vor den jährlichen Bundesjugendspielen. Diese Spiel nahmen wir übrigens ausgesprochen ernst und ich weiß noch, wie immer für zwei bis drei Wochen das Ansehen derer ganz oben stand, die eine große Urkunde erworben hatten – meistens waren es Jungen, die in Mathe, Englisch, Deutsch nicht gerade zu den Besten gehörten und sich nun auch einmal im Glanze ihrer Leistung sonnen konnten.

Lob und Anerkennung braucht der Mensch!

Der zweite Lehrer, dem hier die Ehre des Erwähnt-Werdens widerfährt, hieß bei uns nur „Fischkopp". Den Namen hatte er von seiner eleganten Frisur und seinem Mund, den er oft rundete wie ein Fisch, der an Land versucht, Luft zu bekommen. Die Haare waren auf dem Hinterkopf ganz kurz geschnitten, nur Stoppeln standen dort, und nach vorne hin baute sich dann schräg und steil aufragend eine Bürste auf, wie der Bug eines Schiffes. „Fischkopp" ist mir besonders durch seine tägliche Abfragerei von Vokabeln in lebhafter Erinnerung und durch seine liebenswürdige Art, in der er dieses Abfragen gestaltete. Nach der kurzen Begrüßung, bei der wir natürlich alle neben unseren Bänken standen, folgte sein Griff in die Brusttasche, er klappte das rote Büchlein auf, suchte einen Namen, hinter dem noch keine oder nur wenige Noten eingetragen waren und sagte, nein rief dann: „Krüger, steh auf du scheußlicher Mensch!" Da er keinen unserer Namen kannte, irrten seine Fischaugen blitzschnell umher, bis er den Aufstehenden erfasst hatte. Dann prasselten zehn Vokabeln auf ihn nieder. Kamen die Antworten nicht wie aus der Pistole geschossen oder wurden sogar falsche englische Wörter genannt, dann hieß es bei fünf Fehlleistungen: „Setzen sechs" und man sah an der kreisenden Bewegung seines Rotstiftes, dass diese Sechs auch tatsächlich eingetragen wurde. Dann folgte die Auswahl des nächsten Opfers, jetzt mit der Variante: „Müller, wo ist Müller? Hoch Müller! Hoch du Scheusal! Da ist er ja in der ersten zweiten dritten vierten Bank" – das Durchzählen machte ihm Freude.

Nein, diese Darstellung ist keine Karikatur!
Wir lernten übrigens ordentlich Englisch bei ihm.

Ganz anders war der Englischlehrer, den wir nach „Fischkopp" bekamen. War Fischkopp ein schlanker großer Mensch, immer akkurat in Anzug und Schlips, so war sein Nachfolger eher vierschrötig zu nennen, ein alter Haudegen, eine ungebügelte Hose, Hemd und Pullover reichten ihm. Er war Soldat gewesen, einer der legendären Wüstenfüchse, bei Rommel hatte er gedient, in Nordafrika, El Alamein und so. Er konnte ohne Ende davon erzählen, wie ihr Panzer im Sturmwind dahin gebraust sei, dem Feind entgegen, auf die Tommys, wie sie mittags in den Gefechtspausen ihre Spiegeleier auf den kochend heißen Panzerplatten gebraten haben… manchmal fiel ihm dann mittendrin ein, dass er ja für diese Stunde eine

Klassenarbeit angesagt hatte und dann wurde in Windeseile in den letzten zehn Minuten ein Diktat durchgezogen, die Pause wurde hinzugenommen.

Nein, viel Englisch lernten wir nicht bei diesem ehemaligen Vaterlandsverteidiger. Aber freundliche Noten gab er.

So kommt man als Lehrer auch durchs Leben.

Der vierte ist uns oben schon begegnet, das ist der, der mich hätte durchprügeln wollen, weil ich die Plural-s vergessen und eine Sechs geschrieben hatte. Dr. Bergen, und hier verschweige ich nicht den Namen, war ein Ausbund an Korrektheit, im Aussehen, in seiner Kleidung, in seinem Umgangston. Das Klischee „Hart aber fair" trifft hundert-prozentig auf ihn zu. Wir hatten Angst vor ihm, vor jeder Stunde standen wir in der Pause irgendwo und wiederholten zum zehnten Mal die Vokabeln. Auch er fragte in jeder Stunde ab, Vokabeln und Grammatikregeln und deren Anwendung. Er ließ keinen Lesefehler durchgehen, keinen schlampig gesprochenen Nasal, war ein echter Lehrer „Gnadenlos". Aber es gab bei uns an seiner Gerechtigkeit nicht den geringsten Zweifel – deshalb hassten ihn nur wenige, die meisten bewunderten ihn bei aller Furcht – zumindest ein wenig. Noch heute kann ich Regeln und Merksätze fast im Schlaf aufsagen, die ich bei ihm, *für ihn* gelernt habe, damals in der siebten Klasse.

Wieder muss ich eine kleine Anekdote anfügen, in der es fast peinlich für mich geworden wäre. Thema der Stunde waren Kleidungsstücke. Dr. Bergen wollte anschaulich vorgehen und die Kleidungsstücke vorführen, benennen und dann beim Darauf-Zeigen wiederholen lassen. Er wählte ausgerechnet mich als Demonstrations-objekt aus. Ich musste mich auf das Pult stellen und dann wurden Hemd, Hose, Pullover angefasst und das französische Wort genannt. Schließlich waren Schuhe und Strümpfe dran und er hob mein rechtes Hosenbein. Zum Vorschein kamen keine normalen hohen Schuhe, sondern Exemplare, die wir von einer Frau geschenkt bekommen hatten, hohe Schnürschuhe, die bis weit über die Knöchel hinaufreichten, Damenschuhe aus den dreißiger Jahren. Darüber tauchte ein karierter Strumpf auf. Nach Benennung dieser Teile ließ er das Hosenbein wieder auf den Schuh fallen und sagte dann: „Das andere Hosenbein will ich besser nicht hochheben – wer weiß…?" Anzügliches Grinsen machte sich auf einigen Gesichtern breit, das ich erst nicht verstand, dann aber kam mir der Verdacht, dass man es für möglich hielt, dass ein Junge, der solche Schuhe anhat, vielleicht auch zwei verschiedene Socken trägt. Nein, wohl fühlte ich mich in der Situation nicht.

Reisen waren in unserer Familie lange Jahre ein Fremdwort, aus dem einfachen Grunde, weil es Geld kostete und wir genau dieses nicht hatten.

Umso aufregender war es, als unser Klassenlehrer in Klasse 8 (wir wohnten da schon in Dünsen, ich baue meine erste Reise hier dennoch ein, weil auch sie einiges über meine Position als Barackenkind zeigt) eine Klassenfahrt ankündigte: Auf die Insel Juist sollte es gehen, ich würde das Meer sehen, das ich bisher nur von Bildern kannte. Meine aufgeregte Vorfreude löste sich schnell in Enttäuschung auf, als deutlich wurde, dass eine solche Fahrt natürlich Geld kostete: Anreise mit der Bahn, Überfahrt mit dem Schiff, Übernachtung und Essen in der neuen DJH: 70 DM für sieben Tage. Im Zug nach Hause überlegte ich mir Vorschläge, wie ich das Geld dafür an meine Mutter zurückzahlen konnte, teilweise zumindest. Schrott sammeln war inzwischen kaum noch möglich und bei den üblichen Arbeiten, die ja nur noch in den Ferien stattfinden konnten, verdiente ich kein eigenes Geld, das ging alles in den großen Familientopf: Hoffnungslos! Mit klopfendem Herzen las ich meiner Mutter den Reiseplan und die vorläufige Kostenaufstellung vor: Bevor ich überhaupt fragen konnte, ob ich vielleicht...kam schon eine klare Absage: „Da kannst du nicht mitfahren, woher soll ich das Geld nehmen?" Ich versuchte erst gar nicht, zu argumentieren oder an ihr Mitleid zu appellieren, wie schlimm es doch sei, wenn man in der Parallelklasse am Unterricht teilnehmen müsste in dem Bewusstsein, dass alle anderen jetzt in der Nordsee badeten...

Ich nahm am nächsten Tag den Zettel, der unten den Satz enthielt: „Ich melde hiermit meine Tochter /meinen Sohn_____(wir hatten inzwischen eine gemischte Klasse) verbindlich zu der Klassenfahrt nach Juist an. Unterschrift des Erziehungsberechtigten _____" leer zurück in die Schule. „Ich fahre nicht mit, meine Mutter kann das nicht bezahlen", gab ich unumwunden als Erklärung an. „Darüber ist noch nicht das letzte Wort gesprochen", war die Reaktion meines Klassenlehrers.

Am nächsten Morgen sagte er: „Komm nach der Stunde mal kurz zu mir!" Als die anderen draußen waren, teilte er mir ohne weitere Erläuterungen mit: „Sag deiner Mutter, du fährst mit nach Juist. Um die Bezahlung braucht sie sich keine Gedanken zu machen."

Ich habe diese Wohltat meines Klassenlehrers nie vergessen und sie mir zum Vorbild genommen. Als ich später als Lehrer selbst Klassenfahrten organisierte, habe ich immer Geld für die Minderbetuchten besorgt, manchmal aus einem Topf, den die Schule dazu zur Verfügung hatte, manchmal auch durch Anfragen bei bekanntermaßen reichen Eltern, die sich bereiterklärten, einfach fünfzig Mark mehr in die Klassen- oder Reisekasse einzuzahlen. Und als ich dann Entsandt-Lehrer in Spanien war, habe ich mehrfach stillschweigend selbst für ein, zwei Schüler bezahlt – man verdiente gut als Auslandslehrer.

Ich hatte mir in Delmenhorst den obligatorischen Leinenschlafsack gekauft, ohne den man in keinem Jugendherbergsbett schlafen durfte, hatte meine erste Fahrt mit einem richtigen Zug genossen, der von einer Riesenlok gezogen wurde, wie wir sie immer auf dem Nebengleis der Fernzüge in Delmenhorst bewundert hatten, war vom Anblick des Meeres enttäuscht gewesen, weil Ebbe herrschte und wir mit dem Schiff durch die ausgebaggerte Fahrrinne zur Insel hinüberfuhren – rechts und links nur Matsch, „Schlick" hieß das korrekt. Dann waren wir zur nagelneu erbauten Jugendherberge marschiert, hatten schon unterwegs gebettelt, bitte bitte gleich durch die Dünen ans Meer zu dürfen: Unser Lehrer war uns weitgehend entgegengekommen: Gleich nach der Verteilung auf die Zimmer dürften wir für eine halbe Stunde los, jeder wie er wollte, noch bevor die Betten gebaut und die Sachen in die Spinde eingeräumt waren. Ich weiß noch wie heute, wie wir losgerannt sind, den nicht weiten Weg bis zu den Dünen, die Dünen hoch – und dann standen wir zum ersten Mal vor dem offenen Meer, der Nordsee, die mit atemberaubenden Wellen auf den Strand hochbrandete. Schön war es, und wir konnten uns gar nicht losreißen von diesem Anblick.

Wir waren jeden Tag dort, badeten, tobten in der Brandung. Genauso faszinierend waren die Dünen. Es machte einen Riesenspaß, im nachgebenden und nach unten rutschenden Sand die Schrägung hoch zu laufen, und noch schöner war es, sich dann in den warmen weichen Sand fallen zu lassen und den Hügel hinunterzurollen...Damals gab es noch nicht die vielen Einschränkungen zum Schutz der Dünen, wir durften frei herumtoben.

[43] Auf Juist – in den Dünen. Ich bin der zweite von links, mit Lederhose, Nicki, Pudelmütze. Deutlich sichtbar ist mein Fahrtenmesser in der Seitentasche

Drei Begebenheiten sind mir noch in Erinnerung, die ich hier festhalten möchte. Unser Lehrer - der nette, aber etwas steife Dr. S. - hatte in dieser Zeit Geburtstag, und irgendjemand – es war ein Mädchen, wahrscheinlich eine Gruppe von Mädchen – hatte die Idee, ihm einen kleinen Streich zu spielen. Die meisten von uns – ich gehörte dazu – wussten nichts davon, ich hätte sonst dringend von diesem „Spaß" abgeraten, nicht weil ich ihn wirklich für zu gemein oder zu geschmacklos hielt, sondern weil ich seine Humor-Toleranz (wenn es denn dieses Wort gibt) für so gering hielt, dass ich fast sicher gewesen wäre, dass er wütend reagiert. Ich hatte mich zum Glück getäuscht: Beim Abendessen waren wir wie immer am langen Tisch versammelt, er saß als Präsident der Tafel am Ende. Sein tiefer Teller – es gab Suppe – war mit einem flachen Teller abgedeckt, aber das fiel wohl kaum jemandem auf, ihm wohl auch nicht. Als die Terrinen mit der Suppe kamen und eine direkt vor ihn hingestellt wurde, griff er mit der rechten Hand nach der Suppenkelle und deckte mit der linken den Teller auf: Eine große blasse Qualle lag darin, sie füllte den ganzen Teller aus. Sein Gesicht zeigte ein kleines Erschrecken, aber – man staune! – keinerlei Ärger. Er sagte etwas von einem sehr überraschenden Geburtstagsgeschenk – und ließ sich ohne weitere Kommentare oder Untersuchungen einen neuen Teller bringen, den er dann mit Suppe füllte. So kann man sich bei der Einschätzung von Menschen täuschen.

Erinnerung Nummer zwei:
„Pobo" wurde ich damals in der Klasse genannt (wenn man nicht „little" zu mir sagte) – und ich erinnere mich besonders daran, weil dieser Name in einer etwas merkwürdigen Situation von dem einzigen Mädchen aus unserer Klasse, an das ich mich mit Namen und Gesicht erinnere (Annegret Dierks hieß sie, sehr schlank und hübsch war sie) mehrfach genannt wurde.
Wir gingen in einer größeren Gruppe am Strand entlang, und irgendwann gab es einen Wasserstreifen, der nach ein paar hohen Wellen auf dem Strand verblieben war. Die anderen blieben auf einer Seite dieses Wasserstreifens, ich ging auf die andere. Und als nach einigen Minuten das Wasser einfach aufhörte, kam ich wieder mit den anderen zusammen. Und aus irgendeinem Grunde hatte sich mei-

ne Stimmung gewandelt, ich war traurig oder ärgerlich...ich weiß es selbst nicht, zumindest wirkte ich sehr deprimiert, niedergeschlagen. Man fragte mich, was los sein – ich hatte keine Antwort oder wollte keine geben. Und Annegret Dierks hakte zweimal nach – und als auch dann nichts von mir kam, fragte sie die anderen, bestimmt dreimal in den nächsten Minuten „Was hat der Pobo bloß?" Ich gebe zu, es schmeichelte mir sehr, bei diesem hübschen Mädchen Aufmerksamkeit und Anteilnahme erregt zu haben – sonst würde ich mich kaum nach gut einem halben Jahrhundert so genau an die Situation erinnern. Das tat meinem schwach entwickelten Selbstwertgefühl sehr gut.

Diese Selbstwertschwäche – nein, den Ausdruck „Minderwertigkeits-komplex" will ich nicht zulassen, der wäre zu stark – zeigte sich auch noch Jahre später in Bremen, und natürlich dort, wo man als Jugendlicher am sensibelsten ist. In Sachen Leistung und Sport stand ich kaum hinter jemandem in der Klasse zurück, aber entlarvend war der Umgang mit bzw. die Beziehung zu Mädchen.

Es gab in der zehnten Klasse sechs davon. Eine, die Klassenbeste, verehrte mich deutlich, hatte aber kein Glück: Sie war zwar ausgesprochen nett, liebenswürdig, mir aber nicht attraktiv genug, und grausam wie man in jungen Jahren ist (bei manchen ändert sich das nie), erhörte ich ihr Werben nicht. Eine zweite, Hübschere, mochte ich gern, sie mochte mich gern: Das genügte für eine halbjährige Händchenhalte-Freundschaft, bis sie mit der Mittleren Reife abging. Warum ich das erzähle? Weil es noch eine dritte gab: Christa Rose – nomen est omen! Christa Rose war bildschön, Christa Rose sprühte vor Charme, Christa Rose hatte immer strahlende Laune, Christa Rose wurde vorgeschickt, wenn wir einem Lehrer klarmachen wollten, dass er die geplante Klassenarbeit in Biologie unbedingt um eine Woche verschieben müsse. Christa wickelte nicht nur die Jungen in der Klasse um den Finger, auch manch ein Lehrer war beeindruckt. Und ich? Natürlich fand auch ich Christa verehrungswürdig. Aber: Ich wäre nie auf die Idee gekommen, den Versuch zu machen, mich mit ihr zu befreunden, wie ich es erfolgreich mit Ingrid getan hatte. Ich prüfte gar nicht erst diese Frage und meine Erfolgsaussichten, es war von vornherein klar, für Christa kam nur ein Prinz in Frage, und der war ich nun einmal nicht. Sie gehörte gewissermaßen in eine andere Kaste oder spielte in einer anderen Liga - oder was für ein Bild man immer auch für diesen gefühlten Unterschied wählen will. Ich war durch das Barackenleben so eindeutig den weniger Privilegierten zugeordnet worden, dass ich dieses Gefühl tief verinnerlicht hatte und Jahre brauchte, bis ich diese Selbstwertschwäche ablegen konnte. Erst im Studium gelang das, unter (scheinbar) Gleichgestellten, die alle in einer Studentenbude wohnten, (fast) alle wenig Geld hatten, nicht nach Elternhaus und Herkunft fragten, sich alle um gute Seminararbeiten und Zwischennoten bemühen mussten, auf einer Stufe standen, miteinander auf Augenhöhe umgingen, würde man heute wohl sagen.

Eines frühen Abends – ich bin wieder auf Juist, Begebenheit drei fehlt ja noch – war Programm angekündigt: Ein Puppenspieler sollte auftreten.

Kasperletheater! Das war uns eigentlich zu dumm, aus dem Alter waren wir doch wohl heraus, oder? Aber die Lehrer der verschiedenen anwesenden Klassen hatten zugestimmt, und das Theater fand statt. Ein einziger Mann war erschienen, der dann aber in phantastischer Virtuosität mit den Puppen umging. Wir hätten nie geglaubt, dass einer allein so unterschiedliche Stimmen und Tonlagen produzieren und mit so vielen Puppen gleichzeitig agieren kann. Natürlich konnte er nur zwei zurzeit bewegen, aber dadurch, dass er eine dritte über einen Zaun oder eine Fensterbrüstung hängen ließ, eine andere an einen Nagel hängte etc., waren hinreichend viele Puppen im Spiel, um eine spannende Geschichte darstellen zu können. Ich weiß nicht mehr recht, um was es ging, Entführung und Raub war jedenfalls dabei und die Hauptfigur war der Räuberhauptmann Mirko Janosch. Der hatte einem kleinen Jungen etwas versprochen und manche hatten ihm gesagt, er solle sich nicht darauf verlassen, sonst könne er am Ende enttäuscht sein. Die meisten aber hatten gemeint, auf den tollen Hauptmann sei Verlass. Ich erinnere keine Handlungsdetails, weiß aber noch wie heute, dass der kleine Junge – er war Serbe oder Bulgare oder so etwas – am Ende enttäuscht sagte: „Und der Mirko Janosch hat doch gelügt!" – Das wurde bei uns in der Klasse stehende Redewendung, wenn man jemanden bei einer Unwahrheit ertappt hatte: „Und der Klaus hat doch gelügt!"

Merkwürdig, welche Details einem im Kopf geblieben sind, wo man tausend andere, wichtige Dinge schlicht vergessen hat.

Nie wieder hat mich eine Reise so beeindruckt wie diese erste Klassenfahrt ans Meer.

Neben dieser großen Reise gab es noch Ausflüge im Rahmen der Wandertage, zu Großsteingräbern zum Beispiel.

[44] Ausflug zum „Heidenopfertisch"; ich stehe ganz oben, sechster von rechts mit dem gestreiften Pullover

Eines Tages fragte ich unseren Deutschlehrer, ob wir nicht die deutsche Schrift, auch (nach ihrem Erfinder) „Sütterlin" genannt, lernen könnten. Er vertröstete mich, das sei im Lehrplan zwar vorgesehen, aber erst für das nächste Jahr. Ich ging nach der Stunde zu ihm und erklärte ihm mein Interesse an dieser Schrift: Meine Mutter sei als Kind nach Sibirien verschleppt worden und habe erst spät in Ostpreußen das Schreiben gelernt – aber eben nur diese Schrift. Und da wir Kinder ihr oft beim Anfertigen der Briefe helfen müssten, Wörter für sie buchstabierten, wäre es schön, wenn ich die Schrift lesen könnte, um zu sehen, ob sie auch das schreibt, was wir ihr buchstabiert haben. Und siehe da, als wir die Unterrichtseinheit über Nacherzählungen abgeschlossen und den entsprechenden Aufsatz als Klassenarbeit geschrieben hatten, schrieb er in der nächsten Stunde kommentarlos einen Satz in dieser spitzigen Schrift an die Tafel. Als er fragte, wer diese Schrift kenne, meldeten sich immerhin etwa zehn Mitschüler und sagten auf Nachfrage, ja ihre Großeltern schrieben Briefe in dieser Schrift und die Eltern könnten das problemlos lesen. Nach etwa zwei Wochen konnten wir das auch. Wenn wir Hausaufgaben in dieser Schrift erledigen mussten, dauerten sie allerdings immer doppelt so lange…

[45] Klasse 7 mit Dr. Schröder, ich sitze in der dritten Reihe genau in der Mitte – mit Haartolle

Es ist schon deutlich geworden, dass es mindestens zwei Orte gab, an denen unser Verhalten und unser Charakter geformt wurden: In der Schule geschah das (mehr oder weniger) bewusst und gezielt, dort wurden wir „erzogen", im Zug geschah das ungelenkt, unbeabsichtigt, dort wurden wir „sozialisiert". Beide Prozesse beginnen natürlich schon viel früher, gleich nach der Geburt (einige Wissenschaftler sind inzwischen sicher: schon pränatal, im Mutterleib) und zwar in der Familie. Da unsere Mutter fast immer irgendwo arbeitete, waren wir sehr oft auf uns allein angewiesen, eine gezielte Erziehung fand kaum statt. Aber ich denke, unsere Familie war ein Musterbeispiel für die pädagogischen Ansätze und Grundsätze, die das Ehepaar Tausch dann erst eine Generation später in ihrer Erziehungspsychologie vertrat. Wichtig waren das elterliche Vorbild und das Nachahmungslernen. Wir sahen einfach bei unserer Mutter und ich auch bei den älteren Geschwistern, was man tat und was man zu lassen hatte, und machten es - meistens jedenfalls - ebenso. Ich denke, dass es bei dieser Art des Aufwachsens ein sehr unglücklicher Zustand war, dass kein Vater im Hause war, dem man anfangs hätte folgen können und an dem man sich später reiben und seine eigenen Positionen und Verhaltensmaximen hätte entwickeln können. Ich bin sicher, dass manch ein Fehler, den ich im späteren Leben gemacht habe, daraus resultierte, dass ich einfach auf keine Verhaltensmuster zurückgreifen konnte, nach denen ein Ehemann, ein Vater etc. sich schicklicherweise verhielt. Diese Rollen waren mir nie vorgelebt worden, hatten also auch nicht nachgeahmt und verinnerlicht werden können.

Pädagogisch gezielt wurde allerdings die tägliche christliche Unterweisung eingesetzt. Wir erfuhren sehr detailliert, was nach den Worten der Bibel unerwünscht, verwerflich, verboten, sündig war und daher nicht für uns in Frage kam. Dass alles dazu gehört, was durch die zehn Gebote geregelt ist, versteht sich von selbst. Aber es gab mehr, viel mehr als in den zehn Geboten nachzulesen ist, ich habe das im Kapitel über das christliche Leben dargestellt. Was nicht gegen die christlichen Regeln verstieß, das wurde üblicherweise toleriert. Wir wuchsen also unter der Maxime auf, dass alles erlaubt ist, was nicht ausdrücklich verboten ist. Wir konnten uns die Zeit am Nachmittag einteilen, konnten entscheiden, wann und wo wir spielen, herumtoben wollten, wann wir die Hausaufgaben machten - wichtig war nur, dass man zum Abendessen nach Hause kam und dass die Schulaufgaben dann natürlich erledigt waren. Wenn es Aufträge gab, etwa Holz aus dem Wald zu holen, die Stubben zu zerkleinern, Stämme zu zersägen, zu hacken, in Schober aufzuschichten oder Futter für die Kaninchen zu holen, das Schaf grasen zu führen, zu Fuß oder mit dem Rad einzukaufen, dann galt selbstverständlich die Regel von Befehl und Gehorsam, niemand von uns kam auf die Idee, sich gegen solche Anweisungen aufzulehnen, sich darum zu drücken.

Verstießen wir gegen die Regeln, so bestanden die Sanktionen und Strafen unserer Mutter meistens nicht in Schimpfen - das hätte man wohl leicht ertragen - sondern sie litt, litt darunter, dass ihre Kinder sich so versündigen konnten - und sie demonstrierte dieses Leiden deutlich. Ich weiß, wie sehr mich diese Sanktionen trafen, die auch bei Kleinigkeiten griffen, nicht nur bei wirklich bösen Dingen. So fiel es mir stets schwer, eine schlechte Note aus einer Klassenarbeit mitzuteilen, weil meine Mutter stets eine Eins oder mindestens eine Zwei für selbstverständlich hielt und in Wehklagen ausbrach, wenn ich eine Vier nach Hause brachte. Dann wurden alle apokalyptischen Reiter beschworen, und der Untergang des Abendlandes, mindestens aber der Familie Klein, stand direkt bevor.

Schläge - nein, Schläge gehörten nicht zum gängigen Repertoire. Sie waren aber nicht gänzlich ausgeschlossen, denn man konnte sich an die Bibel halten, in der zu lesen ist: „Wen der Herr liebt, den züchtigt er", und was dem Herrn Recht ist, war den Eltern schon lange billig. „Eine Ohrfeige hat noch keinem Kind geschadet" - das hört man auch heute noch in allen Schichten unserer Gesellschaft. Und zimperlich und sentimental war unsere Mutter nun wirklich nicht, eine Frau, der es gar nichts ausmachte, Hühnern den Kopf abzuhacken, Gänsen den Hals aufzuschneiden, kleine Katzen im Sack zu ertränken...

Richtige Prügel gab es allerdings in Harpstedt erfreulich selten, anders als in der Ostpreußenzeit, aus der Erna Schlimmeres zu berichten wusste. Dort hatte sie oft Schläge bekommen, Ohrfeigen meistens, wenn sie beim Aufpassen auf die kleineren Geschwister oder auch beim Kühehüten bei einer Nachlässigkeit erwischt worden war.

Edith erzählt von einem Unglück, das sie traf, weil sie an einer Rauferei gegen die andere Baracke teilgenommen hatte, bei der sogar Steine geflogen waren. Sie hatte also gegen eine wichtige Regel verstoßen und bekam Schläge dafür – mit der Hand auf den Po.

Ich habe zwei Beispiele in Erinnerung, bei denen ich Prügel bezog: Ich hatte Hunger gehabt und meine Mutter hatte mich auf den Brotschrank verwiesen, in dem ich dann nur trockene Reste vorfand. Mein böser Kommentar war: „Diesen Mist (ich glaube, das war das benutzte Wort) soll ich essen?" Da wurde meine Mutter richtig wütend; Brot war sakrosankt, heilig, darüber durfte man so nicht reden, selbst dann nicht, wenn es alt und trocken war. (Noch heute haben alle in unserer Familie Probleme, Brot wegzuwerfen, nur weil es trocken geworden ist und nicht mehr schmeckt. Ich habe da mit meiner Frau manches Mal Diskussionen gehabt.) Was geschah? Ich hatte das Pech, dass gerade der Lebensgefährte der Nachbarin Reich nach Hause kam. Dieser Herr Bittner hielt seine Manchesterhose mit einem soliden Ledergürtel am Bauch fest - ich weiß noch wie heute, dass diese Szene zwischen dem berühmten Bassin und unseren Holzschobern stattfand. „Gib mir mal deinen *Passek*" ( das war das bei uns geläufige polnische Wort für *Gürtel* ), sagte meine Mutter zu ihm. Er schnallte ab und ich wurde mit diesem Ledergürtel richtig ordentlich verhauen.

In anderen Familien waren solche Aktionen gang und gäbe, auch die acht-schwänzige Klopfpeitsche aus soliden kantigen Lederstreifen kam nicht selten zum Einsatz. Oft genug hörte man durch die dünnen Holzwände die Kinder schreien, heulen, jammern.

Die zweite Aktion fand erst in Dünsen statt, soll hier aber dennoch erwähnt werden. Ich war dreizehn. Mein Freund Ulf Scheel hatte mir bei einem Tausch einen Silber-Ring mit rötlich-braunem Stein vermacht, von dem er sagte, er habe ihn geschenkt bekommen. Ich schenkte diesen Ring unserer Irmgard und aus Bequemlichkeit, um nicht die Geschichte mit Tausch und Freund und Geschenk erzählen zu müssen, hatte ich einfach gesagt, ich hätte ihn gefunden.

Ein paar Tage später kam Irmgard erregt aus Harpstedt zurück und erzählte, ihr sei etwas Schreckliches passiert. Die Schwester meines besagten Freundes, Margret Scheel, habe den Ring an Irmgards Finger gesehen und gesagt, das sei ihrer, sie vermisse ihn seit ein paar Tagen. Das sei ihr natürlich schrecklich peinlich gewesen. Unsere Mutter hakte sofort nach, weil sie zuerst dachte, ich könne ihn gestohlen haben, und ich erklärte... Ich musste natürlich gestehen, gelogen zu haben. Da setzte es Ohrfeigen, die nicht von schlechten Eltern waren. Fünf, sechs Mal schlug meine Mutter richtig voll zu - und dann fragte sie ganz ruhig: „Ich hoffe, du weißt, wofür die waren?" Ich heulte nicht - wie könnte das ein Dreizehnjähriger!? - sondern sagte einfach „Ja." Der Ring wurde mit einer Erklärung und Entschuldigung an die wahre Besitzerin zurückgegeben, der Freund bekam seinerseits seine Prügel - und damit war die Geschichte dann aber auch ausgestanden, ein langes Nachtragen und Böse-Sein gab es bei uns in der Familie nicht.

Das ist übrigens eine der angenehmsten Verhaltensweisen, die wir wohl alle von zuhause mitgenommen habe: Egal, was geschehen ist, man geht mit dem Ärger und den Vorwürfen nicht schlafen. Man bereinigt das möglichst am selben Abend, und der nächste Morgen ist dann wieder unbeschwert. Das sei eine Spezialität und Maxime unseres Vaters gewesen, an die sie sich konsequent halte, hat unsere Mutter uns immer erzählt.

Natürlich gab es in Harpstedt auch Mädchen, in der Baracke, in der Schule und im Flecken. Und natürlich nahm man die Mädchen auch im Alter von acht oder zehn oder zwölf anders wahr als die Jungen. Aber bei uns ruppigen Burschen wurden sie üblicherweise darauf hin taxiert, ob sie bei bestimmten Spielen als Mitspieler in Frage kamen. Das Mädchensein wurde lange Jahre vor allem dadurch definiert, dass ihnen bestimmte Eigenschaften von uns Jungen einfach fehlten, sie waren nicht so stark wie wir, nicht so schnell wie wir, nicht so furchtlos wie wir...

Schön waren einige, doch, das konnten wir schon sehen, wir sprachen auch darüber, stellten Rangfolgen auf, aber das sorgte bestenfalls für eine Art heimlicher Bewunderung, Schwärmerei vielleicht, so etwas wie Freundschaften gab es nicht, zumindest nicht bei mir und auch wohl nicht bei meinen gleichaltrigen Spielkameraden. Artur – aber der war ja auch wesentlich älter – Artur war heftig mit Ida Krempin befreundet, das wusste die ganze Baracke und das wusste man auch in der Schule, wo es sehr missbilligt wurde, zumal die beiden es nicht bei harmloser Schmuserei beließen – ich erzählte das bereits.

Durch unsere schon beschriebene Erziehung waren wir so schüchtern, dass Berührungen mit Mädchen als total beklemmend, als peinlich angesehen und möglichst vermieden wurden. Wenn es bei Spielen – ich erinnere an meine Rolle als Hahn in „Tuck, tuck, tuck mein Hühnchen…" – notwendig war, Mädchen an die Hand zu fassen, dann wurde man rot…

Diese Verklemmtheit hielt auch noch an, als sich in der Pubertät Mädchen zu den spannendsten Wesen der Welt entwickelten. Bei mir geschah das aber nicht mehr in Harpstedt, sondern erst in Dünsen. Dagmar L. wurde meine große Jugendliebe – und ich ließ sie ungeküsst in Dünsen zurück, als wir vier Jahre später nach Bremen zogen. Das war ein Fehler, der sich nie wieder gutmachen ließ – sie sieht das auch so, wie sie mir in einem Brief im Jahre 2012 mitteilte.

Im Jahre 2013 machte mich ein Fernsehbericht auf das Buch von Sabine Bode, Die vergessene Generation, Stuttgart 2004, aufmerksam. In der Einführung zur aktualisierten Ausgabe (3.Auflage 2013) las ich auf Seite 12 f., in der nach dem Erscheinen ihres Buches endlich in Gang gekommenen Forschung seien Studien „zum Ergebnis [gekommen]: 8-10 der Menschen, die als Kinder Krieg und Vertreibung erlebten, sind heute – im Alter - psychisch krank. [Die Ziffern in (…) sind von mir eingefügt.] (1) Sie leiden an einer posttraumatischen Belastungsstörung".

Und: „ So gibt es noch weitere 25 Prozent älterer Deutsche, bei denen sich die Spätfolgen [der frühen Verlust- und Gewalterfahrungen] zwar weniger gravierend, aber immer noch deutlich zeigen. Sie sind ... (2) in ihrer psychosozialen Lebensqualität eingeschränkt...(3) tief verunsichert und (4) daher lassen sie sich nicht gern durch neue Erfahrungen, (5) auch nicht durch neue Gedanken irritieren. (6) Der Kontakt zur Welt der Jüngeren ist daher eingeschränkt und (7) ihre Beziehungen sind weniger emotional. (8) Veränderte Lebensumstände setzen sie enorm unter Stress. Weitere Auffälligkeiten sind (9) Schwarz-Weiß-Denken und ein (10) extrem hohes Bedürfnis nach materieller Sicherheit....Ein Drittel jener Menschen, die ihre Kindheit oder Jugend im Krieg verbrachten – in etwa die Jahrgänge von 1930 bis 1945 - ist noch heute von den Spätfolgen belastet."

Ich kann und mag diese Forschungsergebnisse nicht in Zweifel ziehen, möchte aber hier – gewissermaßen resümierend – meine ganz persönliche Bilanz ziehen und zu den von mir durchnummerierten Aussagen Stellung beziehen.
Zu 1. Niemand in unserer Familie litt oder leidet unter posttraumatischen Störungen, wir alle sind nicht zu Psychologen oder Psychiatern gegangen, um solche Probleme behandeln zu lassen, niemand von uns hat (durchaus vorhandene) Probleme oder Defizite mit dem Hinweis auf die schrecklichen Erlebnisse in Kriegs- oder Nachkriegszeiten entschuldigt – wir alle sind der Ansicht, das müsse man durchstehen: Aber auch das ist ja wohl ein typischen Verhalten dieser Generation. Erna hat das oft thematisiert und gemeint, vor allem ihre Erlebnisse beim Verlorengehen nach der Weichselüberquerung hätte einen schon auf die Couch eines Psychiaters bringen können.
Auch die Punkte 2 und 3 mag ich für uns nicht akzeptieren, eine tiefe Verunsicherung kann ich nicht sehen, vielleicht existiert in Sachen Einschränkung der psychosozialen Lebensqualität aber mehr als man selbst erkennen kann.
Die Punkte 4, 5 und 6 möchte ich (zumindest für mich) weit von mir weisen. Ich habe durch meinen Beruf als Lehrer und meine Auslandsaufenthalte bewusst und dauerhaft enge Kontakte zur Welt der Jüngeren gesucht und mich lustvoll mit neuen Gedanken auseinandergesetzt und neue Erfahrungen in allen Lebensbereichen genossen.
Punkt 7 trifft zu, ich habe das immer sehr bedauert und Jahre gebraucht, um dieses Defizit ein wenig aufzuarbeiten.
Die Aussagen in 8 und 9 kann ich nicht bestätigen, 10 trifft allerdings weitestgehend zu. Wer einmal alles verloren hat, möchte dieses Risiko nicht noch einmal eingehen.

Insgesamt bestreite ich nicht, zumindest in Teilaspekten zu dem Drittel zu gehören, das noch heute von den Spätfolgen belastet ist.
In Diskussionen mit meinen Geschwistern waren wir uns aber stets einig, jeder habe sein Leben selbst in die Hand zu nehmen, sei für sein Fühlen und Handeln selbst verantwortlich – wenn wir uns auch eingestanden, dass wir alle weniger frei und selbstbestimmt sind als wir uns gemeinhin einbilden.

Bisher sind wir alle gut durchs Leben gekommen – scheinen also nicht wirklich zu sehr an Leib und Seele unter der Baracke gelitten zu haben.

Ich möchte mit einem weitgehend positiven Effekt schließen: Die Baracke und die Nachkriegszeit hat uns sandgestrahlt wie ein Stück Eisen, das erst Rost angesetzt hatte, dann blank gemacht wurde, um endlich mit Farbe überzogen zu werden. Es hat einige schwere Unglücke in unserer Familie gegeben – „Schicksalsschläge" nennt man so etwas ja wohl – aber sie haben keinen umgeworfen, niemand hat gejammert und geklagt, wir haben die Zähne zusammengebissen, wo es nötig war, und haben unser Leben weitergeführt. Wenn ich auch nicht mit dem Ehepaar Mitscherlich von einer „Unfähigkeit zu trauern", sprechen möchte – eingeschränkt war und ist sie schon. Wir haben es gelernt, stets nach vorne zu schauen, die vor uns liegenden Probleme anzupacken, für Trauer war da nie viel Zeit.

Das hübsche Mosaikbild, das ich in Südspanien gefunden habe, porträtiert nicht meine Eigenwahrnehmung. Ich gehöre zwar durch Geburt in das Sternbild des Löwen, habe es aber nie geschafft, mich als solchen zu sehen.

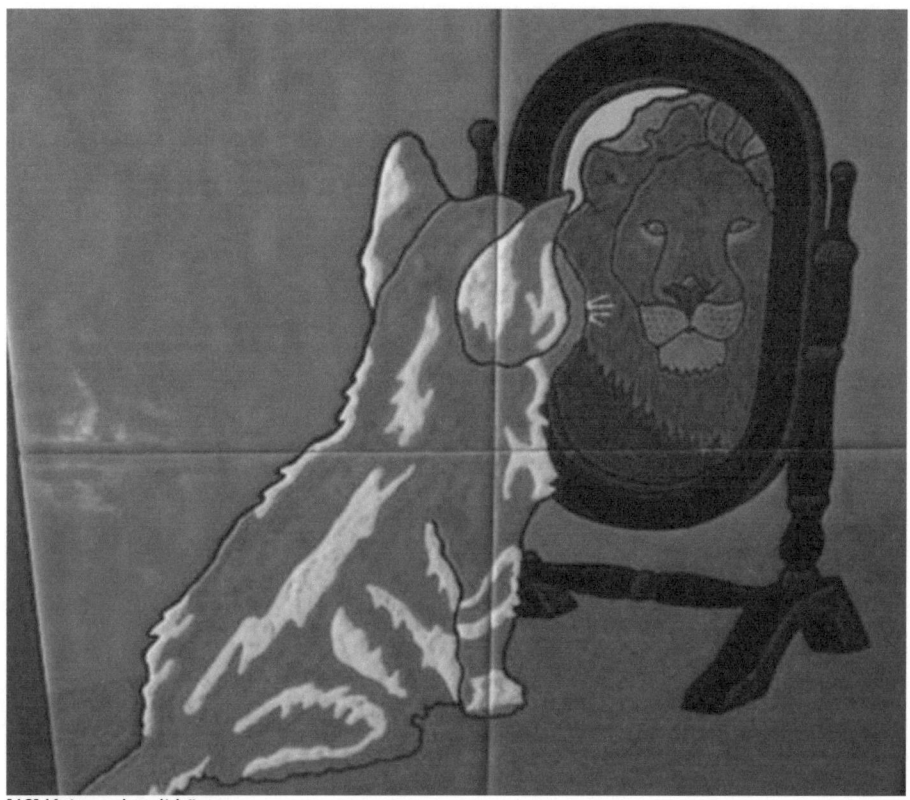
[46] Katze spiegelt Löwen

**Der Umzug nach Dünsen**

Im Dezember 1952 zogen wir um nach Dünsen. Herr Hollweg hatte uns das kleine Holzhäuschen neben dem Hotel Waldfrieden zur Verfügung gestellt, in dem er selbst, dann die Familie Richter gewohnt hatte. Ich verwende für das Holzhäuschen nicht das Wort „Baracke", obwohl es eine war – aber eine mit Heizung und fließendem Wasser und entsprechender Toilette – der Unterschied zur Baracke in Harpstedt machte Welten aus. Außerdem hatten wir hier unser eigenes Reich, wohnten unter hohen Buchen und Eichen direkt neben einem beliebten und belebten Hotel.

Dünsen wurde zum Jugend-Paradies meines Lebens.

Den Umzug machten wir mit einem Pferdewagen, den Herr Adolf Krempin, Vater von Erichs späterer Frau Natalie, bei einem Bauern in Dünsen, bei dem er oft arbeitete, auslieh. Viel war ja nicht zu transportieren: Die Möbel blieben in der Baracke zurück, wir hatten kaum mehr, als wir sieben Jahre vorher aus Ostpreußen auf dem Pferdewagen nach Harpstedt gebracht hatten. Wir kauften billige gebrauchte Möbel nach.

Ich war bei dem Umzug nicht dabei, wir hatten mit der Oberschule in Delmenhorst einen Fahrradausflug gemacht, in einer Jugendherberge übernachtet

– ich war aus der Baracke in Harpstedt weggefahren und kam am frühen Abend des nächsten Tages in meiner neuen „Heimat" an – das Hotel Waldfrieden und die kleine braune Hütte daneben kannte ich: Jeden Tag hielt dort unser Zug auf dem Weg von Harpstedt nach Delmenhorst.

Als wir in Dünsen wohnten, das ja nur drei Kilometer entfernt liegt, mussten wir alle Einkäufe in Harpstedt erledigen, waren oft mit dem Fahrrad dort – aber ich kann mich nur an wenige Besuche bei den alten Spielkameraden in der Baracke erinnern. Es gilt schon weitgehend der Spruch: Aus den Augen, aus dem Sinn.

Dennoch: Oft saß ich ganz oben in dem Wipfel einer hohen Buche an Rande unseres Waldes und blickte nach Harpstedt hinüber: Nur den Kirchturm konnte ich sehen, aber der reichte, um ein bisschen Wehmut in das Herz des sonst so nüchternen Jungen einziehen zu lassen.

Ich hatte dort meine Kindheit verbracht.

# Bilderverzeichnis

Die eigenen Bilder erscheinen hier in (…), die Bilder aus anderen Büchern in […] – die Fundstelle wird angegeben.

[1] Die neue Schule und die Baracken, 1951/52, aus: Koems-Archiv-Scheune Knappmeyer
(2) Unsere Mutter Leokadia Klein
(3) Herr Knappmeyer mit dem alten Ortsschild Harpstedt in der Koems-Archiv-Scheune
(4) Die Mühle in Nordwohlde
(5) Die Häuser von Johannes und Elvers heute
(6) Ostpreußen 1934 – die kleine Kleinfamilie, der Vater mit neuem Haarschnitt
(7) Ostpreußen, unsere alte Schmiede in Przellenk
[8] Harpstedt aus der Luft, , aus Knappmeyer, Harpstedt im Wandel der Zeiten, Verlag D.C.Lampe, Harpstedt 1985, S.174 (im Folgenden zitiert als „Knapp")
(9) Die Lange Straße heute, Geschäft D.C. Lampe
(10) Ostpreußen 1944, unser Vater als Volkssturmmann
[11] Opfer in Nemmersdorf, aus: Grube/Richter, Flucht und Vertreibung, Hoffmann und Campe ohne Jahr, S. 81
(12) Ostpreußen, Die „Kindertreppe" – Familie Klein
(13) Das Hotel und Gasthaus Wasserburg heute
(14 a,b) Der Wulferding-Hof heute
[15] Lebensmittelkarten, aus: Ell SZ, S.84/85
(16) Irmgard und Natalie Krempin
[17] Ein Matsch-Waldweg, Knapp, S. 100
(18) Die männlichen Hoffnungsträger
(19) Die Waldarbeiter(innen)-Gruppe
(20) Wir Barackenkinder
(21) Edith und Horst
(22) Die „Zebras" vom HTB, Artur
[23] Die Kinderbadestelle in der Delme, aus: Knapp, S.118
[24] Marmelspielen, aus: Meyer-Ude/ Kickhefel, Kindheit in der Stadt in den 50er Jahren, Gudensberg-Gleichen1996, S.47
[25] Faden abnehmen, ebda S. 46
(26) Irmgard und Horst
[27] Schulfest vor den Baracken, aus: Knapp, S. 152
[28] Kettenkarussell, aus: Wisser. Milchbar, Schupo, Tanzcafé, die 50er und 60er, Gudensberg-Gleichen 2005, S. 10
(29) Barackenkinder
(30) Geburtstagsfeier von Inge Wesner
[31] Der zugefrorene Burggraben, aus: Knapp, S. 188
(32) An der Weichsel 2013
(33) Eines der Siedlungshäuser
(34) Die Todesnachricht, unseren Vater betreffend
(35) Die Familie Klein, komplett mit Edith
(36) Ankunft der Familie Schubert /Tante Anna
(37) Die Familie Schubert u.a.
(38) Ernas Hochzeit, die Festgemeinde
(39) Die Helferinnen

(40) Die Kleinbahn „Jan Harpstedt"
[41] „Muskelreiten", aus: Meyer-Ude/Kickhefel, S. 18
[42] Klassenzimmer 5/6, aus: Sauter, S.17
(43) Auf Juist – in den Dünen
(44) Schulausflug zu einem Großsteingrab
(45) Meine Klasse 7
[46] Katze spiegelt Löwen, Kachelbild von D.&S. Goldbach, Urb. Torrenueva, Mijas Costa, Avda Jerez 339, Tel/Fax: (0034) 952 493 226

# Danksagungen

Ich danke meinen Geschwistern für ihre Informationen und Hilfen, besonders Edith, die das Entstehen des Berichtes von Anfang an begleitet hat.

Mein Dank gilt auch unserer Tochter Katja, die vor allem im „technischen" Bereich – Korrekturen, Umgang mit dem PC, mit den Bildern etc. – eine große Hilfe war.

Und last but not least danke ich meiner Frau Hella,
- die mir den Anstoß gab, meine Kindheitserinnerungen zu einem Buch zu verarbeiten
- die viel Geduld bewies, als ich über Monate täglich den Nachmittag oben auf der Dachterrasse unter dem Sonnenschirm saß,
- die mir in vielen Gesprächen half, Entscheidungen in inhaltlichen und erzähltechnischen Fragen zu fällen
- die das eine oder andere kühle Glas Bier oder Glas Weißwein nach oben brachte, wenn die Temperatur in diesem Sommer unter dem Sonnenschirm auf 40° stieg.

*Horst Kai Klein*